Edmund
Rehbronn

Handbuch für den
Angelfischer

Edmund
Rehbronn

Handbuch für den
Angelfischer

Die **Fischereiprüfung**
in Frage und Antwort

KOSMOS

IMPRESSUM

Umschlaggestaltung eStudio Calamar unter Verwendung eines Fotos von Eberhard Anneken (großes Titelbild) und dreier Fotos von Thomas Gretler.

Mit 42 Fotos und 193 Illustrationen

Fotos und Illustrationen von der
Bayerischen Landesanstalt für Fischerei
Verband Deutscher Sportfischer (VDSF)
Dr. Hermann Bayrle
Karl Stich jun.
Dr. F. Sauer
Andreas Vilcinskas
Dr. Rudolf König
Frank Hecker
Christiane Gottschlich

Die Deutsche Bibliothek –
Cip-Einheitsaufnahme
Ein Titelsatz für diese Publikation ist bei der Deutschen Bibliothek erhältlich

Alle Angaben in diesem Buch erfolgen nach bestem Wissen und Gewissen. Sorgfalt bei der Umsetzung ist indes dennoch geboten. Der Verlag und der Autor übernehmen keinerlei Haftung für Personen-, Sach- oder Vermögensschäden, die aus der Anwendung der vorgestellten Materialien und Methoden entstehen könnten.

Gedruckt auf chlorfrei gebleichtem Papier

37. Auflage
© 1. – 36. Auflage Ehrenwirth Verlag
© 2002, Franckh-Kosmos Verlags-GmbH & Co., Stuttgart
Alle Rechte vorbehalten
ISBN 3-440-09353-0
Redaktion: Ben Boden
Projektleitung: Claudia Sträb
Gestaltungskonzept:
Markus Schärtlein, Melanie Göhler
Gestaltung, Satz und Reproduktion:
TypoDesign, Radebeul
Produktion: Markus Schärtlein /
Jung Medienpartner, Niedernhausen
Druck: Slovenska Grafia, Bratislava
Bindung: Graspo, Zlin
Printed in Slovakia /
Imprimé en Slovaquie

Bücher · Kalender · Spiele · Experimentierkästen · CDs · Videos

Angeln & Jagd · Natur · Garten & Zimmerpflanzen · Heimtiere · Pferde & Reiten · Astronomie · Eisenbahn & Nutzfahrzeuge · Kinder & Jugend

Informationen senden wir Ihnen gerne zu

KOSMOS

Postfach 10 60 11
D-70049 Stuttgart
TELEFON +49 (0)711-2191-0
FAX +49 (0)711-2191-422
WEB www.kosmos.de
E-MAIL info@kosmos.de

INHALT

Einführung		8

Fischkunde: Allgemeiner Teil

1.1 Die äußere Gestalt 10
1.1.1 Körperform 10
1.1.2 Gliederung des Fischkörpers . . 11
1.1.3 Die Fischhaut 11
1.1.3.1 Funktion der Oberhaut mit Schleimschicht 12
1.1.3.2 Funktion der Unterhaut 13
1.1.3.3 Verschiedene Schuppenarten . . 13
1.1.3.4 Bedeutung und Form der Schuppen 14
1.1.3.5 Färbung des Fisches 17
1.1.4 Die Flossen 18
1.1.4.1 Flossenformel 20
1.1.4.2 Anzahl der Flossenstrahlen . . . 20
1.1.4.3 Unterschiede in der Gestalt der Schwanzflosse 20
1.1.5 Barteln oder Bartfäden 21
1.1.6 Maul, Maulstellung 22
1.1.6.1 Bezahnung 23

1.2 Verdauungsorgane 26
1.2.1 Schlund, Magen und Darm . . . 26
1.2.2 Leber, Galle, Bauchspeicheldrüse, Milz, Nieren 27

1.3 Geschlechtsorgane 30
1.3.1 Eientwicklung und Dottersackstadium 35

1.4 Weitere innere Organe des Fisches 37
1.4.1 Schwimmblase 37
1.4.2 Atmungsorgane 38
1.4.3 Herz und Kreislauf 40

1.5 Skelett und Gräten 41
1.5.1 Muskulatur 43

1.6 Sinnesorgane 45
1.6.1 Gehirn und Nervensystem . . . 45
1.6.2 Das Seitenlinienorgan 45
1.6.3 Der Gesichtssinn 46
1.6.4 Gleichgewichtsorgan und Gehörsinn 48
1.6.5 Geruchssinn 49
1.6.6 Geschmackssinn 50

1.6.7 Der Temperatursinn 50

1.7 Wachstum der Fische 51

Prüfungsfragen 53

Fischkunde: Spezieller Teil

2.1 Allgemeines 61

2.2 Edelfischarten mit einer Fettflosse 62
Bachforelle 62, Seeforelle 64, Meerforelle 65, Lachs 66, Stint 67, Bachsaibling 67, Seesaibling 68, Huchen 69, Regenbogenforelle 71, Äsche 73, Renken 74

2.3 Weißfische (Karpfenfische) . . . 75
Karpfen 76, Grasfische 78, Schleie 80, Karausche 82, Giebel 82, Plötze 84, Rotfeder 85, Barbe 86, Nase 88, Brachse 90, Güster 92, Zobel 94, Zährte 95, Döbel 96, Hasel 98, Nerfling 99, Rapfen 100, Frauennerfling 102, Perlfisch 103, Ziege 104

2.4 Raubfischarten 105
Hecht 105, Wels/Waller 107, Zwergwels 109, Rutte/Quappe 110

2.5 Die barschartigen Fische 112
Barsch 112, Zander 113, Kaulbarsch 115, Schrätzer 116, Streber 117, Zingel 118, Forellenbarsch 119

2.6 Der Aal 120
Flussaal 120

2.7 Neunaugen (Rundmäuler) . . . 124
2.7.1 Störe 126

2.8 Kleinfische, gegebenenfalls Köderfische 126
Mühlkoppe 127, Stichlinge 128, Elritze 128, Bitterling 129, Gründling 130, Steingressling 130,

Strömer 130, Ukelei/Laube 131, Schneider 131, Mairenke 132, Moderlieschen 132, Blaubandbärbling 132, Schlammpeitzger 132, Schmerle 133, Steinbeißer 133,

2.9 Krebse 134
Edelkrebse 134, Galizischer Sumpfkrebs 136, Steinkrebs 136, Dohlenkrebs 136, Amerikanische Krebsarten 136, Signalkrebs 137

2.10 Muscheln 138

2.11 Fischersprache 140

Prüfungsfragen 143

Gewässerkunde

3.1 Allgemeines 165

3.2 Wasserpflanzen 168
3.2.1 Überwasserpflanzen 169
3.2.2 Schwimmblattpflanzen 172
3.2.3 Unterwasserpflanzen 175
3.2.4 Plankton 179
3.2.5 Aufwuchs, Bewuchs 180

3.3 Nahrungskette 181
3.3.1 Kleintierwelt der Gewässer 183
3.3.2. Fischnährtiere 184
Kleinkrebse 184, Insekten- und Insektenlarven 185, Wasserschnecken 190, Kleinmuscheln 191
3.3.3 Fischfeinde unter den Kleintieren 193
Wasserkäfer 194, Wasserwanzen 196

3.4 Gewässertypen 197
3.4.1 Regionen fließender Gewässer 197
Forellenregion 197, Äschenregion 198, Barbenregion 198, Brachsen-/Bleiregion 199, Brackwasserregion 199

3.4.2 Typen und Zonen stehender Gewässer 202
Uferzone 202, Freiwasserzone 203, Bodenzone 204,
3.4.3 Seentypen 204
Forellensee 205, Seesaiblingsee 205, Coregonensee 205, Bleisee 206, Hecht-Karpfen-Schleien-See 206, Zandersee 206, Seeforellensee 206

3.5 pH-Wert – Säurebindungvermögen 206

Prüfungsfragen 209

Fischhege und Gewässerpflege

4.1. Fangübersicht 220

4.2 Besatzmaßnahmen 222
4.2.1 Besatzwahl 223
4.2.2 Besatzmengen 228
4.2.3 Besatzweise 232
4.2.4 Gesundheitskontrolle 233

4.3 Fischkrankheiten, Diagnose und Therapie 234

4.4 Abwasserschäden 245

4.5 Gewässerpflege 247
4.5.1 Schutzmaßnahmen 253

Prüfungsfragen 256

Gerätekunde

5.1 Theoretischer Teil der Angelfischerausbildung 266
5.1.1 Angelruten 266
5.1.2 Angelrollen 273
5.1.3 Angelschnüre und Vorfächer .. 279
5.1.4 Angelhaken 287
5.1.5 Landegeräte und Verschiedenes 295

5.2	Praktischer Teil der Angelfischerausbildung 299		7.5	Pflanzenschutz, Naturschutz, Tierschutz, Bisambekämpfung 380
5.2.1	Anleitung für fischgerechte Gerätezusammenstellung 299		7.6	Wasserrecht 384
	Prüfungsfragen 304		7.7	Tierseuchengesetz 386

Wurftechnik

7.8 Adressen von Ansprechpartnern in den verschiedenen Bundesländern 386

6.1 Das Werfen mit der Grund- und Spinnrute 321
6.1.1 Die Rute 321
6.1.2 Die Rolle 321
6.1.2.1 Das Werfen mit der Stationärrute 321
6.1.2.2 Das Werfen mit der Multirolle 324

Prüfungsfragen 388

Organisation, Verwaltung und Presse

8.1 Einleitung 394

6.2 Das Werfen mit der Fliegenrute 327

8.2 Organisation der Fischerei . . . 395

8.3 Vereinsrecht 397

6.3 Casting-Sport 331

8.4 Gemeinnützigkeit von Organisationen 401

Rechtliche Bestimmungen

8.5 Fischereiorganisationen im Natur- und Umweltschutz . . . 403

7.1 Einführung 332

7.2 Fischereirecht und Fischereigesetz 333
7.2.1 Fischnacheile 335
7.2.2 Fischereipachtverträge 335
7.2.3 Fischereischein 341
7.2.4 Fischerprüfung 344
7.2.5 Fischereiabgabe 348
7.2.6 Erlaubnisvertrag / Erlaubnisschein 348
7.2.7 Fischereiaufseher 351

8.6 Fischereiverwaltung 405

8.7 Fachpresse 407

Angelfischen in Küstengewässern

9.1 Die fischereirechtlichen Verhältnisse 408

9.2 Fische an der Küste und ihr Fang 411

7.3 Fischereiverordnung 352
7.3.1 Artenschutz 353
7.3.2 Generelle Schonzeiten 353
7.3.3 Spezielle Schonmaße / Mindestmaße und Schonzeiten . 355
7.3.4 Elektrofischerei 377

9.3 Angelgeräte für das Fischen in Küstengewässern 422

Prüfungsfragen 428

Angelbücher bei Kosmos 431
Register 433

7.4 Jagdrecht 379

EINFÜHRUNG

Zur vorliegenden aktualisierten Neuausgabe

Das „Handbuch für den Angelfischer", schon seit Jahren nur „Der Rehbronn" genannt, ist mittlerweile ein echter Longseller geworden, der einigen Hunderttausend von jungen und alten Angelfischern den richtigen Weg in die Welt der Fische gezeigt hat.

Schon sehr bald nach seinem Erscheinen ist dieses Buch zum unentbehrlichen Standardwerk für die Fischerprüfung geworden. Das ist verständlich, da Dr. Edmund Rehbronn jahrzehntelang Leiter der Bayerischen Landesanstalt für Fischerei in Starnberg war, aus deren Lehrplan dieses Buch hervorging. Seit Beginn der von Dr. Rehbronn eingerichteten Angelfischerkurse ist Starnberg zum Mekka für Angelfischer, Gewässerwarte und Ausbilder geworden. Dort wurde auch der Grundstein gelegt für eine Angelfischerprüfung, wie sie heute in fast allen Bundesländern eingeführt ist und durch systematische Ausbildung in der Fisch- und Gewässerkunde das Ansehen der Angelfischerei ganz besonders gefördert hat. Sie vermittelt das Rüstzeug gegen alle aus der Natur selbst kommenden Gefahren und mehr noch gegen die unheilvolle Gefährdung, welche die fortschreitende Veränderung der Umwelt mit sich bringt und unsere Fischgewässer und Fische weiterhin in hohem Maße bedroht. Wasserverschmutzungen, organische und anorganische Abwässer, ein naturfremder Gewässerausbau, Schifffahrt und andere zivilisatorische Einrichtungen haben schon ganze Lebensgemeinschaften ihrer Existenzgrundlage beraubt oder sie vernichtet und Gewässerstrecken verödet.

Hier muss der Angelfischer, der als erster diese tödlichen Gefahren sieht und erlebt, leidenschaftlichen Widerstand leisten. Das kann er nur, wenn er über ein breites, fundiertes Wissen und eine umfassende Kenntnis der Naturzusammenhänge verfügt, die ihm eine gründliche Ausbildung vermittelt.

Es ist die große Aufgabe der Fischerprüfung, diese Ausbildung zu einer wirksamen Hilfe werden zu lassen. Zahlreiche Initiativen haben schon Erfolge gebracht. Es muss aber noch viel mehr geschehen.

Dies Handbuch ist entstanden als Gemeinschaftsarbeit des ehemaligen Leiters der Bayrischen Landesanstalt für Fischerei, Reg. Dir. Dr. Edmund Rehbronn, und Dipl.-Ing. Franz Menzebach, der auch die Kapitel Geräte und Wurftechnik schrieb. Außerdem gewannen sie Dr. Karl Altnöder für die rechtlichen Bestimmungen, Bruno Lang für das Kapitel Organisation,

Verwaltung und Presse sowie Dr. Neuhaus für den Bereich Angelfischen in Küstengewässern. All diese Autoren haben viele Jahre am Rehbronn mitgearbeitet, wofür ihnen großer Dank gebührt. Sie wirkten außerdem zusammen mit weiteren namhaften Mitarbeitern und Organen des Verbandes Deutscher Sportfischer e.V. im Deutschen Fischereiverband e.V.

Mit der vorliegenden aktualisierten Neuausgabe stellt sich das Handbuch in einem etwas größerem Format, mit lesefreundlicherem Schriftbild, farblichen Orientierungsmarken und wichtigen Ergänzungen vor. Dies betrifft Weiterentwicklungen im Gerätebereich, wie beispielsweise Schnüre, Ruten- oder Rollentechnik. Auch die rechtlichen Bestimmungen wurden überarbeitet. Sie stellen den Stand vom Juni 2002 dar.

Die redaktionelle Betreuung und Aktualisierung erfolgte, unter Mitwirkung des bisherigen Bearbeiters Isidor Kilg, durch die Redaktion des Kosmos-Verlages. Was den Lehrstoff betrifft, so ist die Aufgliederung beibehalten worden, wie sie von den Landesorganisationen gutgeheißen wird.

Die Ausbildung liegt meist in den Händen der Organisationen, die mehrwöchige Kurse für Vereinsmitglieder abhalten, zu denen auch Nichtmitglieder zugelassen sind. Es darf bei dieser Gelegenheit gesagt werden, dass sich jeder Fischereiausübende unbedingt einer Fischerei-Organisation anschließen sollte. Die Fischerei ist heute zunehmend Angriffen und Gefahren ausgesetzt, denen der Einzelne nur als Mitglied einer großen, angesehenen und schlagkräftigen Fischergemeinschaft begegnen kann. Deshalb ist auch den Vereinen, Verbänden, der Verwaltung und Presse ein besonderer Abschnitt gewidmet.

Ohne die Mitarbeit der Landesfischereiverbände wäre der Abschnitt Rechtliche Bestimmungen nicht möglich gewesen. Dafür sei besonders gedankt. Selbstverständlich konnten diese Bestimmungen nur übergreifend bearbeitet werden. Auch hier sei noch einmal darauf verwiesen, das Fischereirecht Landesrecht ist. Sollten Sie Informationen für bestimmte Bundesländer benötigen, so haben Sie die nötigen Adressen im Abschnitt Rechtliche Bestimmungen vorliegen.

Eine Ausbildung darf nicht nur auf die Prüfung ausgerichtet sein, sondern muss eine umfassende Bildung auf jedem Fachgebiet zum Ziel haben. Nicht allein für die Fischerprüfung lernen wir, sondern auch und nicht zuletzt für unser späteres Angelfischerleben und für unseren Einsatz für die stumme Kreatur. So will dieses Buch nicht nur den Angelfischern und Ausbildern, sondern auch den Gewässerwarten und Fischereiaufsehern, deren Aufgaben mehr und mehr Bedeutung bekommen, ein ständiger und unentbehrlicher Begleiter sein.

1

Fischkunde: Allgemeiner Teil

Wasser ist ein anderer Lebensraum als Luft und Erde. Es bedeckt den weitaus größten Teil (4/5) unseres Planeten. Das Süßwasser tritt in recht unterschiedlichen Formen als Fischgewässer auf, stehend als Tümpel, kleiner und großer See, fließend als Quelle, Bach, Fluss, Strom und künstlich von Menschenhand geschaffen, als Teich (ablassbar), Baggersee, Talsperre u.a.
Die Fische gehören zu den Wirbeltieren und sind unter diesen die entwicklungsgeschichtlich älteste Klasse. Sie sind sehr artenreich. Die Anzahl aller Wirbeltierarten (Fische, Amphibien, Reptilien, Vögel und Säuger) wird auf ca. 38.000 beziffert, davon sind mehr als die Hälfte ca. 20.000 Fischarten, von denen rund 5.000 Arten im Süßwasser leben. Alle Fische sind vorzüglich an das Leben im Wasser nach Körperform, Körperbau und Lebensweise angepasst. Zur Hege und zum Fang der bevorzugten Fische und zur Beurteilung der Lebensgemeinschaften ist eine möglichst breite Artenkenntnis, ein Verständnis für ihre unterschiedlichen Lebensbedürfnisse und Verhaltensweisen und voran eine gute Grundkenntnis über den Bau des Fischkörpers notwendig.

Erklärung der Abkürzungen und Bezeichnungen:
Afl = Afterflosse, Bfl = Bauchflossen, Brfl = Brustflossen, Fl = Flossen, Ffl = Fettflosse, Rfl = Rückenflosse, Sfl = Schwanzflosse, A = After, B = Barteln, Ksp = Kiemenspalte, Kd = Kiemendeckel, Sl = Seitenlinie, Hstr = Hartstrahlen, Wstr = Weichstrahlen, Ststr = Stachelstrahlen, ♂ = Männchen = Milchner, ♀ = Weibchen = Rogner.

1.1 Die äußere Gestalt

1.1.1 Körperformen

Die Körperform der Fischarten ist nach ihrer Lebensweise recht unterschiedlich: Fische, die schnell und ausdauernd schwimmen, in stärke-

rer Strömung stehen oder plötzlich auf einen Beutefisch zustoßen, haben die Form eines Torpedos oder einer Spindel (Salmonidenarten wie Lachs, Forellen, Saiblinge, Huchen, Äschen) oder eines Pfeiles, wie etwa beim Hecht. Diese Formen bieten wenig Widerstand gegen das Wasser, das bekanntlich dichter ist als die Luft und bei einer Bewegung den Fisch stärker bremst. Dasselbe trifft für lang gestreckte Weißfischarten zu wie z.b. Rapfen (Schied), Aitel (Döbel), Hasel, Barbe, Lauben u.a. sowie für die im Meer lebenden Makrelen. – Fischarten, die am Ufer und im Kraut leben, sind hochrückiger wie Karpfen, Blei (Brachsen), Karausche oder seitlich abgeplattet wie Rotauge (Plötze), Rotfeder u.a. »Bodenfischarten«, die am Grund des Gewässers leben, haben einen abgeplatteten Kopf wie Wels (Waller) oder Keulenform wie Mühlkoppe oder Schlangenform wie Aal, Rutte (Trüsche) oder sind tellerförmig flach wie Scholle und Flunder. Diese Plattfische nehmen nach einem Jugendstadium mit normaler Haltung erst später eine ständige Seitenlage auf dem Gewässerboden und beim Schwimmen ein, und das Auge der unteren Seite ist auf die obere Seite gewandert.
Weitere Körperformen sind im **Teil 2** der **Fischkunde** behandelt.

1.1.2 Gliederung des Fischkörpers

Der Körper des Fisches besteht aus 3 Partien: Kopf, Rumpf und Schwanz. Der Kopf endet mit dem hinteren Rand der beweglichen Kiemendeckel, der Rumpf mit dem bauchseitigen After und dem unmittelbar dahinter liegenden Ausgang des Harnleiters vor der Afterflosse und der Schwanz mit der für die Fortbewegung wichtigen Schwanzflosse. – Die Übergänge zwischen diesen 3 Teilen sind ohne Absätze und nicht besonders markiert, um die Stromlinienform nicht zu stören.

1.1.3 Die Fischhaut

Schleimzellen und Schuppen
Die Körperdecke besteht bei allen Wirbeltieren aus 2 Hautschichten: Oberhaut und Unterhaut (auch Lederhaut genannt).
Die **Oberhaut** ist bei den Landtieren verhornt, um die Austrocknung an der Luft zu verhindern. Die Oberhaut der Fische besteht aus lebenden Zellschichten. Unter einer Reihe abgeplatteter Deckzellen befinden sich mehrere weiche Zelllagen, die besonders bei schleimigen Fischen wie Aal, Neunaugen, Schleien zahlreiche Schleimdrüsenzellen enthalten und Schleim absondern, besonders wenn sie sich auflösen. Man spricht in der Praxis fälschlicherweise von einer »Schleimhaut«, was

der Struktur nicht gerecht wird. Bei bestimmten Reizen ist die Absonderung besonders stark. Berührung, Stoß, Fall, Druck mit der Hand kann leicht zur Verletzung dieser Zellen führen.

1.1.3.1 Funktion der Oberhaut mit Schleimschicht

Sie ermöglicht die Verringerung der Reibung im Wasser und damit leichtere Fortbewegung, schnelleren Wundverschluss und Schutz vor Verletzungen, Abstoßen von Außenparasiten und Krankheitskeimen und festen Partikeln durch Schleimabsonderung. Sie bietet außerdem begrenzten Schutz vor chemischen Einflüssen und plötzlichen Temperaturänderungen. Bei einzelnen Arten vermittelt sie Artgeruch und kann Warn-, Schreck- und Giftstoffe abgeben.

Der Fisch, der als Satzfisch eingesetzt oder untermaßig lebend ins Wasser zurückgesetzt oder lebend behalten werden soll, muss schonend behandelt werden. Er darf nicht mit trockener Hand oder mit einem trockenen Tuch berührt werden. Der Fisch darf sich nicht im Sand scheuern, da sich dabei die obersten Zellen ablösen würden. Wenn die Schleimzellen in der Oberhaut vernichtet sind, tritt an diesen Stellen eine Verpilzung ein, und der Fisch stirbt später ab.

Sorgfalt bei Abfischungen, Transporten, Hälterung und Bäderbehandlung!

❓ Was ist Laichausschlag?

Zur Fortpflanzungszeit (Laichzeit) bilden sich bei Weißfischen und Coregonen harte Körnchen, perlartige Gebilde oder kegelförmige Erhebungen auf der Haut.

Laichausschlag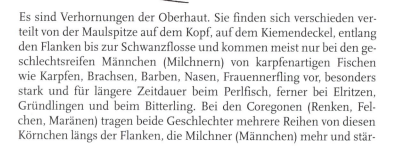

Es sind Verhornungen der Oberhaut. Sie finden sich verschieden verteilt von der Maulspitze auf dem Kopf, auf dem Kiemendeckel, entlang den Flanken bis zur Schwanzflosse und kommen meist nur bei den geschlechtsreifen Männchen (Milchnern) von karpfenartigen Fischen wie Karpfen, Brachsen, Barben, Nasen, Frauennerfling vor, besonders stark und für längere Zeitdauer beim Perlfisch, ferner bei Elritzen, Gründlingen und beim Bitterling. Bei den Coregonen (Renken, Felchen, Maränen) tragen beide Geschlechter mehrere Reihen von diesen Körnchen längs der Flanken, die Milchner (Männchen) mehr und stärkere Reihen als die Rogner (Weibchen). – Dieser Laichausschlag dient zum stärkeren Kontakt und Gefühlsreiz beim Laichspiel während der Abgabe der Geschlechtsprodukte ins Wasser und stellt ein spezielles Paarungskleid dar.

1.1.3.2 Funktion der Unterhaut
Sie hat ebenfalls mehrere Schichten lebender Zellen, enthält Bindegewebe, die in Schuppentaschen gebildeten Fischschuppen, ferner Farbzellen, Blut- und Lymphgefäße und Nervenenden. Infolge der Bindegewebsfasern ist die Unterhaut fest (Lederhaut) im Gegensatz zur Oberhaut. An die Unterhaut schließt sich eine Schicht Fettgewebe an. Fischarten, die stark schleimen, haben oftmals keine oder tief gelegene kleine oder nur vereinzelte Schuppen, Fischarten mit einem starken Schuppenkleid schleimen weniger. Es trifft jedoch nicht für alle beschuppten Fische zu (z.B. Schleie).

Lage und Anordnung der Schuppen
(Schuppenformel)
Das Schuppenkleid besteht aus regelmäßigen Längs- und Querreihen. Die Zahl der Reihen ist für die Fischart konstant und bestimmend, ebenso die Anzahl der Schuppen in den Reihen. Die Schuppen in der mittleren Längsreihe an den Flanken sind durchlöchert und zeigen das »Seitenlinienorgan«, ein wichtiges Sinnesorgan, an. Die Zahl der Reihen parallel zur Seitenlinie oberhalb und unterhalb ist ebenfalls artkonstant. Den Längsreihen entsprechen Querreihen (s. Abb. S. 77, Schuppenkarpfen).

O   = Oberhaut
U   = Unterhaut
SZ = Schleimzellen
Schu = Schuppen
P   = Pigmentschicht

Die Schuppen überdecken sich dachziegelartig. Der sichtbare, nicht überdeckte Schuppenteil ist auch noch von Haut überzogen.

1.1.3.3 Verschiedene Schuppenarten
Placoidschuppen (Schmelzschuppen) der Haie und Rochen, die von Ober- und Unterhaut gebildet werden. Sie tragen frei über die Oberfläche vorragende Zähnchen, die von Schmelz (Dentin), einer Abscheidung der Oberhaut, überzogen sind: Hautzähne, daher raue Haut.

Ganoidschuppen (Knochenplatten) der Störe. Es sind Fischarten mit knorpeligem Skelett, aber festen Knochenplatten auf Kopf, Rücken, Seitenlinie und Bauch, insgesamt 5 Reihen großer, eckiger und gekielter Knochenschilde und dazwischen eingestreut kleine Knochenplättchen auf der schuppenlosen Haut. Sie greifen nicht übereinander.
Unter den echten Plasmoidschuppen, die elastisch sind, unterscheidet man:
Kammschuppen der barschartigen Fische (Flussbarsch, Zander und verwandte Donaufischarten (Zingel, Streber, Schrätzer), Kaulbarsch, Schwarzbarsche und Sonnenbarsch), Ctenoidschuppen genannt. Der von den davorliegenden Schuppen nicht verdeckte freie Teil der Schuppen ist mit mehreren Reihen von kleinen Dornen besetzt. Diese Fische fühlen sich rau an und dürfen nicht zu dicht untereinander und nicht mit anderen Fischarten gehältert und transportiert werden (Seite 16 Z).
Rundschuppen (Cycloidschuppen) sind die am häufigsten vorkommende Schuppenart bei den Süßwasserfischen. Ihre Oberfläche ist glatt (Seite 16 B, K, H, F, S).

❓ Welche Fischarten haben keine Schuppen?
Wels (Waller), Zwergwels, Stichling (er hat größere Knochenplatten an den Seiten), Neunaugenarten, Groppen bzw. Koppen. Die Mühlkoppe hat stark verkümmerte kleine Schuppen nur am hinteren Ende der Seitenlinie und wird deshalb oft als schuppenlos angegeben.
Schuppenlose oder nur teilweise beschuppte Karpfen (Spiegel-, Zeil- und Leder- bzw. Nacktkarpfen) sind Zuchtprodukte.

❓ Welche Fischarten haben verkümmerte, sehr kleine Schuppen?
Aal, Rutte (Trüsche, Aalquappe) und Schmerlen (Schlammpeitzger, Schmerle (Bartgrundel), Steinbeißer).

1.1.3.4 Bedeutung und Form der Schuppen
Die Schuppen sind ein Hautskelett, um den unter ihnen liegenden Muskelpartien bei der schlängelnden Bewegung des Fisches Halt zu geben. Die Form ist bei Fischen derselben Art gleich, aber von Art zu Art sehr verschieden, so dass sie für jede Fischart charakteristisch ist.

❓ Welche Zeichnungen haben die Schuppen?
Radialfurchen und Ringe
Neben den konzentrischen Ringen oder Ringleisten zeigen die Schuppen die Radialfurchen, wie auf den Schuppenbildern B, K, H und Z ersichtlich, die auf dem Vorder- oder Hinterfeld vom Mittelpunkt zu den

Stellen zielen, die am Rand der Schuppe Einkerbungen zeigen. Sie sind kennzeichnend für das Schuppenbild der betreffenden Fischart und erleichtern zusammen mit der Schuppenform und der Ausprägung des Schuppenrandes die Bestimmung der Artzugehörigkeit.

❓ Was können die Ringe auf den Fischschuppen anzeigen?

Sie dienen zur Altersbestimmung. Die Schuppe wächst mit dem Wachstum des Fisches, besonders in Zeiten intensiver Nahrungsaufnahme. Die Länge der Schuppe wächst proportional zur Körperlänge. Das Wachstum erfolgt in der Form, dass sich weitere größere Ringleisten um die bisherigen bilden. Wächst der Fisch stärker, ist die neue Zuwachsschicht größer. Wächst er langsam, ist sie nur wenig größer als die bisherige. Hält man nun eine Fischschuppe nach erfolgter Reinigung gegen das Licht, so sieht man die Ränder dieser einzelnen Ringleisten kreisförmig um einen Mittelpunkt, ähnlich wie die Jahresringe des Baumes in seinem Stamm. Die Kreise haben einen weiten Abstand voneinander, wenn das Wachstum stärker war, also im Sommer. Im Winter ist der Abstand viel kleiner. Mehrere solcher Ringe mit weitem Abstand bilden eine Sommerzone, Ringe mit engem Abstand eine Winterzone. Diese wirkt daher dunkler. Man kann, indem man die Anzahl der Sommerzonen auszählt, das Alter des Fisches bestimmen, schon mit dem bloßen Auge, wenn die Fischart große Schuppen hat. Sonst empfiehlt sich die Zuhilfenahme einer kleinen Lupe oder eines einfachen Dia-Betrachters.

❓ Welche Bedeutung hat die Altersbestimmung?

Nur wenn man das Alter des erbeuteten Fisches feststellt, es mit der Länge und dem Gewicht des Fisches vergleicht, sind Rückschlüsse auf das Wachstum möglich. In einem guten Wasser werden die Fische schneller wachsen als in einem nahrungsarmen Gewässer. Große Fische, die verhältnismäßig jung sind, passen in das Gewässer, weil sie gut gewachsen sind. Das Wasser ist in diesem Falle nicht überbesetzt. Fische, die alt und doch nicht gut gewachsen sind, passen nicht in das Gewässer oder haben infolge Überbesetzung nicht genug Nahrung. Das kann mitunter der Fall sein, wenn sie nicht zahlreich genug herausgefangen werden (Weißfische).

Aus dem Schuppenbild lässt sich noch mehr ablesen. Kleine Unterbrechungen innerhalb einer Sommerzone können Krankheiten oder Schlechtwetterperioden anzeigen. Das Ablaichen erscheint als Laichmarke im Schuppenbild, besonders bei den Fischen, die zum Laichen

1. FISCHKUNDE: ALLGEMEINER TEIL

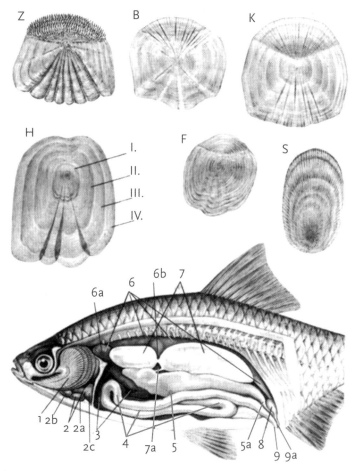

Schuppen einiger Fischarten zur Altersbestimmung:
Z = Zander, B = Brachse, K = Karpfen, H = Hecht, (I. bis IV. Winterzone).
F = Forelle, S = Schleie.
Innere Organe eines Weißfisches:
1 = Kiemen, 2 = Herz (Hauptkammer), 2a = Herzvorkammer, 2 b = Arterienbulbus,
2c = Venensinus, 3 = Leber, 4 = Darmschlingen, 5 = Geschlechtsorgan (Männchen), 5a = Samenleiter (beim Rogner Eileiter), 6 = Niere, (6a = Kopfniere, 6b = Bauchniere), 7 = Schwimmblase, 7a = Schwimmblasengang, 8 = Harnblase, 9 = Darmausgang (After), 9a = Harn und Geschlechtsausgang.

vom Salzwasser ins Süßwasser aufsteigen (Lachs, Meerforelle = anadrome Wanderfische).
Es sollte also zu einer ständigen Gepflogenheit des Angelfischers gehören, sich von seinen Beutetieren Schuppen anzusehen und das Alter selbst zu untersuchen. Das geht beispielsweise bei Hecht und Zander, bei der Äsche und bei den Weißfischen sehr leicht. Wenn man sich einen präparierten Kopf aufhebt, so gehört dazu eine Schuppe, um jederzeit das Alter dieses Fisches beweisen zu können (Seite 16 H, Z, B, K).

❓ Wie bestimmt man das Alter bei Fischarten, die kleine oder gar keine Schuppen haben?
Die größte von den 4 Knochenplatten des Kiemendeckels zeigt bei einigen Fischarten ähnliche Ringbildungen wie die Schuppe und lässt die Wachstums-Zonen erkennen.
Die trichterförmigen Aushöhlungen an beiden Enden eines Wirbelkörpers aus der Wirbelsäule zeigen ringförmige Abstufungen als Winterzonen (Abb. S. 42).
Die Wissenschaft benutzt auch die sog. Gehörsteinchen, die sich im Inneren des Schädels, in den Labyrinthen oberhalb der Kiemen befinden, zur Altersbestimmung. Diese Steinchen müssen im Laboratorium geschliffen werden (s.a. Gehörsinn S. 48).

1.1.3.5 Färbung des Fisches
❓ Welche Farben zeigt der Fisch?
Eine starke natürliche Färbung zeigt die Gesundheit des Fisches an. Die Fische passen sich der Umwelt an (Schutzfarbe): auf dunklem Boden dunkler, auf hellem Grund heller gefärbt. Fast immer ist der Rücken dunkler, um von oben – im Wasser von den Raubfischen und aus der Luft von den Raubvögeln – schwerer gesehen zu werden. Die Bauchseite ist heller, damit die höher stehenden Fische aus der Sicht von unten gegen das Licht durch Reflexion schlechter gesehen werden. Der häufige Silberglanz ist eine Reflexion des Lichtes einmal in einer besonderen Guaninschicht an der Unterseite der Schuppen (besonders bei der Laube oder Ukelei – sie fehlt völlig beim Stint –), zum anderen in kleinen Kristallen von Glanzzellen der Unterhaut. – Die echten Farben Schwarz, Gelb und Rot (und Gemische aus denselben) stammen aus speziellen Farbzellen der Unterhaut. Die kleinen Farbkörper oder Tropfen dieser Zellen können kontrahiert oder verbreitet werden und bestimmen so den Farbton und die Farbintensität. Die Steuerung erfolgt über die Augen, Nerven oder Hormone (Laichfärbung). Blinde Fische sind stets auffallend schwarz gefärbt. Das Auge ist zur Regulie-

1. FISCHKUNDE: ALLGEMEINER TEIL

rung ausgefallen. In den schwarzen Chromatophoren (Farbträger) ist der Farbstoff in Ruhestellung ausgebreitet. Auch die Flossen können in den genannten Farben gefärbt sein, was die Unterscheidung der Fischarten erleichtert. Z.B. bei den Saiblingen oder den Brachsen, Güster oder bei Rotfeder, Rotauge oder bei den verschiedenen Zeichnungen auf den Flanken und Flossen der barschartigen Fische der Donau (Zingel, Streber, Schrätzer). – Die Schuppenränder vom älteren Aitel (Döbel) und Nerfling sind dunkel eingefasst und geben diesen Fischen eine netzartige Zeichnung. – Als Laichfarbe ist oftmals Rot bevorzugt.

a = Farbstoff zusammengezogen
b = Farbstoff ausgebreitet (farbbetont)

❓ **Welche markantesten Kennzeichen hat der Fischkörper?**

1.1.4 Die Flossen

Sie dienen dem Menschen zur Unterscheidung und Bestimmung der Fischarten. Flossen sind bewegliche Hautsäume, die durch verschiedenartige Strahlen, die Flossenstrahlen, gestützt werden.

❓ **Wie unterscheidet man die Flossen?**
Man unterscheidet unpaare und paarige Flossen. Nicht paarig sind stets die Rücken-, After- und Schwanzflosse. Es können mehrere Rücken- und Afterflossen hintereinander vorkommen:

2 Rfl = Barschartige, Koppen, Rutte, Makrele, Neunaugen
3 Rfl = Dorschartige
2 Afl = Dorschartige

Paarig sind stets die Brust- und Bauchflossen. Diese Namen geben die Lage am Fischkörper an.

❓ **Welche Fischarten haben eine zusätzliche kleine Rückenflosse besonderer Art?**
Alle Salmoniden wie Lachse, Forellen, Saiblinge, Huchen, Äschen, Coregonen (Maränen, Felchen, Renken) und Stint, ferner Zwergwels. Sie befindet sich zwischen der Rücken- und Schwanzflosse, enthält keine Strahlen, wird von Fettgewebe gestützt und ist weich, Fettflosse genannt.

Welche Funktion haben die Flossen?

Die Flossenstrahlen der paarigen Brustflossen stehen an ihrer Basis über längliche Knochen mit dem äußerlich nicht sichtbaren Schultergürtel in Verbindung. Diese Flossen sind wie die paarigen Bauchflossen ein Höhen-, Tiefen- und Seitensteuer, dienen zum Bremsen, zum Rückstoß und zur Ruhestellung. Die Flossenstrahlen der Bauchflossen setzen an zwei Beckenknochen an, die bauchseits frei (ohne Verbindung mit der Wirbelsäule) in der Muskulatur liegen.

Die Flossenstrahlen der Rückenflosse und der Afterflosse sind mit besonderen Knochen, den Flossenstrahlenträgern, verbunden, die – äußerlich nicht sichtbar – sich als besonderer Saum in der Muskulatur befinden und auf diese Weise verankert sind. Diese Flossen dienen zur Stabilisierung des Fischkörpers, erhalten die Gleichgewichtslage und verhindern ein »Umkippen«. – Die Schwanzflosse ist das hintere Ende der Wirbelsäule und mit dem Schwanzstiel (-teil) des Fischkörpers das wichtigste Fortbewegungsorgan.

Welche Flossen fehlen bei bestimmten Fischarten?

Der Aal hat keine Bauchflossen, Rücken-, Schwanz- und Afterflosse bilden einen einheitlichen weichen Saum. Den Neunaugen fehlen Brust- und Bauchflossen. Die Weibchen der Flussneunaugen bilden zur Laichzeit eine Art Afterflosse aus.

Welche verschiedenen Stellungen haben die Bauchflossen am Körper?

Man unterscheidet brustständig: wenn sie sich unter den Brustflossen befinden, wie bei den Barscharten (Zander und verwandte Arten), bei den Koppen (Mühlkoppen) und Stichlingen; kehlständig: wenn sie vor den Brustflossen stehen (beginnen), wie bei der Rutte, Kabeljauarten und Plattfischen, und bauchständig: häufigste Anordnung (z. B. bei Weißfischen, Salmoniden und Coregonen, Hecht), am Bauch, zwischen den Brustflossen und der Afterflosse.

Welche Flossenstrahlen werden unterschieden?

Hart- oder Stachelstrahlen einerseits und Weich- oder Gliederstrahlen andererseits. – Erstere sind hart, gänzlich verknöchert, ungegliedert und spitz auslaufend. Beispielsweise sämtliche Strahlen der ersten Rückenflosse bei allen Barscharten und bei der Mühlkoppe (mit Hautfalte) und bei Stichlingsarten 3 bzw. 9 Strahlen (ohne Hautfalte).

Die Weichstrahlen sind häufiger und zu ihrer Spitze hin meist gefiedert. Sie stellen – von der erwähnten 1. Rückenflosse abgesehen – den Hauptanteil am Strahlengerüst sämtlicher Flossen, so auch für die 2.

1. FISCHKUNDE: ALLGEMEINER TEIL

links: Hartstrahlen
rechts: Weichstrahlen

Rückenflosse aller barschartigen Fische. Einige Fischarten haben Saumflossen mit zahlreichen kurzen, sehr weichen Strahlen, z. B. Afl von Wels und Zwergwels und Afl wie hintere Rfl bei der Rutte, Rfl, Sfl und Afl beim Aal.

1.1.4.1 Flossenformel

Fischarten mit Flossen aus Weichstrahlen haben am Vorderrand ihrer Flossen mitunter einige, meist kleinere Hartstrahlen, so an der Rückenflosse bis zu 4, an der Afterflosse 3, an der Brustflosse 1, an der Bauchflosse 2. Die Anzahl der Hartstrahlen wird vor einem Schrägstrich, die eigentlichen Weichstrahlen nach diesem angegeben. So hat z. B. der Karpfen mit einer langen Rfl folgende Formel: Rfl 3–4/17–22, Afl 3/5–6, Brfl 1/15–16, Bfl 2/8–9.

Bei Karpfen, Karausche und Giebel ist der längste Hartstrahl an der Rfl und Afl, bei der Barbe nur an der Rfl auf der hinteren Seite gezähnt (Sägestrahl).

1.1.4.2 Anzahl der Flossenstrahlen

Sie ist in gewissen Grenzen in jeder Flossenart konstant, aber bei den Fischarten verschieden und somit ein Artenmerkmal. Die verschiedene Anzahl zum Bestimmen der einheimischen Süßwasserfische ist bei der Artenbeschreibung im speziellen Teil der Fischkunde aufgeführt, soweit es zur Unterscheidung erforderlich ist.

Zur Bestimmung der sich ähnelnden Brachsenarten ist die Anzahl der Flossenstrahlen in der langen Afterflosse heranzuziehen, bei den Barscharten die Trennung oder der Übergang der beiden Rückenflossen, bei den Neunaugenarten in derselben Weise. Auffällig ist die Anordnung der Rfl und Afl weit hinten am Schwanzteil beim Hecht und bei den Stören.

1.1.4.3 Unterschiede in der Gestalt der Schwanzflosse

Sie ist sehr vielgestaltig: meist gegabelt (die untere Hälfte ist mitunter länger), abgerundet, gerade endend, zugespitzt, mond- oder sichelförmig (letzteres bei Haien und Thunfischen).

Bei Stören ist das Wirbelsäulenende im Schwanzteil nach oben gebogen, die Flosse stark unsymmetrisch, auch bei Haien (wissenschaftl.

heterocerk). Die übrigen wissenschaftlichen Bezeichnungen sind: gleichmäßig = homocerk, gerundet = cyclocerk, gegabelt = schizocerk.

1.1.4.4 Beweglichkeit der Flossen
Die paarigen Flossen können gespreizt, seitwärts vorgestellt und angelegt, die unpaaren auf dem Rücken und am Bauch aufgerichtet und angelegt werden und arbeiten in Wellenform.

Besondere Gebilde am Kopf einiger Fischarten

1.1.5 Barteln oder Bartfäden

Die Rutte (Trüsche, Aalquappe) hat einen Bartfaden am Kinn,
die Schleie 2 (je einen an den Maulwinkeln),
der Karpfen 4 (an der Oberlippe 2 längere und 2 kürzere),
die Barbe 4 (am Oberlippenrand),
der Wels 6 (auf dem Oberkiefer 2 sehr lange Fäden, auf der Kopfunterseite 4 kürzere),
der Zwergwels 8 (oberhalb der Maulspalte 4 längere, unterhalb 4 kürzere).

Von den Kleinfischarten hat
der Gründling 2 kurze Barteln in den Maulwinkeln,
der Steingrässling – er ähnelt dem Gründling – 2 längere an den selben Stellen (Unterscheidungsmerkmal!),
die Schmerle (Bartgrundel) hat 6 (davon 4 auf der Oberlippe und 2 in den Maulwinkeln),

Die höchste Zahl von Barteln hat der Schlammpeitzger mit 10 (davon 6 längere an der Oberlippe und 4 kürzere an der Unterlippe).
Von den im Meer vorkommenden Kabeljauarten hat der Dorsch 1 Bartfaden am Kinn, der Schellfisch einen wesentlich kleineren, verkümmerten an der gleichen Stelle.
Die verwandten Köhler, Pollak und Wittling besitzen keine Barteln.

> **Welche Funktion haben die Barteln?**
Sie dienen als Tast- und Geschmacksorgan. Sie sind beweglich und steuerbar. Sie finden sich bei den Fischen, die ihre Nahrung vorwiegend vom Boden aufnehmen.

1. FISCHKUNDE: ALLGEMEINER TEIL

Unterschiedliche Maulstellungen der Fische

1.1.6 Maul, Maulstellungen

Die **Stellung des Maules** gibt Aufschluss über die Nahrungsaufnahme und erleichtert die Unterscheidung der Fischarten. Man unterscheidet 3 verschiedene Stellungen der Maulspalte: **Endständig, oberständig** und **unterständig**. Wenn der Unterkiefer kürzer ist als der Oberkiefer, ist das Maul unterständig, die Maulspalte fast waagrecht, nur wenig nach oben gerichtet bzw. geöffnet. Die Nahrung kann vom Boden leichter aufgenommen werden. Ein unterständiges Maul haben Barbe, Nase, Zährte (Rußnase), Gründling – leicht unterständig der Frauenfisch (Frauennerfling), der Perlfisch und der Hasel sowie von den barschartigen Fischen Zingel, Streber und Schrätzer. Bei der Nase ist das Maul quergestellt im Gegensatz zur Rußnase (Zährte).

Wenn der Oberkiefer kürzer ist als der Unterkiefer, ist das Maul oberständig, nach oben gerichtet wie bei Rapfen (Schied), Ziege, Stint, Mairenke, Laube (Ukelei) und leicht oberständig bei der Rotfeder.

Die häufigste Stellung ist endständig. Beide Kiefer sind gleich lang. Die Maulspalte ist nach vorn gerichtet. Beispielsweise Karpfen, Karausche, Schleie, Döbel (Aitel), Nerfling (Orfe, Aland), Zander, Forellen u.a.m.

oberständig   *unterständig*   *endständig*

Unterseitig, d.h. nicht an der Kopfspitze, sondern weiter zurück auf der Unterseite ist das Maul von Haien, Rochen und Stören.

Die **Neunaugen** haben ein völlig anders gestaltetes Maul: ein Rundmaul, ein endständiges, trichterförmiges Saugmaul mit einer Reihe horniger Randzähne.

❓ Welche Fische haben ein vorstülpbares Maul?

Die Mundöffnung kann rüsselartig vorgestreckt werden beim Karpfen, bei der Karausche, Brachse, Schleie und beim Gründling (wie auch beim Stör), um die Nahrung vom Boden aufzusaugen oder von Unterwasserpflanzen abzusaugen.

1.1.6.1 Bezahnung

Die Verdauung beginnt bei den höheren Wirbeltieren im Maul mit der Tätigkeit der Zähne, die Nahrung zu zerkleinern. Das trifft für die Fische nicht zu. – Dennoch sind fast alle Fischarten, wenn auch in unterschiedlicher Weise, bezahnt.

Schon die nieder organisierten wurmförmigen Neunaugen, die zu den Rundmäulern gehören, haben einen Maultrichter, ein Saugmaul mit hornigen Zähnen. Außerdem ist ein im Trichter befindlicher Zungenkopf mit 2 Zahnreihen besetzt, mit denen diese Arten sich durch Raspeln in den Beutefisch hineinfressen.

Sämtliche forellenartigen Fische, die Salmoniden, haben zahlreiche kleine, echte Zähne nicht nur auf den Ober- und Unterkieferknochen und dem Zwischenkiefer, sondern auch auf mehreren Knochen der Maulhöhle (Zungenknochen, Gaumenbein, Pflugscharbein (Vomer), Schlundknochen und Innenseiten der Kiemenbögen).

Das **Pflugscharbein** kann zur Artenunterscheidung besondere Aufmerksamkeit beanspruchen. Denn dieser unpaare Knochen ist bei den einzelnen Salmonidenarten verschieden bezahnt. Der Knochen besteht aus 2 Teilen, einer vorderen breiteren, oft dreieckigen »Platte« und einem wesentlich längeren, nach hinten schmal auslaufenden »Stiel«.

Bei manchen Arten sind Platte und Stiel, bei anderen nur die Platte oder nur der Stiel bezahnt. So ist die verschiedene Bezahnung des Pflugscharbeins eine sichere Möglichkeit, nahe verwandte Arten unter den Salmoniden zu unterscheiden oder Kreuzungen (Bastarde) festzustellen.

Beim **Lachs** ist die Platte zahnlos, der Stiel dagegen bezahnt.

Bei **Meer-, See-, Bach- und Regenbogenforelle** sind Platte und Stiel bezahnt, jedoch bei den einzelnen Arten unterschiedlich. Beim **Huchen** und den **Saiblingen** ist nur die Platte bezahnt. Die Zähne des **Zanders** sind verschieden groß, die zahlreichen kleinen nennt man Hechel-, Bürsten- oder Samtzähne, die größeren, kegelförmigen Hunds- oder Fangzähne. Wenige Fangzähne vorn auf dem Oberkiefer, anschließend zahlreiche Hechelzähne, auf dem Unterkiefer mehr Fangzähne. Vorderteil des Pflugscharbeins und Gaumenbeine bezahnt. Hinten im Maul reibeartige Zahnfelder. Zungenbein frei von Zähnen.

Der **Barsch** hat nur kurze, dicht stehende Zähne auf denselben Knochen wie der Zander.

Das tief gespaltene, entenschnabelartige und oberständige Maul des **Hechtes** ist außerordentlich stark bezahnt mit Ausnahme des Oberkiefers und des Zwischenkiefers. Oberkiefer nur vorn kleine Zähne. Viele

1. FISCHKUNDE: ALLGEMEINER TEIL

Pf = Lage des Pflugscharbeins beim Lachs

Mittlere Reihe:
Unpaares Pflugscharbein von Lachs,
Forelle und Regenbogenforelle.
Huchen, Seesaibling und Bachsaibling

Untere Reihe:
Schlundknochen von Karpfen und Barbe

seiner Knochen tragen mehrere Reihen nach rückwärts gerichteter Zähne. Eine Längsreihe großer Fangzähne liegt im hinteren Teil des Unterkiefers. Pflugscharbein, Gaumenbeine und Zungenbein bezahnt. Die ganze Anordnung weist darauf hin, dass der Hecht den Beutefisch total schluckt und die Zähne nur zum Halten des geschnappten Fisches dienen. Die viel vertretene Ansicht, dass der Hecht durch Zahnwechsel beißunlustig wird, trifft wohl nicht zu, da nur vereinzelte Fangzähne ausfallen und von der Innenseite der Unterkiefer nachwachsen. Es bleiben zur gleichen Zeit genügend Fangzähne zum Halten der Beutefische.

Kein Griff ins Maul und hinter die Kiemendeckel, da Zähne im Maul und Dorne auf den Kiemendeckeln scharf und hart sind und verletzen können!

Der **Aal** hat kleine Bürstenzähne auf den Kiefern und dem Pflugscharbein.

Unser größter Raubfisch, der **Wels (Waller)** hat am unteren Kieferteil zu einem Querband angeordnete Reihen kleinster Zähne, hinter dem oberen Kiefer sind es zwei solcher Bänder und vor dem Schlund an jeder Seite ein ovales, knopfartiges Knochengebilde mit rückwärts gerichteten, kleinen Zähnchen, die »Schlundknöpfe«; sie sollen den Beutefisch zur Schlundöffnung drücken.

So haben alle »Raubfischarten« (Fisch fressende Arten) eine stattliche Bezahnung, sie dient jedoch nicht zum Zerreißen, Teilen oder Zerkleinern der Beute, sondern lediglich zum Festhalten der Fische.

Eine Ausnahme bilden die Haie der Meere. Den erwachsenen Stören fehlen die Zähne.

❓ Was sind Reusenzähne (Reusendorne)? (Abb. S. 39)

Die Innenseiten der Kiemenbögen tragen kleine, zähnchenartige Gebilde, die Reusenzähne. Sie sind bei Raubfischen grob, aber scharf ausgebildet, um wiederum ein Freikommen der Beute zu verhindern. Sie kommen ebenfalls bei »Friedfischen« vor, z.B. bei den Arten, die von kleinstem, schwebendem tierischem Plankton leben, das sie im Schwimmen aufnehmen und mit der dichten Reihe von Reusenzähnen aussieben. Gleichzeitig vermeiden diese Zähne eine Verstopfung der Kiemenblätter.

Wenn die Reusenzähne lang, zart und engstehend in großer Zahl auf jedem Kiemenbogen angeordnet sind (z.B. bei Blaufelchen und den im Gewässer höher stehenden Maränenarten), so sind es ausgesprochene Planktonfresser. Wenn die Zähnchenreihen gröber, nicht ganz so dicht und kürzer sind, so handelt es sich um Bodenfischarten unter den Felchen (Renken oder Maränen), die kleine Bodentiere aufnehmen.

❓ Was sind Schlundzähne?

Die Weißfische (karpfenartige Fische) sind mit wenigen Ausnahmen »Friedfische« oder besser »Kleintierfresser«. Sie leben anfänglich von tierischem Plankton, dann von Insektenlarven, kleinen Krebsarten, Schnecken und Würmern. Sie sind keine Fischräuber. Sie haben auf den Kiefern und Knochen im Maul keine Zähne, wohl aber sehr ausgeprägt zum Schlund hin die »Schlundzähne«, die sich auf den beiden »Unterschlundknochen«, den umgewandelten fünften Kiemenbögen,

1. FISCHKUNDE: ALLGEMEINER TEIL

befinden. Sie drücken gegen eine besondere Kauplatte als Widerlager und können auf diese Weise die kleingestaltige und wasserhaltige Nahrung trocken pressen und je nach deren Größe mehr oder weniger zerdrücken. Im Maul zahnlos, sind diese Fische die einzigen unserer Angel- oder Nutzfische, die eine aufgenommene Nahrung vor dem Eintritt in den Darm teilweise zerkleinern (z.B. Schnecken).
Die paarigen Schlundknochen sind in ihrer Gestalt, Form und Größe bei den Weißfischarten recht verschieden, sie laufen stets in Richtung der Maulöffnung länglich aus- und aufeinander. Sie tragen auf dem hinteren, stärkeren Teil die eigentlichen Zähne, die für die einzelnen Fischarten nach Anzahl, Form, Größe und der Zahl ihrer reihenförmigen Anordnung verschieden und charakteristisch für die betreffende Fischart sind, so dass sie zur Artbestimmung dienen können (Abb. S. 24).
Einige Beispiele: Die Schlundzähne der Brachse (Blei) stehen in einer Reihe, bei der ähnlichen Güster in zwei Reihen, bei dem Rotauge (Plötze) in einer Reihe, bei der Rotfeder in zwei Reihen. Zweireihig sind sie beim Aitel (Döbel, Dickkopf, Mönne), dreireihig bei der Barbe. Grasfische (Graskarpfen) haben eine große, viereckige Kauplatte, beim Rapfen (Schied) hat die innere Reihe größere Zähne, deren Spitzen hakenförmig umgebogen sind, bei der Nase sind die Kronen der Zähne scharfkantig, messerartig, beim Karpfen wie Mahlzähne ausgebildet.
Da die Weißfische im Wildgewässer mitunter bastardieren und die Kreuzungsform im Allgemeinen schlechter wüchsig ist, spielt die Kenntnis von diesen sicheren Unterscheidungsmerkmalen eine Rolle bei der Pflege von Weißfischbeständen. Stärkerer Fang der unerwünschten Art und der Bastarde besonders vor der Laichzeit!
Stärkere Schlundknochen mit Zähnen sind begehrte Weißfischtrophäen und zieren gern den Hut des Angelfischers.

1.2 Verdauungsorgane (Abb. Seite 16)

1.2.1 Schlund, Magen und Darm

Fische haben im Maul keine Speicheldrüsen.
Die hintere Maulhöhle mündet in den Schlund, der meist kurz ist und bei Raubfischen – besonders beim Hecht – sehr erweiterungsfähig sein kann. Er mündet in den ebenfalls stark ausdehnbaren Magen, der eine saure Reaktion aufweist (pH-Wert 1.5–4.5). Hier findet die Eiweißverdauung statt. Die Form des Magens ist bei den Fischarten unterschiedlich, bei Salmoniden U-förmig, oder Schlund und Magen bilden eine

U-Form, zusammen mit dem Mitteldarm eine Schleife, beim Hecht einen länglichen Sack mit inneren Längsfalten, beim Zander einen mehr hängenden Sack, ähnlich beim Barsch, bei Aal und Waller die Form eines liegenden Y.
Weißfischarten und Schmerlen haben keinen Magen. Die einzige Ausnahme bildet die Bartgrundel *(Noemacheilus)*. Der Darm beginnt bei den magenlosen Fischarten am Schlundende und ist lang mit mehreren Schleifen. Hier findet eine starke Kohlenhydratverdauung und ein langsamer Eiweißabbau bei alkalischer Reaktion statt.

Blindsäcke am Darmbeginn
Nach der Verengung des Magenendes beim Übergang zum Darm treten – unterschiedlich an Zahl – Blindsäcke auf, Pförtner-Blindschläuche oder Pylorusanhänge genannt. Sie werden als blind endende Darmausstülpungen definiert. Bei Makrelen sind es rund 190, bei Renken bis 150, bei Forellenartigen 30–50, beim Lachs 50–70, jedoch bei Plattfischen nur 5, bei Groppen 4, beim Zander 7 und beim Barsch 3. Die Blindsäcke fehlen bei allen Weißfischarten, Schmerlen, Hecht und Wels. Ihre Funktion ist noch nicht vollständig geklärt, wahrscheinlich stellen sie eine Vergrößerung der Darmoberfläche dar. Sie kommen bei Fischen mit verhältnismäßig kurzem Darm vor. Bei Bachforellen sollen sie bestimmte Fermente liefern.

Darmlängen
Raubfische haben einen kürzeren Darm, Kleintier- und Pflanzenfresser einen langen Darm. Doch darf dies nicht zu sehr verallgemeinert werden. Die Darmlänge entspricht etwa der Körperlänge bei Hecht, Schleie und einigen Weißfischarten, ist kürzer bei Barschartigen, Forellen und Aal, dagegen länger bei vielen Weißfischarten und erreicht beim Karpfen mindestens die doppelte Körperlänge.
Ein langer Darm ist in Schlingen gelegt, die am auffälligsten beim Karpfen in Leberlappen eingebettet sind. Die Länge des Darms hat keine klare Beziehung zur Ernährungsweise. Fischarten mit gleicher Ernährungsweise haben unterschiedliche Darmlängen. Das zeigt deutlich ein Vergleich von Karpfen und Schleie.
Der kurze Enddarm mündet im After vor der Afterflosse.

1.2.2 Leber, Galle, Bauchspeicheldrüse, Milz, Nieren

Die **Leber** ist je nach Fischart verschieden geformt, sie bildet mehrere Lappen um die vorderen Darmschlingen oder eine länglich gestreckte

Form (die meisten Lappen bei Weißfischen, 2 bei Neunaugen und ist einfach bei den Barschartigen). Sie liegt mehr bauchwärts in der ersten Hälfte der Leibeshöhle. ihre Farbe ist gelbbraun bis braunrot. Sie hat mehrere Funktionen, bildet den grünen Gallensaft, der in der Gallenblase gesammelt wird, reinigt das Blut und dient als Speicherorgan (Glykogen). Sie bildet Enzyme. Sie ist fettreich, enthält Lebertran (besonders bei Rutten und Schellfischen) und die Vitamine A und B.

Die Färbung der Leber wird – besonders bei gefütterten Fischen – zur Kontrolle des inneren Gesundheitszustandes gewertet. Sie ist normalerweise braunrot. Um nicht zu falschen Schlüssen zu kommen, muss erwähnt werden, dass die Farbe der Leber bei einigen Fischarten in gesundem Zustand von der braunroten Färbung abweicht.

So ist die auffallend lang gestreckte Leber des Hechtes hell bis ockergelb, die zwei ungleich langen Lappen beim Waller lehmfarben, ebenso bei der Rutte und ähnlich beim Zander und Barsch. Bei Aal, Salmoniden und Weißfischen ist sie braunrot bis rotbraun gefärbt.

Die **Gallenblase** liegt meist basal zwischen den Leberlappen und gibt durch einen besonderen Ausfuhrgang ihre in der Leber erzeugte Flüssigkeit in den vorderen Teil des Mitteldarmes ab – besonders zur Fettverdauung.

> **Zur Beachtung in der Praxis:** Beim Ausnehmen des Fisches sollte man sorgfältig auf die inneren Organe des Fisches achten, da man daraus den Gesundheitszustand ersehen kann (Seite 16, 1–9a).

❓ Was kann der Mageninhalt anzeigen?

Aus der art- und mengenmäßigen Zusammensetzung des Mageninhalts bei »Raubfischen« und der Füllung des Darmes bei »Friedfischen« ist ersichtlich, welche Beutefische oder Kleintiere der gefangene Fisch bevorzugt hat.

❓ Was zeigt die Fischleber an? (Seite 16)

Eine große Leber mit natürlicher Färbung garantiert einen gut genährten, gesunden Fisch. Die Fischleber ist eine besondere Delikatesse!

❓ Was zeigt die Gallenblase an?

Ein hungernder oder gehälterter Fisch wird stets eine große, gefüllte Gallenblase haben. Die Galle ist durch Fehlen der Verdauung nicht zur Abgabe der Flüssigkeit gereizt worden. Sollte beim Ausnehmen, die zwischen den Leberlappen geschützt liegende Gallenblase verletzt werden, genügt ein kurzes Ausspülen der Leibeshöhle.

Die **Bauchspeicheldrüse** ist kein kompaktes, aber ein wichtiges Organ. Sie besteht aus mehreren unscheinbaren kleinen Teilen, mündet nach den Blindsäcken in den Darm, bei Weißfischen kurz hinter dem Schlund und gibt Verdauungssäfte (Bauchspeichel) sowie Insulin und Glukagon für das Blut ab.

Die **Milz** ist am Magenende oder Darmanfang durch die schwarzrote Färbung als kompaktes Organ gut erkennbar, beim Hecht an einer Schlinge des Mitteldarmes. Sie ist an der Blutbildung beteiligt sowohl der roten Blutkörper (Erythrozyten) wie der weißen (Leukozyten) und bewirkt auch deren Abbau. Sie ist von vielen Blutgefäßen durchzogen.

Lage und Funktion der Nieren
Sie sind bei den Fischen nicht »nierenförmig« sondern lang gestreckte, paarige, schmale und flache Streifen, tief dunkelrot, die hinter dem Kopf über dem Schlund mit einer kleinen Verdickung beginnen, sich zu beiden Seiten dicht unter der Wirbelsäule über die ganze Länge außerhalb der Leibeshöhle (des Bauchfells) hinziehen und schwanzwärts in 2 Harnleiter enden, die sich vor ihrer Mündung in eine meist vorhandene Harnblase vereinen, die hinter dem After einen besonderen Ausgang hat. Man unterscheidet mehrere Abschnitte, die kurze Kopf- oder Vorniere von der Rumpf- oder Urniere. Erstere bildet das Blut und dient nicht als Exkretionsorgan. Die Rumpfniere ist von Anbeginn und ständig das eigentliche Exkretionsorgan. Sie scheidet die flüssigen Abbauprodukte des Stoffwechsels und das Wasser aus. Bei den karpfenartigen Fischen mit einer stark eingeschnürten, dadurch zweikammerigen Schwimmblase findet man eine stärkere Verdickung der Niere über dieser Einschnürung, die als Bauchniere bezeichnet wird Auch sie dient – als Teil der Rumpfniere – der Exkretion. Die Menge der Flüssigkeitsausscheidung ist beträchtlich. Süßwasserfische können eine tägliche Menge bis zu 20% ihres Körpergewichts abgeben, wesentlich mehr als die am Land lebenden Säugetiere. Sie besteht vorwiegend aus Wasser, ferner aus Harnstoff und enthält wenig Ammoniak und Harnsäure.
Bei einer Forelle mit einem Gewicht von 1 kg ist eine Ausscheidung im Laufe eines Sommertages von über 100 cm^3 Flüssigkeit gemessen worden, bei einem Karpfen vom gleichen Gewicht unter gleichen Umständen fast ebensoviel. Fische, die gehältert werden, verschlechtern ihr Wasser durch Flüssigkeits- und Kotabscheidung. Darum ist fließendes Wasser notwendig.

> **Zur Beachtung in der Praxis:** Beim Ausnehmen der Fische muss auch die Niere entfernt werden, da sie sonst den Geschmack des Fisches nachteilig beeinflussen würde. Dasselbe trifft auch für die Kiemen zu.

1.3 Geschlechtsorgane (Seite 16/5)

Die Organe zur Fortpflanzung sind paarig, nur beim Barschweibchen verschmolzen, bei Neunaugen und einigen Rochenarten sind sie unpaar. Die Hoden des Männchens wie auch die Eierstöcke des Weibchens liegen in der Leibeshöhle an ihrer Rückenwand hängend, bei Reife als kompakte längliche, sackartige Gebilde über dem Darm, nehmen zum hinteren Ende an Umfang ab und gehen in zwei Samenleiter bzw. Eileiter über, die sich am Ende der Leibeshöhle vereinen und hinter dem After ausmünden. Der Samenleiter vereint sich mit dem Harnleiter oder mündet zwischen After und Harnleiter. So befindet sich bei vielen Arten nach dem After noch ein Genitalporus- und eine Harnleiterausmündung. Zwitter werden äußerst selten beobachtet und sind pathologisch.

Fische sind stets getrennt geschlechtlich. Geschlechtsumstimmungen nach Kreuzungen – wie den Aquarianern bekannt (bzw. *Xiphophorus* X *Lebistes*) – sind bei unseren Fischarten unbekannt.
Salmoniden und Aale besitzen keine Eileiter, die reifen Eier »fallen« in die Leibeshöhle (dasselbe trifft für die Neunaugen zu) und gelangen durch einen kurzen Gang hinter dem After nach außen. Die Salmoniden lassen sich daher leicht »streifen«, d.h. mit einer Hand die Flanken vom Kopf zur Geschlechtsöffnung leicht drücken und die Eier bei Vollreife gewinnen, um sie mit dem ebenso gewonnenen Samen in einer trockenen Schüssel vorsichtig zu rühren und auf diese Weise die Eier zu besamen und anschließend in durchströmte Brutgläser oder Bruttröge zu bringen, was in der Forellenzucht für die Aufzucht der Brut von großer Bedeutung ist.
Die Eier des Fisches nennt man (bereits im Eierstock) Rogen, das Fischweibchen daher Rogner. Die Samenflüssigkeit des Männchens sieht weißlich, milchig aus und wird als Milch, das Männchen als Milchner bezeichnet. Die natürliche Abgabe der reifen Geschlechtsprodukte ins freie Wasser – dort findet die Besamung statt – nennt man Laichen oder Ablaichen oder Laichablage. Der Termin des Ablaichens ist die Laichzeit, die Stelle der Laichplatz oder die Laichstätte. Die Eier

der in der kalten Jahreszeit laichenden Arten sind groß und dotterreicher. Eine Ausnahme bildet die Rutte. Eier der im Sommer laichenden Arten sind klein.

Während der Rogen sehr geschätzt wird (Kaviar), darf er von einer einzigen Fischart, der Barbe, nicht verspeist werden, da er Erbrechen und Durchfall hervorruft. Aus diesem Grund hat die Barbe eine auf dem Verordnungswege geregelte Schonzeit, in der sie nicht gefangen werden darf.

Nach dem Ablaichen beginnt die langsame Neubildung der Geschlechtsprodukte bis zur Vollreife nach einem Jahr. Im Ausmaß der Ausbildung sieht man die fortschreitende Entwicklung zur Laichreife.

❔ Wann werden die Fische geschlechtsreif (laichreif)?

In unseren Zonen zum ersten Mal im 3. Lebensjahr, mitunter die Männchen schon im zweiten. Die Laichzeit wiederholt sich jährlich einmal zur nach Fischart speziellen Jahreszeit. Die erste Laichausbildung ist eine Funktion der Körperlänge. Sie kann durch beschleunigtes Wachstum vorverlegt werden.

❔ Wo pflanzen sich die Fische fort?

Die Rogner geben ihre Eier im Wasser ab, unmittelbar über ihnen die Milchner den Samen. Die Besamung findet im freien Wasser statt. Manche Fischarten legen Laichgruben im Kies oder Sand an. Sie werden als Strömungs- oder **Kieslaicher** bezeichnet (alle Forellenarten, Äsche, Huchen, Barbe, Nase).

Schwarmfische laichen meist im freien Wasser: **Freiwasserlaicher** (Renken, Felchen, Maränenarten und viele Meeresfische).

Andere Fischarten laichen an Unterwasserpflanzen. Die Fischeier bleiben an den Pflanzen haften. Diese Arten werden als **Krautlaicher** bezeichnet (Karpfen, Schleie, Hecht). Pflanzen, Steine und Wurzelstöcke zeigen mitunter Laichbänder von Barschen.

Bei wenigen Arten ist eine Brutpflege bekannt: Nest der Stichlinge, Mühlkoppe, Zander, Welse, Moderlieschen, Elritze, Forellen- und Schwarzbarsch.

❔ Wann laichen die Fische?

(s. auch Schonzeiten Seite 355 ff.)

Wir unterscheiden **Spätherbst**- und **Winterlaicher**: Seeforelle, Bachsaibling, Bachforelle, Renken, Felchen, Maränen, Rutte (Trüsche oder Aalquappe),

ferner **Frühjahrslaicher**: Regenbogenforelle, Äsche, Huchen, Hecht,

Zander, Schied, Mühlkoppe und Nase. **Früh-Sommerlaicher**: Karpfen, Karausche, Schleie, Aitel, Nerfling, Barbe, Brachse, Rotauge, Rotfeder, Wels.

❷ Lassen sich die Geschlechter äußerlich unterscheiden?

Bei den **Forellen** haben die Milchner zur Laichzeit und im fortschreitenden Alter ständig einen »Lachshaken«: Der Unterkiefer ist vorgezogen und hakenartig nach oben hochgezogen, auch Laichhaken genannt (Seite 33/5).

Bei den **Äschen** hat der Milchner eine längere »Fahne«. Die am hinteren Ende der Rückenflosse befindlichen Flossenstrahlen sind länger und am Ende ein wenig nach hinten umgebogen, dadurch wirkt die Rückenflosse des Milchners länger (Seite 33/1).

Bei den **Schleien** kann man das Geschlecht an den Bauchflossen schon vom 2. Lebensjahr an erkennen. Beim Milchner ist der zweite Flossenstrahl der Bauchflosse auffällig verdickt und hart, die Bauchflossen sind größer, flächenartig breit und länger. Legt man sie an den Körper an, verdecken sie den After. Der Rogner dagegen hat kurze, weiche und spitz zulaufende Bauchflossen, der After ist nicht verdeckt, die Verdickung fehlt (Seite 33/3).

Bei der **Nase** sind die Brustflossen des Milchners stärker entwickelt als beim Rogner (Seite 33/2).

Bei mehreren **Weißfischarten**, auch bei **Zander** und **Äsche**, ist die Bauchseite des Milchners dunkler, grauer gefärbt, sie ist beim Rogner heller und weißlich.

Beim **Karpfen** und bei mehreren anderen Weißfischarten ist zur Zeit der Laichreife die Afterpartie des Milchners dreieckig eingezogen, beim Rogner kraterartig ausgestülpt. Die Milchner haben Laichausschlag (Seite 12). Das **Flussneunaugen**-Weibchen bildet zur Laichzeit eine Art Afterflosse aus.

Bei den meisten Fischarten wächst der Rogner stärker als der Milchner, so besonders beim **Aal** und **Hecht**. Der **Waller** soll eine Ausnahme machen.

Die sicherste Unterscheidung ist stets das Geschlechtsorgan und damit beim Milchner die Milch und beim Rogner der Rogen.

Beim **Aal** ist bisher die Unterscheidung erst bei einer Länge über 50 cm im Inneren möglich. Der kleinere Milchner hat Ansätze zu einem lappenförmigen, der Rogner zu einem krausenartigen Geschlechtsorgan (»Lappen-« und »Krausen-« oder »Rüschenorgan«) (Seite 33/4).

Das Weibchen des kleinen **Bitterlings** hat eine Legeröhre, mit der es die Eier in Muscheln ablegt.

1.3 GESCHLECHTSORGANE

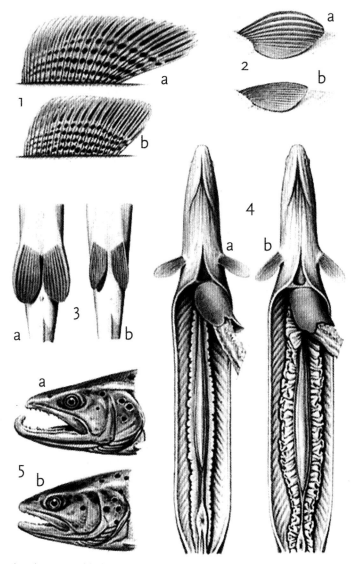

Merkmale zur Geschlechtsbestimmung.
a = Männchen, b = Weibchen. 1 = Äsche, Rückenflosse, 2 = Nase, Brustflossen, 3 = Schleie, Bauchflossen, 4 = Aal, Geschlechtsorgane, 5 = Forelle, Unterkieferhaken = Laichhaken.

❓ Warum ist eine Geschlechtsunterscheidung notwendig?

Der Angler sollte sich bei seinen Aufzeichnungen auch das Geschlecht der gefangenen Fische notieren, um Rückschlüsse auf die Zusammensetzung der Geschlechter im Fischbestand der betreffenden Gewässer ziehen zu können. Nur wenn das Geschlechterverhältnis normal ist, d.h. möglichst 1:1, kann eine natürliche Fortpflanzung in ausreichendem Maße erfolgen. Da die Rogner viel Laich liefern und nach der Laichzeit gefräßiger sind, werden sie nach Beendigung der Schonzeit zahlreicher geangelt. So kann sich im Laufe der Zeit eine Verschiebung des Geschlechterverhältnisses mit allen nachteiligen Folgen ergeben. Sorgfältige Beobachtungen im Forellen- und Äschenwasser sind notwendig (s. Abschnitt 4 »**Fischhege und Gewässerpflege**«).

❓ Welche Faktoren sind für die Eientwicklung im Gewässer von besonderer Bedeutung?

1. Ein geringes Vorkommen von Laichräubern.
2. Die für die betreffende Fischart optimale Temperatur.
3. Günstige Sauerstoffverhältnisse am Laichplatz.
4. Sauberes Wasser, keine Abwässer.
5. Windstille.
6. Keine Schifffahrt. } (Für Kraut- und Uferlaicher)

❓ Wie hoch ist die Eizahl bei den Fischen?

Die Fische sind bekannt für ihre hohe Eizahl. Sie schwankt stark bei einem Vergleich einzelner Arten. Auf die unterschiedliche Größe der Winter- und Sommerlaicher ist bereits hingewiesen worden. Nachstehend sollen einige Angaben aus der Literatur über die Anzahl vollreifer Eier – errechnet auf 1 kg Körpergewicht des Mutterfisches – gemacht werden, um eine ungefähre Vorstellung zu vermitteln:

    1.500–2.500 Stück von Bachforellen, Lachs
    6.000–10.000 Stück von Äschen
    20.000 Stück von Bodenfelchen
    30.000–35.000 Stück von Hecht, Wels, Blaufelchen
    45.000 Stück von Brachsen, Döbel
    150.000 Stück von Zandern und bis 250.000 von Barschen
    200.000 Stück von Karpfen
    275.000 Stück von Plötzen
    600.000 Stück von Schleien
    rund 1.000.000 Stück von Rutten und Aalen

Diese hohen Eizahlen weisen auf die großen Ausfälle und Verluste hin, die nach der Eiabgabe und in der ersten Entwicklungszeit eintreten.

1.3 GESCHLECHTSORGANE

❓ Wie erfolgen Besamung und Befruchtung in der Fischzucht?

Die Gewinnung des Rogens wird durch Abstreifen und Auffangen der Eier in einem Gefäß erreicht. Der Samen (Milch) wird ebenfalls durch Abstreifen eines Milchners unmittelbar über der mit Rogen gefüllten Schale über die Eier verteilt. Die Milch wird dann mit einer Gänsekielfeder vorsichtig mit dem Rogen verrührt.

Im freien Bach, Fluss und See ist die Befruchtungsrate geringer. Bei optimalen Bedingungen, so nimmt man an, kann auch in diesen Gewässern der abgelaichte Rogen bis zu 80% befruchtet werden.

1.3.1 Eientwicklung und Dottersackstadium

Die in das Wasser abgegebene Samenzelle (Sperma) des Milchners wird erst hier beweglich, aber nur für kurze Zeit (1–8 Minuten). In dieser Spanne muss sie durch eine kurzfristig vorhandene Öffnung (Mikrophyle) in ein Ei gelangt sein. Diese Öffnung schließt sich durch Aufquellen des Eies im Wasser sehr schnell. Bereits nach 1 Minute ist ein Eindringen in das Ei nicht mehr möglich. Nach dem Eintritt verschmilzt der Zellkern des Samenfadens mit dem Kern der Eizelle, damit beginnt die Entwicklung des Embryos. Sie ist artbedingt und temperaturabhängig. Die Eier der Winterlaicher benötigen bis zum Schlüpfprozeß des Brütlings bis zu 3 Monaten, Karpfeneier aus der warmen Jahreszeit brauchen nur 3–5 Tage. Die Entwicklungsdauer sollte man voraussehen können. Ein Züchter muss in seinem Bruthaus zeitlich genau planen.

❓ Was sind Tagesgradzahlen?

Ein Begriff zur Vorausberechnung der Schlüpftermine.
Das Produkt aus durchschnittlicher Brutwassertemperatur in (°C) mal Dauer der Eientwicklung in Tagen von der Befruchtung bis zum Schlüpfen. Ist die Tagesgradzahl aus Beobachtung von der betreffenden Fischart bekannt, teilt man sie durch die durchschnittliche Wassertemperatur und kommt auf die Anzahl der Tage, die der Fischembryo zu seiner Entwicklung bis zum Schlüpfen benötigt.

Bekannte Tagesgradzahlen sind:	
für Regenbogenforellen	390
für Bachforellen (430 T° : 7 °C = ca. 62 Tage)	10% mehr
für Felchen	300–320
für Äschen	200
für Hechte	120–140
für Karpfen (70 T° : 20 °C = ca. 3 1/2 Tage)	60–80

1. FISCHKUNDE: ALLGEMEINER TEIL

❓ Was bedeutet das Augenpunktstadium im Ei?

Die befruchteten Eier sind bis zum ersten Sichtbarwerden des Vorstadiums der Wirbelsäule im Ei sehr empfindlich. Mit der ungefähren Halbzeit der Entwicklungsdauer werden die Augen, die sich zuerst färben, sichtbar. Diesen Zeitpunkt nennt man das Augenpunktstadium, die Eier sind fortan bis zu ca. 2 Tagen vor dem Schlüpfen nicht mehr so stoßempfindlich und können versandt werden.

Die frisch aus dem Ei geschlüpften Fischchen nennt man Dottersackbrut oder Dotterbrut.

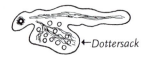

❓ Was ist der Dottersack?

Die frisch geschlüpfte Brut trägt in Form eines äußerlich an der Bauchseite hängenden Sackes Nährstoffreserven zur ersten Ernährung mit sich, bis sie fressfähig wird Die Zeit dieser Entwicklung bezeichnet man als Dottersackstadium.

Man unterscheidet später ein partielles Dottersackstadium, wenn ein Teil des Vorrates aufgezehrt ist und eine eigene Aufnahme fremder Nahrung zusätzlich begonnen hat.

Das Dottersackstadium ist beendet, wenn der Dottersack zur Gänze verbraucht ist, was je nach Fischart und Größe des Dottersacks von unterschiedlich langer Dauer ist (z.B. Sommerlaicher – Winterlaicher). Es schließt sich die Entwicklung als Brut an.

Die Bezeichnung »Fischlarve« ist gebräuchlich, aber nicht gerechtfertigt, da eine Umwandlung nicht stattfindet. Lediglich der Aal macht eine echte Metamorphose durch, so dass bei dieser Fischart der Name Aallarve berechtigt ist.

❓ Was ist »vorgestreckte« Brut?

Die Bezeichnung stammt aus der Karpfenzucht. Die nach dem Schlüpfen sehr kleine Brut wird in besonderen Vorstreckteichen bis zu einer Länge von 3-4 cm herangezogen (»vorgestreckt«) und erst dann an andere Betriebe verkauft oder im eigenen Betrieb in Streckteiche mit frischer Naturnahrung umgesetzt, wenn eine zusätzliche Futterabgabe nicht bereits eher verabreicht worden ist. – Heute wird diese Bezeichnung in der Forellenzucht und in der Hechtaufzucht ebenfalls angewendet und vielleicht auch in die Intensivwirtschaft des Aales übernommen werden.

1.4 Weitere innere Organe des Fisches

1.4.1 Schwimmblase: (Seite 16/7)

Auffallend durch ihre Größe ist sie eine dünnhäutige, gasgefüllte Blase im oberen Teil der Leibeshöhle, entstanden durch eine Ausstülpung des Vorderdarmes. Bei den meisten Fischarten bleibt ein Verbindungsgang zwischen dem Vorderdarm und dem hinteren Teil der Blase bestehen. In der Wissenschaft bezeichnet man diese Gruppe der Fische als *Physostomi*. Dazu gehören Salmoniden, Weißfische, Welse, Hechte und Aal. Eine solche Verbindung fehlt bei den Barscharten, Groppen, Quappen und Stichling. Sie werden als *Physoclisti* zusammengefasst. Bei diesen Arten ist der Gang frühzeitig verloren gegangen.
Die Schwimmblase enthält ein Gemisch aus Stickstoff, Sauerstoff und Kohlensäure, jedoch in anderer Zusammensetzung als die Luft. Die erste Füllung ihrer Blase muss die junge Fischbrut vornehmen durch Aufstieg an die Wasseroberfläche und Luftschnappen, was bei den Fischarten ohne den erwähnten Verbindungsgang sehr frühzeitig erfolgen muss, aber auch bei den übrigen Fischen erfolgt. Dieser Vorgang ist noch nicht genügend geklärt.
Die Gasfüllung der Blase macht sie zu einem wichtigen hydrostatischen Organ und bedingt schwereloses Schwimmen.

> **Welche Aufgabe hat die Schwimmblase?**

Ein Schwebeorgan! Dieser gasgefüllte Körper dient zur Gewichtsverminderung im Wasser und zum Druckausgleich in verschiedenen Wassertiefen. In Verbindung mit dem »Auftrieb« passt die Schwimmblase das Gewicht des Fisches dem Wasser an. Die Gewichtsverminderung fällt in dem Moment fort, wenn der Fisch beim Landen an der Schnur aus dem Wasser gezogen wird.

> **Welche Bedeutung hat eine geteilte Schwimmblase? (Seite 16/7)**

Bei Weißfischen ist die Blase stark eingeschnürt und fast zweigeteilt. Mit einer zweigeteilten Schwimmblase kann der Fisch im Wasser eine Schrägstellung und somit eine günstige »Fraßstellung« bei Aufnahme der Nahrung vom Boden einnehmen. Da die Wandungen der zweiteiligen Schwimmblase verschieden stark sind, werden sie auch gegen äußeren Druck verschieden reagieren. Der hintere, größere Teil der Schwimmblase ist zarter, der vordere, kleinere Teil dickwandiger, weniger druckempfindlich. Bei nachlassendem Luftdruck wird sich der hintere Teil der Schwimmblase schneller erweitern. Dadurch wird das

Gewicht des Fischkörpers zum Schwanzende hin leichter, das Kopfende schwerer, der Fisch kommt in Fraßstellung. Nahrungsaufnahme oder Anbiss werden erleichtert. Es wird angenommen, dass der Luftdruck bei Schönwetter die Schwimmblase verkleinert, das spezifische Gewicht des Körpers vergrößert, den Fisch sinken lässt und somit den Fang erschwert. Bei sinkendem Luftdruck oder fallendem Barometerstand wird die Kompression geringer, die Schwimmblase dehnt sich aus, der Fisch steigt leichter und wird eher gefangen. Da wir bei Westwind häufig einen sinkenden Luftdruck haben, bringt er uns die besseren Fangaussichten (Barometer beachten!).

Welche Fischarten haben keine Schwimmblase?
Mühlkoppe (Groppe), Streber (Zanderart in der Donau), Neunaugen, Makrelen, Haifische und Plattfische. (Letztere haben eine Schwimmblase nur im Jugendstadium.)

Was sind und bedeuten die »Weberschen Knöchelchen«?
Bei Weißfischen, Welsen und Schmerlen stellen sie eine direkte Verbindung zwischen Schwimmblase und Gleichgewichts- bzw. Gehörorgan her, was die Wahrnehmung des Wasserdruckes und das Hören erleichtert.

Was sind »trommelsüchtige« Fische oder »Kropf-Felchen«?
Ein Fisch aus größeren Tiefen geangelt oder mit dem Netz rasch an die Wasseroberfläche geholt, kann den Ausgleich des Gases nicht so schnell regulieren. Der Vorderleib wird aufgebläht und mitunter werden Schwimmblase und/oder Vorderdarm aus dem Maul herausgedrückt.

Helles oder dunkles Bauchfell
Die Leibeshöhle ist mit einer feinen Haut, dem Bauchfell, ausgekleidet. Es weist oft eine Einlagerung von Guanin auf und ist dann silberglänzend. Bei Einlagerung von schwarzen Farbzellen ist es dunkel bis schwarz gefärbt, so bei Nase, Giebel, Strömer und Bitterling wie auch bei Gras-, Silber- und Marmorfisch.

1.4.2 Atmungsorgane

Wie atmet der Fisch?
Die Aufnahme des im Wasser gelösten Sauerstoffes und die Abgabe von Kohlensäure aus dem Blut geschieht durch Kiemen, die am hinte-

1.4 WEITERE INNERE ORGANE

ren Kopfende unter dem Kiemendeckel verdeckt liegen. Sie sind in zwei Reihen als feine, dünne Hautblättchen, die von feinen Adern in ihrer Haut reichlich durchblutet sind, auf jedem knorpeligen Kiemenbogen angeordnet. Auf jeder Seite sind 5 Kiemenbögen vorhanden, von denen die ersten 4 Bögen Kiemen tragen (beim Aal auch der fünfte). Die 5 Kiemenspalten mit den 4 Bögen sind außen von den zusammengewachsenen Knochenplatten des beweglichen Kiemendeckels geschützt. An der hinteren und unteren Partie des freien Kiemendeckels können Hautsäume die Kiemenhöhlen dicht abschließen, wenn sich der Kiemendeckel anlegt.

Das Atemwasser gelangt bei geöffnetem Maul und bei geschlossenem Kiemendeckel und Schlund und Erweiterung der Maulhöhle in das Maul und bei anschließend geschlossenem Maul und einem Druck durch Anheben der Maulbasis an den Kiemenreusen und Kiemenblättern vorbeifließend unter den nun geöffneten Hautsäumen des Kiemendeckels nach hinten wieder ins freie Wasser.

Jedes Kiemenblättchen ist »gefiedert«, es trägt eine doppelte Reihe von feinen Falten, um die Oberfläche für den Austausch bei der Atmung zu vergrößern.

Bei einer kleinen Karausche von 10 g Gewicht hat ein Wissenschaftler (POTTER) eine Kiemenoberfläche von 1,7 cm^2 pro g Körpergewicht errechnet, RIEDEL nennt nach Literaturangaben für 1 kg Aal 9900 cm^2.

Neunaugen haben einen Kiemendarm und 7 Kiemenkanäle an Stelle der 5 Kiemenspalten der Knochenfische. In inneren Ausbuchtungen derselben liegen die Kiemenblättchen. Die Kanäle münden nach außen und täuschen Augenöffnungen vor.

❓ Was zeigen die Kiemendeckelbewegungen an?

Sie lassen Rückschlüsse auf die Intensität der Atmung zu. Zahlreiche, schnelle Kiemendeckelbewegungen in der Zeiteinheit zeigen rege Atmung und unter Umständen Sauerstoffnot an (bei Hälterungen oder Transporten). Langsame, ruhige Bewegungen des Kiemendeckels weisen auf normale, ausreichende Verhältnisse hin. Unregelmäßige Kiemendeckelbewegungen, die plötzlich sehr schnell sein können, dann wieder aussetzen, zeigen bei Transporten mit Sauerstoffzufuhr eine Übersättigung mit Sauerstoff an.

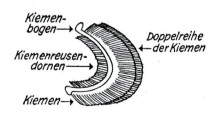

1. FISCHKUNDE: ALLGEMEINER TEIL

Eine Hautatmung, besonders zur Abgabe der Kohlensäure, ist vorhanden (bes. bei Aal und Schlammpeitzger, bei letzterem auch Darmatmung).

1.4.3 Herz und Kreislauf

❓ Wo befindet sich das Herz des Fisches? (Seite 16/2, 2a)
Kehlständig unter den Kiemen. Es pumpt das verbrauchte Blut in die Kiemen zur Sauerstoffanreicherung und von dort in den Körper.
Es besteht aus einer Haupt- und einer Vorkammer und liegt in einem besonderen Herzbeutel.

❓ Wie ist der Blutkreislauf?
Aus den Kiemen fließt das Blut auf beiden Seiten in einer Hauptader zum Kopf und in einer weiteren in den Körper. So hat der Fisch für Körper und Kiemen nur einen Kreislauf. In den Hauptadern steht das Blut nur unter geringem Druck. So spritzt es nicht heraus beim Anschneiden einer Hauptader. Der Druck ist jedoch verschieden. Wer Makrelen an der Küste gefangen hat, weiß, dass sie sehr stark und kräftig bluten. Das trifft nicht zu für die meisten Süßwasserfischarten. Das Fischherz enthält nur sauerstoffarmes (venöses) Blut.

❓ Welche Temperatur hat das Blut der Fische?
Die gleiche wie das sie umgebende Wasser, in dem sie leben. Der Fisch hat im Gegensatz zu den höheren Landwirbeltieren keine eigene Temperatur und hängt in seiner ganzen Lebensweise, wie Stoffwechselintensität, Wachstum, Temperament und Beweglichkeit, von der jeweiligen Temperatur des Wassers ab. Fische sind »wechselwarm«.

❓ Wie hoch ist der Puls?
Der Pulsschlag des Fisches ist weitestgehend abhängig von der Temperatur des Wassers.
Unsere Weißfische haben im Allgemeinen 18–30 in der Minute. Bei 27–30 °C steigt der Puls auf 124 und sinkt im kalten Winter (+1 °C) auf 1–2 Pulsschläge in der Minute ab.
So ist das unterschiedliche Verhalten des Fisches bei verschiedenen Temperaturen wohl erklärlich.

❓ Ist das Blut der Fische gefährlich?
Für den menschlichen Genuss nicht, da schon bei einer Temperatur um 60 °C gewisse Giftstoffe im Blut zerstört werden. Bei zubereiteten Fischen kann niemals ein Schaden auftreten. In manchen Gegenden wird

das Karpfenblut verwendet, um den Geschmack der Soße zu verfeinern. Nur in rohem Zustand kann das Fischblutserum Schleimhäute reizen und zu Entzündungen führen. So ist das Blut von Aalen und Wallern (Welsen) sehr schädlich, wenn es in offene Wunden oder ins Auge spritzt. Reizstoffe sind auch im Blut von Zander, Barsch, Schleie, Aitel und Brachsen enthalten. Am wenigsten schädlich ist es von Karpfen und Forellen. Die Schadwirkung kann durch Atropin herabgesetzt werden.

1.5 Skelett und Gräten

Das Knochengerüst der Fische lässt sich in 3 Teile aufgliedern: **Kopfskelett, Wirbelsäule, Flossenskelett**.
Zum besseren Verständnis muss man sich vergegenwärtigen, dass das Wasser ein viel dichteres Medium ist als die Luft (ca. 100-mal »zäher«), den Fisch fester umschließt und unter den geschilderten Umständen besser trägt. Die stützende Funktion des Skelettes beschränkt sich daher mehr auf das Zusammenwirken mit den Muskeln in der Aufgabe der Fortbewegung als auf eine Haltgebung.

Eine Ausnahme bildet das Kopfskelett.

Der Fischkopf ist ein geschlossener Schädel mit zahlreichen (beim Karpfenschädel bis 26 auf jeder Seite!), festgefügten Knochenplatten zum Schutz des Gehirns und der meisten Sinnesorgane. Er ist – vom aufklappbaren Unterkiefer abgesehen – ein starrer »Bohrkopf«, um das dichte Wasser zu durchdringen, wie das Vorderende eines Torpedos. Er trägt die Kiefer, Schädelknochen, Kiemendeckel äußerlich sichtbar und innen zahlreiche Knochen in der Höhle des Maules, die halbkreisförmigen oder geknickten Kiemenbogenspangen, die Schlundknochen und das Gerüst des paarigen, festmontierten Schultergürtels, an denen die Brustflossen befestigt sind, um nur die wichtigsten Knochen zu nennen. Die übrigen Teile des Skelettes fördern durch ihre Beschaffenheit die Elastizität, die zum Schwimmen, zur schlängelnden oder schlagenden Fortbewegung des lang gestreckten Leibes erforderlich ist.
Das Rumpfskelett oder die **Wirbelsäule**, die bis in die Schwanzflosse reicht, trägt im vorderen Teil die an besonderen Ansatzstellen fest verbundenen Rippen zum Schutz der Eingeweide. Dieser Teil stellt hinsichtlich der Elastizität den Übergang von dem starren Kopfskelett zu der nicht starren, beweglichen, biegsamen Wirbelsäule dar. Jeder Wirbelkörper ist vorn und hinten trichterförmig ausgehöhlt zur erhöhten Elastizität und zur Gewichtsersparnis. Die Anzahl der Wirbel ist stets

zahlreich, für die Fischarten verschieden und in gewissen Grenzen für jede Fischart konstant. So erleichtert sie die Bestimmung der Arten, z.b. bei den Aalen der verschiedenen Erdteile bzw. Meere.
Bei einer gleichmäßig schlängelnden, wellenförmigen Bewegung des ganzen Körpers, wie sie z. B. der Aal aufweist, sind sämtliche Wirbelkörper gleichmäßig. Bei vielen Fischarten mit ungleichen Bewegungen

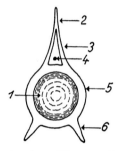

Wirbelknochen
1 = *konkave vordere Innenfläche mit Jahresringen*
2 = *oberer Dornfortsatz*
3 = *oberer Bogen*
4 = *Rückenmarkskanal*
5 = *Wirbelkörper*
6 = *unterer Bogen (Rippenfortsatz)*

einzelner Körperpartien unterscheiden sich die Wirbel besonders an ihren »Dornfortsätzen«, die bogenförmig auf dem Rücken und der Bauchseite der Wirbelsäule vorhanden sind und oben den Strang des Rückenmarkes* und unten die Hauptvene umspannen. Am Kopf des Karpfens haben die Enden der oberen Dornfortsätze eine Schaufelform zum Muskelansatz, am Schwanzende laufen alle Dornfortsätze strahlenförmig in die Schwanzflosse ein, dagegen sind sie zarter und haben einen größeren Abstand zueinander an den mehr beweglichen Teilen der Wirbelsäule. An diesen Stellen fehlen die bauchseitigen Fortsätze.
Die **Flossenskelette** befinden sich als Flossen(strahlen)träger an den Basen der Rücken- und Afterflosse und bilden mit den Knochenspan-

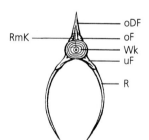

oDF = *oberer Dornfortsatz*
RmK = *Rückenmarkskanal*
oF = *oberer Fortsatz (oberer Bogen)*
Wk = *Wirbelkörper*
uF = *unterer Fortsatz (Basalstumpf)*
R = *Rippe (Hauptrippe)*

---

* Durch Schnitt zwischen die oberen Dornfortsätze kurz hinter dem Kopf bis auf den Wirbelkörper wird das Rückenmark (Hauptnervenstrang) durchtrennt und der Fisch (z.B. Aal) getötet.

gen der Bauchflossen eine Art Lendengerüst. Sie sind nicht mit der Wirbelsäule verbunden, liegen frei für sich in der Muskulatur, was wiederum die Elastizität erhöht. Die Skelette der Brustflossen sind über Basalknochen mit dem Schultergürtel (Schlüsselbein) verbunden.

❓ Was sind Fleischgräten?
Beim Zerlegen der Fische bereiten diese Gräten Schwierigkeiten. Sie liegen versteckt zwischen den Muskelstreifen, denn sie sind Teile des Muskelsystems. Sie sind Verknöcherungen der Bindegewebsschichten und keine eigentlichen Skelettknochen wie die Wirbelsäule, Rippen usw. Sie sind vergleichbar mit den »Sesamknochen«. Diese Fleischgräten, wie sie genannt werden, sind bei zahlreichen Fischarten vorhanden und sehr unterschiedlich in ihrer Gestalt. Sie sind auch nach ihrer Lage und Anzahl verschieden. Sie kommen bei den meisten Weißfischen in der speziellen Form der Y-Gräten vor.

Im Allgemeinen unterscheidet man im Fisch drei Serien von Fleischgräten, nämlich auf jeder Seite eine Reihe im Schwanzteil der unteren Körperhälfte, eine andere Reihe in der Mitte entlang der ganzen Seite und eine dritte wiederum im ganzen Körper der oberen Rücken- und Schwanzpartie. Stets liegen sie anders als die Rippen, nämlich waagrecht zwischen den einzelnen Muskelsegmenten, daher auch **Zwischenmuskelgräten** genannt. Da sie immer in Reihen angeordnet sind, erleichtert diese Lage ihre vollständige Entnahme beim Verzehr auf dem Essteller, wenn man die ganze Reihe richtig erfasst.

❓ Welche Fischarten sind grätenarm?
Wels, Rutte, Aal.

❓ Nicht grätenreich?
Forelle, Hecht, Zander

❓ Grätenreich?
Weißfische. Sie haben zahlreiche Fleischgräten.

1.5.1 Muskulatur

❓ Wie ist die Muskulatur angeordnet?
Das Fleisch des Fisches ist leicht verdauliches, hochwertiges und schmackhaftes Eiweiß. Es wird von der Muskulatur geliefert ohne Sehnen. Die Muskulatur des Körperrumpfes und des Schwanzteiles ist um die Eingeweide und das Skelett gelagert und in viele Muskelstreifen (Myo-

1. FISCHKUNDE: ALLGEMEINER TEIL

meren) aufgeteilt, die bei einer Seitenlage des Fischkörpers waagrecht in Winkelform liegen. Diese Gliederung ist nach Entfernung der Haut leicht zu erkennen. Die Anzahl der Muskelstreifen entspricht der Zahl der Wirbelkörper.

Die hohe Zahl, Anordnung und das Gefüge der Muskelstreifen weist wiederum auf Elastizität und Beweglichkeit hin.

Die Muskelstreifen werden durch feine Bindegewebsscheidewände getrennt *(Myosepten)*, die infolge ihrer Zartheit weder mit dem Auge noch beim Verzehr festgestellt werden können. Die Trennung der Muskelscheiben ist jedoch gut sichtbar.

Nach ihrer Lage zur Körperachse lassen sich gleichmäßig angeordnete Muskelpartien über und unter einer Längslinie, die der Seitenlinie entspricht, unterscheiden. Selbstverständlich sind die Partien auf den beiden Längshälften des Körpers symmetrisch angeordnet.

Vom Kopf bis zum Schwanz liegen die Muskelstreifen tütenförmig eingeschachtelt hintereinander. Die eigentliche Rumpfpartie der Muskelstreifen auf der oberen Seite (Rückenpartie) unterscheidet sich nicht von der anschließenden oberen Schwanzpartie.

Unterhalb der »Seitenlinie« können die Muskelstreifen der Rumpfpartie von denen der Schwanzpartie, obgleich sie genau regelmäßig hintereinander angeordnet sind, insofern unterschieden werden, als die Formen verschieden sind: Die an den Rippen liegenden Streifen sind breiter und länger infolge des größeren Volumens dieser Rumpfpartie, die Muskeln der Schwanzpartie sind nicht so breit und ähneln wiederum den entsprechenden Partien über der »Seitenlinie«.

> **Zur Beachtung in der Praxis:**
> Berücksichtigt man diese regelmäßige und durch die Seitenlinie streng markierte Anordnung der Muskelstreifen, so ist das Zerlegen des Fisches auf dem Teller sehr leicht. Man trennt mit dem Besteck – am besten mit dem Fischmesser – durch einen leichten Einschnitt vom Kopf bis zum Schwanz das Fleisch in der Längsrinne zwischen den oberen und unteren Muskelschichten, hebt die obere Partie zur oberen Seite und die bauchseitige Partie zur unteren Seite ab und hat auf diese Weise leicht das Fleisch vom eigentlichen Skelett abgetrennt (z.B. bei den forellenartigen Fischen).
> Bei Kenntnis der Muskulatur ist das Zerlegen einfach.

❓ Hat der Fisch weiteres Muskelfleisch?

Neben den aufeinander folgenden Muskelpartien im Rumpf und Schwanzteil weisen der Kopf, die Ansätze der paarigen Flossen, die Flossentträger der unpaaren Flossen und die Kiemendeckel mit ihren »Bäckchen« (Forellen!) ebenfalls Muskelfleisch auf, das besonders fest ist.

1.6 Sinnesorgane

1.6.1 Gehirn und Nervensystem

Das Gehirn als Zentrale des Nervensystems liegt in der Schädelhöhle, es beginnt – höher liegend – hinter den Augen, erstreckt sich rückwärts oberhalb der Kiemenbögen und ist in 5 Teile aufgegliedert – ähnlich wie beim Menschen, nur in anderen Dimensionen und Relationen.
Das Großhirn – beim Menschen der Hauptteil – ist bei den Fischen noch wenig entwickelt. Stärker ausgebildet sind 3 Teile, das Vorderhirn mit starken Riechlappen, das Mittelhirn (Sehvermögen) und das Hinter- bzw. Kleinhirn (Gedächtnis!). Ein Zwischenhirn ist bereits vorhanden mit einem dreilappigen Hypophysenanhang, dessen Extrakt zur Beschleunigung der Gonadenreife in der modernen Fischzucht (zur Hypophysierung von Karpfen) verwendet wird.
Fische haben 10 Gehirnnerven (12 bei höheren Wirbeltieren). – Das Nervensystem hat für den Fischer kaum eine praktische Bedeutung, wohl aber die Sinnesorgane.

> **Wie ist die Schmerzempfindlichkeit des Fisches?**

Sie ist nicht so stark ausgeprägt. Man beobachtet immer, dass Fische bei starken Verletzungen keine Reaktion zeigen. Das soll uns nicht veranlassen, den Fisch roh zu behandeln!

> **Warum soll der Angelfischer über die Sinnesorgane der Fische gut Bescheid wissen?**

1. Weil er damit Einblick in die Verhaltensweise der Fische und richtiges Verständnis für die Eigenarten der Fische erhält. Die Tierliebe, ohne die ein echter Angelfischer nicht denkbar ist, wird mit diesem Wissen reifen.
2. Weil er beim Fischen manchen Fehler vermeidet und den Fisch besser aufspürt und überlistet.

1.6.2 Das Seitenlinienorgan

Das Seitenlinienorgan ist das wichtigste Sinnesorgan des Fisches. Es handelt sich dabei um einen »Ferntastsinn«. An jeder Seite des Rumpfes vom Kopf bis zum Schwanz (mitunter noch verästelte Stränge am Kopf) zieht sich eine deutlich sichtbare Linie entlang, die durch ein oder zwei Löcher in jeder Schuppe markiert ist. Am Grunde dieser Poren lagern im Verband Sinneszellen, mit denen der Fisch Folgendes wahrnimmt: Wasserströmungen, herannahende Fische (Raub- oder Beutefische), Hindernisse im Wasser, die die eigenen Wellen zurückwerfen, Ufernähe, Bodennähe, Erschütterungen am Ufer, Einmündungen von Nebenbächen, Druckgefälle, Stromrichtungen, Stärke von Strömungen. Mit dem Seitenlinienorgan orientiert sich der Fisch in seinem Raum und hält den Abstand im Schwarm. Mit diesem Organ finden die Fische, die zum Laichen aufwärts ziehen, in die Nebenbäche. Mit diesem Organ orientieren sich die Fische hauptsächlich in der Dunkelheit und im trüben Wasser. Das Seitenlinienorgan ist eine Art Ferntastorgan. (Keine Geschmacks- und Geruchswahrnehmung durch das Seitenlinienorgan!)

Neben diesem »Ferntastsinn«, der auf Erschütterungen reagiert, besitzt der Fisch noch einen Hauttastsinn, der auf Berührungen anspricht, aber auch gleichzeitig ein »Erschütterungssinn« ist.

Bei Raubfischen, wie Hecht, Zander und Quappe, ist dieses Organ für den Fang von nahenden Beutefischen von großer Bedeutung.

Die ganze Körperhaut des Fisches hat ein Tastvermögen, die Empfindlichkeit ist an den einzelnen Körperpartien unterschiedlich. Kopf und Flossen sollen besonders reizbar sein, ebenfalls die Barteln. Der jüngsten, gerade geschlüpften Forellenbrut sagt man nach, dass sie an Kopf und Schwanz empfindlicher ist.

> **Praktische Nutzanwendung:** Über die Seitenlinie wird der Fisch alarmiert, wenn der Köder falsch und unnatürlich geführt wird.

1.6.3 Der Gesichtssinn

Fische mit großen Augen können besser sehen. Infolge der Kugelgestalt der Linse und der seitlichen Stellung der Augen haben sie einen weiten Gesichtswinkel, sowohl in der Horizontalen wie auch nach oben und unten. Das Wasser bespült ständig die Augen, daher fehlen Augenlider, und die Augen sind stets aufnahmebereit – auch in jeder Art von Ruhestellung. Sie können bewegt werden (Karpfentest!, Augendrehreflex).

Bodenfische mit kleinen Augen sehen nicht so gut (Aal, Schleie, Wels). Sie sind meist Nachtfische. Dann sind andere Sinnesorgane (Geruch, Geschmack, Tastsinn) bei ihnen besser entwickelt.

Das Fischauge ist farbempfindlich, das Hochzeitskleid wäre sonst sinnlos. Der Farbbereich ist größer als beim menschlichen Auge. Die Fische können sogar ultraviolettes Licht wahrnehmen.

Gesichtsfeld des Fisches

❓ Wie reagieren die Fische auf verschiedene Lichtintensität?

In erster Linie durch Standortwechsel: Von flachen in tiefe Schichten im See, am Ufer durch Aufsuchen von Schattenstellen zwischen Wasserpflanzen. Eine Abblendung im Auge ist bei unseren Fischarten nicht möglich. Meist soll viel Licht, das im Wasser weniger intensiv ist, eingefangen werden.

❓ Wie weit sieht der Fisch?

In der Ruhestellung ist das Auge auf Nahsehen eingestellt. Auf Weitsicht muss sich das Auge erst einstellen. Die starre, kugelige Linse im Augapfel wird eingezogen, ähnlich wie beim Fotoapparat. Eine geringe Entfernung zu einem anderen Gegenstand, wie Beutefisch, Nahrungsbrocken oder Köder, kann der Fisch sehr genau schätzen.

❓ Was sieht der Fisch?

Er verfügt über ein körperliches Sehen und über ein Formensehen, so dass bei der Auswahl der Köder große Sorgfalt am Platze ist.

❓ Wie muss die Lichtbrechung an der Wasseroberfläche berücksichtigt werden?

Ein senkrechter Lichtstrahl dringt tiefer in das Wasser ein. Von einem hohen Ufer sieht man besser ins Wasser. Lichtstrahlen, die schräg einfallen, werden stärker gebrochen, die sehr flach auftreffen, dringen gar nicht ein.

Es ist vorteilhaft, im Boot oder am Ufer zu sitzen, nicht zu stehen, um weniger vom Fisch gesehen zu werden. Der Fisch sieht Gegenstände

1. FISCHKUNDE: ALLGEMEINER TEIL

über dem Wasser nur, wenn sie in einem Gesichtswinkel von 98° zur Oberfläche über ihm vorkommen.

Der Fischer sieht den Fisch im Wasser immer höher, als der Fisch wirklich steht. Das hängt ebenfalls mit der Lichtbrechung zusammen und muss beim Servieren des Köders berücksichtigt werden.

> **Praktische Nutzanwendung:**
> Deckung gegen Sicht, möglichst wenig Bewegung. Vorteil des Watens durch niedrigere Stellung im Wasser, Schatten auf dem Wasser vermeiden, gegen die Sonne fischen, gedeckte Farbe der Kleidung, Farbe der Angelschnur dem Wasser anpassen, Farbe der künstlichen Fliege oder des Köders als Kontrast auf Färbung des Wassers und auf die Lichtintensität abstimmen:
> Trübes Wasser – hellere Blinker, klares Wasser – dunklere Blinker.
> Nicht unmittelbar am Standplatz fischen.

1.6.4 Gleichgewichtsorgan und Gehörsinn

Unsere Fische haben zwar keine äußeren Gehörorgane, wohl aber innere, und zwar im Schädel über den Kiemen, im so genannten Labyrinth, das zugleich statisches Organ ist. Es besteht aus 3 mit Lymphe gefüllten Bogengängen. Diese haben an ihren basalen Enden je eine ampullenartige Erweiterung mit Sinneszellen.

Ein darunter liegendes, bläschenartiges Gebilde, das ein aus kohlensaurem Kalk bestehendes Steinchen enthält, gehört ebenfalls zum Gleichgewichtsorgan.

Unterhalb befindet sich ein ähnliches Gebilde mit einer besonderen Erweiterung. In diesem befinden sich wiederum 2 Gehörsteinchen und bilden das eigentliche Gehörorgan.

Fische hören recht gut. Naturvölker locken Fische durch Töne an.

Fische reagieren also auf Töne und unterscheiden sie voneinander. Elritzen und andere Fischarten können Intervalle bis zu einer kleinen Terz unterscheiden.

In Versuchen hat es sich gezeigt, dass Zwergwelse Namen aus menschlichen Sprachlauten unterscheiden können.

Das Tongedächtnis ist besonders bemerkenswert. Nach langen Dressurpausen reagieren sie auf altbekannte Töne. Das Tongedächtnis beim Zwergwels wurde bis zu einem Zeitraum von 334 Tagen nachgewiesen (von FRISCH).

An der Hörschärfe beteiligt sich auch die Schwimmblase, wenn eine

Verbindung zwischen Schwimmblase und Ohr besteht. Wo diese anatomische Voraussetzung (Webersche Knöchelchen) erfüllt ist, z.B. bei Weißfischen, Welsen und Schmerlen, hören diese Fischarten besonders gut und nehmen Druckschwankungen besser wahr.
Weniger ausgeprägt ist das Richtungshören. Beim Menschen wird die Schallrichtung erkannt aus dem Zeitunterschied, mit dem der Schall in den beiden äußeren Ohren eintritt. Beim Fisch liegen die beiden inneren Ohren (Labyrinthe) sehr eng beieinander, und der Schall pflanzt sich im Wasser viermal so schnell fort wie in der Luft. Dadurch ist das Richtungshören erschwert.

> **Praktische Nutzanwendung:** Sich am Wasser ruhig verhalten, leise auftreten, besonders bei gefrorenem Boden.

❓ Sind Fische stumm?
Bereits bei 90 Fischarten ist eine Tonerzeugung nachgewiesen, und zwar meist bei den Milchnern: Dumpfe, kurze Laute, verschieden bei den Arten.

1.6.5 Geruchssinn

Die Fische besitzen einen gut entwickelten Geruchssinn. Das Organ liegt entweder in paarigen, kleinen Riechgruben oder in paarigen Riechkanälen mit je zwei Öffnungen. Fischarten mit Riechkanälen sind häufiger und den Arten mit Riechgruben überlegen. Diese Geruchsorgane liegen stets vor den Augen (bei Haien und Rochen auf der Bauchseite, bei Neunaugen nur eine Nasenöffnung). Sie dienen im Allgemeinen zur Nahrungssuche und Orientierung. Beim Hecht, Karpfen, Schleie, Blei und Stichling hilft der Geruchssinn weniger bei der Nahrungsauffindung, wohl aber beim Barsch, bei den Forellenarten, Aal und Rutte. Das mag für die Beköderung von Bedeutung sein. Der Geruchssinn ist ferner für das soziale Verhalten der Fische wichtig. Er dient zur Erkennung der Artgenossen (Artgeruch bei Schwarmfischen) und zur Wahrnehmung der Feindfische (Feindvermeidung). Friedfische erkennen Raubfische schon am Geruch. Mehrere Fischarten, die Schwärme bilden, senden bei Verletzungen einen Schreckstoff aus, der die Artgenossen warnt.
Bei Laichfischen spielen sogar Individualgerüche eine Rolle. Das Geruchsvermögen ist bemerkenswert gut. Einzelne Geruchsstoffe sind in Verdünnungen von 1:233.000.000 von Elritzen wahrgenommen worden, die damit eine Überlegenheit um das 250fache dem Menschen

gegenüber beweisen. An der Spitze steht in dieser Hinsicht der Aal, er kommt in der Leistung dem Hund gleich, der unter den höheren Wirbeltieren den feinsten Geruchssinn besitzt.

Praktische Folgerungen: Köder nicht mit Geruchsstoffen in Verbindung bringen, welche die Fische abstoßen (Nikotinfinger, Schnakenöl, alte Wurmschachteln, die nach ihrem früheren Inhalt riechen). Köder wechseln nach erfolglosem Anbiss. Vielleicht Duftköder stärker beachten.

1.6.6 Geschmackssinn

Er dient zur Auffindung und Prüfung der Nahrung. Die Fische haben einen sehr ausgeprägten Geschmack. Die Geschmacksorgane befinden sich nicht nur im Maul, auf den Lippen, auf den Kiemenreusen und an den Bartfäden, sondern bei vielen Arten (besonders bei Weißfischen und Welsen) auf der ganzen Oberfläche des Körpers verteilt, demnach auch an den Flanken bis zum Hinterende. Sie sind am Kopf zahlreicher als auf dem Schwanzteil. Die Fische können feinste Unterschiede wahrnehmen, die der Mensch geschmacklich nicht mehr unterscheiden kann. Bei Elritzen ist erwiesen, dass ihr geschmackliches Unterscheidungsvermögen das des Menschen um mehr als das 500fache bei Rohrzucker und um das 184fache bei Kochsalz übertrifft. Das Unterscheidungsvermögen ist für die verschiedenen Geschmacksstoffe sehr unterschiedlich.

> **Praktische Folgerungen:** Ein Köder, der den Geschmack des Fisches reizen soll, braucht nicht vor dem Maul serviert zu werden, sondern kann neben dem Fisch geführt werden, damit nur der Geschmackssinn gereizt, weniger das Auge alarmiert wird.

❓ Wie unterscheiden sich Geruchs- und Geschmackssinn?

Beim Geruchssinn handelt es sich um einen »Fernsinn«, er spricht auf Entfernungen an.

Beim Geschmackssinn handelt es sich um einen »Nahsinn«, ein Organ, das mehr auf Berührung reagiert.

1.6.7 Der Temperatursinn

Die meisten Fische haben ein sehr ausgeprägtes Unterscheidungsvermögen für Temperaturschwankungen. Es ist nachgewiesen worden, dass die Fische Temperaturänderungen in einem Bereich von 0,03 bis 0,07 °C feststellen können und darauf reagieren.

Jede Fischart hat ihre bestimmte Vorzugstemperatur in einem festen Bereich. Regenbogenforellen wachsen zwischen 9 bis 18 °C gut, Karpfen zwischen 20 bis 28 °C. Bei derselben Fischart kann die günstigste Temperatur verschieden sein für bestimmte Lebensabschnitte, wie für Brutaufzucht, Setzlingsabwachs, für späteres Wachstum, für Heranreifen des Rogens im Fischkörper und für den eigentlichen Laichtermin.

1.7 Wachstum der Fische

Es hängt von verschiedenen Faktoren ab, zunächst vom natürlichen Nahrungsangebot, dann bei den wechselwarmen Tieren von der Temperatur des Wassers. Optimale Temperaturbereiche sind bekannt.
Wichtig ist stets die Feststellung des Alters, um das Wachstum einer Fischart in einem Gewässer beurteilen zu können. Bei den meisten Fischarten entspricht die Länge, die der Fisch in den einzelnen Jahren erreicht, dem Abstand der Winterringe vom Mittelpunkt in den Schuppen; denn die Schuppe wächst im gleichen Verhältnis wie die Länge des Fisches.
Mit zunehmendem Alter nimmt das Wachstum ab, verlangsamt sich, ohne im Allgemeinen aufzuhören. Am besten wächst der Fisch in den ersten drei Jahren.
Es gibt individuelle Nahrungsspezialisten und innerhalb einer Fischart bestimmte Fraßformen, z. B. beim Aal (Spitzkopfaal -> Kleintierfresser/ Breitkopfaal -> Raubfisch), beim Barsch (Krautbarsch -> Kleintierfresser/ Jagebarsch und Tiefenbarsch -> Raubfische), bei Rotfeder und Rotauge (Plötze) gibt es Ökoformen, die sich mehr oder weniger von Pflanzen ernähren, andere wieder vorwiegend von Kleintieren.
Andererseits können die Fische längere Zeit hungern. Lediglich für die Brut trifft dies nicht zu. Es konnte beobachtet werden, dass ein größerer Hecht fast ein Jahr in einem Aquarium ohne Nahrung ausgekommen ist, beim Aal hat man sogar 4 Jahre beobachtet.

❓ Wie alt können Fische werden?
Ein Höchstalter liegt für kaum eine einzige Fischart mit Sicherheit fest.

❓ Was sind »Standfische«?
Unter Standfischen versteht man Fische, die während ihres Lebens einen bestimmten Wohnraum einhalten und nur zu ihrem meist nicht sehr entfernten Laichplatz ziehen. Man spricht in diesem Fall auch von Standorttreue.

1. FISCHKUNDE: ALLGEMEINER TEIL

In Seen wird ein Wechsel in verschiedene Tiefen oder in andere Bezirke des betreffenden Sees – meist jahreszeitlich oder witterungsmäßig bedingt – vorgenommen. In diesen Fällen spricht man von jahreszeitlichen Wanderungen (z.B. Frühjahrswanderungen zum Ufer), wenn sie periodisch erfolgen. Sie fallen unter den Begriff »örtliche Wanderungen«! Dazu gehören in Fließgewässern stromauf- oder -abwärtsgerichtete Wanderungen, ohne dass diese Fischarten als »Wanderfische« bezeichnet werden. Größere, ältere Fische, die nicht zu Schwarmfischen gehören, gewöhnen sich an einen zusagenden, geeigneten Standplatz und verbleiben dort als Einzelgänger (Hecht, Huchen, große Forellen, Wels, u. a.).

❓ Was sind »Schwarmfische«?
Sie leben gesellig, meist in einem festen Verband (Schwarm) und haben keinen festen Standort, bleiben aber im Allgemeinen in ihrem Gewässer.

❓ Was sind »Wanderfische«?
Zu den Wanderfischen zählt man nur die Arten, die große Wanderungen zwischen Meer und Süßwasser zurücklegen, wie bei uns Lachs und Meerforelle (anadrome Wanderfische), die zum Laichen ins Süßwasser aufsteigen und nach dem Ablaichen in ihren eigentlichen Wohnraum, ins Meer, zurückkehren, und zum anderen den Aal (katadromer Wanderfisch), der im Meer laicht und im Süßwasser abwächst. (Weitere Ausführungen über diese Fische im Teil 2. **Spezielle Fischkunde.**)
Rechnet man als Wanderung ein Pendeln zwischen Süßwasser und küstennaher See, dann muss die Zährte und eine Reihe weiterer Fische wie z.B. (Nordsee-) Schnäpel, Maifisch (Alse), Finte (Elben), See- bzw. Meeresstint, Stör, als anadrome Wanderfische genannt werden.

Prüfungsfragen aus den verschiedenen Bundesländern

1. Welcher Grundsatz des Tierschutzgesetzes ist auch bei der Fischereiausübung zu beachten?

A Da Fische Schmerz nicht empfinden, sind die Bestimmungen des Tierschutzgesetzes auf sie nicht anzuwenden
B Niemand darf einem Tier ohne vernünftigen Grund Schmerzen, Leiden oder Schäden zufügen
C Das Gesetz verbietet grundsätzlich den Fang von Fischen mit Angelhaken und ihren Drill

Fischkunde: Allgemeiner Teil

Die äußere Gestalt

2. Wie viele Fischarten gibt es heute etwa in Deutschland?

A 20 Arten
B 50 Arten
C 80 Arten

3. Zu welcher der folgenden Arten gehört die Mehrzahl unserer Fische?

A Edelfischarten mit einer Fettflosse (Salmoniden)
B Weißfischarten (Cypriniden)
C Raubfischarten

4. Welche Körperformen kommen bei unseren heimischen Fischen in der Mehrzahl vor?

A Torpedoform, Pfeilform, hochrückige Form, Schlangenform
B Lanzenform, Fadenform
C Stabform

5. Welche Körperform haben die hauptsächlich in starker Strömung stehenden Fische?

A Torpedoform (Spindelform)
B Schlangenform
C Hochrückige Form, seitlich abgeplattet

6. Welche Körperform haben u.a. hauptsächlich die Fische der Pflanzenzone?

A Torpedoform (Spindelform)
B Hochrückige Form (oft seitlich abgeplattet)
C Bodenform, z.B. abgeplattete Keulenform, Plattform, Schlangenform

7. Zu welcher der aufgeführten Gruppen gehört die Mehrzahl unserer Fische?

A Rundmäuler
B Knochenfische
C Quastenflosser

8. Welcher der 3 nachfolgenden Fische ist ein Knochenfisch?

A Der Haifisch
B Der Döbel (das Aitel)
C Der Rochen

9. Was lässt sich aus der Fischkörperform erkennen?

A Geschlecht und Alter
B Anzahl des Ablaichens
C Gewässerzone seines Standortes, Ernährungszustand

10. Welche Organe umschließt der Hirnschädel des Fisches?

A Den Ferntastsinn
B Das Vor-, Mittel- und Hinterhirn
C Die Weberschen Knöchelchen

1. FISCHKUNDE: ALLGEMEINER TEIL

11. Welche Funktion hat die Oberhaut des Fisches?
A Sie macht den Fisch schlüpfrig zum Schutz vor Raubfischen
B Sie verringert die Reibung im Wasser, erleichtert die Fortbewegung und schützt vor Verletzungen
C Sie bietet dem Fisch die Möglichkeit, die Farbe zu ändern

12. Wie ist die Unterhaut des Fisches beschaffen?
A Sie ist wie die Oberhaut schleimig und schlüpfrig
B Als Grundlage der Schuppen ist sie im Gegensatz zur Oberhaut sehr fest (Lederhaut)
C Sie ist nur bei schuppenlosen Fischen vorhanden

13. Welche Hauptaufgabe haben die Schuppen?
A Sie schützen den Fisch gegen den Wasserdruck
B Sie sind eine Art Hautskelett, das den Muskeln Halt gibt
C Schuppen haben nur Fische, die keine Knochen (Gräten) haben

14. Welche Schuppen hat die Mehrzahl unserer Süßwasserfische?
A Rundschuppen
B Kammschuppen
C Schmelzschuppen

15. Welcher der nachfolgenden Fische hat Schmelzschuppen?
A Brassen (Brachsen)
B Hecht
C Hai

16. Was kann man aus den Fischschuppen herauslesen?
A Das Geschlecht des Fisches
B Das Alter des Fisches
C Die Herkunft des Fisches

17. Woran kann man das Alter eines Fisches feststellen?
A An der Schuppenzahl in der Seitenlinie
B An den Schuppen, Kiemendeckeln, Wirbelknochen und Gehörsteinen
C An dem Zustand der Zähne und der Dicke der Haut

18. Was kann man aus den Fischschuppen außer dem Alter des Fisches feststellen?
A Das Geschlecht
B Seine Herkunft
C Die Laichmarken und die Wachstumsgeschwindigkeit

19. Welche Folgen hat es, wenn ein Fisch Schuppen verliert?
A Die betreffende Stelle bleibt ohne Schuppen
B Es werden neue Schuppen gebildet
C Es bildet sich eine große Schuppe an der betreffenden Stelle

20. Was versteht man unter dem Begriff »Schuppensträube«?
A Das Aufstellen der Schuppen erregter Fische
B Der Fisch ist laichbereit
C Aufrichten der Schuppen ist krankhaft

21. Was ist Laichausschlag?
A Hautverletzung in der Laichzeit
B Meist weiße Körnchen (Paarungskleid)
C Ausschlagen der Schwanzflosse in der Laichzeit

22. Was ist bei manchen Fischen die sog. Laichfarbe, die in der Laichzeit auffällig ist?
A Weiß
B Schwarz
C Rot

23. Aus wie viel Knochenplatten setzen sich die Kiemendeckel unserer Knochenfische zusammen (außer beim Aal)?
A 2 Knochenplatten
B 3 Knochenplatten
C 4 Knochenplatten

24. Womit wird der Fischkörper im Wesentlichen fortbewegt?
A Durch die Bauchflossen
B Durch die Brustflossen
C Durch die Schwanzflosse mit dem Schwanzteil

25. Wozu dienen die Brust- und Bauchflossen des Fisches?
A Sie dienen zur Herstellung des Gleichgewichtes
B Sie sind Höhen-, Tiefen- und Seitensteuer
C Sie sind Antriebsorgane

26. Welche Fische haben eine Fettflosse?
A Hechte und Zander
B Salmoniden, Zwergwels und Stint
C Barben und Brassen (Brachsen)

27. Welche Aufgabe haben Rücken- und Afterflossen des Fisches?
A Sie stabilisieren den Fischkörper und erhalten die Gleichgewichtslage
B Sie dienen der Fortbewegung
C Sie bewirken die Richtungsänderung

28. Welche Flosse hat keine Strahlen?
A Rückenflosse
B Fettflosse
C Afterflosse

29. Welche Funktion hat beim Fisch die Seitenlinie?
A Sie hat keine besondere Funktion
B Sie ist an der Sauerstoffaufnahme beteiligt
C Sie dient als Ferntastsinn

30. Wo befindet sich am Fisch die Seitenlinie?
A Zwischen den je 2 Brust- und Bauchflossen
B Entlang der Körperseite
C Unter der Haut in der Leibeshöhle

31. Wozu dienen die Barteln mancher Fische?
A Sie sind Organe zur Feststellung des Wasserdruckes
B Sie sind Tast- und Geschmacksorgane
C Sie sind Gleichgewichtsorgane

32. Wo hat der Fisch außer auf den Barteln u.a. weitere Geschmacksnerven?
A Auf der Seitenlinie
B Auf den Kiemendeckeln
C Im Maul, auf den Lippen und den Kiemenreusen

33. Kann man bei den Cypriniden von einem guten Geschmackssinn sprechen?
A Nein, er ist schlecht
B Ja, er ist ausgeprägt gut
C Nein, er ist überhaupt nicht vorhanden

1. FISCHKUNDE: ALLGEMEINER TEIL

34. Bei welchen Fischarten kann man je nach Beschaffenheit und Anzahl der Barteln die Art bestimmen?
A Bei den Salmoniden
B Bei den Cypriniden (Weißfischen)
C Bei den barschartigen Fischen

35. Bei welcher der 3 Aufstellungen A bis C ist die Anzahl der den Fischen zugeordneten Barteln richtig?
A Karpfen 6 – Schleie 1 – Barbe 2 – Rutte 4 – Wels 2 – Gründling 4
B Karpfen 4 – Schleie 2 – Barbe 2 – Rutte 6 – Wels 4 – Gründling 1
C Karpfen 4 – Schleie 2 – Barbe 4 – Rutte 1 – Wels 6 – Gründling 2

36. Welche Merkmale können zur Artbestimmung der Cypriniden noch herangezogen werden?
A Gestaltung der Kiemendeckel
B Anzahl und Stellung der Schlundzähne
C Laichzeit, Körperform und Geschlecht

37. Wann nennt man die Bauchflossen kehlständig?
A Wenn sie auf der Höhe der Brustflossen stehen
B Wenn sie vor den Brustflossen stehen
C Sie stehen hinter den Brustflossen

38. Wo nehmen Fische mit oberständigem Maul hauptsächlich Nahrung auf?
A Am Boden und in Bodennähe
B Überwiegend von der Oberfläche des Wassers oder nahe darunter
C In der Freiwasserzone

39. Wo nehmen Fische mit unterständigem Maul hauptsächlich Nahrung auf?
A Überwiegend vom Boden und in Bodennähe
B Im Bereich der Wasserpflanzen
C Als starke Räuber in allen Wasserzonen

40. Bei welchem Fisch ist das Maul einem Entenschnabel ähnlich?
A Bei der Barbe
B Bei der Quappe (Rutte)
C Beim Hecht

41. Welche Funktion haben die Hunds- und Fangzähne der Fische?
A Festhalten der Beute bzw. Nahrung
B Zerkleinern der Beute in kleine Stücke
C Kämpfen in der Laichzeit

Verdauungsorgane

42. Welche Aufgaben haben die Nieren des Fisches?
A Durch sie wird der Hormonhaushalt geregelt
B Sie scheiden die flüssigen Abbauprodukte des Stoffwechsels und das Wasser aus
C Sie erzeugen die Verdauungsstoffe

43. Wo befinden sich die paarigen Nieren in der Leibeshöhle des Fisches?
A Entlang der Wirbelsäule vom After bis zum Schwanz
B Entlang der Wirbelsäule etwa vom Kopf bis zum After
C Der Fisch hat keine Nieren

44. Wo befinden sich beim Fisch die Hauptblutgefäße im Verhältnis zur Wirbelsäule?
A Darüber

B Darunter
C Seitlich davon

45. Welche Farbe hat eine normale Leber fast aller Süßwasserfische?
A Hellgrau bis gelb
B Dunkelrot
C Hellrot

46. Bei welchen Fischen ist die Leberfarbe nicht dunkelrot?
A Forelle, Mühlkoppe
B Hecht, Rutte (Quappe)
C Karpfen, Aal

47. Wo befindet sich das Herz bei unseren Süßwasserfischen?
A In der Mitte zwischen Schlund und After
B Es ist kehlständig und sitzt unter den Kiemen
C In der Regel unter der Rückenflosse und über den Bauchflossen

48. Wo sitzt im Fischkörper die Gallenblase?
A An den Nieren
B Am Darm
C An der Leber

49. Was zeigt eine prall gefüllte, große Gallenblase an?
A Dass der Fisch krank ist
B Dass der Fisch hungert (z.B. bei der Hälterung)
C Dass die Leber nicht richtig funktioniert

Weitere innere Organe des Fisches, Sinnesorgane etc.

50. Welche Funktion hat die Schwimmblase?
A Sie dient der Atmung
B Sie nimmt teil am Stoffwechsel
C Als Schwebeorgan dient sie dem Auftrieb

51. Was für eine Füllung hat die Schwimmblase?
A Ein Gasgemisch
B Eine Sauerstofffüllung
C Eine Kohlendioxydfüllung

52. Was ist charakteristisch für die Schwimmblase der Weißfische?
A Sie ist einteilig
B Sie ist zweiteilig ohne Verbindung mit anderen Organen
C Sie ist zweiteilig und verbunden mit dem Gleichgewichts- und Gehörorgan

53. Welche Arten haben keine Schwimmblase?
A Hechte, Zander, Barsche
B Mühlkoppen (Groppen), Neunaugen, Makrelen
C Karpfen, Forellen

54. Welche Fische haben keinen Magen?
A Raubfische
B Weißfische
C Salmoniden

55. Wo liegt das Hauptnervensystem im Fischkörper?
A Im Kopf und oberhalb entlang der Wirbelsäule
B Entlang der Unterseite der Nieren
C Unter der Wirbelsäule

1. FISCHKUNDE: ALLGEMEINER TEIL

56. Muss man die Lage des Gehirns des Fisches genau kennen?
A Nein, weil diese Kenntnis gewöhnlich nicht erforderlich ist
B Ja, weil diese Kenntnis erst ein Abschlagen nach der Tierschutzschlachtverordnung ermöglicht
C Nein, Betäubungsarten ohne Schlag auf das Gehirn sind wirkungsvoller

57. Womit atmet der Fisch, um Sauerstoff aufzunehmen?
A Mit dem Schlund
B Mit der Seitenlinie
C Mit den Kiemen

58. Wie viele Kiemenpaare haben unsere heimischen Fische?
A Zwei
B Vier
C Sechs

59. Welche Funktion haben die blutgefüllten Kiemen?
A Das Blut gibt Sauerstoff ins Wasser ab
B Das Blut wird mit Sauerstoff aus dem Wasser angereichert
C Es findet ständiger Blutaustausch statt

60. Durch welche Betätigung kann der Fisch die aufzunehmende Sauerstoffmenge steigern?
A Durch weiteres Öffnen der Kiemendeckel
B Durch schnelle Bewegungen der Brustflossen
C Durch Beschleunigung der Atmungsbewegungen

61. Wie wirkt sich schnell eintretender Sauerstoffmangel auf die Fische aus?
A Sie versuchen, sofort abzuwandern
B Sie steigen zur Wasseroberfläche, um dort nach Luft zu schnappen
C Sie gehen wegen Sauerstoffmangels sofort ein

62. Können unsere einheimischen Fische hören?
A Nein
B Ja, zum Teil sehr gut
C Nur wenige Fischarten

63. Haben unsere Fische äußerlich sichtbare Gehörorgane?
A Nur einige Arten
B Ja
C Nein, aber innere im Schädel über den Kiemen (in den sog. Labyrinthen)

64. Haben unsere Fische ein Geruchsorgan (Nase)?
A Ja, als Riechgruben oder Riechkanäle, meist vor den Augen
B Nein
C Nur Fische mit Barteln

65. Kann der Fisch Gegenstände und Bewegungen außerhalb des Wassers sehen?
A Ja, mit größerem Gesichtsfeld
B Überhaupt nicht, da seine Augen nur auf Nahsehen eingestellt sind
C Er kann sie gut sehen, aber mit kleinerem Gesichtsfeld

66. Wann kann der Fischer vom Fisch schlecht gesehen werden?
A Wenn der Fischer am Ufer ruhig steht oder langsam geht
B Wenn der Winkel Fisch-Wasserfläche-Fischer recht steil (spitz) ist

C Wenn der Winkel Fisch-Wasserfläche-Fischer recht flach (stumpf) ist

67. Was für eine Körpertemperatur haben die Fische?
A Niedriger als die Wassertemperatur
B Sie ist höher als die Wassertemperatur
C Genau so hoch wie die Wassertemperatur

68. Was ist ein Rogner?
A Die Larve des Aals
B Ein weiblicher Fisch
C Ein altes Forellenmännchen

69. Was ist ein Milchner?
A Ein Fisch ohne Farbzellen in der Unterhaut
B Eine besondere Karpfenart
C Ein männlicher Fisch

70. Tritt die Geschlechtsreife bei Milchner und Rogner im gleichen Alter ein?
A Nein, der Rogner wird früher geschlechtsreif
B Nein, der Milchner wird in der Regel früher geschlechtsreif
C Ja, beide werden gleichzeitig geschlechtsreif

71. Wodurch entsteht in der Laichzeit die sog. Laichfärbung?
A Durch Änderung der Sehkraft in der Laichzeit
B Durch Umstellung einer Gehirnfunktion in der Laichzeit
C Durch Einwirkung von Hormonen in der Laichzeit

72. Der Laich welcher Fischarten braucht zur Entwicklung die längste Zeit?

A Der Laich der Frühjahrslaicher
B Der Laich der Sommerlaicher
C Der Laich der Winterlaicher

73. Was versteht man unter Laichwanderung?
A Laichreife Fische wandern in ihre Laichgebiete
B Der Laich wird durch die Strömung abgetrieben
C Der Samen der Milchner (Sperma) verteilt sich im Wasser

74. Was ist ein »Laichhaken«?
A Hakenartig hochgebogener Unterkiefer eines älteren Salmoniden-Milchners
B Besonders großer Landungshaken (Gaff)
C Spezialangelhaken für große Salmoniden

75. Wozu dient der Dottersack geschlüpfter Fischlarven?
A Er liefert dem Fischchen die erste Nahrung
B Er verhindert, dass die Strömung das Fischchen wegschwemmt
C Er ist nur ein Übergangsstadium

76. Ist die Entwicklung der Fischeier von der Wassertemperatur abhängig?
A Ja
B Nein
C Nur bei Karpfenarten

77. Was nehmen die Jungfische als Hauptnahrung auf?
A Zuckmückenlarven
B Kleinste Muscheln und Schnecken
C Tierisches Plankton

1. FISCHKUNDE: ALLGEMEINER TEIL

78. In welcher Entwicklungsstufe ist die Gewichtszunahme der Fische am größten?
A Bei den Jungfischen ist der Gewichtszuwachs am größten
B Die Gewichtszunahme ist in allen Entwicklungsstufen gleich groß
C Bei den alten Fischen ist die Zunahme des Gewichts am größten

79. Wann hat der Fisch erhöhten Sauerstoffbedarf?
A Sauerstoffbedarf ist immer gleich groß
B Bei hoher Wassertemperatur
C Bei niedriger Wassertemperatur

80. Wann »mooseln« die Fische?
A Wenn sie ihre Nahrung aus dem Bodenschlamm aufnehmen
B Wenn sie aus moorigem Wasser stammen
C Wenn sie Blaualgen verzehrt haben

81. Wie schützt sich der Fischer vor Dornen, Stacheln und spitzen Zähnen einiger Fische?
A Durch Einzelhälterung
B Durch Vorsicht, d.h. Vermeidung solcher schlecht heilenden Verletzungen
C Durch sofortiges Zurücksetzen ohne Berührung mit den Händen

82. Welches rohe Fischblut reizt Schleimhaut, Augen und offene Wunden?
A Das Blut der Barbe
B Das Blut des Aales und des Wallers (Welses)
C Das Blut des Barsches und des Kaulbarsches

Antworten

1B / 2C / 3B / 4A / 5A / 6B / 7B / 8B / 9C

10B / 11B / 12B / 13B / 14A / 15C / 16B / 17C / 18C / 19B / 20C

21B / 22C / 23C / 24C / 25B / 26B / 27A / 28B / 29C / 30B / 31B / 32C

33B / 34B / 35C / 36B / 37B / 38B / 39A / 40C / 41A / 42B / 43B

44B / 45B / 46B / 47B / 48C / 49B / 50C / 51A / 52C / 53B / 54B / 55A

56B / 57C / 58B / 59B / 60C / 61B / 62B / 63C / 64A / 65C / 66C

67C / 68B / 69C / 70B / 71C / 72C / 73A / 74A / 75A / 76A / 77C / 78A

79B / 80C / 81B / 82B

2
Fischkunde: Spezieller Teil

2.1 Allgemeines

Wie erwähnt, unterscheidet man bis heute gegen 20.000 Arten von Meer- und Süßwasserfischen, und noch sind nicht alle Gewässer erforscht.

Dazu kommen Standortformen (lokale Modifikationen und Spielarten). Mit etwa 1.200 Arten tritt z.B. die Familie der Weißfische auf, und mehr als 30 Arten kommen in Mitteleuropa vor.

Gestalt und Lebensweise der Fischarten sind meist recht verschieden. Mitunter sind die Unterschiede allerdings gering, und die Unterscheidungen fallen schwer. Geringe Unterschiede können auf nahe Verwandtschaft oder ähnliche Umweltverhältnisse hinweisen.

Kreuzungen treten in unseren Gewässern auf. Im Allgemeinen wird die Wüchsigkeit dadurch nicht gefördert. Da die einzelnen Arten besondere Ansprüche an die Umwelt stellen, entwickeln sie sich nur dann gut, wenn das Gewässer allen ihren Anforderungen entspricht.

So ist eine Kenntnis der bei uns vorkommenden Fischarten und ihrer verschiedenen Lebensweise erforderlich, um die Fische schlechthin unterscheiden zu können, die richtigen Arten für ein Gewässer zu wählen und um Bastardformen als Folge von Kreuzungen zu erkennen.

Eine systematische Einordnung der Fischarten wird noch viel unter den Wissenschaftlern diskutiert. Sie erfolgt bisher nach Unterschieden in der Gestalt und Bauweise des Fischkörpers.

Den Angler interessiert mehr das Vorkommen und die Lebensweise der einzelnen Arten in den verschiedenen Gewässern.

Deshalb werden die wichtigsten Fischarten nach den genannten Gesichtspunkten und ihrer Verteilung auf die einzelnen Gewässertypen in diesem Abschnitt beschrieben.

2.2 Edelfischarten mit einer Fettflosse

Salmoniden und Coregonen
🛈 **Welche Fischarten gehören zu den Salmoniden und Coregonen?**
Salmoniden: Lachs, alle Forellen- und Saiblingsarten, Äschen, Huchen, Stinte.
Coregonen: Felchen, Renken und Maränen.
Salmoniden und Coregonen kommen nur in sauerstoffreichen Gewässern vor.

🛈 **Welche gemeinsamen Kennzeichen haben sie?**
Die zweite kleine Rfl ohne Flossenstrahlen, Fettflosse genannt. Die 1. Rfl hat Weichstrahlen. Maul stark oder schwach bezahnt mit kleinen, spitzen Zähnchen. Pflugscharbein ist nach Art verschieden bezahnt (Abb. S. 24). Schlanke Form in der Jugend, spindelförmig, im Alter gedrungen.

🛈 **Welche Formen (Unterarten) der europäischen Forelle sind bei uns heimisch?**
Die Bachforelle – die Seeforelle – die Meerforelle.

🛈 **Welche einheimische Forellenart kommt in unseren klaren Berg- und kühlen Wiesenbächen vor?**

Die Bachforelle

Besondere Kennzeichen: Rote Punkte entlang den Seiten, mitunter auch an den Flossen, daher vom Angelfischer als »Rotgetupfte« be-

Bachforelle *Salmo trutta forma fario*

2.2 EDELFISCHARTEN

zeichnet. Lang gestreckt, erst spindelförmig, später gedrungener, mit stumpfem Kopf, tief gespaltenes Maul, bezahnt, Sfl bei der Jugendform stark eingeschnitten, später weniger, Brfl und Bfl ohne Punkte gelb bis rötlich, Färbung stark, aber nach Gewässer und Standort wechselnd, vorherrschend entweder olivgrün mit weiß oder bläulich umrandeten roten Punkten oder heller mit großen bräunlichen Zeichnungen (daher engl. browntrout). Kleine Schuppen.

Vorkommen:
Standfisch in rasch fließenden, kalten, klaren Gewässern, versteckbedürftig, unter Uferüberhängen, scheu, bevorzugt kiesigen, festen Grund.
Man findet sie ferner in hoch gelegenen, klaren, kleinen Seen im Gebirge, deren Boden aus Fels oder Geröll besteht, zusammen mit Elritzen und Schmerlen.

Nahrung:
In den ersten Lebensjahren ist sie Kleintierfresser (Bachflohkrebse, Köcher- und Eintagsfliegenlarven, Insekten aller Art). Erst im Alter Raubfisch.

Fortpflanzung:
Im kalten Bach ab Oktober bis Dezember. Kurze Laichwanderung zu Laichplätzen in Quellnähe oder bachaufwärts. Laichmulden im flachen Wasser auf kiesigem Grund.
Kreuzt man Bachforellen mit Bachsaiblingen, entstehen Tigerfische; diese sind nicht fortpflanzungsfähig.

❷ Wie erkennt man eine junge Bachforelle?
6–9 dunkle Flecken oder Querbinden an den Seiten: »Jugendflecken«.

❷ Kommen die Flecken nur bei der Bachforelle vor?
Die roten Tupfen wie die dunklen Jugendflecken an den Flanken finden wir auch bei Jugendstadien der Fluss-, See- und Meerforellen. Das weist darauf hin, dass diese Fische sehr nahe verwandt sind. Sie werden in der neueren Literatur als Standortformen derselben Art angesprochen. Die Meerforelle ist die Ausgangsform.

❷ Ist die Bachforelle standorttreu?
Ja. Der Begriff sollte bei der Regenbogenforelle beachtet werden. Die Bachforelle ist kein Wanderfisch. Lediglich zur Laichzeit zieht sie in den obersten Lauf oder in flache Nebenbäche, um dort zu laichen.

2. FISCHKUNDE: SPEZIELLER TEIL

❓ Wozu geschieht eine Laichwanderung?
Um »Kinderstube« und »Esszimmer« getrennt zu halten. Der Jungfisch ist in einem weniger aufgesuchten Raum geschützter als in den Bezirken, in denen viele Fischarten und große Fische auf Nahrungssuche ausgehen.

❓ Was ist eine Steinforelle?
Eine frühreife Bachforelle in nahrungsarmen Gewässern, die schlecht wächst.

❓ Wie ist das Wachstum der Bachforelle?
In Kleinstbächen bis 1 kg, in größeren Bächen bis 2 kg, in nahrungsreichen kleinen Flüssen bis 5 kg, in Ausnahmefällen bis 10 kg.

❓ Was ist eine Lachsforelle?
Diese Bezeichnung wird sehr verschieden gebraucht. Im Norden wird die Meerforelle so genannt, in den Alpenseen die Seeforelle, früher in der Forellenzucht die Forelle, die von dänischen Meerforellen abstammte, was heute nicht mehr zutrifft, und im Handel die Forelle mit rötlichem, »lachsfarbenem« Fleisch. Eine solche Färbung des Forellenfleisches ist auf eine Ernährung mit kleinen Krebschen zurückzuführen. Es sind unsachliche, lokale Bezeichnungen.

❓ Welche Forellenart kommt in größeren und kälteren Seen vor?

Die Seeforelle

Es handelt sich nicht um eine eigene Art. Sie ist eine Unterart der europäischen Forelle.

Seeforelle *Salmo trutta forma lacustris*

❓ Welche Kennzeichen hat die Seeforelle?

Im Jugendkleid wie die Bachforelle, später keine roten Tupfen und nur x-förmige schwarze Zeichnungen auf Körper und Rfl. Die Flossen werden dunkler, im Alter hochrückiger, ♂ mit »Laichhaken« am Unterkiefer und Laichfärbung. Das Wachstum ist wesentlich besser.

❓ Sind Kreuzungen zwischen Bach- und Seeforelle möglich?

Sehr leicht. Die Nachkommen sind fruchtbar und wüchsig.

❓ Welche Formen unterscheidet man bei der Seeforelle?

Die Schwebforelle und die Grundforelle.
Lange Zeit hat man angenommen, dass es sich bei der kleineren Schwebforelle um eine sterile Form handelt. Dies ist nicht zutreffend. Die Schwebforelle ist lediglich die Jugendform der erst sehr spät geschlechtsreif werdenden Seeforelle.

❓ Wann tritt die Geschlechtsreife bei der Seeforelle ein?

Erst vom 5. Lebensjahr an, wenn sie bereits sehr gut abgewachsen ist. Ein hohes Mindestmaß ist daher erforderlich.
Laichzeit im Oktober bis November nach Aufstieg in Zuflüsse. Kieslaicher.

❓ Wie ist das Wachstum der Seeforelle?

Bis 140 cm lang und bis 30 kg schwer, seltene, kapitale Exemplare schwerer.

Die Meerforelle
Salmo trutta trutta

Sie ähnelt dem Lachs. Anadromer (aufsteigender) Wanderfisch. Die Meerforellen steigen zum Laichen aus dem Meer in der Zeit von Juli bis November in die Flüsse auf, ziehen weiter aufwärts als die Lachse, fressen während ihrer Wanderung, laichen später als Lachse – im Dezember bis März –, weisen geringe Verluste auf und gehen ins Meer zurück. Sie wiederholen den Vorgang im nächsten Jahr. Die Brut unterscheidet sich von der Lachsbrut durch ihre zahlreichen roten, hell eingesäumten Punkte in den Jugendflecken.
Die Jungfische verweilen mehrere Jahre im Fluss, ehe sie ins Meer wandern. Sie bleiben in Küstennähe.

2. FISCHKUNDE: SPEZIELLER TEIL

Lachs *Salmo salar*

Der Lachs

Der Lachs, der sich durch Schlankheit, geringere Hochrückigkeit, kleineren Kopf und ein spitzes Maul von der Meerforelle unterscheidet, wandert zu verschiedenen Zeiten zum Laichen ins Süßwasser. Man unterscheidet den Sommer- und Winterlachs.

Im Fluss nimmt er keine Nahrung zu sich. Seine großen Fettreserven werden in dieser Zeit zur Bewegungsenergie und Reifung der Keimdrüsen verbraucht. Dass er beim Aufsteigen an der Lachsfliege oder dem Spinner trotzdem gefangen wird, lässt entweder auf einen Raubreflex oder auf Abwehr von Räubern des künftigen Laiches schließen. Beides sind nicht klar bewiesene Theorien. Das Ablaichen erfolgt im Herbst und Winter (September–Februar) in kiesigen Laichgruben. Nur ein Teil der Laichfische übersteht die Strapazen der Aufstiegswanderung und des Laichens selbst, der größere Teil stirbt ab. Nicht selten werden die wehrlosen Fische nach dem Laichgeschäft die Beute ihrer Feinde (Raubvögel, Bären etc.). Die nicht verendeten Laichfische erholen sich erst wieder im Salzwasser und können nach einem oder mehreren Jahren erneut die Laichwanderung antreten. Die Brut schlüpft im April und Mai, sie verbleibt 1 – 5 Jahre im Süßwasser und wächst langsam. Sie unterscheidet sich von der Forellenbrut durch eine geringere Anzahl von roten Punkten an den Seiten. Sie hat jeweils einen Punkt zwischen den Jugendflecken. Nach einem starken Abwachs in 1 – 4 Jahren im Meer oder an der Küste kehrt der Lachs zum Laichen in seinen Heimatfluss zurück. Nach Untersuchungen in den USA (Madison) leitet ihn sein Geruchssinn.

❓ Wie unterscheidet man Meerforelle und Lachs?
1. Bei der Meerforelle ist der vordere Kiemendeckelteil am Hinterrand spitz auslaufend. Kiemendeckel und Unterkiemendeckel stoßen am

Vorkiemendeckel in einem Winkel zusammen, beim Lachs berühren sie sich nicht.
2. Bei der Meerforelle sind Platte und Stiel des Pflugscharbeins bezahnt, beim Lachs nur der Stiel.
3. Maul der Meerforelle bis unter das Auge gespalten. Maul des Lachses bis hinter das Auge gespalten.
4. Die Meerforelle hat mehr schwarze x-förmige Zeichnungen als der Lachs.

Der Stint (See- bzw. Meeresstint)
Osmerus eperlanus

Ein schlanker, seitlich etwas zusammengedrückter Fisch, mittlere Länge 30 cm. Tief gespaltenes, oberständiges Maul mit kleinen spitzen Zähnen auf den Kiefern und großen Fangzähnen auf Zungen- und Pflugscharbein. Seitenlinie verkürzt, Schuppen ohne Silberglanz. Arteigener Geruch und Geschmack nach grünen Gurken.
Der Seestint bewohnt die küstennahen Gewässerzonen von Nord- und Ostsee, seine Nahrung sind Planktonkrebse, allerlei Bodentiere und auch Fische, oft der eigenen Art. Die kleinere Form, der **Binnenstint** *(Osmerus eperlanus forma spirinchus)* bleibt klein (10–12 cm) und bewohnt die Binnenseen Norddeutschlands, Schwedens und Nordrusslands. Beide Arten steigen zum Laichen in die Zuflüsse auf.

Der Bachsaibling

In Lebensweise, Lebensraum und Laichzeit gleicht er der Bachforelle. Sie kreuzen sich jedoch selten. Die Kreuzung heißt Tigerfisch, der unfruchtbar bleibt. Wachstum ähnlich der Bachforelle.

Bachsaibling *Salvelinus fontinalis*

Besondere Kennzeichen:
Die schwarz-weiße Streifung am Vorderrand der roten Brfl, Bfl und Afl. Auf dem Rücken braun gefärbt, oliv marmoriert, Seiten heller mit roten Punkten, die blau umrandet sein können, auch gelbliche Punkte. Starke Farben. Bauch heller, weiß bis orange. Form der Bachforelle ähnlich. Das Pflugscharbein ist nur vorne auf der Platte bezahnt.

Ist er ein einheimischer Fisch?
Er wurde zur selben Zeit wie die Regenbogenforelle aus Nordamerika eingeführt.

Soll man den Bachsaibling gegenüber der Bachforelle bevorzugen?
Nein. In den größeren Gewässern Amerikas erreicht der Bachsaibling ein recht hohes Gewicht. Er wächst bei uns aber vom 3. Jahr an nur langsam. Die Laichfische sind anfällig und sehr empfindlich. ♂ mit leuchtend orangerotem Bauch.

Welchen Vorteil hat der Bachsaibling gegenüber der Bachforelle?
Er wächst langsam noch bei ständig geringen Temperaturen und eignet sich für sehr kalte Bäche und kalte, kleine Bergseen. Da er weniger unterstandsbedürftig ist, eignet er sich zum Besatz regulierter und kanalisierter Bäche.

Der Seesaibling

Gibt es einheimische Saiblingsarten?
Die **Seesaiblinge** in unseren Gebirgs- und Vorgebirgsseen. Dort leben sie meist in tieferen Wasserschichten. Man unterscheidet 4 Formen. Der **Tiefseesalbling** und der **Schwarzreuter** bleiben klein (16–25 cm). Gut wachsender normale **Seesaibling** (30–45cm) und der **Wildfangsaibling**, ein Raubfisch, der bis zu 80 cm lang und 10 kg schwer werden kann. Die Unterscheidung nach Zeichnung und Farbe ist schwierig; die Laichzeiten, das Wachstum und die Lebensräume sind verschieden. Seesaibling, Wildfangsaibling und viele in den Seen anderer Länder vorkommende Saiblingsarten stehen dem anadrom lebenden **Wandersaibling** *(Salvelinus alpinus)*, der über 1 m lang und bis 15 kg schwer werden kann, sehr nahe. In der Schweiz wird der amerikanische Seesaibling **Namaycush** *(Salvelinus namaycush)* gezüchtet für hoch gelegene Seen – er laicht unter Eis. Über 1 m lang. Farbe grünlich mit vielen kleinen hellen Flecken.

2.2 EDELFISCHARTEN

Seesaibling *Salvelinus alpinus salvelinus*

Die Nachkommen einer Kreuzung Bachsaibling × Seesaibling sind Elsässer Saiblinge. Sie sind gutwüchsig und fruchtbar; ihre Nachkommen sind wieder Bach- oder/und Seesaiblinge.

❓ Wie unterscheiden sich Bach- und Seesaiblinge?
Die bauchseitigen roten Flossen der Bachsaiblinge haben einen weißen und schwarzen Streifen als Vorderrand, die Flossen der Seesaiblinge haben nur einen weißen Streifen.

❓ Welche seltene Fischart ist im Donaugebiet besonders begehrt und gilt als König der Angelfische?

Der Huchen (Donaulachs)

Lang gestreckt, fast drehrund, flacher Kopf, kleine Flossen, Rücken grau oder braun, Seiten hell, Bauch weißlich, keine roten Punkte, dafür eckige schwarze Flecken.
Maul bis hinter die Augen gespalten, auf der Platte des Pflugscharbeins eine Reihe starker Zähne, Stiel zahnlos.

Vorkommen und Lebensweise:
Er steht in Süddeutschland in der unteren Äschen- und obersten Nasenregion in den aus den Bergen kommenden Nebenflüssen der Donau und im Regen (Fluss von Norden zur Donau kommend) in Gumpen mit starker Strömung, hinter Felsen. Nur zum Rauben kurzfristig im Flachen. Scheu. Standortfest.

2. FISCHKUNDE: SPEZIELLER TEIL

Huchen *Hucho hucho*

🔵 Welches ist die Jugendnahrung des Huchens?

Die Nasenbrut und später die Jungnase, Barbenbrut und kleine Äschen. Der Huchen kann in Forellenzuchten zum Besatzfisch gezogen werden und braucht von jung an lebende Nahrung.
Schnellwüchsig! Raubfisch. Einzelgänger. Maximales Gewicht in Süddeutschland um 25 kg. In Flussunterläufen kann er auch schwerer werden.

🔵 Wer ist ein großer Feind des Huchens?

Nur der Angelfischer, der ihn nicht genügend kennt und ihn aus dem Gewässer in Unkenntnis untermaßig als »gut gewachsene Forelle« herausfischt. Die nächste Frage ist daher von besonderer Wichtigkeit:

🔵 Woran erkennt man einen Huchen?

Der Huchen hat niemals einen Nacken wie die Forellen, ist im Querschnitt auffallend walzenförmig und hat eine stärkere Fettflosse und ein weit gespaltenes Maul. Der ältere Huchen hat an den Seiten eine kupfertonartige Färbung. Er unterscheidet sich von der Regenbogenforelle durch das Fehlen des karminroten oder in Regenbogenfarben schillernden Bandes längs der Seitenlinie. Die Flossen des Huchens haben nur selten schwarze Punkte, was ihn deutlich von der Regenbogenforelle unterscheidet. Auf Schwanzflosse achten: Ohne Punkte beim Huchen! Starke Punktierung bei der Regenbogenforelle! Kein weißer Saum an den bauchseitigen Flossen des Huchens!

🔵 Wann laicht der Huchen?

Im Frühjahr nach der Äsche (Ende März–April). Kurzfristiger Standortwechsel stromaufwärts zum Laichplatz (kleine Laichgruben im

Kies). Jüngste Brut bleibt zunächst in der Nähe des Laichplatzes. Der abgelaichte Huchen kehrt in seinen Einstand zurück.

Die Regenbogenforelle

Sie stammt von der Westseite Nordamerikas und ist um 1882 nach Europa eingeführt worden. Sie ist der Speisefisch, den heute unsere Forellenzuchtanstalten liefern, demnach eingebürgert. Sie ist sehr gefräßig, geht leichter ans Futter und an den Haken und ist nicht so scheu, ähnelt in der Lebensweise der Bachforelle, im Wachstum ein wenig überlegen.

Regenbogenforelle *Oncorhynchus mykiss*

❓ Durch welche Kennzeichen unterscheidet sie sich von der Bachforelle?
In der Körperform ähnlich, aber in der Färbung und Zeichnung verschieden. Die Regenbogenforelle hat niemals rote Punkte, aber viele schwarze Tupfen. Charakteristisch ist der regenbogenartig schillernde Seitenstreifen. Beide Teile des Pflugscharbeines sind bei Regenbogenforellen und Bachforellen bezahnt, bei Bachforellen zahlreicher. Die Schwanzflosse ist stets mit schwarzen Punkten versehen, im Gegensatz zur Bachforelle, und leicht eingebuchtet. Seiten sonst silbrig hell, verträgt Temperaturen bis 25 °C bei gutem Sauerstoffgehalt und kann bachabwärts den Äschenbestand beunruhigen und in Flüssen auftreten.

❓ Welchen Nachteil kann die Regenbogenforelle in Fließgewässern haben?
Sie wandert mitunter ab, wenn sie herangewachsen ist.

2. FISCHKUNDE: SPEZIELLER TEIL

❓ Eignet sie sich zum Besatz für alle Forellengewässer?

Nur dort, wo sie nicht abwandern kann oder keinen Anlass dazu hat. Sie stellt höhere Ansprüche an den natürlichen Nahrungsreichtum des Gewässers, da sie fresslustiger ist. Sie ist nicht so scheu wie die Bachforelle und kann diese verdrängen. Nur wenn das Fließgewässer breiter ist, Unterwasserpflanzen aufweist und der Mittelstreifen weniger von Bachforellen besiedelt wird, wenn diese Unterstände am Ufer haben, kann ein zusätzlicher Besatz mit Regenbogenforellen erfolgen. Im Allgemeinen sollte die einheimische Bachforelle den Vorzug behalten.

Für den Angelfischer sind beide Arten gleichwertig. Doch die Regenbogenforelle herrscht heute bereits vor. Sie ist meist beißlustiger und kämpferischer als die Bachforelle.

❓ Was ist eine standorttreue Regenbogenforelle?

In Amerika gibt es mehrere Arten, Rassen oder Lokalformen der Regenbogenforelle, ähnlich wie bei den europäischen Forellen in Quellnähe und im Küstengebiet. So unterscheiden wir bei den eingeführten Regenbogenforellenstämmen im Allgemeinen zwei Gruppen:

1. Die eigentliche Regenbogenforelle **(Shasta-Typ)**, die nicht wanderlustig ist und im Süßwasser verbleibt. Diese Form zeichnet sich durch einen früheren Laichtermin aus, sie laicht bereits Dezember bis Januar. Da Abwanderungen nicht bekannt geworden sind, wird sie als standorttreu bezeichnet.
2. Die Stahlkopf-Regenbogenforelle **(Steelhead)**, die wanderlustiger ist und in ihrer Heimat ins Meer abwandert. Sie hat in der Forellenwirtschaft den Vorteil, dass sie schnellwüchsiger ist. Frühjahrslaicher! (= Spätlaicher! Februar bis April.) im Vergleich zum Shasta-Typ: Winterlaicher! (= Frühlaicher! Dezember bis Januar.)

> **Praktische Folgerung:** Zum Besatz mit Regenbogenforellen im Fließgewässer sollte man die frühlaichende, standorttreue Form wählen. (Bei Nahrungsmangel wird diese Form ebenfalls abwandern.)

❓ Was ist eine Kamloops-Forelle?

Seit 1959 sind Eier einer weiteren Regenbogenforelle aus USA nach Bayern eingeführt. Die Art stammt aus Kanada. Sie hat das bisher beste Wachstum bewiesen.

❓ Was bedeutet ein Angebot von standorttreuer Bach- und Regenbogenforellenbrut oder Setzlingen?

Das ist eine Irreführung. Von standorttreuen Jungfischen kann bei

2.2 EDELFISCHARTEN

Regenbogenforellen nur gesprochen werden, wenn es sich um eine bewusste Züchtung eines frühlaichenden Regenbogenforellenstammes handelt.

Die Äsche

Besondere Kennzeichen:
Sie hat eine Fettflosse und ist im Aussehen besonders charakterisiert durch die große, lange und hohe Rückenflosse (Fahne genannt), an der auch die Geschlechter unterschieden werden können (Seite 33/1). Außerdem unterscheidet sich die Äsche von den bisherigen Arten durch ein kleines, leicht unterständiges Maul. Damit ist ihre Ernährungsweise gekennzeichnet. Sie nimmt nur kleine Nahrung auf (Plankton, niedere Tierarten, Anflugnahrung, mit der Strömung abtreibende Forelleneier). Das Auge weist keine runde Pupille auf wie bei den Forellen. Die Pupille ist nach vorne winkelig verzogen – eine Ähnlichkeit mit den Renken oder Felchen. Das Pflugscharbein ist am Stiel unbezahnt.
Die Äsche zeigt keine besonderen Färbungen.

Äsche *Thymallus thymallus*

❓ Wie ist die Lebensweise der Äschen?
Sie treten nicht einzeln auf, sondern ziehen in kleinen Schwärmen. (Die großen Äschen stehen auf dem Grund und nehmen Bodennahrung, z.B. Köcherfliegenlarven.) Sie meiden sehr starke Strömung und zu kaltes Wasser. Sie sind nicht so versteckbedürftig wie die Bachforelle, jedoch scheu. Wenn sie nach Insekten »steigen«, sind sie am besten

zu fangen, auf der Wasseroberfläche mit der Trockenfliege, kurz darunter mit der sog. Nymphe.

Die Jungäsche ist nicht so empfindlich gegen Sauerstoffschwankungen wie die Bachforelle und verträgt bei der Aufzucht in Teichen hohen Sauerstoffgehalt im Wasser, wenn die Unterwasserpflanzen bei Sonnenlicht viel Sauerstoff produzieren.

Das Geröll auf der Sohle des Äschenbaches ist wesentlich gleichmäßiger in der Größe als im Forellenwasser. Da die Äsche bei der Aufnahme von Insekten an der Wasseroberfläche sehr vorsichtig ist, verlangt sie in der Fliegenfischerei ein besonderes Können.

Wann laicht die Äsche?

Sie ist Frühjahrslaicher und laicht im März und April. Die Eier sind kleiner als die der Forelle. Die Aufzucht bietet keine Schwierigkeiten. Verschiedene Forellenzuchten befassen sich mit der Äschenzucht und liefern im Herbst Äschensetzlinge. Wachstum max. bis ca. 55 cm, selten auch länger.

Wie ist die Beschuppung der Äsche?

Die Schuppen der Äsche sind nicht so klein wie bei den Forellenarten, so dass die Altersbestimmung bei der Äsche leicht möglich ist.

Welche Fischarten sehen der Äsche ähnlich?

Renken (Felchen, Maränen)
Coregonidae

Die **Renken** oder **Felchen** aus den Alpen- und Voralpenseen, Stauseen und Staustufen und die Maränen der norddeutschen Seen. Sie haben ebenfalls ein enges Maul wie die Äsche, etwas größere Schuppen und treten in Schwärmen auf. Unterschied: Kleinere und kurze Rückenflosse, keine Punktierung an den Körperseiten und auf der Rückenflosse. Flanken silbrig, Bauchseite weißlich.

Nach der Lebensweise, der Wüchsigkeit und auch nach der Körperform unterscheidet man verschiedene Arten oder Lokalformen, besser »Ökotypen«, so in den bayerischen Seen die große und die kleine Schwebrenke und die große und kleine Bodenrenke; im Bodensee werden die Schwebformen Blaufelchen und Gangfisch genannt (beide Planktonfresser) und die tiefer stehenden Formen große und kleine Bodenrenke Sandfelchen und Kilch (beide mehr Kleintierfresser). In

den schweizerischen Seen fischt auch der Angelfischer auf Felchen, in den bayerischen Seen sind sie Brotfisch der Berufsfischer.
In den norddeutschen Seen unterscheidet man die Kleine Maräne und die Edelmaräne – beide im freien Wasser der Seen und Planktonfresser – und die große Maräne am Boden der Seen (Bodentierfresser).
Gemeinsame Kennzeichen: Fettflosse!, Rfl so lang oder kaum länger als Afl. Brfl und Bfl klein, Sfl tief ausgeschnitten. Zahnlos, Reusendornen (verschieden lang und dicht) mit Geschmacksknospen auf den Kiemenbögen, Laichzeit zum Ende des Kalenderjahres. Marktgröße ab 3. und 4. Lebensjahr.

2.3 Weißfische (Karpfenfische)

Der Name ist ein Sammelbegriff. In der Fischsystematik »Cypriniden« genannt. Eine artenreiche Fischfamilie, über 30 Arten in Mitteleuropa, die sich in 19 Gattungen untergliedert.
Die Arten sind nach ihrer äußeren Gestalt und Körperform sehr unterschiedlich (hochrückig bis spindelförmig), verschieden stark wachsend (bis 80 cm lang werden Karpfen, Barben und Schied, 8 – 10 cm lang werden Moderlieschen und Bitterling), wenig prägnante Färbungen mit Ausnahmen zur Laichzeit, meist silbrig heller Körper, mit end-, unter- oder oberständigem Maul, große Rundschuppen (ausgenommen die Schleie und die kleinsten Arten), daher leichte Altersbestimmung.
Fettflosse fehlt, Bauchflossen immer bauchständig, Weichstrahlen (Unterschiede in der Anzahl), Zahnlosigkeit des Maules, nur untere paarige Schlundknochen mit verschiedener Anzahl von Reihen der Schlundzähne und einer »Kauplatte« am Gaumen zum Gegendrücken.
Diese Schlundknochen sind umgewandelte 5. Kiemenbögen. Die Schlundzähne sind nach Form, Größe, Anzahl und Anordnung verschieden und artcharakteristisch (Zahnformeln!), in der Funktion Mahlzähne. Zahnausfall.
Diese Fischfamilie ist mit oder ohne Barteln. Zweiteilige Schwimmblase (hintere größer), ist mittels der kleinen Weberschen Knöchelchen mit dem Labyrinth verbunden und verstärkt das Hörvermögen ähnlich wie bei den Welsen und Schmerlen.
Verbindungsgang zwischen Darm und Schwimmblase. Nicht so hohe Ansprüche an den Sauerstoffgehalt und an die Klarheit des Wassers, daher meist im sommerwarmen Wasser.
Die Eizahl ist sehr groß, die Laichreife fällt in die warme Jahreszeit (Spätfrühjahrs- und Sommerlaicher, niemals Winterlaicher). Damit

2. FISCHKUNDE: SPEZIELLER TEIL

günstige Fortpflanzungsbedingungen, starke Vermehrung, deshalb stärkere Befischung möglich und erforderlich. Oft Schwarmfische.
Die einzelnen Weißfischarten verteilen sich auf alle Typen von Binnengewässern, die kleinsten Arten bis in Quellnähe, die großen finden sich im stehenden und strömenden Wasser, in Flüssen und Seen. Sie sind im Allgemeinen Kleinmäuler, damit selten Raubfische, demnach fast ausschließlich Kleintierfresser. Viele Arten können sich kreuzen. Die Bastarde (nicht wüchsiger!) sind voll lebensfähig und fruchtbar (untereinander und mit einer der Stammformen). Sie treten im Allgemeinen nicht häufig auf, da die Laichzeiten der einzelnen Arten nicht auf denselben Zeitpunkt fallen, aber zeitlich und lokal oft sehr nahe beieinanderliegen und durch die Witterungsabläufe zueinander verschoben werden können. Nachstehend sind die bedeutungsvollsten Arten aufgeführt, kleinwüchsige Arten, die bei uns nur als Köderfische Beachtung finden, sind gegen Ende dieses Abschnittes (S. 126 ff.) beschrieben.
Der bekannteste und am meisten geschätzte Fisch dieser Familie ist der Karpfen.

Der Karpfen

Vorkommen:
Bereits seit dem Mittelalter in Teichen Mitteleuropas aufgezogen, ist der Karpfen heute unser wichtigster Fisch in der Teichwirtschaft. Beheimatet ist er in Südost-Europa bis nach Asien im Einzugsgebiet des Kaspischen Meeres, des Amurs und in Südchina. Er wächst wesentlich besser und schneller in sommerwarmen Gewässern und kommt sowohl in langsam fließenden, pflanzenreichen Strömen als auch in Seen bei uns vor.

Kennzeichen:
Körperform hochrückig, gedrungen, füllig, heute nach Zuchtrichtungen mit unterschiedlichen Formen. Rückenanstieg nach dem Kopf (Buckel). Eine lange Rfl mit eingebogenem oberen Außenrand (3–4/17–22). Kräftige Brustflossen (1/15– 16). Bauchflossen (2/8–9) und Afterflosse (3/5–6) mit geringer Zahl von Flossenstrahlen. Der große Hartstrahl der Rücken- und Afterflosse mit gesägtem Hinterrand. Färbung am Rücken dunkel bis schwarz, auf den Seiten bläulich, am Bauch goldgelb, an den Flossen grau. Maul endständig, unbezahnt, vorstülpbar, 4 Barteln, 2 auf der Oberlippe und je 1 in den Mundwinkeln. Schlundknochen mit 3 Reihen von Schlundzähnen.

2.3 WEISSFISCHE

Karpfen (Spiegelkarpfen) *Cyprinus carpio*

❓ Welche Zuchtformen unterscheidet man?

1. Nach der Beschuppung: den **Schuppenkarpfen** = ganz beschuppt, den **Spiegelkarpfen** = mit einzelnen Schuppenpartien auf dem Rücken, in Nähe der Bfl und Afl und auf dem Schwanzstiel, den **Zeilkarpfen** mit einer Reihe von Schuppen auf der Seitenlinie, den **Lederkarpfen** = kaum beschuppt, **Nacktkarpfen** = ohne Schuppen. (Letzterer hat sich nicht bewährt, daher nicht mehr gezüchtet.)
2. Nach der Körperform: die hochrückigen Karpfenrassen des Aischgründers und des Galiziers und die mehr lang gestreckten Rassen des Böhmischen, Fränkischen und Lausitzer Karpfens. Heute hat fast jede Karpfensatzfischzucht ihren eigenen Stamm.

❓ Welches ist die ursprüngliche Form des Karpfens?

Der lang gestreckte **Schuppenkarpfen** (Wildkarpfen). Er ist ebenso schmackhaft und wüchsig wie die Zuchtformen aus der Teichwirtschaft, sicherlich aber widerstandsfähiger.

Schuppenkarpfen

2. FISCHKUNDE: SPEZIELLER TEIL

Fortpflanzung:
Laichzeit Ende Mai – bei ansteigenden Wassertemperaturen ab 18 °C. Lebhaftes Laichspiel, das wegen der Heftigkeit als »Schlagen« bezeichnet wird. In der Teichwirtschaft spezielle, frisch bespannte (überstaute), kleine Laichteiche, in die ein Paar oder 1 ♀ und 2 ♂ (neuerdings nach Hypophysierung) eingesetzt werden. (♂ mit Laichausschlag am Kopf und an den Brustflossen.) Die klebrigen Eier haften an den Gräsern (s.a. hohe Eizahl S. 34 »Tagesgrade« S. 35). In natürlichen Gewässern laichen die Karpfen an ruhigen Stellen zwischen Unterwasserpflanzen am Ufer. In kälteren Fließgewässern und in kalten Seen ohne frühjahrswarme Uferzonen pflanzen sie sich nicht fort.

❓ Wovon ernährt sich der Karpfen?
Die frisch geschlüpfte Brut bleibt wenige Tage an den Pflanzen haften, so dass sie nicht sofort nach dem Schlüpfen schwimmend anzutreffen ist. Erst nach Füllung der Schwimmblase an der Wasseroberfläche mit Luft wird sie schwimmfähig und ernährt sich von Plankton (Rädertierchen = Rotatorien, Hüpferlingen und Wasserflöhen = planktonische Kleinkrebse), später, ab dem zweiten Lebensjahr, von Insektenlarven. Die Hauptnahrung werden die roten Zuckmückenlarven am Boden des Gewässers. Beim Angeln ist ein Anfüttern oder Anködern auf den ständigen »Wechseln« in Ufernähe erfolgreich.
Gutes Wachstum bei Temperaturen von 20 bis 27 °C.
Karpfen sind Kleintierfresser. Vorwiegende Nahrung sind Ufer- und Bodentiere wie Chironomiden-Larven (Zuckmückenlarven) auf dem Schlammboden. Unter 8 °C keine Nahrungssuche. Winterruhe an tieferen Stellen mit weichem Grund.

Grasfische (»Graskarpfen«)

Keine Schonzeit, kein Mindestmaß!
Es sind Pflanzen fressende Weißfischarten, die noch nicht lange aus Ostländern (spez. Ungarn) importiert worden sind. Es sind keine einheimischen Fischarten und keine Karpfen!
Sie haben große Ähnlichkeit mit dem Aitel (Döbel) und sollten besser nur Grasfische genannt werden. Es handelt sich um 3 Arten, die im fernen Ostasien beheimatet sind:
1. **Graskarpfen** (Weißer Amur), lat. *Ctenopharyngodon idella,*
2. **Silberkarpfen**, lat. *Hypophthalmichthys molitrix,*
3. **Marmorkarpfen**, lat. *Hypophthalmichthys nobilis.*

2.3 WEISSFISCHE

Grasfisch (Weißer Amur) *Ctenopharyngodon idella*

Sie sind bereits im Altertum bis heute in China in Teichen gezogen worden, indem ihre Jungbrut aus Flüssen (Amur, Huvangho, Jangtsekiang und Hsitschiang) gefangen und in Teiche zum schnellen Abwachsen umgesetzt wird.
Es sind demnach Flussfische in den genannten Strömen. Zur dortigen Monsunzeit treten sie über die Ufer und die genannten Fischarten haben dort überreiche Nahrungsangebote, bevor sie mit dem zurückgehenden Hochwasser ins Flussbett zurückziehen. Die Laichplätze liegen weit flussaufwärts und werden im Frühjahr bei starker Wasserströmung aufgesucht.
Im Gegensatz zu den Karpfeneiern haften die kleinen, zahlreichen Eier der Grasfische nicht, sondern treiben flussabwärts und entwickeln sich schnell. Wenn die Brut bis zu Überschwemmungsgebieten verfrachtet ist, hat sie bereits an Länge beträchtlich zugenommen und ist längst fressfähig geworden.
Die Fische zeigen ein überraschend schnelles Wachstum, da sie große Mengen von Pflanzen verzehren. Mit ihrem Import wird bezweckt, der durch Eutrophierung übermäßigen Entwicklung von Pflanzen in stehenden Gewässern (Teichen und kleinen flachen Seen) Einhalt zu gebieten. Ihr Einsatz in Fließgewässer ist in den meisten Bundesländern – wie in Osteuropa – verboten, da sie keine Standfische sind und täglich große Entfernungen bewältigen. – Natürliche Fortpflanzung nur bei sehr hohen Wassertemperaturen!

2. FISCHKUNDE: SPEZIELLER TEIL

Kennzeichen:
1. **Weißer Amur:** Wohl die wichtigste Art, da sie sich von frischen, höheren Wasserpflanzen, Überwasserpflanzen ernährt. Jugendform ähnlich dem Aitel (Döbel). Maul halb unterständig, starke Schlundknochen, Zähne mit sägeartigen Spitzen, zweireihig, lang gestreckt, fast walzenförmig, große Schuppen mit dunkler Umrandung, Rücken dunkler, Seiten hellgrünlich, Bauch weißlich. Kurze Rfl und Afl. Wachstum in China bis 50 kg in 10 bis 15 Jahren.
2. **Silberkarpfen,** nach der Augenlage auch Tiefauge genannt. Kleine Schuppen, Farbe silbrig, später grau. Kielartiger Bauch bis zur Afl. Maul oberständig, Schlundzähne flach, einreihig, lange Reusendornen auf den Kiemenbögen, zeitlebens **pflanzliches Plankton** verzehrend!
3. **Marmorkarpfen:** Noch tiefer liegende Augen als beim Silberkarpfen, kleine Schuppen, längere Afl (3/15–17). Körperform seitlich zusammengedrückt ähnlich dem Blei. Kielartiger Bauch zwischen Bfl und Afl, Schlundzähne einreihig mit glatter Oberfläche. Färbung marmorartig, unregelmäßige Streifung vom Rücken zum Bauch verlaufend. Diese Fischart frisst zeitlebens und ausschließlich **tierisches Plankton**. Sie ist demnach kein Pflanzenfresser, wird aber stets im Zusammenhang mit den beiden zuvor genannten Fischarten aufgeführt, da sie aus derselben Heimat stammt, ähnlich aussieht und dieselben Ansprüche an den Lebensraum stellt.

❓ Welche Fischart entspricht in ihrer Lebensweise dem einheimischen Karpfen?

Die Schleie

Vorkommen:
Sie bevorzugt weichen schlammigen Grund und verkrautetes Gewässer und gedeiht am besten wie der Karpfen in stehenden sommerwarmen Gewässern, in Teichen (als Nebenfisch zum Karpfen), in flachen Seen und Altwassern der Flüsse und Ströme, lichtscheuer Uferfisch.
Sie kann im Laufe des Jahres große Temperaturunterschiede vertragen, kalte Winter und heiße Sommer durch eine Kälte- bzw. Hitzestarre. Vorkommen auch in hoch gelegenen stehenden Gewässern und im Brackwasser. Träger, ruhiger Fisch mit Ausnahme in der Laichzeit. Wohlschmeckend.

Schleie *Tinca tinca*

Nahrung:
Anfänglich Plankton, dann Kleintierfresser (Würmer, Insektenlarven, kleine Schnecken und Muscheln). Bodenfisch. Man sagt, sie frisst das, was der Karpfen schon verdaut hat, also intensiv in der Nahrungsaufnahme.

Das Wachstum steht hinter dem Karpfen zurück. Gut gezüchtete Schleienstämme aus speziellen Teichwirtschaften liefern recht wüchsige Fische, am Ende des 2. Jahres Portionsfisch!

❓ Ist ihre Fortpflanzung ähnlich wie beim Karpfen?
Die Laichzeit liegt später als beim Karpfen. Die Schleie ist zeitlich die letzte Fischart, die in der ersten Jahreshälfte (Mai–Juli) zum Laichen antritt. Laichentwicklung ähnlich wie beim Karpfen.

Kennzeichen:
Gestreckt, aber doch gedrungen durch den hohen Schwanzstiel mit gerade abschließender, nicht eingeschnittener Schwanzflosse. Die übrigen dunklen Flossen sind am Ende stets abgerundet. Die Bauchflosse ist beim Männchen stärker entwickelt mit verdicktem 2. Flossenstrahl am Vorderrand (Abb. S. 33/3). Körperfärbung einheitlich grün (Farbvariation Goldschleie). Maul endständig und vorstülpbar, zwei kurze Barteln. Schleimige und dicke Haut. Rundschuppen sehr klein, ovale Form, dennoch Altersringe deutlich.

2. FISCHKUNDE: SPEZIELLER TEIL

❷ Welche Weißfischarten sehen dem Schuppenkarpfen sehr ähnlich?

Die Karausche und der Giebel

❷ Wie unterscheidet sich der Karpfen von der Karausche?
Der Karpfen hat 4 Barteln und eine stärker ausgeschnittene Schwanzflosse. Die Karausche hat keine Barteln, eine nur schwach ausgeschnittene Schwanzflosse, meist einen schwarzen Fleck an der Schwanzflossenwurzel. Der Bastard aus der Kreuzung zwischen Karpfen und Karausche kann 4 Barteln haben, mitunter aber auch weniger, meist sind sie kürzer und dünner. Von der Karausche hat der Bastard die dünnen Lippen. Die Schlundzähne des Bastards gleichen nicht denen des Karpfens (dreireihig) oder der Karausche (einreihig). Beide Arten, Karpfen und Karausche, unterscheiden sich von anderen Weißfischarten durch die verhältnismäßig lange Rückenflosse.

❷ Wie unterscheidet sich die Karausche vom Giebel?
Inneres Merkmal: Das Bauchfell der Karausche ist hell, das des Giebels tiefdunkel gefärbt. Äußere Merkmale: Die Schuppenzahl in der Seitenlinie beträgt bei der Karausche 32 bis 35, beim Giebel 27 bis 31. Die Rückenlinie ist bei der Karausche geradlinig ansteigend, der Giebel hat einen Knick im Nacken. Der Giebel wird nicht so hochrückig wie die Karausche. Der obere Rand der Rückenflosse ist bei der Karausche nach außen gewölbt, beim Giebel im vorderen Teil nach unten durchgebogen, karpfenähnlicher. Die Schlundknochen sind gleich. Beide Arten ohne Barteln. Der Giebel hat größere Schuppen und Augen, Schwanzteil ohne schwarzen Fleck. Der Giebel ist die Stammform der Goldfische.
Die Lebensweise von Karpfen, Karausche und Giebel ähnelt sich sehr. Nahrungskonkurrenten.

Kennzeichen der Karausche:
Fälschlich Bauern- und Schneiderkarpfen genannt. Maul klein, endständig und schräg nach oben gerichtet, dichtes Schuppenkleid, Färbung auf dem Rücken dunkel-olivgrün, an den Seiten gelblich-grau, auf der Bauchseite messinggelb. Alle bauchseitigen Flossen rötlich bis rot. Kurze Afl. – Sie legt im Mai bis Anfang Juni zahlreiche Eier an Wasserpflanzen ab. Sehr zählebig, geringes Sauerstoffbedürfnis, lebt in Tümpeln, Sumpflöchern, Moorgruben, Teichen und stehenden wie langsam fließenden Gewässern. Wachstum im Süden schlecht und unterschiedlich, oft nur 20 cm lang, im Osten unseres Kontinents bis 2

Karausche *Carassius carassius*

kg, in Teichen bis 80 cm lang. Futterfisch für Hecht und Aal. Kleintierfresser, Bodenfisch, neigt zur Schwarmbildung. Gegen Hitze und Kälte unempfindlich. Gilt im Osten Europas und in Asien als wohlschmeckend.

Kennzeichen des Giebels:
Auch Silberkarausche genannt, da an den Körperseiten und am Bauch silberglänzend. Nicht so gedrungen wie die Karausche, größere Schuppen, besseres Wachstum. In der Gestalt karpfenähnlicher. Im Auge goldgelbe Iris. Dem Giebel fehlt der grünliche Farbton auf dem Rücken. Keine Rotfärbung der bauchseitigen Flossen wie bei der Karausche. Seitenlinie deutlicher. Bereits im 2. Lebensjahr geschlechtsreif.

Giebel *Carassius auratus gibelio*

Größere Eizahl als bei der Karausche. Das Ei des Giebels kann sich ohne Befruchtung entwickeln, wenn das Weibchen im Laichschwarm von Karpfen und Karauschen steht und deren Samenkern ins Ei eindringt, aber nicht mit dem Eikern verschmilzt. Es entstehen auf diese Weise nur Giebelweibchen. Der Giebel hat ein dunkles Bauchfell. Er ist weiter verbreitet, als angenommen wird, besonders in Flüssen. Eine wirtschaftliche Bedeutung hat er nur in Osteuropa.

Plötze (Rotauge)

Vorkommen:
Weit verbreitet und oft massenhaft in Seen und Flüssen (mit Ausnahme des oberen Laufes der Forellen- und Äschenregion) Mittel- und Nordeuropas, in Höhenlagen über 1000 m und im Flachland bis in die Ostseehaffe.

Kennzeichen:
Die Iris im Auge ist rot und namengebend, gedrungen, nach Alter und Menge des Nahrungsangebotes mehr oder weniger hochrückig, seitlich zusammengedrückt, Kopf klein, Maul end- bis leicht unterständig mit enger, wenig schräg nach oben gerichteter Maulspalte, Schlundzähne einreihig, bauchseitig gerundet und nicht gekielt. Beginn der Rfl senkrecht über dem Ansatz der Bfl, Rfl und Afl mit kurzer Basis, Sfl bis zur Hälfte eingeschnitten. Färbung unterschiedlich nach Gewässern, im Allgemeinen Körper silbergrau, Rfl und Sfl grau, die übrigen Flossen gelb bis rötlich.

Plötze (Rotauge) *Rutilus rutilus*

Ernährung:
Die Nahrung in der Jugend bildet Plankton, Aufwuchs, später Kleintiere bis zu kleinen Schnecken und Wasserpflanzen. Vorwiegend Uferfisch zwischen Unterwasserpflanzen.

Fortpflanzung:
Männchen mit Laichausschlag, Weibchen mit hoher Eizahl, daher oft Übervölkerung und geringes Wachstum. Laichzeit: April und Mai ab 1o °C. Krautlaicher am Ufer. Laichweise wie beim Karpfen.

❓ Was muss man über den Fang der Plötze wissen?
Stärkere Befischung notwendig, um besseres Wachstum zu erzielen und das Nahrungsangebot für stärker wachsende Fischarten nicht zu verringern, Raubfischfutter. Fang in den frühen Morgenstunden. Größere Plötzen stehen tiefer, mehr Bodenfische. Grundangel mit Würmern und Maden. In den meisten Ländern kein Mindestmaß und keine Schonzeit. Lebensdauer bisher bis zu 14 Jahren bekannt. Bei geringerer Bestandsdichte und weniger Nahrungskonkurrenz besseres Wachstum, 30 bis max. 40 cm.

❓ Welche Fischart ist dem Rotauge weitgehend ähnlich?

Die Rotfeder

Beide Fischarten können leicht verwechselt werden, da sie in ihren Körperproportionen und in ihrer Färbung in ähnlicher Weise variieren

Rotfeder *Scarclinius erythrophthalmus*

2. FISCHKUNDE: SPEZIELLER TEIL

können. (Eine Verwechslung ist auch mit der später behandelten Güster möglich, wenn diese schlecht gewachsen ist.)

Unveränderliche Merkmale der Rotfeder zur Unterscheidung vom Rotauge sind:
1. Vorderrand der Rfl steht hinter der Basis der Bfl, die Rfl ist demnach weiter nach hinten versetzt;
2. Maul leicht oberständig, Maulspalte auffällig nach aufwärts gerichtet,
3. Schuppen zwischen Bfl und Afl sind nicht gerundet, sondern formen eine scharf gekielte **Bauchkante,**
4. Augen mit messinggelber Iris;
5. Schlundzähne zweireihig;
6. Flossenfarbe blutrot mit Ausnahme der Rfl und mitunter der Brfl.

❓ Welche weiteren Merkmale hat die Rotfeder?
Kurze Rfl und Afl. Schuppen wenig größer als beim Rotauge. Schwarmfisch, Uferfisch auf weichem Grund, steht nicht in der Strömung, in Flüssen in den ruhigen Uferpartien mit Krautbeständen, ebenso in Seen auf den ruhigen, windstillen Seenseiten; überwiegend Pflanzen-, auch Bodentierfresser, bis 30, selten bis 40 cm lang, schlechtes Wachstum in krautarmen Gewässern. Fortpflanzungsweise zeitlich und örtlich wie bei dem Rotauge. Männchen mit Laichausschlag. Kreuzungen mit mehreren Weißfischarten wie Rotaugen, Güster und Lauben sind möglich und bringen fruchtbare Nachkommen. Guter Fang in den frühen Morgenstunden, aber auch Tag- und Dämmerungsfisch, zögernd beim Anbiss, leicht durch das Angeln zu verscheuchen.

Die Barbe

Kennzeichen:
Lang gestreckt, im Querschnitt fast kreisrund, muskelstark, daher ein Fisch, der in starker Strömung stehen kann. Typische Form eines Flussfisches, Grundfisch rasch fließender Gewässer, lebhaft und gesellig, mehr im Süden des Bundesgebietes, weniger im Norden. Rüsselförmige Schnauze vor dem unterständigen Maul mit wulstigen Kieferrändern und vier fleischigen, auffallend hellen Barteln am oberen Kieferrand, 2 Paar: Erstes Paar kurz hinter der Schnauzenspitze, zweites Paar im Winkel des Maules, Schlundzähne konisch, hakenförmig nach hinten gebogen, dreireihig. Schuppen weich, nicht groß, läng-

Barbe *Barbus barbus*

liche Form. Rfl und Afl kurz, dritter und längster Hartstrahl am Beginn der Rfl auf dem Hinterrand gesägt (»Säge«), Kopf abgeflacht, Augen weit hinter dem Maulwinkel. Rücken dunkler, bräunlich, mehr grünlich mit messingfarbigem Glanz an den Seiten, Bauch heller, gelblich bis weiß.

Die Flossen sind mit Ausnahme der dunkel gefärbten Rückenflosse leicht rötlich gefärbt. Jüngere Barben sind an den kleineren, dunklen Punkten auf der unteren Hälfte der Rfl erkenntlich.

Lebensweise:
Bodentierfresser, Nahrungssuche nach Eintritt der Dunkelheit am Ufer, tagsüber tieferstehend, oft unter Wehren und hinter Brückenpfeilern. Wanderlustige Weißfischart, besonders im Frühjahr. Schwarmfisch, der flussaufwärts zu Laichplätzen wandert.

Fortpflanzung:
Die Barbe laicht auf kiesigen, flachen, stark überströmten Stellen (Kieslaicher), erst ab viertem Lebensjahr. Daher ein Mindestmaß von 35 bis 40 cm erforderlich. Laichzeit: Mai bis Juni, später als die Nase. Die Männchen bleiben kleiner, sie werden eher reif und haben dann einen Laichausschlag auf dem Scheitel und Rücken in Form von weißen, erhabenen Körnchen, die in Längsreihen geordnet sind. Stets eine Schonzeit, da der Barbenrogen ungenießbar, sogar giftig ist (Durchfall).

Im Spätherbst zieht und treibt sie stromabwärts und steht dicht massiert an vertieften Stellen (Kolken), die als Winterlager dienen. Ältere Barben können bis 80 cm Länge und mitunter über 10 kg Gewicht erreichen, sie fressen dann kleine Fische. Zur Zeit der Frühjahrs- und Herbstwanderungen können sie bis 8 km pro Tag zurücklegen, dennoch ist die Barbe kein ausgesprochener Wanderfisch. Man kann sie als Zugfisch bezeichnen. Rückgang dieser Art bei Flussverschmutzung und durch Wehre. In Seen seltener, meist nur, wenn diese Gewässer durchflossen werden. Die Barbe hat ein höheres Sauerstoffbedürfnis als z.B. Rotauge und Rotfeder.

Was ist ein Semling?
Eine Barbenart, die mehr in Osteuropa vorkommt, kleiner bleibt und sich von der gewöhnlichen Barbe durch das Fehlen einer »Säge« und durch eine längere Afl unterscheidet, die angelegt bis zum Ansatz der Sfl reicht.
In Spanien, Italien und in Osteuropa kommen weitere Barbenarten vor.

Die Nase

Weitere Namen: Näsling, Speier im Westen und Unterfranken, »Weißfisch« im niederbayerischen Donauabschnitt, »Quermaul«, am Rhein fälschlich als »Makrele« bezeichnet.
Anlass zur Namensgebung »Nase« ist die weit über das Maul ragende, stumpfe, kegelförmige, wie eine Nase vorstehende Schnauze. Noch auffälliger ist das unterständige und quer gestellte breite Maul mit gelben verhornten, scharf kantigen Kieferrändern (Lippen).
Im Innern ist das schwarz gefärbte Bauchfell auffallend, ferner der lange Darm.

Welche weiteren Kennzeichen hat die Nase?
Körperform rasch fließender Strömung angepasst. Langgestreckt und im Gegensatz zur Barbe seitlich mehr zusammengedrückt.

Nase *Chondrostoma nasus*

Vorkommen nördlich der Alpen, besonders im südlichen Donaugebiet und früher im Rheingebiet, meist im oberen Teil des Flussabschnittes, der von der Barbe beherrscht wird, und unterhalb der Äschengemeinschaft. Vor der Kanalisierung und der Schaffung von Staustufen auch in der Mosel. Es wurden Nasen wie auch Barben in der Brutanstalt Avelertal bei Trier erbrütet und zu Besatzzwecken gezogen.

Färbung auf dem Rücken grau, seitlich und am Bauch silberweißlich. Maulwinkel und Brfl-Ansätze zur Laichzeit leuchtend rot, Kopf und Seiten dann schwärzlich, mit Laichausschlag beim Männchen und Weibchen, in der übrigen Zeit Rfl und Sfl grau, bauchseitige Flossen orange, Rfl vor Bfl.

Schlundknochen mit höchster Zahnzahl (7–6 oder 6–6) unter den Weißfischen zusammen mit der Kauplatte eine große Kaufläche bildend zum Zerreiben der häufig pflanzlichen Nahrung.

❓ Was ist typisch für Ernährung und Lebensweise der Nase?

Die Nase als Bodenfisch schabt mit den hornigen Kieferrändern den Algenbewuchs von Steinen ab. Oft Fraßspuren an steinigen Uferbefestigungen.

Geselliger Fisch in Flüssen mit rascher Strömung, vereinzelt in Seen, wenn diese durchströmt werden. Selten Standfisch.

Ziehende Schwärme, besonders stromaufwärts zur Laichzeit im März bis Mai zum Aufsuchen günstiger Laichplätze auf überströmten Kiesbänken und in Nebenbächen, die auf dem Grund ähnlich beschaffen sind (dort früher Massenfang und Anlass zu Volksfesten), und im Herbst zu flussabwärts gelegenen Wintereinständen. Sehr kleine Eier. Die Nasenbrut ist wichtige Nahrung für die Huchenbrut, die Nasen selbst für den Huchen. Wachstum bestenfalls bis 50 cm, meist weniger. Guter Köder: Ein Kügelchen von Brot und Käseteig, schneller Anhieb erforderlich.

❓ Welche Arten gehören zur Gattung der Brachsen (Brassen)?

In Mitteleuropa drei Arten, und zwar die eigentliche **Brachse** oder **Blei**, die **Zope** und der **Zobel**. Weil die **Zährte** und besonders die **Güster** den Brachsenarten sehr ähnlich sind, die Güster zudem oft gemeinsam mit der Brachse vorkommt und dieselben Lebensansprüche stellt, werden sie hier mit den Brachsenfischen behandelt; sie bilden allerdings in der Fischsystematik je eine eigene Gattung.

❓ Welche gemeinsamen Merkmale haben sie?

Körper seitlich zusammengedrückt, hochrückig, Schwanzstiel kurz.

Rfl mit kurzer Basis, ihre Flossenstrahlen an Länge nach hinten abnehmend, so dass die obere Längslinie stark abfällt, fast dreieckig. Sfl tief eingeschnitten, der untere Lappen oftmals länger als der obere. Zwischen Bfl und Afl eine schärfere Kante, eine mehr stumpfe, aber doch sichtbare Kante zwischen dem Schädelende und der Rfl. Meist fünf Schlundzähne einreihig. Die Unterscheidung kann am leichtesten an der verschiedenen Länge der Afl getroffen werden.

Die Brachse

Kennzeichen:
Sie wird gebietsweise auch Blei, Brassen, Bresen, Brachsmen genannt. Sie ist am hochrückigsten, mindestens ein Drittel der Körperlänge. Kopf klein, Maulöffnung ein wenig unterständig und vorstülpbar, Schuppen groß, meist breiter als lang und weich. Färbung auf dem Rücken dunkelgrau, Seiten silbrig, Bauch heller bis weißlich. Alle Flossen einheitlich dunkelgrau, niemals gelbrötlich. Afl lang, Brfl lang, sie erreichen den Ansatz der Bfl. Haut empfindlich und weich, nach dem Fang oft mit Blutgerinnsel, da leicht verletzbar trotz starker Schleimbildung, daher oft fälschlich »blutiger Güster« genannt.

Brachse (Blei) *Abramis brama*

Brachse (Blei) mit Laichausschlag

Lebensweise:
Schwarmfisch, Kleintierfresser (rote Zuckmückenlarven), zuvor als Brut: Plankton- und Aufwuchsfresser zwischen Unterwasserpflanzen. In Seen mit weichem Grund und sommerwarm in der Jugend in der Uferzone, später an der Schar und bei gutem Wachstum ab drittem Lebensjahr in der Tiefe, in langsam fließenden Strömen (im Unterlauf) ziehend und im Altwasser bei steigendem Wasser.
Nahrungskonkurrenz zu den übrigen Arten, zur Güster, zum Karpfen und zum Aal.

Wachstum und Fortpflanzung:
Laichweise ähnlich wie beim Karpfen. Laichzeit im Mai bis Juni, je nach Erwärmung in der Uferzone, auf Krautwiesen, nachts unter lebhaftem Laichspiel in Scharen. Laichausschlag beim Männchen an Kopf und Körper. Wachstum gut, wenn Bestandsdichte nicht zu groß. Länge bis über 50 cm.
Lebhafter als der Karpfen. Massenfisch, der starker Befischung bedarf. Guter Fisch zum Räuchern.
Eine unserer verbreitetsten Weißfischarten.

❓ Welche Fischart lebt oft gemeinsam mit der Brachse und ist ihr sehr ähnlich?

Die Güster (Blicke, Halbbrachse)

Kennzeichen:
Bezahnung der Schlundknochen zweireihig. Brfl und Bfl rötlich gefärbt, im Alter rot. Größeres Auge im Verhältnis zur Schnauzenlänge als bei der Brachse, in der Körperform gleich. Körperoberfläche rauh und härter. Schuppen fester und größer. Afl lang, aber mit geringerer Strahlenzahl als bei der Brachse. Brfl kürzer im Vergleich zur Brachse.

Lebensweise der Güster:
Oft Massenfisch in Seen und Strömen gemeinsam mit den wirtschaftlich besseren Brachsen. Ernährung, Fortpflanzung gleich den Brachsen, mehrere Jahre in der Uferzone, dann Bodenfisch, im Wachstum zurückbleibend. Infolge der Nahrungskonkurrenz wenig geschätzt. Starke Befischung mit dem Netz oder mit Hilfe der Elektrofischerei während der Laichzeit am Ufer dringend erforderlich. Eine Unter-

Güster *Blicca bjoerkna*

scheidung ist im Interesse einer guten Gewässerbewirtschaftung dringend notwendig, daher noch einmal zusammen gefasst die unveränderlichen Unterscheidungsmerkmale!

❓ **Wie unterscheidet sich der Blei oder die Brachse von der Güster oder Blicke?**
Bei der Brachse sind alle Flossen dunkelgrau. Bei der Güster sind die

bauchseitigen Flossen gelb bis rötlich. Die Brustflosse ist bei der Brachse länger und reicht bis zum Ansatz der Bauchflosse. Beide Arten mit langer Afterflosse: B: 23–28, G: 19–23 Flossenstrahlen. Bei der Brachse sind die Schuppen kleiner, bei der Güster größer. Anzahl der Schuppen in der Seitenlinie bei der Brachse 51–57, bei der Güster 44–48. Auge der Güster größer. Laichzeit nach dem Blei. Auf dem Markt kann man beide Arten ebenfalls unterscheiden. Die Brachse hat eine sehr zarte Haut. Die Güster fühlt sich sehr hart an. Der Schlundknochen ist bei der Brachse mit einer Zahnreihe besetzt, bei der Güster mit zwei Zahnreihen.

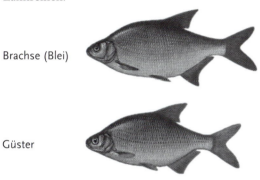

Brachse (Blei)

Güster

Was fördert das starke Aufkommen von Brachsen und Güster?
Ihre frühe Hochrückigkeit, mit der sie den Zugriff durch Raubfische verhindern.

Die Zope (Spitzpleinze, Schwuppe)

Sie gleicht in ihrer Lebensweise ebenfalls der Brachse. Da sie nicht in Massen auftritt, ist sie weniger bekannt.

Zope *Abramis ballerus*

Kennzeichen:
Sehr lange Afterflosse (36–39), nicht so hochrückig, Maul endständig, zugespitzt, Maulspalte schräg gestellt. Körper nicht so hell gefärbt,

Kopf und Rücken blau, Bauch rötlich, Rücken- und Schwanzflosse blaugrau, bauchseitige Flossen gelblich und dunkel gesäumt, Krautlaicher, April, Mai, Laichplatz flussaufwärts, sonst nur in untersten Flussregionen des norddeutschen Küstengebietes, auch in der Ostsee, in den Haffen und in der Donau, vereinzelt in Bayern, Länge kaum über 35 cm. Im freien Wasser Planktonfresser, am Boden Kleintierfresser.

Der Zobel (Pleinze, Stein- oder Halbbrachse)

Kennzeichen:
Längste Afterflosse (38–48), hochrückig, Maul stumpf, unterständig, Brustflossen reichen bis über Ansatz der Bauchflossen zurück, unterer Teil der Sfl länger, Körper und Flossen silbrighell. Mehr in der Strömung, Laichschwärme im Kraut der Uferzone (April–Mai). Bodenfisch, Kleintierfresser. Länge max. bis 60 cm. Im Unterlauf der Donau ab Niederbayern bis Wien. Nicht häufig, daher vom Angelfischer kaum beobachtet.

Zusammenfassend und überleitend die unterschiedliche Länge der Afterflosse der vier letztgenannten Fische und einer weiteren brachsenähnlichen Art. Die stets vorhandenen drei kleinen Hartstrahlen sind fortgelassen und nur die Anzahl der Weichstrahlen aufgeführt:

Zobel *Abramis sapa*

Zährte   17 bis 20 Weichstrahlen
Güster   19 bis 23 Weichstrahlen
Brachse 23 bis 28 Weichstrahlen
Zope   36 bis 39 Weichstrahlen
Zobel   38 bis 48 Weichstrahlen.

Die Zährte hat die kürzeste, der Zobel die längste Afterflosse.
Die letzte hier aufzuführende Fischart hat im Aussehen eigentlich nur die verhältnismäßig lange Afterflosse mit den Brachsenfischen gemeinsam, es ist:

Die Zährte
auch Blaunase, Rußnase genannt mit einer Abart, dem Seerüßling. Sie ist lang gestreckt.

Kennzeichen:
Langer Kopf mit unterständigem Maul und einer über den Oberkiefer beträchtlich hinausragenden, fleischigen, rundlich stumpfen Schnauze, die rußig-schwarz gefärbt ist. Eine Verwechslung mit der Nase ist möglich, aber das Maul der Zährte ist nicht quer gestellt, nicht verhornt, Afl länger als bei der Nase, die nur 10 – 11 Flossenstrahlen be-

Zährte (Rußnase, Blaunase) *Vimba vimba*

sitzt, auch die Färbung ist unverkennbar. Der Rücken der Zährte ist blaugrau, die Seiten heller und der Bauch silberweiß, Rfl und Sfl wie der Rücken dunkel, Brfl und Bfl hellgelb bis rötlich an der Basis, Afl dunkel gesäumt. Zur Laichreife Seiten dunkel mit auffälliger Hochzeitsfärbung; obere Partie schwarz, untere gelb. Schlundknochen kurz und breit. Schlundzähne einreihig, Bauchfell weißlich!

Lebensweise
Flussfisch, im Norden im Mündungsgebiet, in Haffen und im Küstenbereich der Ostsee, Aufstieg in die Flüsse zur Laichzeit. Anschließend Rückwanderung. In Süddeutschland im Donaugebiet ohne größere Wanderungen. Grundfisch.

Fortpflanzung:
Laichzeit: Mai–Juni. Laichplätze: Im flachen, strömenden Wasser über Kies oder niedrigen Unterwasserpflanzen.

Ernährung:
Tubifex, Chironomus oder andere Insektenlarven, Weichtiere. Wachstum bis 55 cm.

❓ Kommt die Zährte in Seen vor?
In den Voralpenseen Oberbayerns und Österreichs findet sich eine Abart *(Vimba vimba elongata)* als Standfisch, die noch gestreckter ist, die Schnauze wenig kürzer und das Maul weniger unterständig, Laichfärbung noch intensiver (schwarz-gelb). Sie wird als Seerüßling bezeichnet.
Die Reihenfolge der bisher aufgeführten Fischarten, soweit sie in Flüssen vorkommen, ist nach ihrem Auftreten im Verlauf eines Gewässers bis in den Unterlauf geordnet.
Es gibt unter den Weißfischen weitere Arten, wie z.B. den Döbel (das Aitel), die über große Strecken eines Flusslaufes verteilt vorkommen.

Der Döbel (das Aitel)
auch Dickkopf, Alet, Mönne, Schuppfisch genannt.

Kennzeichen:
Körper gestreckt, aber füllig, auffallend dicker Kopf, der in den massigen Rumpf übergeht, fast runder Querschnitt.
Schnauze abgerundet, großes Maul, endständig, nach aufwärts gerichtet;

Döbel (Aitel) *Leuciscus cephalus*

Schlundknochen mit zweireihigen, kräftigen Zähnen (beliebte Trophäe). Große harte Schuppen, am Hinterrand deutlich schwarz gesäumt, daher netzartige Zeichnung!
Färbung an der oberen Kopfpartie und auf dem Rücken dunkel bis schwärzlich, Seiten silberhell, Bauch weiß, Rfl und leicht eingeschnittene Sfl dunkelgrau, Brfl gelb, Bfl und Afl blassrot. Afl konvex, am freien Rand auswärts gebogen. Basis der Rfl und Afl kurz.

Lebensweise:
Weite Verbreitung, gesellig.
Vorkommen in Flüssen (gern unter überhängenden Uferpartien) von der Forellen- und Äschenregion bis in die Barbenregion, bei ausreichender Strömung sogar in die Brachsenregion, wenn dort genügend Sauerstoff im Wasser ist.
Mitunter auch im Brackwasser. In Seen in der Uferregion, doch hier weniger häufig.

Ernährung:
Große Nahrungsbreite: Gelegentlich werden Fadenalgen zusammen mit Kleintieren aufgenommen, Laich und Fischbrut (Forellen!), kleinere Fische. Gefräßiger Fischräuber, je größer, um so mehr Raubfisch.

Fortpflanzung:
Laichzeit im Mai, keine Laichfärbung, feiner Laichausschlag beim Männchen. Laichablage in kleinen, rinnenartigen Vertiefungen im steinigen Grund und am Bewuchs von gröberem Kies.
Großwüchsig, bis 60 cm und länger, bis 5 kg Gewicht. Ein Alter von 16 Jahren ist bekannt geworden. Leichte Altersbestimmung: auf den Schuppen deutliche Zuwachszonen.

In der Forellen- und Äschenregion als Raubfisch unerwünscht. Hier zu wenig befischt! Gute Fangmöglichkeiten mit der Trockenfliege und mit verschiedenen Ködern für Raubfische, da Allesfresser. Scheuer Fisch. Bei Rudelbildung werden Wachtposten gestellt. Elektrisch zur Bestandsregulierung leicht zu befischen. Im selben Bereich kommt ein klein bleibender Verwandter des Döbels (Aitels) vor:

Der Hasel

Kennzeichen:
Gestreckt und schlank (auch Häsling genannt), klein bleibend, schmaler Kopf, Maul leicht unterständig, kleine Maulöffnung, schräg gestellt, die vorragende Schnauze nasenartig.
Körperfärbung am Rücken stahlblau, an den Seiten silberhell, am Bauch weißlich, die bauchseitigen Flossen sind gelb-rötlich, Rfl und Sfl grau, Sfl tief ausgeschnitten, Rfl und Afl konkav.
Schuppen verhältnismäßig groß. Schlundknochen wie beim Aitel, nur kleiner.

Lebensweise:
Vorkommen in fast allen fließenden Gewässern, meist im Bereich des Aitels bis in die Barbenregion. Flinke, lebhafte Fischart. In Seen nur, wenn sie durchflossen sind, geselliger Oberflächenfisch. In der Strömung an flachen Stellen. Die Nahrung besteht aus Kleintieren und Insekten, gelegentlich Algen.
Laichzeit: März bis Mai. Laichplätze in schwacher Strömung an flachen, sandigen Stellen.

Hasel *Leuciscus leuciscus*

❓ **Wie unterscheiden sich Döbel und Hasel?**
Beide Arten kommen in derselben Gewässerstrecke vor. Da der Döbel bald zum Raubfisch wird, der Hasel nur Kleintierfresser ist und beide Jugendformen in Scharen auftreten, ist eine frühzeitige Unterscheidung in der Praxis im Hinblick auf eine zu erwartende Raub- oder Friedfischentwicklung von Bedeutung.

Döbel (Aitel): Dicker Kopf, runder Rücken, in der Jugend weniger deutlich, im Alter deutlich schwarz umrändete Schuppen, Afl konvex, Raubfisch, gutes Wachstum.

Hasel: Schlank, gestreckt, selten bis 30 cm lang, Kopf schmaler, heller gefärbt, Schuppen nicht dunkel umrändert, Rfl und Afl konkav. Kleintierfresser.

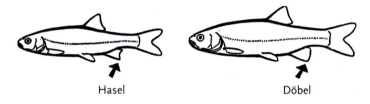

Hasel   Döbel

Eine weitere Weißfischgattung ist mit einer Art bei uns vertreten, nämlich:

Der Nerfling (Aland)

In Norddeutschland Aland, in Süddeutschland Nerfling, allgemein auch als Orfe bezeichnet.

Kennzeichen:
Die Körperform kann dem Aitel ähneln, ist aber hochrückiger und schmaler, gestreckt, Schwanzstiel kürzer. Endständiges Maul, kleiner als beim Aitel, ein wenig schräg nach oben gerichtet. Schlundknochen mit doppelreihigen Zähnen. Rfl und Afl kurze Basis, aber hoch. Die paarigen Flossen sind kleiner. Afl endet gradlinig. Alle bauchseitigen Flossen tief rot. Sfl stark eingebuchtet. Die Körperfärbung ähnelt dem Aitel. Die netzartige Zeichnung auf den kleinen Schuppen (54 bis 59 in der Seitenlinie) ist nicht so auffällig wie beim Aitel (Döbel).

Lebensweise und Fortpflanzung:
Vorkommen häufiger in Norddeutschland, in Flüssen im Bereich der Barben- bis in die Brachsenregion und im Brackwasser, auch in Seen,

2. FISCHKUNDE: SPEZIELLER TEIL

Nerfling (Aland, Orfe) *Leuciscus idus*

in Süddeutschland vor allem im Main und in der Donau, im Chiemsee und Ammersee, die Verbindung mit Flüssen haben. Vorliebe für tiefere Gewässer, jedoch kein eigentlicher Grundfisch, anfänglich Planktonfresser, später Bodentierfresser. Wüchsige, groß werdende Weißfischart, bis 80 cm lang. Laichzeit im März bis Mai, dann Schwarmbildung und Wanderungen flussaufwärts oder aus Seen in Zuflüsse. Laichfärbung an beiden Geschlechtern mit seitlichem hellem Messingglanz. Laichausschlag beim Männchen. Der Nerfling gilt als scheuer und kluger Fisch. Fang im Frühjahr und Herbst mit der Grundangel ohne langen Drill. Nur in der warmen Jahreszeit mehr an der Wasseroberfläche in der Strömung, da sauerstoffbedürftig, im Winter im tiefen, ruhigen Wasser.

Die **Goldorfe** in den Parkteichen ist eine goldfarbene Nerflingsart. Im südlichen Bayern unterscheidet der Fischer noch den **Stocknerfling** vom Nerfling. Der Nerfling hat ein endständiges Maul, rote Flossen, ist heller gefärbt, und der Körper ist schwach hochrückig. Der Stocknerfling hat ein unterständiges Maul, leicht schwärzliche Flossen, ist dunkler gefärbt, und die Körperform ist hochrückiger. Bei beiden Formen ist der Schlundknochen mit 2 Reihen von Zähnen besetzt.

Der Rapfen (Schied)
Eigene Gattung, nur durch eine Art in Mitteleuropa vertreten.

Aussehen und Merkmale:
Körper gestreckt, kräftig, nicht hochrückig, Maulspalte sehr weit bis

2.2 WEISSFISCHE

Schied (Rapfen) *Aspius aspius*

unter die Mitte der Augen, Lippen im Winkel wulstig, Maul groß und oberständig, der vorstehende Unterkiefer ist in den Oberkiefer vorn am Maul eingepasst und an der Spitze Andeutung eines nach oben gerichteten Hakens. Schlundknochen mit vorderen und hinteren Ästen lang und kräftig, Schlundzähne zweireihig mit spitzer, langer Form (Trophäe), wie Reißzähne. Kleine Augen. Bauch zwischen Bfl und After mit Kante. Tief eingeschnittene Sfl, Afl mittellang (3/14), Rfl hoch mit kurzer Basis (3/8), Ende der Brfl spitz auslaufend. Kleine Schuppen. Färbung auf dem Rücken grünlich, sonst silberhell, Rfl und Sfl wie der Rücken, die bauchseitigen Flossen schwach rötlich gefärbt.

Lebensweise und Fortpflanzung:
Wie Maulgröße und Schlundknochen beweisen, ist der Schied ein Raubfisch. In der Jugend Kleintierfresser und gesellig, wird er ab 300 g ein gefräßiger Räuber, der im Alter eine Länge von 80 cm und ein Gewicht bis 6 kg in 10 Jahren (nach WAGLER) erreichen kann. Als älterer Raubfisch Einzelgänger, lauernd und nachziehend, oftmals in Schwärme von Kleinfischen stoßend (Rotaugen, Hasel, Lauben). Dann unermüdlicher Verfolger. In größeren Flüssen (Barbenregion) und Seen in Ufernähe. Oberflächenfisch.
Laichzeit April bis Juni, dann in kleinen Scharen flussaufwärts wandernd und über kiesigem Grund laichend. Laichausschlag der Männchen sogar auf den Bfl.

❓ Wie unterscheidet sich der Schied (Rapfen) vom Aitel (Döbel)?
Das Maul des Schieds ist oberständig, im Maulwinkel wulstig, beim

Aitel endständig. Die Flossen sind beim Schied blaugrün gefärbt, beim Aitel rötlich. Der Bauch des Schieds bildet zwischen Bauchflosse und After eine Kante (gekielter Bauch), ist dagegen beim Aitel rundlich.

Schied (Rapfen)

Döbel (Aitel)

❓ Wie unterscheiden sich Aitel und Nerfling (Aland)?
Die Schuppen des Aitels sind auffällig dunkel umsäumt, so dass eine netzartige Zeichnung entsteht. Beim Nerfling (Aland) ist die dunkle Umrandung der Schuppen nicht so auffällig. Der Nerfling ist höher und schmaler als das Aitel, der Außenrand der Afterflosse ist beim Nerfling geradlinig, beim Aitel auswärts gebogen.

Weitere Weißfischarten von lokaler Bedeutung

In der Donau und ihren größeren Nebenflüssen, in Ungarn und in der Etsch tritt der

Frauennerfling

auf, auch Frauenfisch und Donaunerfling genannt, verwandt mit der Plötze, dieselbe Gattung.

Kennzeichen:
Gestreckt, seitlich abgeflacht, kleiner Kopf und horizontales, leicht unterständiges Maul, Auge klein, Iris hellgelb mit schwarzen Punkten, kleine paarige Flossen, Rfl hoch, lange Sfl, tief eingebuchtet, Rfl-Ansatz senkrecht über dem der Bfl, große Schuppen, auf dem Hinterende

2.3 WEISSFISCHE

Frauennerfling *Rutiluspigus virgo*

deutliche Radialfurchen, gedrungener Schlundknochen mit einer Zahnreihe. Färbung der Flossen: Rfl hell, Brfl farblos, weitere Flossen gerötet. Rücken dunkles Blaugrün bis unter die Seitenlinie, Bauchseite silbern. Zur Laichzeit stark gefärbt, perlartiger Laichausschlag beim Männchen vom Kopf bis zur Sfl in unregelmäßigen Reihen und auf den Hauptstrahlen der Rfl und Afl. Rfl und Afl sind leicht konkav.

Lebensweise:
Zur Laichzeit (April/Mai) mehr an der Oberfläche, sonst in der Tiefe, Bodenfisch und Bodentierfresser, erreicht bestenfalls 40 cm Länge, Schonmaß von 30 cm in Bayern.

Der Perlfisch

Ebenfalls zur Gattung der Plötze gehörend. Nur in einigen Seen des Voralpengebietes (Chiem-, Atter-, Mond- und Traunsee). In Bayern ganzjährige Schonzeit.

Kennzeichen:
Gestreckt, fast rundlicher Querschnitt, geringe Körperhöhe, Maul leicht unterständig, stumpfe, breite Schnauze, langer schmaler Schwanzstiel mit langer tief eingeschnittener Sfl. Rfl, Brfl und Sfl grau, Bfl und Afl schwach rötlich. Afl leicht konkav. Rücken grau, sonst weißlich. Der starke perlartige Laichausschlag, beim ♂ am Kopf und auf der oberen Körperpartie bis zur Sfl, ist namengebend.

2. FISCHKUNDE: SPEZIELLER TEIL

Perlfisch *Rutilus frisii meidingeri*

Lebensweise:
Tiefenfisch, Bodentierfresser, fern der Uferzone, zur Laichzeit in der ersten Maihälfte kurzer Aufstieg in Zuflüsse zu kiesigen Laichbetten. Großwüchsige Weißfischart, in zwölf Jahren bis 70 cm lang und 5 kg Gewicht. Sonst wenig bekannt.

Die Ziege (Sichling)

🌐 **Wo kommt die Ziege vor?**
Im Ostseegebiet und in der Donau unterhalb von Bayern.

Ziege (Sichling) *Pelecus cultratus*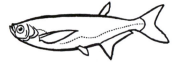

Kennzeichen:
Seitlich stark abgeflacht, steil aufgerichtete Maulspalte, gerader Rücken, Bauchkante stark gebogen mit scharfem Kiel. Sehr lange Brfl und Afl, kleine Rfl weit hinten. Wellenförmige Seitenlinie, gesellig lebend, bis 35 cm lang, Kleintierfresser, später Fischbruträuber, verfolgt Kleinfischschwärme. Laichzeit im Mai, Aufstieg aus der Ostsee in Flüsse.
Weitere kleinwüchsige Weißfischarten (Laube/Ukelei), Schneider, Mairenke, Gründling, Steingressling, Weißflossen- und Kessler-Gründling, Elritze, Strömer, Moderlieschen und Blaubandbärbling) sowie Mühlkoppe, Buntflossenkoppe, Grundeln und Schmerlen werden später im Abschnitt »Köder- und Kleinfische« (Seite 131 ff.) behandelt.

2.4 Raubfischarten

Hecht, Waller, Rutte, Aal (Breitkopf), Zander, Barsch (Jagebarsch), Rapfen (Schied), Großer Döbel (Aitel), Neunaugen.

Der Hecht

Sein Lebensraum:
Weit verbreitet in Seen und Flüssen (ohne scharfe Strömung), in Haffen und Ostsee.

Besonderheiten der Hechtgestalt
Lang gestreckt, flacher langer Kopf, mit weit vorgezogenem, entenschnabelartig breitem, oberständigem Maul, Rücken- und Afterflosse am Beginn des Schwanzstieles, breite kräftige Sfl. Färbung unterschiedlich, meist grünlich mit weißen Flecken oder Streifen (Grashecht), dotterblumenfarbig im Unterlauf der Ströme, im Alter grau. ♀ Bauchseite heller.

❓ Wie raubt der Hecht?
Der alte Hecht ist tagsüber ein typischer Laurer, der ruhig auf seinem Stand verharrt und plötzlich auf vorbeiziehende Beutefische schießt; nachts zieht er herum, um morgens in seinen Einstand zurückzukehren. Standfisch. Hunds = Fangzähne und Hechelzähne. Jüngere Hech-

Hecht *Esox lucius*

te stehen am Ufer mitunter gemeinsam, wenn sie die gleiche Größe haben.

❓ Wie ist das Wachstum des Hechtes?

Der Hecht gehört zu den sehr schnell wachsenden Fischarten. Der junge und mittlere Hecht benötigt 3 bis 4 kg, der ältere Hecht mindestens 5 bis 7 kg an Beutefischen, um 1 kg zuzunehmen. Der Hecht erreicht 35 kg und mehr. (Schuppen mit Jahresringen, Abb. S. 16/H).

❓ Ist das Wachstum der Geschlechter unterschiedlich?

Weibchen wachsen schneller. Deshalb ist ein großer Hecht auch meist ein Weibchen.

Hecht

❓ Wann laicht der Hecht?

Im Frühjahr bei einer Wassertemperatur von 7 bis 11 °C.

❓ Wo laicht der Hecht?

In der Uferzone über Chara-Beständen, in Gräben und auf überschwemmten Wiesen. Am Laichplatz zieht am Tage ein großes Weibchen mit 2 kleineren Männchen. Die klebrigen Eier haften an Pflanzen. Die Brut benötigt ebenfalls Haftmöglichkeiten. Anfänglich Klebdrüsen am Kopf der Brut.
Durch die Staueinrichtungen an unseren Fließgewässern sind die Hochwasser geringer und gehen schnell zurück. Die an den Pflanzen klebende Brut bleibt zurück, trocknet aus und geht zugrunde. Durch die Gewässerregulierungen sind die natürlichen Laichplätze des Hechtes vielerorts verlorengegangen.

❓ Warum ist der Hecht ein besonderer Räuber?

Weil er, ähnlich wie der Wels, ein weites Maul hat und damit große, fangfähige Beutefische verschlingen kann (bis 1/5 des eigenen Gewichtes und bis zu 70% der eigenen Länge). Mit 4–5cm Körperlänge ist er bereits Raubfisch und Kannibale!

❓ Welche Gewässer bevorzugt der Hecht?

Seen mit flacher Uferzone, mit Unterwasserpflanzen und Rändern von Schilf-, Rohr- und Binsengürteln, langsam strömende Fließgewässer mit Altwassern, Seitenarmen und Schlenken. Er kann aber bis in den Forellenbach vordringen, wo er großen Schaden anrichtet. Besseres Wachstum in wärmeren Gewässern. Nahrungsaufnahme auch im Winter. Vorkommen im Brackwasser der Ostsee.

❔ Was sagt man dem Hecht nach?
Er wäre als »Polizeifisch« und zur »Veredelung eines Fischwassers« von Bedeutung, indem er die schwächeren Fische auffrisst und die minderwertigen Fische in edles Hechtfleisch umwandelt. Das ist nur begrenzt zutreffend. Bei großer Bestandsdichte seiner Art neigt er stärker zum Kannibalismus.

❔ Welche Fischart ist ein noch größerer Räuber?

Der Wels oder Waller

Vorkommen:
Man trifft ihn in Strömen, Seen und Haffen, in der Donau ab Regensburg, im unteren Regen und der Naab. Früher besonders häufig in der Oder.
Der Wels ist Einzelgänger und sehr standorttreu. Nach einem Fang an einem beliebten Standplatz wird sich dort ein neuer Wels einfinden.

Wels (Waller) *Silurus glanis*

2. FISCHKUNDE: SPEZIELLER TEIL

Leider haben sich die Bestände schon in den 60er Jahren sehr vermindert. Dank der Importmöglichkeit von Satzfischen – die bei uns kaum zu bekommen waren – aus Osteuropa können die bekannten Wallerregionen wieder aufgefrischt werden.

Besondere Merkmale:
6 Bartfäden, eine auffällig kleine Rfl, keine Fettflosse, Afl saumartig und sehr lang. Walzenförmiger Körper mit seitlich abgeplattetem langen Schwanzteil, plump, aber kräftige Schwimmstöße, Färbung dunkel, Rücken schwarzblau, Seiten dunkel und marmoriert. Bauch gelblich oder weiß. Grundfisch. Nur Hechelzähne. Keine Schuppen. Er ist der größte Süßwasserfisch Mitteleuropas (bis 3 m lang), raschwüchsig. Im 1. Jahr bis 500 g in Teichen. Das Männchen soll schneller wachsen als das Weibchen. Im Winter wenig Nahrungsaufnahme. Winterlager. Grätenloses Fleisch.

❷ Was besagt der Kopf des Wallers?
Das kleine Auge deutet darauf hin, dass sein Gesichtssinn nicht entscheidend ist. Nachträuber. Dafür ist das Gehör besonders gut entwickelt. Der flache und breite Kopf mit dem großen Maul, weiter Maulspalte und dem dichten Besatz von hechelförmigen Zähnen zeigt an,

Kopf des Wallers

dass er große Fische, ja sogar Vögel und kleine Säugetiere verschlingen kann. Bereits im 1. Jahr Raubfisch.

❓ Wann und wie laicht der Wels?

Im Mai bis Juni, zwischen Unterwasserpflanzen am flachen Ufer, dann leichter sichtbar Ab 4. oder 5. Jahr geschlechtsreif. Ablaichen nur an warmen Stellen, in Laichgruben mit einem Kranz von Unterwasserpflanzen. Wassertemperatur 20 °C. Klebrige Eier, die im Nest haften. Nach 3 Tagen schlüpft die Brut, haftet noch im Nest. Männchen hält Nestwache.

Der Zwergwels

Der einheimische Wels hat 6 Bartfäden. Der aus Amerika eingeführte und nur selten bei uns vorkommende Zwergwels hat 8 Bartfäden (4 auf der Oberlippe und 4 auf der Unterseite des Kopfes) und eine »Fettflosse«. Bei unserem Wels geht die sehr lange Afterflosse bis an die Schwanzflosse.

Beim Zwergwels sind die beiden Rfl weit getrennt, und die größere erste Rückenflosse hat einen gefährlichen 1. Hartstrahl. Unser Waller hat

Zwergwels *Ictalurus (Ameiurus) nebulosus*

eine sehr kleine, kurze Rückenflosse bald hinter dem Kopf. Beide Arten sind schuppenlos, starke Schleimbildung. Sfl beim Wels abgerundet, beim Zwergwels ähnlich der Schleie (gerade endend), die Afl des Zwergwelses (1/18–22 Str.) reicht nicht bis an die Sfl.

Vorkommen und Fortpflanzung des Zwergwelses?
Seit 1885 aus Amerika importiert und in einige Flüsse und kleine Seen eingesetzt. Besatz jedoch nicht zu befürworten, da er sehr langsam wächst und auch kein interessanter Angelfisch ist. In Amerika wird er wegen seines besonders gut schmeckenden Fleisches als Speisefisch in großem Umfang gezüchtet. Auch bei uns wird der Zwergwels für den Verzehr mehr und mehr geschätzt. Import in erster Linie aus Jugoslawien.
Laichzeit März bis Mai in ähnlicherWeise wie der Wels bei einer Wassertemperatur von 20 °C.

Ist der Zwergwels ein Räuber?
Erst im Alter. Er ernährt sich mehr von niederen Tieren, später von kleinen Fischen, Schleienfeind und Laichräuber. Sein Wachstum ist langsam und erreicht nur 2 kg, bis 45 cm lang.

Die Rutte oder Quappe
(Aalquappe, Trüsche, Aalrutte, Aalraupe)

Welche Kennzeichen hat die Rutte?
Der lang gestreckte Körper ist im Vorderteil walzenförmig und dick. Das Hinterende ist seitlich zusammengedrückt und länger, Kopf platt mit breitem, leicht unterständigem Maul und Hechelzähnen. Kurze, sehr kleine Schuppen, nicht sichtbar, schleimig. Die zweite Rückenflosse – gleich hinter der kurzen ersten – und die Afterflosse sind sehr lang. Schwanzflosse abgerundet.
Sie hat am Kinn einen einzigen Bartfaden, der die Verwandtschaft mit den Schellfischen im Meer dokumentiert. Sie ist die einzige Schellfischart im Süßwasser. Bauchflossen kehlständig, Schwimmblasengang fehlt. Farbe braun mit dunkler Marmorierung.

Wie ist die Lebensweise der Quappe oder Rutte?
In Bächen Feind der Edelfische, hier kurz halten! Nahrung vielseitig. Als Jungfisch Kleintierfresser und Laichräuber, erwachsen Raubfisch und Kannibale, sie frisst besonders gierig im Winter. Auch Laichzeit im

Rutte (Quappe, Trüsche, Aalraupe) *Lota lota*

Winter. Laichwanderungen mitunter in Nebenflüsse. Sehr kleine Eier in großer Zahl. Grundlaicher. Eientwicklung in kaltem Wasser bis zu 2 $^1/_2$ Monaten. Nachtfisch. Tagsüber scheu und versteckliebend.
Sie ist bei uns in Haffen, im Brackwasser, in Seen zu Hause und in Flüssen vom Mündungsgebiet bis hinauf zu den Forellenbächen im Gebirge. Häufig unbeachtet!

❷ Was sagt man der Rutte besonders nach?
Dass sie ein übler Laichräuber ist. Das stimmt, jedoch trifft dies für viele andere Fischarten in gleichem Ausmaß zu.

❷ Ist die Rutte eine besondere Delikatesse?
Ja. Sie hat grätenloses, kerniges und fettarmes Fleisch. Besonders die fettreiche Leber gilt als Delikatesse. Sie muss gut durchgebraten sein, um etwa vorhandene Bandwurmfinnen abzutöten.

❷ Wie ist das Wachstum der Rutte?
In Süddeutschland bleibt sie kleiner und erreicht nur 1 bis 2 kg. Im Norden, in Alaska und besonders im Osten wird sie größer, in Sibirien sogar bis 1 m lang und bis 30 kg schwer.

❷ Wie ist die Altersbestimmung bei Rutte und Wels möglich?
Es empfiehlt sich, einen Wirbelknochen zur Altersbestimmung zu wählen.

2. FISCHKUNDE: SPEZIELLER TEIL

2.5 Die barschartigen Fische

Global verbreitet – eine der artenreichsten Familien der Fische.

❓ Welche Arten kommen bei uns vor?

Der Barsch, Zander, Kaulbarsch, Schrätzer, Zingel, Streber und nicht einheimisch: Schwarzbarsch, Forellenbarsch, Sonnenbarsch. Die drei erstgenannten Arten sind bei weitem die wichtigsten.

Alle diese Arten haben Kammschuppen, die auf dem freien Rand mit Zähnchen besetzt sind. Sie haben weiter 2 Rückenflossen, von denen die erste harte, spitze Strahlen, die zweite Weichstrahlen hat. Die Bauchflossen sind bruststständig.

Keine Verbindung zwischen Schwimmblase und Darm. Die einheimischen (echten) Barscharten haben 2 Stachelstrahlen am Beginn der Afterflosse.

❓ Was muss man bei allen Kammschuppern berücksichtigen?

Fische mit rauen Kammschuppen dürfen untereinander nicht zu dicht und nicht zusammen mit Fischarten, die glatte oder keine Schuppen haben, gehältert oder transportiert werden, um Verletzungen zu vermeiden.

Der Barsch (Flussbarsch, Bürschling)

Kennzeichen:

Gedrungen, hochrückig, stumpfer, kürzerer Kopf als beim Zander, endständiges Maul weit gespalten mit kleinen Zähnen, Kiemendeckel spitz nach hinten ausgezogen mit Dorn. 2 Rfl (grau) grenzen fast aneinander. Rücken dunkel, Seiten grünlich mit deutlichen 6 bis 9 Querbinden, Bauch weißlich. Dunkler Fleck am hinteren Rand der vorderen Rfl, bauchseitige Flossen rot gefärbt.

❓ Wie ist das Wachstum des Barsches?

Wesentlich geringer als beim Zander. In verschiedenen Gewässern sehr unterschiedlich. In der Jugend lebt er gesellig. Länge bis 40 cm.

❓ Wo kommt er in Seen und in Flüssen vor?

Als Krautbarsch in der Uferzone, als Jagebarsch in der Freiwasserzone und als Tiefenbarsch räuberisch. In Flüssen mehr Uferfisch. Er bevorzugt klare Gewässer.

2.5 BARSCHARTIGE FISCHE

Barsch *Perca fluviatilis*

Ernährung:
Als Jungfisch: Plankton, Kleintiere wie Insektenlarven, Würmer und Kleinkrebse, später: Fischbrut und Jungfische (Rotaugen, Lauben).

❓ Wann laicht der Barsch?
Im zeitigen Frühjahr, im Norden später, oft schon bei einer Wassertemperatur von 7 – 8 °C.

❓ Was sind Barsch-Schnüre?
Lange, netzartige Bänder, gallertartig, aus Barscheiern, also Eischnüre, die an ruhigen Stellen meist zwischen vorjährigen Wasserpflanzen oder über bewachsenen Steinen abgelegt werden.

Die größte Barschart in Mitteleuropa ist der Zander.

Der Zander
(auch Schill, Amaul genannt)

Vorkommen:
In Seen und Flüssen von der Barbenregion bis zur Ostsee.

Aussehen und Besonderheiten des Zanders:
Lang gestreckt, Kopf schlanker als beim Barsch, endständiges Maul bis hinter das Auge gespalten, bezahnt mit kleinen Hechel- und großen Hundszähnen, Färbung silberhell, in der Jugend Querstreifung. Bfl

2. FISCHKUNDE: SPEZIELLER TEIL

Zander *Stizostedion lucioperca*

bruststiändig. 2 Rfl an Basis sichtbar voneinander getrennt, 1. Rfl dunkle Längsstreifen, 2. Rfl und Sfl mit schwarzen Punktreihen. Länge bis zu 130 cm. Die Schwimmblase ist fest mit dem Bauchfell verwachsen und es macht Schwierigkeiten, sie im Ganzen zu entfernen.

❓ Wann und wo laicht der Zander?
März/April, ab 11 °C Wassertemperatur, an flachen Stellen in Nestern, die aus Pflanzen oder Wurzeln (Schilfwurzeln) bestehen. Die Eier sind klebrig und haften an den Pflanzen. Der Zander laicht paarweise. Das Männchen bewacht nach der Eiablage des Weibchens für kurze Zeit das Nest.

❓ Wie sucht der Zander seine Nahrung?
Er lebt mehr im offenen See und in der Strömung der Flüsse und jagt im Gegensatz zum Hecht den Beutefischen ständig nach. Er geht auf die »Pirsch«, der Hecht auf den »Hochsitz«. Durch besondere Einrichtungen im Auge ist der Zander befähigt, erfolgreich im Trüben zu jagen.

❓ Ist der Zander so gefräßig wie der Hecht?
Das Maul des Zanders ist kleiner, der Körper mehr gestreckt, so dass er nicht solche großen Fische verschlingen kann wie der Hecht. Er jagt ständig und kann über 30 Pfund schwer werden. Vertilger von Rotaugen, Lauben, Stint und kleinen Barschen. In frühester Jugend Planktonfresser, bevorzugtes Krebsplankton: *Leptodora* (Glaskrebschen).

❓ Wie unterscheiden sich Barsch und Jungzander?
1. Der Zander hat schon in der Jugend einen langen Kopf, der Barsch eine stumpfe Kopfform.

2. Auf der Rücken- und Schwanzflosse hat der Zander dunkle parallele Punktstreifen, der Barsch am Ende der ersten Rückenflosse einen großen dunklen Punkt. Die Schwanzflosse ist beim Barsch stets ohne Punkte.
3. Der Kiemendeckel ist beim Barsch und beim Zander nach hinten spitz ausgezogen und hat beim Barsch einen Dorn, beim Zander keinen Dorn.

Der Kaulbarsch

Kennzeichen:
Gedrungener, hochrückiger Körper, dicker Kopf, hochliegende Augen. Starker Dorn auf dem Kiemendeckel. Die mit spitzen, harten Flossenstrahlen ausgestattete 1. Rückenflosse ist mit der weichen 2. Rückenflosse verbunden. An der Afterflosse fallen die zwei ersten harten Stachelstrahlen besonders auf. Färbung verschieden, braungrün bis oliv, Bauch heller bis weiß.

Vorkommen:
In der Brachsenregion der Ströme, in sommerwarmen Seen, Haffen und im Brackwasser. Gesellig.

Kaulbarsch *Gymnocephalus (Acerina) cernuus*

2. FISCHKUNDE: SPEZIELLER TEIL

Fortpflanzung:
Bei einer Wassertemperatur von 10–15 °C im Frühjahr bis Mai, in Schwärmen am Ufer, Eischnüre an Steinen.

❷ Wie ist das Wachstum des Kaulbarsches?
Er kommt im Süden selten vor (Donau). Im Norden und Osten ist er häufig und erreicht bis 1 Pfund Gewicht.

❷ Wie ernährt sich der Kaulbarsch?
Der Kaulbarsch ist vorwiegend Kleintierfresser auf dem Boden, im Alter Fischlaich- und Brutfresser.

Besonderheiten der seltenen einheimischen Arten:

Der Schrätzer

Der Schrätzer ist ein Verwandter des Kaulbarsches. Er ist auf dem Rücken und an den Seiten gelb gefärbt mit 3 schwarzen, unregelmäßig langen Längsstreifen. Lang gestreckt mit langem, spitzem Kopf, Maul leicht unterständig, Kiemendeckel mit Dorn, 2 Rfl grenzen aneinander,

Schrätzer *Gymnocephalus (Acerina) schraetser*

2.5 BARSCHARTIGE FISCHE

1. Rfl lang und hart mit Punktereihen, 2. Rfl kurz, höher und weich. Schwanzstiel lang ausgezogen und schmal, schleimig, Bodenfisch, Kleintierfresser. Laichzeit April–Mai. Eier in Streifen abgelegt. Länge bis 25 cm, Gewicht bis 250 g. Er kommt nur im Donaugebiet vor. Unterschied zum Kaulbarsch: lang gestreckt mit spitz zulaufendem Kopf und abgeplatteter Stirn.

Dasselbe Verbreitungsgebiet (Donauraum) trifft für **Zingel** und **Streber** zu. Beide sind klein bleibende Raubfische mit verhältnismäßig großen Flossen. Sie sind spindelförmig und drehrund.

Der Streber

Der Streber hat einen langen, schmalen und runden Schwanzstiel und ist braun gefärbt mit 4 bis 5 schrägen, klar abgegrenzten Querbinden. In der Laichzeit (März-April) mehr grünliche Färbung. Grundfisch, Maul unterständig, bezahnt, 2 Rfl ungefähr gleich hoch, aber deutlich voneinander getrennt. Spitzer Stachel am Hinterrand des Kiemendeckels. Schwimmblase völlig zurückgebildet, dadurch nur ruckartige Bewegungen. Kleintierfresser, Laich- und Bruträuber. Länge bis 18 cm. Bevorzugter Standort: Kiesbänke und geschützt hinter großen Steinen.

Streber *Zingel streber*

Der Zingel

Der Zingel ist im Vergleich zum Streber gedrungener, wird bis 50 cm lang, ist ebenfalls braungelb gefärbt mit breiten, unregelmäßigen, nicht klar abgesetzten Querbinden, mehr fleckenartig. Im Geschmack geschätzt, Lebensweise dem Streber sehr ähnlich, ebenso im Aussehen, spitzer Kopf mit unterständigem Maul, getrennte Rfl, Rückenlinie schwach gewölbt und Schwanzstiel nicht so dünn. Maul bezahnt. Beide Arten ganzjährige Schonzeit, da sie nur noch selten angetroffen werden.

Zingel *Zingel zingel*

Verwandte Arten unserer Barsche aus Nordamerika:

Forellenbarsch, Schwarzbarsch, Sonnenbarsch

Die zweite Rückenflosse ist stets höher als die erste. Beide grenzen aneinander. Der Forellenbarsch hat die größte, der Sonnenbarsch die kleinste Maulspalte. Größere Forellenbarsche (nur in wärmeren Gegenden) sind Räuber und Vertilger von Kaulquappen und Fröschen. Die Maulspalte reicht beim Forellenbarsch im Gegensatz zum Schwarzbarsch bis hinter das Auge. Oberständiges Maul. Raubfisch. Laichzeit unterschiedlich im März bis Juli. Nestpflege.
Der Sonnenbarsch hat eine kurze hohe Körperform, 2 ungeteilte Rfl, hintere ist kürzer und höher, oberständiges kleines Maul. Kiemendeckel schwarz und rot gefleckt. Kleintierfresser und Bruträuber, bei besserem Wachstum bis 30 cm, jedoch nur im warmen stehenden oder langsam fließenden Wasser.

Sonnenbarsch *Lepomis gibbosus*

Der Forellenbarsch

sollte besser »Großmäuliger Schwarzbarsch« genannt werden. Dieser, wie auch der kleinmaulige Schwarzbarsch und der Sonnenbarsch *(Lepomis gibbosus)*, wachsen in Deutschland schlecht, weil die Gewässer im Sommer nicht die optimale Wassertemperatur erreichen. Diese Fischarten erreichen nur in ihrer Heimat Amerika zufriedenstellende Größen und 2 bis 3 kg Körpergewicht. Sie eignen sich nicht für unser Klima!

Forellenbarsch *Micropterus salmoides*

- **Wie unterscheiden sich Zander und Barsch einerseits vom Forellenbarsch und Schwarzbarsch andererseits?**

Bei letzteren gehen beide Rückenflossen ohne Trennung ineinander über, bei ersteren sind beide Rückenflossen getrennt.

- **Wie unterscheiden sich Kaulbarsch und Schrätzer vom Forellenbarsch und Schwarzbarsch?**

Die zweite Rückenflosse ist höher als die erste bei den Forellen- und Schwarzbarschen. Bei Kaulbarsch und Schrätzer ist die erste Rückenflosse wesentlich länger als die zweite.

- **Wie unterscheidet man den Forellenbarsch vom Schwarzbarsch?**

Der Forellenbarsch hat größere Schuppen (65–71 in der Seitenlinie), ein weites Maul, das bis hinter das Auge gespalten ist (Großmäuliger-

Schwarzbarsch), und zeigt an der Seite ein breites, dunkelgrün gefärbtes Längsband. Der Schwarzbarsch hat kleinere Schuppen (72 bis 85 in der Seitenlinie), das Maul ist ebenfalls groß, aber nur bis unter das Auge gespalten. Der Schwarzbarsch hat an der Seite bräunliche Flecken und Bänder.

2.6 Der Aal

Er darf mit Recht als einer der interessantesten Fische bezeichnet werden. Kaum ein anderer gibt bis heute der Wissenschaft noch so viele Rätsel auf wie er.

Außer dem bekannteren Flussaal gibt es auch noch den Meeraal, der üblicherweise Conger genannt wird, da dies auch die internationale Bezeichnung ist. Auf den ersten Blick sind sich beide Arten sehr ähnlich, und doch sind sie nicht miteinander verwandt.

Ein besonderes Merkmal bildet die Rückenflosse. Während sie beim Flussaal erst auf halber Länge des Körpers beginnt, erstreckt sie sich beim Meeraal fast über den ganzen Rücken. Flussaal und Meeraal laichen beide im Meer, jedoch bleibt der Meeraal ein Meerbewohner und lebt an Felsenküsten, während der Flussaal nach einer fast drei Jahre dauernden Wanderung als Aallarve und Glasaal in die Flüsse aufsteigt und dort etwa 8 bis 15 Jahre lebt.

Das gemeinsame Laichgebiet ist das Sargassomeer südlich der Bermudas, nur für den Meeraal dürfte es sich bis in das östliche Mittelmeer erstrecken. Nach der Laichablage verenden die Elterntiere beider Arten. Im Gegensatz zum Flussaal ist der Meeraal schnell wachsend. Er ist grundsätzlich ein gefräßiger Raubfisch und ernährt sich u.a. von Hummern, Langusten, Tintenfischen, Heringen etc.

Der Flussaal

Kennzeichen:

Schlangenförmig, schleimig, keine Bauchflossen, After-, Schwanz- und Rückenflosse bilden einen Flossensaum. Keine Hartstrahlen in den Flossen. Kleine, tief liegende, daher nicht sichtbare Cycloid-Schuppen, nicht dachziegelartig übereinander, sondern parkettartig nebeneinander. Sie werden erst bei einer Körperlänge von 17 cm gebildet.
Maul end- bis leicht oberständig mit starken Lippen und kleinen Zähnen auf Kiefer und Gaumen. Seitenorgan gut entwickelt. Schwimm-

blase vorhanden, Inhalt kann als Notreserve bei Aufenthalt an der Luft dienen.

Geographische Verbreitung:
Der Aal kommt mit einzelnen Arten auf allen Kontinenten vor. Die Arten unterscheiden sich in der Anzahl der Wirbel. Die verschiedenen Laichplätze liegen stets in Meeren und dort in großen Tiefen.

❓ **Wo ist das Laichgebiet aller europäischen Aale?**
Im Sargassomeer im Westen des Nordatlantik südlich der Bermudas.
Jugendstadium und erste Wanderung:
Nach dem Schlüpfen aus dem Ei hat das jüngste Stadium des Aales zuerst die Form eines Weidenblattes mit einem besonders ausgebildeten Kopf. Diese Gestalt wurde lange Zeit für eine besondere Fischart gehalten *(Leptocephalus)* und blieb somit als Jugendstadium des Aales unbekannt. Echte Larvenform! Echte Metamorphose!
Diese Aallarve kommt von den Laichplätzen im Sargassomeer mit dem Golfstrom durch den Ozean in die Binnengewässer des europäischen Festlandes. Die Wanderung dauert ca. drei Jahre (bis 7000 km), und in dieser Zeit werden die Larven 6 bis 7 cm lang. Am Ende dieser langen Reise ist vor dem Eintreffen an der Küste der Aal hell und durchsichtig: **Glasaal** oder **Aalbrut**, in Frankreich Montee genannt, da hier der Aufstieg in die Flüsse beginnt. Eine sichtbare Pigmentierung tritt erst im Süßwasser oder an der Küste ein.

Flussaal *Anguilla anguilla*

2. FISCHKUNDE: SPEZIELLER TEIL

Im Brackwasser der Mündungsgebiete bilden die Glasaale aufgelockerte Schwärme.

Jungaale als Besatzfische:
In den Mündungsgebieten der in den Atlantischen Ozean oder seine Randmeere fließenden Ströme kann die Aalbrut im Frühjahr gefangen werden. Das geschieht deshalb, weil sie oft künstliche schwierige Hindernisse aus eigener Kraft nicht überwinden kann, um in die Flussoberläufe zu gelangen. Nach dem Fang wird die Aalbrut als Besatz für Seen, Flüsse und Ströme geliefert. Es sind besondere Fangstationen mit entsprechenden Fang- und Versandvorrichtungen vorhanden (z.B. die Aalversandstelle des Deutschen Fischereiverbandes in Hamburg). Sammelbezug ermöglicht besseren Versand. An der Küste und im Unterlauf unserer in die Nordsee mündenden Ströme können die im Wachstum begriffenen, hier verharrenden, etwas älteren Aale ebenfalls als Besatzfische gefangen werden. Es sind dies die »Satzaale«, die im Spätsommer und im Herbst geliefert werden können.

Weiteres Lebensstadium: Der Gelbaal
Das Wanderstadium schließt erst mit einer Körperlänge von 30 cm in den Binnengewässern ab. Nun ist der Aal zum Standfisch geworden, von witterungsbedingtem Standortwechsel abgesehen.
Er kommt am Boden von Flüssen, Strömen, Seen und an der Küste vor. Die Zeit intensiver Nahrungsaufnahme beginnt, das »Fressstadium«. Jetzt ist der Aal matt-grünlich oder gelb-bräunlich auf dem Rücken, auf der Bauchseite rein gelblich gefärbt und wird deshalb »Gelbaal« genannt.

Ernährung:
Es gibt zwei Fressformen, die sich äußerlich an der Form des Kopfes unterscheiden lassen: Der **Breitkopf** sucht größere Nährtiere, wird zum Raubfisch, wächst besser, der **Spitzkopf** ist ein Kleintierfresser (Krebse, Würmer, Schnecken, Muscheln). Letzterer ist fetter. Kein ausgesprochener Kannibalismus. Beide Formen gehören zur gleichen Art. Kein Aalbesatz in Krebsgewässer! Butterkrebse (frisch gehäutete Krebse) sind für Aale besondere Leckerbissen. Dem Aal wird auch nachgesagt, dass er von in Netzen gefangenen Fischen nur die Leber herausfrisst.

❓ **Wie lange bleibt der Aal im Süßwasser?**
Ungefähr 8 bis 15 Jahre.

2.6 DER AAL

Weiteres Lebensstadium: Der Blank- oder Silberaal
Wenn sich der Rücken schwarz und der Bauch silbrig-weiß färbt, spricht man vom Blankaal oder Silberaal. Umwandlungszeit ca. vier Wochen. In dieser Zeit verbirgt sich das Tier und nimmt keine Nahrung auf. Nun beginnt die Abwanderung zu den Laichplätzen im Sargassomeer. Die Männchen wandern zuerst ab.

❓ Wie deckt der Aal an Land seinen Sauerstoffbedarf?
Durch die Haut. Dadurch soll er in der Lage sein, bis zu einer Woche an der Luft zu überleben.

❓ Wie gewöhnt sich der Aal vom Süßwasser an das Salzwasser?
Durch kurzen Aufenthalt im Brackwasser.

❓ Wie oft laicht der Aal?
Nur einmal in seinem Leben. Als Blank- oder Silberaal tritt er die Rückwanderung zu den Laichplätzen an. Die Reife des Geschlechtsorgans erfolgt erst im Salzwasser. Während der Rückwanderung nimmt der Aal keinerlei Nahrung auf. Nach der Laichablage, die in Tiefen von 800 bis 1000 m erfolgen dürfte, verenden die Elterntiere.
Die meisten Aale, welche aus der Donau und ihren Nebenflüssen zu den Laichplätzen zurückwandern und dabei das Schwarze Meer durchqueren müssen, gehen vermutlich zugrunde, da sie dort eine besonders sauerstoffarme Zone nicht zu überwinden vermögen. Bestimmt ergeht es so der Aalbrut, die sich anschickt, in die Donau aufzusteigen. Deshalb sind die meisten Aale dieser Gewässer Besatzfische, mit Ausnahme der Exemplare, welche über die Verbindungsflüsse zur Nord- und Ostsee in die Donau gelangen.

❓ Wann ist der Aal am besten zu fangen?
Bei Dunkelheit, da er vorwiegend ein Nachträuber ist. Die günstigsten Monate sind von März bis Sommer. Da er Winterruhe hält, in den Wintermonaten keine guten Fangmöglichkeiten.

❓ In welchen Gewässerstrecken ist der Aal unerwünscht?
Er dringt mitunter bis in Forellenbäche vor. Er ist dort als Nahrungskonkurrent und Bruträuber fehl am Platze. Sein Wachstum ist im wärmeren Wasser besser.

❓ Kann man beim Aal das Geschlecht unterscheiden?
Erst frühestens bei einer Länge von 50 cm. Nur am Geschlechtsorgan.

Die Weibchen haben ein krausenartiges »Rüschenorgan«, die Männchen ein weniger eingeschnittenes »Lappenorgan«. Bei beiden Geschlechtern sind die Organe in zwei langen Bändern in der Leibeshöhle angeordnet, aber noch unreif und klein im Süßwasser (Abb. S. 33/4).

❓ Wachsen die Geschlechter beim Aal unterschiedlich?
Der große Aal ist immer ein Weibchen. Die Männchen werden nur bis 50 cm lang. Nach Möglichkeit sollte der Angelfischer, wenn er den Aal ausnimmt, auf dessen Geschlecht achten, da über die Geschlechtsentwicklung des Aales noch wenig bekannt ist und gerade diese Frage im Zuge der Besatzmaßnahmen besonders wichtig ist.

2.7 Neunaugen (Rundmäuler)

Sie gehören nur gesetzlich zu den Fischen und bilden eine besondere Klasse. Es ist bemerkenswert, dass diese Rundmäuler schon seit über 400 Millionen Jahren existieren und nach dem Stand der heutigen Forschung sich nicht wesentlich verändert haben.

❓ Woher kommt der Name?
Sie haben nicht neun Augen, sondern auf jeder Seite ein Auge und sieben Kiemenlöcher, dazu kommt eine einzige Nasenöffnung, – wenn diese den Öffnungen jeder Seite zugezählt wird, ergeben sich beiderseits je neun Öffnungen, die fälschlicherweise als Augen bezeichnet werden.

❓ Wie sind sie beschaffen?
Drehrund, aalförmig, stark schleimig, grätenlos, nur Knorpelskelett, keine Schuppen, rundes, trichterförmiges kieferloses Saugmaul, das mit Hornzähnen besetzt ist. Schwimmblase, Brfl und Bfl fehlen, Rfl und Sfl gestützt von weichen Knorpelstrahlen. Die Geschlechtsorgane sind unpaar.

Lebensweise:
Während des Larvenstadiums (3–4 Jahre) sind die Querder – wie man die Larven auch nennt – blind und zahnlos. Sie ernähren sich am Gewässerboden von Pflanzenresten und Kleinstlebewesen. Bachneunaugen werden schon während der Umwandlung zum sehenden Tier geschlechtsreif, nehmen keine Nahrung mehr zu sich, pflanzen sich fort und sterben. Fluss- und Meerneunaugen machen nach der Umwand-

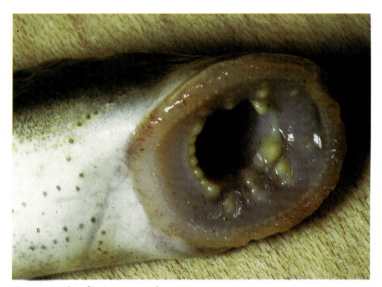

Neunaugenkopf mit Saugmaul

lung eine mehrjährige Fraß- und Wachstumsperiode in den Flüssen bzw. im küstennahen Meer durch. Ihre Nahrung sind niedere Wassertiere und auch Fische, an die sie sich ansaugen und mit der bezahnten Zunge Fetzen herausreißen. Fortpflanzung aller Arten im Süßwasser von Februar bis Juli. Nach dem Laichen sterben die Elterntiere.

❷ Welche Arten kommen im Süßwasser vor?

Das **Bachneunauge** *(Lampetra planeri)*, kurzlebig, bis 16 cm lang, bleistiftdick, das **Flussneunauge = Pricke** *(Lampetra fluviatilis)*, bis 40 cm lang, daumendick, das **Donauneunauge = Donaulamprete**, bis 30 cm lang, fingerdick und das **Meerneunauge = Lamprete** (Petromyzon marinus), bis 1 m lang und 1,5 kg schwer.

❷ Wie unterscheiden sich die Arten?

Beim **Bachneunauge** und beim **Donauneunauge** sind 1. und 2. Rfl nicht getrennt, beim **Flussneunauge** nur wenig; ferner beim **Donauneunauge** eine besondere Bezahnung. Die Färbung der drei Arten ist ähnlich: Rücken dunkel, Bauch weißlich. Das **Meerneunauge** ist braun marmoriert, 1. und 2. Rfl sind deutlich getrennt. (Alle Arten sind nach der BArtSchV geschützt!)

2. FISCHKUNDE: SPEZIELLER TEIL

2.7.1 Störe

Lang gestreckte Fische von oft beträchtlicher Größe, meist anadrom lebend. Rfl und Afl stehen weit zurückgesetzt, die Sfl ist auffallend asymmetrisch, der obere Lappen wesentlich länger und höher. Am Körper

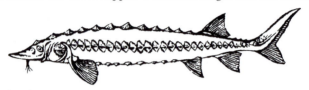

Baltischer Stör *Acipenser sturio*

sind Knochenschilder (Ganoidschuppen) in fünf Längsreihen (Rücken 1, Seiten je 1, bauchseitig 2) angeordnet. Die vier Barteln stehen in einer Querreihe vor dem an der Kopfunterseite befindlichen zahnlosen Maul, das schlauchartig vorgestülpt werden kann. Das Skelett ist knorpelig, die Nahrung besteht (je nach Art) meist aus kleinen Wassertieren und gelegentlich auch aus kleinen Fischen. Der Hausen ernährt sich erwachsen vorwiegend von Fischen.

Drei von mehreren bekannten Arten sind: der **Stör = Baltischer Stör** *(Acipenser sturio)*, über 3 m (selten 6 m) lang und bis 300 kg schwer, der **Hausen** *(Huso huso)*, bis 9 m lang und 1,5 t schwer (Alter angeblich über 100 Jahre), der **Sterlet** *(Acipenser ruthenus)*, eine Süßwasserart, bis 1,50 m lang, 12 kg (selten 15 kg) schwer. Die Größen der anderen Arten liegen dazwischen.

Die wirtschaftliche Bedeutung ist groß (Kaviar! und auch anderweitige Nutzung). Eizahl je nach Größe der Rogner von 300.000 bis 1,5 Mio.

2.8 Kleinfische, gegebenenfalls Köderfische

❓ Welche Arten eignen sich als Köderfische?

Zum Fang von Raubfischen eignen sich klein bleibende Fischarten und Jungfische, die kein gesetzliches Mindestmaß haben. Sie werden tot oder konserviert verwendet. In Deutschland hat man den lebenden Köderfisch erfreulicherweise im Sinne des Tierschutzes verboten. Es besteht keine Notwendigkeit, Köderfische lebend zu verwenden, zumal frisch abgeschlagene, eingefrorene oder zerstückelte Fische bei richtiger Führung den selben Fangeffekt haben können und künstliche Nachbildungen immer vielfältiger angeboten werden. (Das ist die Ansicht des Verfassers.)

2.8 KLEINFISCHE

Beim Fang von Köderfische sind auch die Artenschutzbestimmungen und die für manche Arten ganzjährige Schonzeit (z.B. Schmerlenarten, Bitterling, Strömer u.a.) zu beachten.

❓ Welche Arten kommen hauptsächlich in Frage?
Die Art hängt von der Fischart ab, die man fangen will.
Für Hecht: Rotauge (Plötze), Rotfeder, Hasel, Lauben (Ukelei), Gründling, Karausche, Strömer, Koppen.
Für Zander: Lauben (Ukelei), kleine Barsche, Stint.
Für Waller: größere Weißfische, auch Tauwürmer in Bündeln.
Für große Forellen: Elritzen (Pfrillen), Gründlinge, am sichersten: Mühlkoppen (Groppen).

Kurze Übersicht über Klein- und Köderfischarten:

Mühlkoppe (Koppe, Groppe, Dickkopp)
Körper keulenförmig mit breitem, plattem Kopf bräunlich gefärbt mit dunkleren, unscharfen Flecken. Großes, breites Froschmaul. Kiemen-

Koppe (Mühlkoppe) *Cottus gobio mit Laich*

deckel mit starkem, krummem Dorn, große Brfl, 2 Rfl, Bfl brustständig zwischen den Brfl. Ohne Schuppen und ohne Schwimmblase. In Seen und Fließgewässern, besonders in Forellenbächen und in Äschenstrecken. Scheuer Bodenfisch. Nachträuber. Trotz eigener Laich- und Brutpflege Gefahr für Laich und Fischbrut. Ihr Vorkommen zeigt gute Wasserqualität an.

Von großen Forellen begehrt. Bester Forellenköder. Länge bis 13 cm.

Die **Buntflossenkoppe** bzw. **-groppe** *(Cottus poecilopus)*, bis 9 cm, Sfl konvex und die **Marmorierte Grundel** *(Proterorhinus marmoratus)*, bis 13 cm, Sfl gerundet, zwei Einwanderer aus dem östlichen Einzugsgebiet der Donau, sind im Aussehen der Mühlkoppe ähnlich. Auffällig bei der Marmorierten Grundel die röhrenförmigen, bartelähnlichen Verlängerungen der vorderen Riechgrubenöffnungen. Beide Arten besitzen ein endständiges Maul, 2 Rfl und brustständige Bfl, die bei der Grundel miteinander verwachsen sind (Meergrundel). Anspruch an die Wasserqualität bei der Grundel nicht sehr hoch.

Stichlinge

Beide Arten, der dreistachlige (*Gasterosteus aculeatus*, bis 10 cm lang) und der kleinere neunstachlige (*Pungitius pungitius*, bis 7 cm lang), besitzen keine Schuppen, sondern Knochenschildchen entlang der Sl und auf dem Schwanzstiel. Die Maulstellung ist oberständig und es fehlt der Schwimmblasengang. Auffallend sind ihre 3 bzw. 9 beweglichen Rückenstacheln ohne Flossenhaut und je ein brustständiger Stachelstrahl anstelle der Bauchflosse. Die 2. Rfl sowie Brfl, Sfl und Afl werden von Wstr gestützt. Zur Laichzeit (März bis Juli) bauen die ♂ ♂ ein Nest zwischen die Wasserpflanzen, in das sie die ♀ ♀ zum Ablaichen treiben. Die ♂ ♂ bewachen Laich und Brut.

dreistachliger Stichling neunstachliger Stichling

Elritze (Pfrille)

Kleiner, flinker Oberflächenfisch in Seen, Flüssen und Bächen. Längsreihe dunkler Flecken an den Seiten. Maul stumpf. Sehr kleine Schuppen. Milchner breitere Brustflossen, purpurrote Laichfärbung im

2.8 KLEINFISCHE

Elritze (Pfrille) *Phoxinus phoxinus*, Männchen im Brutkleid

Mai/Juni. Laichablage in bewachter Grube. Gesellig. Wohl schmeckend. Länge bis 10 cm.

Bitterling
Ebenfalls ein sehr lebendiger kleiner Fisch, Cyprinide, bis 8 cm lang, silbrig heller Körper, leicht hochrückig, Maul endständig, Seitenlinie

Bitterling *Rhodeus sericeus amarus*, mit Teichmuschel *Anodonta spec.*

auf den ersten 5–6 Schuppen. Dunkler Streifen an den Seiten bis zum Beginn der Schwanzflosse. Besonders erwähnenswert: Der Bitterling schmarotzt zur Laichablage. Mittels einer Legeröhre legt das Weibchen in den Monaten Mai bis Juni die unbefruchteten Eier in die Atemöffnung einer Muschel ab. Erst dann gibt das Männchen seinen Samen ebenfalls in diese Öffnung der Muschel.

Gründling (Grundel, Gressling)
Gobio gobio

In Bächen und auch stehenden Gewässern, Grundfisch. Zwei kurze Bartfäden, Maul unterständig und vorstülpbar, drehrunder Leib, dunkler Rücken, heller Bauch, Milchner größere Brustflossen. Laichzeit Mai/Juni. Friedfisch. Nahrung: Bodenfauna. Länge bis 20 cm.

Weißflossengründling *(Gobio albipinnatus)*, bis 13 cm lang und Kessler-Gründling *(Gobio kessleri)*, bis 15 cm lang, sind nahe Verwandte des Gründlings. Aus den östlichen Ländern kommen sie in unsere Gewässer. Beide Arten mit unterständigem Maul und zwei Barteln.

Steingressling (Steinkresse)
Gobio uranoscopus

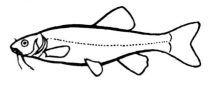

Zwei lange dünne Bartfäden, Maul unterständig. Augen mehr nach oben gerichtet, dünner Schwanzstiel.
Schwanzflosse tief eingeschnitten mit zwei dunklen Bändern. Auf dem Rücken und Rfl dunkelbraune Streifen. Nur im Donaueinzugsgebiet. Länge bis 10 cm.

Strömer (Rißling)
Leuciscus souffia agassizi

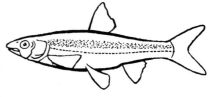

Fast spindelförmig, Bfl gerundet. Beginn der Rfl über der Basis der Bfl, Maul unterständig.
Rücken grau-grün, Bauch weiß, tiefgrauer bis violetter Längsstreifen, gelbe Seitenlinie mit zwei Punktreihen, dunkles »Bauchfell«. In Äschenregionen von Donau, Rhein und Rhone, bis 24

cm lang. Planktonfresser, Schwarmfisch im freien Wasser, nicht an der Oberfläche. Laichzeit: März bis Mai, Laichabgabe in der Strömung über Kies.

Laubenarten

Ukelei (Laube)
Maul oberständig, Maulspalte steil nach oben. Afl-Beginn unter der Rfl. Rücken blaugrün, sonst silbrig. In schwach strömenden und stehenden Gewässern. Länge bis 20 cm.
Nahrung: Plankton, Anflugnahrung und Insektenlarven. Laichzeit: April bis Juni, Laichabgabe: am Ufer über Kies.

Ukelei (Laube) *Alburnus alburnus*

Schneider (Schusslaube)
Alburnoides bipunctatus
Maul endständig, die nach unten gebogene Seitenlinie erscheint wie mit einer zweireihigen »Schneidernaht« eingefasst. 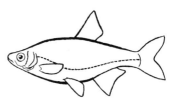 Grundfisch, mehr in Flüssen. Länge bis 15 cm. Schwarmfisch. Nahrung: Bodentierchen und absinkendes Plankton. Laichzeit: Mai, Juni. Laichabgabe über Kies in der Strömung.

2. FISCHKUNDE: SPEZIELLER TEIL

Mairenke (Schiedling, Seelaube)
Chalcaiburnus chalcoides mento
Im Einzugsgebiet der Donau und in Seen Südosteuropas, Bayerns und Österreichs. Maul oberständig, steil nach oben, Afterflossenbeginn hinter Rückenflosse. Größte Laubenart des Donaugebietes. Länge bis 40 cm.
Nahrung: Plankton und kleine Bodentiere.
Laichzeit: Mai. Laichplatz: An Flusseinmündungen von Seen oder in der Strömung über Kies. Achtung! Mairenke (Weißfisch), nicht mit Renken verwechseln.

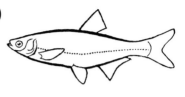

Moderlieschen (Zwerglaube)
Leucaspius delineatus
Maul oberständig, steil nach oben, Farbe wechselnd. Klein bleibend. Länge bis 12 cm. Seitenlinie nur hinter dem Kopf. Gesellig, lebhafter Oberflächenfisch, Planktonfresser.
Laichzeit: April – Mai. Eier in ringförmigen Hüllen an Pflanzen.

Blaubandbärbling
Pseudorasbora parva
Länge bis 11 cm. Maul oberständig, blaues Band entlang der Körperseiten. Weitere gebräuchliche Namen wie Amurbärbling und Amurgründling verraten Heimat und Herkunft dieses wahrscheinlich mit Grasfischimporten nach Deutschland gekommenen Schwarmfisches. Aufgrund seiner starken natürlichen Vermehrung in fast allen Gewässertypen wird der Blaubandbärbling bei uns heimisch werden.

Schlammpeitzger (Bissgurre, Moorgrundel)
Maul unterständig. Zehn Bartfäden, walzenförmig, zum Schwanzteil zusammengedrückt, kleine Schuppen, schleimig, gelbbraune und dunkle Längsstreifen. Ende der Schwanzflosse abgerundet. Länge bis 30 cm. Im und auf dem Schlamm stehender Gewässer lebend, zusätzliche Darmatmung, Winterschlaf, Nahrung im Schlamm suchend, lebhaft vor Gewitter, Wetterprophet. Laichzeit: April – Juni. Laichablage an Unterwasserpflanzen.

2.8 KLEINFISCHE

Schlammpeitzger (Bissgurre) *Misgumus fossilis*

Schmerle (Bartgrundel)
Noemacheilus barbatulus

Maul unterständig, sechs Bartfäden an der Oberlippe, drehrund, hellbraun marmoriert. In Bächen und klaren Seen, zwischen Steinen, Stachel im Augenwinkel, große Rfl und Brfl schwarz gesprenkelt. Wohlschmeckend. Bis 15 cm lang. Ende der Schwanzflosse nicht eingeschnitten. Magen vorhanden! Nahrung: Insektenlarven und Kleinkrebse. Laichzeit: April – Mai, Laich an Steine und Pflanzen.

Steinbeißer (Dorngrundel)
Cobitis taenia

Maul unterständig, Dorn unter dem Auge, sechs sehr kurze Bartfäden an der Oberlippe. Gelblich, mehrere Längsreihen mit großen, runden braunen Flecken. Am Boden stehender oder fließender Gewässer. Ende der Schwanzflosse konvex.
Nahrung: Kleintiere. Laichzeit: April bis Mai. Länge bis 10 cm.

2. FISCHKUNDE: SPEZIELLER TEIL

2.9 Krebse

Der Krebsfang unterliegt den Bestimmungen der Fischereigesetze.
In der artenreichen Ordnung der Krebse, die mit den Insekten, Tausendfüßern und Spinnen zu einer besonderen Klasse im Tierreich, zu den Gliederfüßern, gehören, unterscheidet man fischereilich die Kleinkrebse, die einen Hauptanteil an der natürlichen Nahrung der Fische stellen, und die großen Krebsarten (z.B. Hummer, Garnelen und Edelkrebse). Auch die letzteren haben einen reich gegliederten Körper (20 Ringe) und 10 gegliederte Fußpaare.

Kennzeichen und Lebensweise des Edelkrebses:
(Astacus astacus.)
Oberseite des Schalenpanzers (Brustpanzers) stets einfarbig, ohne Flecken, rötlich, grün, dunkel, in einigen fränkischen Gewässern bläulich. Unterseite mit hellen, gelb bis braunen Tönungen. Wichtiges Merkmal: An den Gelenken der beiden Scheren (und mitunter der folgenden 4 Gehfußpaare) auffällige rötliche Farbstellen, an der Unterseite der großen breiten, massigen Scheren rot, an den Scherenballen wenig heller gefärbt, die langen Fühler ebenfalls rot.
Kiemen unter dem Kopfbrustteil *(Cephalothorax)*. Fortbewegung kriechend oder rückwärts schnellend in schwimmender Form.

Edelkrebs *Astacus astacus*

Nahrung:
Pflanzen und Kleintiere (Allesfresser)

Wachstum:
Nach jeder Häutung, bei der in unbestimmten zeitlichen Abständen der Panzer abgestreift wird, spricht man von dem sog. weichen »Butterkrebsstadium«. In dieser Zeit ist das Tier Feinden gegenüber besonders gefährdet und deshalb versteckbedürftig. Am Tage in Uferhöhlen unter Steinen. Die Panzer-Neubildung dauert etwa 8 bis 10 Tage. Der neue Panzer ist größer als der alte, da nach der Häutung das Wachstum eintritt. Männliche Krebse wachsen schneller, bis zu 25 cm Länge. Weibchen bleiben kleiner.

Geschlechterunterscheidung:
Wichtig, da die Weibchen in den meisten Ländern Schonzeiten haben! Auf der Bauchseite sieht man beim **Männchen** die zu »**Griffeln**« umgewandelten ersten 2 Schwimmfußpaare des Hinterleibes als Begattungsorgane nach vorn gerichtet und an der Basis des letzten Gehfußpaares des Kopfbruststückes die beiden Öffnungen der Samenleiter.

Das **Weibchen** hat keine Griffel, das erste kleine Schwimmfußpaar des Hinterleibes ist verkümmert, die Öffnungen der Eileiter befinden sich an der Basis des vorletzten 3. Gehfußpaares (nicht wie beim Männchen am vierten).

Das Männchen hat stärkere Scheren, das Ende des Kopfbrustteiles ist beim Weibchen breiter, flacher.

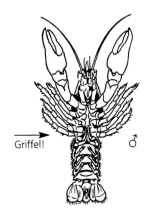
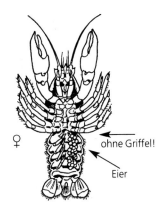

2. FISCHKUNDE: SPEZIELLER TEIL

Fortpflanzung:
Das Weibchen trägt 200–300 Eier bis zum Schlüpfen unter dem Hinterleib an den Schwimmfüßchen, im Herbst Begattung und später erfolgende Besamung (nach ca. 6 Wochen). Schlüpfzeit: Mai bis Juni, bis zur 1. Häutung bleibt die Brut an den Schwimmfüßen der Mutter festgeklammert. Brutpflege.

Krebskrankheiten:
Krebspest. Erreger ein Pilz. Ganze Krebsbestände eines Gewässers können ausgerottet werden. Erste Anzeichen: Bei Herausnahme hängen die Beine schlapp und unbeweglich nach unten. **Brandfleckenkrankheit.** Erreger ebenfalls ein Pilz und die **Porzellankrankheit** – hervorgerufen durch Mikrosporidien. – Befall durch Besatz aus Importen! An den Saugstellen des **Krebsegels** *(Branchiobdella varians)* können Krankheitserreger eindringen.

Merkmale der übrigen europäischen Krebsarten

Galizischer Sumpfkrebs
Astacus (Pontastacus, Potamobius) leptodactilus
Längere, aber sehr schmale Scheren, gutes Wachstum, Oberseite stets gefleckt bis marmoriert, Unterseite matthell bis grau auch an den Scheren. Kein Rot an den Gelenken; er schleppt die Krebspest häufig ein, verdrängt den Edelkrebs. Kreuzungen möglich!

Steinkrebs
Austropotamobius torrentium
Klein bleibend, selten, bis 10 cm lang, in kalten, stark strömenden Gewässern, Oberseite und Scheren dunkel gefärbt, Unterseite schmutzig weiß.

Dohlenkrebs
Potamobius pallipes
Selten, klein, Oberseite graublau bis gelbbraun, Unterseite grau-weißlich, Füße hell, dunkelbraune Eier.

Amerikanische Krebsarten:

»Amerikanischer(Fluss-)Krebs« *(Orconectes limosus)*, **Kamber:** klein bleibend, 1880 eingeführt, kleine Scheren, buntscheckige Färbung, widerstandsfähig, aber kaum lohnend. – Bisher nur in den USA vorkommend: **Amerikanischer Roter Sumpfkrebs** *(Procambarus clarkii)*: rot gefärbt, bestes Wachstum, Pflanzenfresser, weidet an Land, gräbt sich tief ein und zerstört Damme und Deiche. Vor dem Aussetzen in unsere Gewässer muss gewarnt werden. In den USA in Teichen gezogen.

Signalkrebs
Pacifastacus leniusculus
Stärker wachsend als unser Edelkrebs. Mit Erfolg in Seen Schwedens und Finnlands eingesetzt. Kennzeichen: helle bis weißliche Streifen am Scherengelenk!

❓ Welche Krebsarten sind hegewürdig?
Nur der Edelkrebs und der Steinkrebs. Der Edelkrebs sollte bevorzugt werden, wenn die Wassertemperatur nicht zu niedrig oder/und die Strömung nicht zu stark ist. Ein Besatz mit nicht heimischen Krebsarten (Signalkrebs u.a.) ist verboten.

❓ Was versteht man unter Krebsgewässer?
Stehende und fließende Gewässer mit klarem, sauerstoffreichem Wasser, das flach, nicht zu kalkreich, aber pflanzenreich ist. Die Uferbeschaffenheit muss Verstecke und ein Graben von Löchern gewähren. Mergel, Lehm, Ton und Torf sind geeignete Böden, auch steinige Ufer, aber keine kompakten Felsen, Wiesenbäche ohne Hochwasser, mittelwarm, nicht dauernd unter +12 °C (optimal 15–20 °C).
Besatz: Siehe 4.2 »Besatzmaßnahmen« (Seite 232).

❓ Gibt es Krebsfeinde?
Forellen, Rutten sowie der Barsch, Mühlkoppen und Bartgrundeln jagen Krebse im »Butterkrebsstadium«. Aale verfolgen sie bis in die Krebslöcher und bevorzugen die wehrlosen Tiere als besonderen Leckerbissen. Deshalb möglichst kein Aalbesatz in Krebsgewässern. Eine Krebsaufzucht und Anfütterung in Teichen bahnt sich auch bei uns an.

❓ Welche Krabbenart ist in Norddeutschland schädlich?
Die aus China eingeschleppte Wollhandkrabbe. Sie frisst Fische in Reusen und Netzen. Da ihre Fortpflanzung nur im Brackwasser möglich ist, konnte sie in den Flüssen, die ins Meer münden, nicht allzu weit flussaufwärts vordringen. Die Scheren der Männchen tragen eine besonders auffällige Wollbehaarung. Breite, talerartige Form.

2.10 Muscheln

❓ Ist der Fang weiterer Wassertiere fischereirechtlich geregelt?

Die Fischereigesetze der Länder behandeln auch den Fang von Fluss- und Teichmuscheln.

Fluss- oder Bachperlmuschel
Margaritifera margaritifera

Die viele Arten bildenden Muscheln gehören zu den Weichtieren, die zwei symmetrische Schalenhälften zum Schutz ihres Weichkörpers bilden. Die beiden Hälften sind an ihren oberen Rändern durch ein elastisches Band, das »Schlossband«, verbunden und durch ein oder zwei Schließmuskeln zusammengehalten. Sie bestehen aus 3 Schichten, der äußeren hornigen Oberhaut, der Prismenschicht und der inneren, meist silbrig glänzenden Perlmuttschicht. Auf den Schalen lassen sich Wachstumsringe ähnlich den Jahresringen von Fischschuppen erkennen. Der älteste Teil jeder Schale ist in Rückennähe eine buckelartige Aufwölbung, die als Wirbel bezeichnet wird.

Ein muskulöser Fuß dient zur kriechenden Fortbewegung, der eine Kriechspur als Furche im Schlamm oder Sandboden zieht.

Die Innenseiten der Schalenränder haben in der Nähe des Schlossbandes zahnartige Vorsprünge und Leisten, die ineinander greifen und eine seitliche Verschiebung der Schalen unmöglich machen. Diese Vorsprünge (Zähne) und Lamellen bilden zusammen das »Schloss«. Die stärkeren Zähne in Wirbelnähe werden Hauptzähne, die weiteren Seitenzähne genannt. Unterschiede im Schloss zeigen neben Unterschieden im Weichkörper die Artenverschiedenheit an.

An den Seiten des Fußes befinden sich sehr kleine Flimmerhaare, die durch rhythmische Bewegung einen Wasserstrom erzeugen, der am Hinterende durch eine untere Öffnung Atemwasser zu den Kiemen und Nahrung (kleinstes Plankton und Detritus) einführt und durch eine obere Öffnung ausstößt.

Damit erfüllen die Muscheln eine bedeutende Aufgabe im Gewässer, sie filtrieren das Wasser von Schwebstoffen ab, die Reste gelangen in den Bodenschlamm. Der Wasserdurchstrom ist beträchtlich. Nach amerikanischen Messungen an einer dortigen größeren Muschelart betrug er 42 Liter in 1 Stunde.

Es gibt Arten, die lebend gebärend sind, indem Eier und Samen zu-

2.10 MUSCHELN

nächst in Kiemennähe gebracht werden. Aus den Eiern schlüpfen Larven (Glochidien), die planktonisch leben und durch Greifhaken am Rand der Schalen sich an Fischen festhaken und verfrachten lassen. Die Larven der Fluss- und der Perlmuscheln lassen sich nicht nur verfrachten; sie benötigen zu ihrer Weiterentwicklung einen Wirtsfisch (Forelle, Bachsaibling), an dessen Kiemen oder Flossen sie sich anhaken und dort eingekapselt eine gewisse Zeit parasitisch leben. Die Eizahl eines Weibchens beträgt mehrere Hunderttausende.

❓ Welche Arten von Muscheln kommen in unseren Gewässern vor?

Gemeine Teichmuschel, Flache Teichmuschel, Abgeplattete Teichmuschel, Malermuschel, Große und Kleine Flussmuschel sowie die Bach- oder Flussperlmuschel.

❓ Wie unterscheiden sich Teichmuschel, Flussmuschel und Bachperlmuschel?

Die **Teichmuschel** *(Anodonta spec.)*: Schlossrand ohne Zähne! Dünnwandige Schalen, längliche ovale Form, hinterer Oberrand flügelförmig herausgehoben.
Wirbel flach, nur wenig rissig (»zerfressen«), bräunlich, bis 20 cm lang. In stehenden und langsam fließenden Gewässern.
Die **Flussmuschel** *(Unio crassus)*: In Fließgewässern, Schloss mit Haupt- und Seitenzähnen. Wirbel mäßig aufgetrieben. Form kurz, kaum doppelt so lang wie hoch, beinahe eiförmig, Schale dickwandig. Dunkelbraun, bis 6 cm lang.
Die **Fluss- oder Bachperlmuschel:** Schloss nur mit Hauptzähnen, keine Seitenzähne! Wirbel flach, stark zerfressen, Schalenhälften dickwandig, braun bis tiefschwarz, innen blauweißliche Perlmuttschicht, länglich, bis 12 cm lang, in klaren, kalkarmen Bächen der Urgebirge und im Sandstein, vereinzelt auch in Bächen der Lüneburger Heide.

❓ Wie werden Perlen gebildet?

Sie werden durch einen inneren Mantel unter der Schale gebildet. Er führt durch Abscheidung von Schalensubstanz – hervorgerufen durch fremde oder selbst hervorgebrachte Partikelchen – zur Perlbildung in der Innenseite der Schale. Ihr Wachstum ist sehr langsam. Künstliche Perlen werden bekanntlich durch Einführen eines kleinen Fremdkörpers zwischen Schale und Mantel erzeugt.

2.11 Fischersprache

Wer das Angeln neu beginnt, wird einige Worte im bisherigen und folgenden Text ungewöhnlich finden. Es handelt sich um feste Begriffe aus der Fischersprache, die im Kreis der Fischer gepflegt wird.

❓ Was ist die Fischersprache?
Nicht das Anglerlatein. Die Fischer können die älteste Tradition nachweisen. Ähnlich wie in der Jagd haben sich bestimmte Begriffe, Bezeichnungen und Redewendungen gebildet. Sie sind z.T aus der Sprache der Berufsfischer übernommen. Diese Ausdrucksweise sollte auch vom Jungfischer gepflegt werden. Die Fachsprache stärkt die Verbundenheit unter den Fischern!

Beispiele aus der Fischersprache

Rogner	weiblicher Fisch.
Milchner	männlicher Fisch.
ablaichen	Abgabe der Eier ins Wasser und Besamung mit der »Milch«, die das Männchen über den Eiern ins Wasser abgibt.
Laichgrube	vom Fisch vorbereitete Stelle zur Eiablage.
Schlagen der Laicher	lebhafte Bewegungen bei Abgabe des Laiches (Eier und Milch).
Satzfisch/Setzling	Jungfisch – meist in Fischzuchten gezogen zum Einsatz in freie Wildgewässer.
Besatz	Fische des Einsatzes.
Sömmerling	ein Sommer alter Jungfisch.
Brittelmaß	Mindestmaß (Länge), unter dem diese Fischart nicht gefangen werden darf; geregelt in den Fischereiverordnungen der einzelnen Länder. Gemessen von vorderster Maulspitze bis Ende des längsten Teiles der Sfl.
Fisch wehrt sich	Fluchtreaktion am Haken.

2.11 FISCHERSPRACHE

Fisch steht	Standplatz, er »schwimmt« nicht.
Fisch beißt	geht an den Haken (»Biss«).
Anhieb = Anhauen	ruckartiges Anziehen der Schnur durch den Angler.
Rute	Angelgerte.
Geschirr	Rute, Rolle, Schnur mit Haken.
Fischwasser	Fischgewässer.
überfischtes Wasser	zu stark befischtes Wasser.
Hungerwasser	nahrungsarmes Wasser, schlechtes Wachstum der Fische.
abgekommener Fisch	konnte sich vom Haken befreien.
Sprock	Köcherfliegenlarven in Gehäusen (Fischnahrung), bayer.: Röhrlmade
Floß	Schwimmer oder Pose der Floßangelei, um ein Absinken des Köders zu verhindern, ihn auf die richtige Tiefe einstellen, um den Biss beobachten zu können.
Spinnangelei	Angeln mit künstlichem Köder: Blinker, Pilker, Spinner, Gummifisch, mit totem Fischchen.
Fliegenfischen	mit leichter, elastischer Gerte und künstl. Fliegen
Flugangeln	Nachbildung von Insekten am Haken. Geachteter Sport auf viele Fischarten, die Insekten aufnehmen.
Drill	»drillen« – Kampf mit dem Fisch an der Schnur bis zur Ermüdung des Fisches zwecks sicherer Entnahme aus dem Gewässer.
Anködern	entweder Anfüttern von Wildfischen oder Beköderung des Angelhakens.

2. FISCHKUNDE: SPEZIELLER TEIL

Abschlagen	Betäuben vor dem Töten des Fisches.
An- oder Abangeln	Gemeinschaftsfischen am Anfang bzw. Ende der Saison.
Abfischen	entweder in der Teichwirtschaft: Ernte der Fische nach Ablassen des Teichwassers oder in der Bewirtschaftung von Fließgewässern: Entnahme wenig wertvoller Fischarten (Döbel oder großer Raubfische (Hechte) aus Edelfischgewässern mit Hilfe von Netzen oder Elektrofanggeräten.
Steigen der Fische	Vertikal: Fische schnappen nach Luftinsekten über oder auf der Wasseroberfläche, z.B. Äschen- und Forellenarten. Steigen auch bei schwindendem und beginnendem Tageslicht.
Horizontal:	schwimmen flussaufwärts.
Streifen der Fische	Im Gegensatz zum natürlichen Ablaichen – Gewinnung des Rogens und der Milch von laichreifen Fischen durch seitliches Streichen des Fischkörpers mit der menschlichen Hand zum Zweck einer anschließenden Besamung.
Entschuppung	Beseitigung eines Überhangs an nicht erwünschten (schädlichen) Fischen (Aitel, Hechte) in Forellengewässern durch Elektro-Abfischung.

Das sind nur wenige Beispiele. Auch diese Fachsprache lebt und ist Änderungen unterworfen.

Prüfungsfragen aus den verschiedenen Bundesländern

Fischkunde: Spezieller Teil

Edelfischarten mit einer Fettflosse

1. Durch welches Kennzeichen kann man die Salmoniden von den Cypriniden (Weißfischen) unterscheiden?
A Durch die zwei Rückenflossen
B Durch die Fettflosse
C Durch die Länge der Afterflosse

2. Welcher Unterschied besteht zwischen Bach- und Regenbogenforelle?
A Nur die Schwanzflosse der Bachforelle hat schwarze Punkte
B Rückenflosse und Schwanzflosse der Bachforelle haben schwarze Punkte
C Rückenflosse und Schwanzflosse der Regenbogenforelle haben schwarze Punkte

3. Welcher Unterschied besteht zwischen Bachforelle und Huchen?
A Der Huchen hat viele schwarze und mehrere rote Tupfen
B Die Bachforelle hat rote Tupfen, der Huchen nicht
C Die Bachforelle hat x-förmige schwarze Tupfen

4. Welcher Fisch ist Kieslaicher und legt die Eier in eine Laichmulde?
A Der Karpfen
B Die Bachforelle
C Der Brassen (die Brachse)

5. Wohin legt der Forellenrogner seine Eier?
A In Bachunterläufen zwischen Steine
B In eine von ihm geschlagene Laichmulde im Kiesgrund
C An Unterwasserpflanzen unter Uferüberhängen

6. Welche der hier aufgeführten Fische sind Winterlaicher?
A Weißfische
B Bachforellen
C Stichlinge

7. Wann ist die Laichzeit der Bachforelle?
A Juli–August
B November–Januar
C Mai–Juni

8. Welche Fischarten legen ihre Eier in selbst geschlagene Laichmulden?
A Forellen
B Renken (Felchen)
C Schleien

9. Welche der hierunter aufgeführten Fische sind Kieslaicher?
A Hechte – Barsche
B Bachforellen – Äschen
C Karpfen – Rotaugen

10. Welche der folgenden Fische haben den größten Sauerstoffbedarf
A Hechte, Zander
B Barsche, Rapfen (Schiede)
C Bachsaiblinge, Bachforellen

2. FISCHKUNDE: SPEZIELLER TEIL

11. Für welche Fischart sind die seitlichen roten Flecken (Punkte) typisch?
A Huchen
B Bachforelle
C Regenbogenforelle

12. Welche Salmonidenart hat besonders große Eier (ca. mindestens 4 mm)?
A Äsche
B Bachforelle
C Kleine Maräne

13. Bei welchem Fisch ist die Schwimmblase einteilig und sackförmig?
A Beim Wels (Waller)
B Bei der Bachforelle
C Beim Hecht

14. Welches besondere Kennzeichen hat der ausgewachsene Forellenmilchner?
A Er hat größere Brustflossen als der Rogner
B Er hat eine längere und stärkere Rückenflosse
C Er hat einen so genannten Laichhaken

15. Besetzt und verteidigt die Bachforelle ein eigenes Revier?
A Ja, besonders die ausgewachsene
B Nein
C Nur in der Laichzeit

16. Wie unterscheiden sich die Jugendstadien der Bach-, See- und Meerforellen voneinander?
A Die Jungfische der Meerforellen haben keine roten Punkte
B Die Jungfische der Bach-, Meer- und Seeforellen sind gleich, sie haben alle rote Punkte und »Jugendflecken«
C See- und Meerforellen haben schwarze, die Bachforellen rote Punkte

17. Was ist eine Steinforelle?
A Eine in grobsteinigen Flüssen lebende Bachforelle
B Eine schnell wachsende Forellenart in Flüssen mit steinigen Ufern
C Eine schlecht wachsende Bachforelle in sehr nahrungsarmen Bächen

18. Zu welcher Fischart zählt der »Schwarzreuter« in Voralpenseen?
A Zu den Bachforellen
B Zu den schlechtwüchsigen Seesaiblingen
C Zu den Bachsaiblingen

19. Welche Salmonidenarten in Mitteleuropa können 20 kg und mehr erreichen?
A Seesaiblinge
B Seeforellen und Huchen
C Regenbogen- und Bachforellen

20. Welche Kennzeichen hat die ausgewachsene Seeforelle?
A Sie hat weder schwarze noch rote Tupfen auf dem Körper
B Sie hat viele schwarze und einige rote Tupfen auf dem Körper
C Sie hat keine roten Tupfen, nur x-förmige schwarze (selten dunkelbraune) Zeichnungen auf dem Körper

21. Welche Fischart wird als Meerforelle bezeichnet?
A In das Meer abgewanderte Bachforelle
B im Meer und in den Küstengewässern lebende, dem Lachs ähnliche Forellenart
C im Süßwasser lebende und im Meer laichende Forellenart

22. Welche Fischarten leben im Meer und steigen zum Laichen in die Süßwasserflüsse auf?
A Lachs, Meerforelle, Stint
B Dorsch, Makrele
C Scholle, Flunder

23. Welche Salmonidenart gehört zu den »Wanderfischen« (Laichwanderungen vom Meer zum Süßwasser)?
A Der Seesaibling
B Der Lachs
C Der Huchen

24. Wodurch unterscheidet sich der Bachsaibling von den übrigen Salmoniden?
A Durch einen schwarz-weißen Rand der Schwanzflosse
B Durch einen weißen Rand der Brust und Bauchflossen
C Durch einen weißen und schwarzen Vorderrand der paarigen Flossen und der Afterflosse

25. Welche der folgenden Fischarten haben wir aus Amerika importiert?
A Seesaibling und Huchen
B Bachsaibling und Regenbogenforelle
C Äsche und Felchen (Renken)

26. Für welche Salmoniden beginnt in Süddeutschland die Schonzeit am 1. Oktober?
A Bachsaibling und Bachforelle
B Äsche und Huchen
C Regenbogenforelle und Lachs

27. Wie unterscheiden sich Bachsaibling und Seesaibling?
A Die bauchseitigen roten Flossen des Bachsaiblings haben am Vorderrand einen weißen und einen schwarzen Streifen
B Der Seesaibling hat einen schwarzen Vorderrand der bauchseitigen Flossen
C Der Bachsaibling hat nur einen weißen Längsstreifen am Vorderrand der bauchseitigen Flossen

28. Welcher Salmonide entspricht folgender Beschreibung? Torpedo- oder Spindelform, bezahntes Maul, Pflugscharbein nur vorn an der Platte bezahnt, schwarz-weiße Streifung am Vorderrand der paarigen Flossen und der Afterflosse
A Lachs
B Seesaibling
C Bachsaibling

29. Auf welchen Flossen hat die Regenbogenforelle schwarze Punkte?
A Die Regenbogenforelle hat nur rote Punkte
B Die Regenbogenforelle hat auf Rücken und Schwanzflosse schwarze Punkte
C Die Regenbogenforelle hat nur auf der Schwanzflosse schwarze Punkte

30. Welche verschiedenartigen Tupfen haben Regenbogenforelle und Huchen?
A Der Huchen hat eine Anzahl roter Tupfen auf den Körperseiten, die Regenbogenforelle hat keine
B Der Huchen hat x-förmige schwarze Tupfen auf den Körperseiten
C Die Regenbogenforelle hat schwarze Tupfen auf der Schwanzflosse, der Huchen hat keine

2. FISCHKUNDE: SPEZIELLER TEIL

31. Welche typischen Unterschiede gibt es zwischen Regenbogenforelle und Huchen?
A Die Regenbogenforelle hat auf der Schwanzflosse keine schwarzen Punkte
B Die Regenbogenforelle hat eine kupfertonartige Färbung längs der Seitenlinie
C Der Huchen hat an den Seiten eine kupfertonartige Färbung, Schwanzflosse ist ohne schwarze Punkte

32. Welche Salmoniden haben einen drehrunden Körper?
A Äsche
B Huchen
C Bachforellen

33. Welche nachfolgenden Salmoniden sind einheimisch?
A Regenbogenforelle und Taimen
B Seeforelle und Huchen
C Bachsaibling und Weißlachs

34. Welche Erfahrung muss beim Regenbogenforellen-Einsatz bedacht werden?
A Regenbogenforellen sind besonders schwierig zu fangen
B Herangewachsene Regenbogenforellen wandern oft ab
C Herangewachsene Regenbogenforellen sind beim Fangen uninteressant

35. In welchen Gewässern ist der Huchen zu finden?
A In den oberen Nebenflüssen des Rheins
B In der Donau und deren Nebenflüssen
C In großen natürlichen Seen

36. Welches sind die charakteristischen Kennzeichen des Huchens?

A Er hat weder rote Punkte auf den Körperseiten noch schwarze auf den Flossen
B Er hat schwarze Tupfen auf der Schwanzflosse
C Er hat einige rote Punkte auf den Körperseiten

37. Wie sieht die Jugendform des Huchens aus?
A Schwarze Tupfen auf der Schwanzflosse
B Rote Tupfen auf den Körperseiten, keine schwarzen Tupfen auf der Schwanzflosse
C Keine roten Tupfen auf den Körperseiten, keine schwarzen Tupfen auf den Flossen

38. Welches ist das auffälligste Kennzeichen der Äsche?
A Die Größe des Maules
B Die hohe und lange Rückenflosse
C Die kurzstrahlige, kurze Rückenflosse

39. Wodurch lassen sich die männlichen Äschen leicht von den weiblichen unterscheiden?
A Die Milchner haben einen auffällig großen Laichhaken
B Milchner hat größere Afterflosse
C Die Milchner haben eine besonders lange und langstrahlige Rückenflosse, die beim Rogner auffallend kürzer und kürzerstrahlig ist

40. Wann laichen die Äschen?
A Etwa Mitte März bis Mitte Mai
B Etwa Mitte Juli bis Ende August
C Etwa Mitte November bis Ende Dezember

41. Welcher der nachfolgenden Fische ist ein typischer Kieslaicher?
A Barsch
B Äsche
C Döbel (Aitel)

42. Welcher Fisch hat einen auffälligen Geruch nach Thymian?
A Der Huchen
B Die Äsche
C Die Maräne

43. Bei welchen Fischarten ist die Pupille nicht kreisrund, sondern nach vorn spitz verlaufend?
A Bei Aalen und Wallern (Welsen)
B Bei Äschen und Felchen (Renken)
C Bei Barben und Nasen

44. Wodurch unterscheiden sich die beiden ähnlichen Fische: Äsche und Renke (Felchen)?
A Die Renke (Felchen, Maräne) hat eine kleinere und kürzere Rückenflosse und keine schwarzen Punkte an den Körperseiten
B Die Renke (Felchen, Maräne) hat eine lange und hohe Rückenflosse
C Die Äsche hat eine kurze und kleine Rückenflosse und wenige schwarze Punkte auf den Körperseiten

45. Für die Ernährung welcher Fischarten ist tierisches Plankton besonders wichtig?
A Renken (Felchen), Maränen
B Barben, Nasen
C Zander, Schiede (Rapfen)

46. Welcher Salmonide hat seine Laichplätze in der Freiwasserzone?
A Seeforelle
B Renke (Felchen)
C Aal

47. Welche Tierart ist in Forellen- und Äschenbächen der gefährlichste Feind für Laich und Fischbrut?
A Der Fischreiher
B Die Mühlkoppe
C Die Bisamratte

48. Bei welchen Fischen besteht eine Verbindung zwischen Vorderdarm und Schwimmblase?
A Bei Stichlingen
B Bei Salmoniden
C Bei barschartigen Fischen

49. Bei welchen Fischen dient das Pflugscharbein zur Artenunterscheidung?
A Bei den Weißfischen = Cypriniden
B Bei den barschartigen Fischen
C Bei den Salmoniden = lachsartigen Fischen

50. Wie hoch ist etwa die Anzahl der Eier des Bachforellenrogners?
A Etwa 150–250 pro 1 kg Körpergewicht des Mutterfisches
B Etwa 1.500–2.500 pro 1 kg Körpergewicht des Mutterfisches
C Etwa 1.5000–25.000 pro 1 kg Körpergewicht des Mutterfisches

51. Wie hoch ist etwa die Anzahl der Eier des Renken (Blaufelchen) Rogners?
A Etwa 3.000 – 3.500 pro 1 kg Körpergewicht des Mutterfisches
B Etwa 30.000 – 35.000 pro 1 kg Körpergewicht des Mutterfisches
C Etwa 300.000–350.000 pro 1 kg Körpergewicht des Mutterfisches

Weißfische (Karpfenfische)

52. Welche Süßwasserfische haben besonders viele Arten?
A Raubfische
B Karpfenfische
C Saiblinge

53. Welches ist die Urform des Karpfen?
A Lederkarpfen
B Spiegelkarpfen
C Schuppenkarpfen

54. Welche gemeinsamen Kennzeichen haben unsere karpfenartigen Fische?
A Kopf ohne Schuppen, unbezahnter Kiefer, Schlundzähne, zweiteilige Schwimmblase
B Kopf ohne Schuppen, zahlreiche Kiemenreusen-Dornen, Fettflosse, bezahntes Pflugscharbein
C Kopf mit Schuppen, bezahnter Kiefer, Schlundzähne, zweiteilige Schwimmblase

55. Welche Fischart hat außergewöhnlich große Schuppen?
A Der Schuppenkarpfen
B Der Spiegelkarpfen
C Der Brassen (Blei)

56. Wie viele Barteln hat der Karpfen?
A Keine
B Zwei
C Vier

57. Welcher Fisch kann sein Maul rüsselartig verwenden?
A Das Neunauge
B Der Karpfen
C Der Döbel (das Aitel)

58. Welche unveränderlichen Kennzeichen kann man zur Bestimmung von Cyprinidenarten heranziehen?
A Form der Hautzähne
B Schuppenreihen an der Fettflosse
C Stellung und Anzahl der Schlundzähne

59. Wie lang ist der Darm des Karpfens?
A Halb so lang wie sein Körper
B Mindestens doppelt so lang wie sein Körper
C Ungefähr so lang wie sein Körper

60. Welche Fischarten haben einen besonders guten Gehörsinn?
A Karpfen und Welse (Waller)
B Alle Salmoniden
C Aale und Neunaugen

61. Welcher der folgenden Fische hat Schlundzähne?
A Der Zander
B Der Karpfen
C Der Saibling

62. Wann laicht der Karpfen?
A Von Januar bis März
B Von November bis Dezember
C Von Mai bis Juni

63. Wo laicht der Karpfen?
A An Pflanzen in seinem Revier
B In Laichgruben, die er selbst schlägt
C In selbst gebauten Nestern aus Pflanzenteilen

64. Welche der hier aufgeführten Fischarten sind Krautlaicher?
A Barben und Nasen

B Karpfen und Schleien
C Seeforellen und Huchen

65. Wie viele Eier pro 1 kg Körpergewicht produziert der Karpfenrogner?
A Etwa 2.000 Stück
B Etwa 20.000 Stück
C Etwa 200.000 Stück

66. Welche sind vom Karpfen bevorzugte Nährtiere?
A Wasserspinnen und Wasserläufer
B Rote Zuckmückenlarven und Schlammröhrenwürmer
C Wasserwanzen und Wasserkäfer

67. Wie verläuft in den Jahreszeiten das Karpfenwachstum in einem See?
A Es ist im Frühjahr stärker als im Sommer
B Es ist in allen Jahreszeiten gleich
C Es ist in den kalten Monaten – Winter – langsamer als in den warmen Monaten (Sommer)

68. Wodurch unterscheidet sich der Schuppenkarpfen vom Giebel?
A Der Karpfen hat 2, der Giebel 4 Barteln
B Der Karpfen hat 4, der Giebel keine Barteln
C Der Karpfen hat keine, der Giebel 4 Barteln

69. Welcher eindeutige Unterschied besteht zwischen Karpfen und Karauschen?
A Der Karpfen hat Barteln, die Karausche hat keine
B Die Karausche hat eine stärker ausgeschnittene Schwanzflosse
C Der Karpfen hat eine längere Rückenflosse

70. Welche hierunter genannten Fische zählen zu den Karpfenartigen?
A Wels, Huchen
B Barbe, Gründling, Elritze
C Barsch, Zander

71. Woran erkennt man die Karausche?
A An der Farbe der Augen
B An der Fettflosse
C Am schwarzen Fleck an der Schwanzflossenwurzel

72. Welche der hierunter genannten Fische haben eine geteilte Schwimmblase?
A Mühlkoppe, Neunauge
B Karausche, Brachsen (Brassen)
C Hecht, Zander, Huchen

73. Zu welcher Fischart gehören Karausche und Giebel?
A Zu den Salmoniden
B Zu den brachsenartigen Fischen
C Zu den karpfenartigen Fischen

74. Wie unterscheidet sich die Karausche vom Giebel?
A Sie hat größere Schuppen als der Giebel
B Sie ist etwas hochrückiger als der Giebel und hat kleinere Schuppen
C Das Bauchfell des Giebels ist viel heller als das der Karausche

75. Bei welchem karpfenartigen Fisch ist der freie Rand der Rückenflosse leicht nach außen gewölbt?
A Beim Nerfling
B Bei der Brachse (dem Brassen)
C Bei der Karausche

2. FISCHKUNDE: SPEZIELLER TEIL

76. Was ist das für ein Fisch? Sommerlaicher, 2 kleine Barteln, Farbe gelbgrünlich, Flossen abgerundet, Bodenfisch
A Rutte (Quappe)
B Karausche
C Schleie

77. Wo hält sich die Schleie hauptsächlich auf?
A In der Freiwasserzone
B Am Boden vorzugsweise zwischen Pflanzen
C In zügiger Strömung auf Kiesgrund

78. Wie viele Barteln hat die Schleie?
A Eine am Unterkiefer
B Vier längere an der Oberlippe
C Zwei kurze am Maulwinkel

79. Durch welches Kennzeichen sind Milchner und Rogner der Schleie unterschieden?
A Durch die verlängerte Rückenflosse des Milchners
B Durch die größeren Bauchflossen des Milchners mit dickerem Hauptstrahl
C Durch die größeren Brustflossen des Milchners

80. Bei welchem der hierunter genannten Fische ist die Schwanzflosse nicht eingebuchtet?
A Schleie
B Karpfen
C Perlfisch

81. Wovon ernährt sich die Schleie hauptsächlich?
A Von pflanzlichem Plankton
B Von Kleintieren am Boden (Larven, Würmer, Insekten, Schnecken etc.)
C Von Anflugnahrung (lebende und tote Insekten)

82. Wann laicht die Schleie?
A In den Monaten Januar und Februar (Winterlaicher)
B Etwa gleichzeitig mit den Bachforellen
C In den Monaten Mai bis Juli (Sommerlaicher)

83. Welche Anzahl von Eiern produziert ein vollreifer Schleienrogner?
A Etwa 600.000 pro 1 kg Körpergewicht
B Etwa 60.000 pro 1 kg Körpergewicht
C Etwa 6.000 pro 1 kg Körpergewicht

84. Welcher wesentliche Unterschied besteht zwischen Rotauge und Rotfeder?
A Die beiden Fische haben verschiedene Flossenfärbung
B Der Bauchflossenansatz steht beim Rotauge genau senkrecht unter dem Rückenflossenansatz
C Die Augenfarbe der Iris der Rotfeder ist Rot

85. Was ist das für ein Fisch? Die Rückenflosse beginnt senkrecht über dem Ansatz der Bauchflosse. Die Iris im Auge ist rot. Glatter, nicht gekielter Bauch
A Rotfeder
B Güster
C Rotauge (Plötze)

86. Welcher Fisch ernährt sich auch durch Pflanzenkost?
A Aal
B Rotfeder
C Barbe

87. Wann laicht das Rotauge?
A im Winter etwa ab 5 °C, Dezember – Januar
B im Sommer etwa ab 15 °C, Juli – August
C Im Frühjahr etwa ab 10 °C, April und Mai

88. Welche Anzahl von Eiern produziert ein vollreifer Rotaugen-Rogner (Plötzen-Rogner)?
A Etwa 2.750 pro 1 kg Körpergewicht
B Etwa 27.500 pro 1 kg Körpergewicht
C Etwa 275.000 pro 1 kg Körpergewicht

89. Was ist das für ein Fisch?
Die Rückenflosse beginnt hinter dem Bauchflossen-Vorderrand. Die Augen-Iris ist messingfarben. Der Bauch ist scharf gekielt. Rote Flossen.
A Rotauge
B Güster
C Rotfeder

90. Welcher Süßwasserfisch hat einen scharf gekielten Bauch?
A Rotfeder
B Rotauge (Plötze)
C Güster

91. Welche Maulstellung hat die Rotfeder?
A leicht unterständig
B genau endständig
C leicht oberständig

92. Welcher der folgenden einheimischen Fische ist vorwiegend Pflanzenfresser?
A Der Karpfen
B Die Rotfeder
C Der Döbel (das Aitel)

93. Welcher Fisch ist ein ausgesprochener Bodentierfresser?
A Forelle
B Barbe
C Schied (Rapfen)

94. Wie ist die Stellung des Maules der Barbe?
A Unterständig
B Oberständig
C Endständig

95. Welche der unterschiedlichen Maulstellungen sind hierunter richtig zugeordnet?
A Unterständiges Maul: Barbe, Nase, Gründling
B Oberständiges Maul: Karpfen, Schleie, Forelle
C Endständiges Maul: Schied (Rapfen), Laube, Stint

96. Wie viele Barteln hat die Barbe?
A Zwei
B Vier
C Sechs

97. Wann laicht die Barbe?
A Im Winter, etwa Dezember–Januar
B Im Frühjahr, etwa März–April
C Im Frühjahr, etwa Mai–Juni

98. Wo setzt die Barbe ihren Laich ab?
A An Wasserpflanzen in der Uferzone
B Auf kiesigen, stark überströmten Bodenstellen
C In Eischnüren über bewachsenen Steinen

2. FISCHKUNDE: SPEZIELLER TEIL

99. Bei welchem Fisch ist besonders in der Laichzeit der Rogen ungenießbar?
A Karpfen
B Barbe
C Hecht

100. Welcher Fisch hat vier Barteln?
A Barbe
B Schleie
C Karausche

101. Welcher Fisch entspricht der folgenden Beschreibung?
Körper spindelförmig, Unterlippe mit hornig-hartem Rand, schwarzes Bauchfell
A Döbel (Aitel)
B Nase (Quermaul)
C Schied (Rapfen)

102. Was für eine Maulstellung hat die Nase?
A Endständig mit wulstigen Lippen
B Oberständig mit Fangzähnen
C Unterständig und quer gespalten mit hornig scharfkantigen Lippen

103. Welcher der hierunter genannten Fische hat keine Barteln?
A Nase
B Barbe
C Rutte

104. Welche Fischart hat ein schwarzes Bauchfell?
A Hecht
B Regenbogenforelle
C Nase

105. Wovon ernährt sich die Nase hauptsächlich?
A Sie schabt den Algenbewuchs der Steine ab
B Sie lebt vom vorbeischwimmenden tierischen Plankton
C Sie lebt von den vorbeischwimmenden Insekten und Larven

106. Welche Kennzeichen unterscheiden die Zährte (Blaunase, Rußnase) von der Nase?
A After- und Rückenflossen stehen nahe der Schwanzflosse
B Die Rückenflosse der Zährte ist länger als die der Nase
C Die Zährte hat eine längere Afterflosse, ein Rüsselmaul, das nicht quer gestellt ist

Weißfische (Brachsenartige)

107. Welcher Fisch hat eine seitlich flache, hochrückige Körperform?
A Döbel (Aitel)
B Brachse (Brassen, Blei)
C Nase

108. Welcher der nachfolgenden Fische hat recht große Rundschuppen?
A Lachs
B Wels (Waller)
C Brachse (Brassen, Blei)

109. Welche Weißfische haben eine auffallend lange Afterflosse?
A Aitel (Döbel) und Schied (Rapfen)
B Brachse und Güster
C Karausche und Rotfeder

110. Bei welchem Fisch sind alte Flossen dunkelgrau?
A Brachse (Blei, Brasse)
B Nase
C Döbel (Aitel)

111. **Bei welchem der folgenden Fische sind die Kiefer nicht bezahnt?**
A Forelle und Zander
B Brachse (Brasse, Blei) und Güster
C Hecht und Barsch

112. **Welcher der drei genannten Fische hat ein leicht unterständiges, vorstülpbares Maul?**
A Barsch
B Hecht
C Brachse (Blei, Brassen)

113. **Welcher der hier folgenden Fische hat eine zweigeteilte Schwimmblase?**
A Der Hecht
B Die Brachse (Blei, Brassen)
C Die Makrele

114. **Wovon emährt sich die Brachse (Blei, Brassen) hauptsächlich?**
A Von Wasserpflanzen
B Von Kleintieren am Boden
C Von Jungfischen

115. **Zu welcher Laichgruppe gehören Brachsen (Brassen, Blei) und Güster?**
A Kieslaicher
B Freiwasserlaicher
C Krautlaicher

116. **Welcher Fisch bekommt in der Laichzeit den so genannten »Laichausschlag«?**
A Die Brachse (Brassen, Blei)
B Die Äsche
C Der Zander

117. **Wann ist die Laichzeit der Brachsen (Brassen, Blei)?**
A Im Spätherbst, etwa November – Dezember
B Im Winter, etwa Februar–März
C Im Frühjahr, etwa Mai -Juni

118. **Wieviel Eier trägt ein reifer Brachsen-Rogner?**
A Ca. 4.500 Stück pro 1 kg Körpergewicht
B Ca. 45.000 Stück pro 1 kg Körpergewicht
C Ca. 450.000 Stück pro 1 kg Körpergewicht

119. **Wodurch unterscheidet sich im Wesentlichen die Brachse von der sehr ähnlichen Güster?**
A Durch die Brustflossen, die bei der Brachse viel kürzer sind
B Durch die Brustflossen, die bei der Güster bis zum Beginn der Bauchflossen reichen
C Durch die Brustflossen, die bei der Brachse bis zum Anfang der Bauchflossen reichen

120. **Woran erkennt man, dass Zährte, Zope und Zobel zu den nahen Verwandten der Brachse (Brassen) gehören?**
A An der großen Rückenflosse
B An der langen Afterflosse
C An den fächerartig gegliederten Brustflossen

Weitere Weißfischarten

121. **Welcher Fisch hat eine Körperform mit einem fast runden Umfang?**
A Der Döbel (das Aitel)
B Die Plötze (das Rotauge)
C Die Brachse (Brassen, Blei)

2. FISCHKUNDE: SPEZIELLER TEIL

122. Welcher der hierunter genannten Fische entspricht der folgenden Beschreibung? Körper fast drehrund, Afterflossensaum nach außen gebogen, netzartig erscheinendes Schuppenkleid, Schlundzähne zweireihig
A Aland (Nerfling)
B Döbel (Aitel)
C Nase

123. Welcher der hierunter genannten Fische entspricht der folgenden Beschreibung? Körper leicht seitlich zusammengedrückte Spindelform, oberständiges Maul, zahnlose Kiefer, Schlundzähne zweireihig mit spitzer, langer Form
A Aland (Nerfling)
B Schied (Rapfen)
C Döbel (Aitel)

124. Welcher der hierunter genannten Fische hat große, harte Rundschuppen?
A Der Zander
B Der Döbel (das Aitel)
C Der Barsch

125. Welche Maulstellung hat der Döbel (das Aitel)?
A Oberständig
B Unterständig
C Endständig

126. Durch welche Kennzeichen kann man ältere Döbel (Aitel) und Hasel unterscheiden?
A Hasel: dunkel umrandete Schuppen, nach außen gebogener Rand der Afterflosse
B Döbel: dunkel umrandete Schuppen, nach außen gebogener Rand der Afterflosse
C Döbel: Schuppen ohne dunklen Rand, nach innen gebogener Rand der Afterflosse

127. Durch welche Kennzeichen kann man Döbel (Aitel) und Rapfen (Schied) unterscheiden?
A Döbel: oberständiges Maul
B Rapfen: endständiges Maul
C Döbel: endständiges Maul

128. Durch welche Kennzeichen kann man Döbel (Aitel) und Frauennerfling unterscheiden?
A Frauennerfling: schlanker, leicht abgeflachter Körper mit leicht unterständigem Maul
B Frauennerfling: fülliger Körper mit dickem Kopf, endständiges Maul
C Döbel: schlanker, seitlich abgeflachter Körper, unterständiges Maul

129. Wieviel Eier produziert ein reifer Döbel (Aitel)-Rogner?
A ca. 450.000 pro 1 kg Körpergewicht
B ca. 45.000 pro 1 kg Körpergewicht
C ca. 4.500 pro 1 kg Körpergewicht

130. Welche der hierunter genannten Fische haben keine Kieferbezahnung?
A Forelle, Bachsaibling
B Barsch, Zander
C Döbel (Aitel), Barbe

131. Welche der hierunter genannten Fische sind – besonders die älteren – zu den Raubfischen zu zählen?
A Rotauge (Plötze) und Rotfeder
B Döbel (Aitel) und Rapfen (Schied)
C Nerfling und Nase

132. Welcher Fisch entspricht folgender Beschreibung? Leicht abgeflachter, torpedoförmiger Körper, Afterflossenrand gerade, zweireihige Schlundzähne, Beginn der Rückenflosse hinter dem Ansatz der Bauchflossen
A Döbel (Aitel)
B Frauennerfling
C Aland (Nerfling)

133. Welcher der nachstehenden Fische ist als etwas hochrückiger als die zwei anderen anzusehen?
A Döbel (Aitel)
B Rapfen (Schied)
C Nerfling (Aland)

134. Welcher der folgenden Fische hat ein oberständiges Maul?
A Rapfen (Schied)
B Barsch
C Döbel (Aitel)

135. Welcher besondere Weißfisch hat keine Kieferbezahnung, obwohl er ein Raubfisch ist?
A Brachse (Brassen)
B Rapfen (Schied)
C Nerfling (Aland)

136. Was ist richtig bezüglich der Maulstellung von Rapfen (Schied) und Nerfling?
A Der Rapfen hat ein oberständiges Maul
B Der Nerfling hat ein oberständiges Maul
C Der Nerfling hat ein unterständiges Maul

Raubfischarten

137. Welcher dieser drei Raubfische hat die größte Maulspalte?
A Zander
B Hecht
C Bachforelle

138. Der Hecht besitzt
A Stachelstrahlen in der Rückenflosse?
B Keine Afterflosse?
C Sehr weit hinten stehende Rückenflosse?

139. Welche Schuppenart hat der Hecht?
A Rundschuppen
B Kammschuppen
C Schmelzschuppen

140. Welche Fische haben Fangzähne (Hundszähne)?
A Wels (Waller) und Quappe (Rutte)
B Hecht und Zander
C Barsch und Aal

141. Welche der nachfolgenden Fische haben ein oberständiges Maul?
A Karpfen und Schleie
B Hecht und Rapfen (Schied)
C Plötze (Rotauge)

142. Welche Fische haben einen kurzen Darm?
A Hecht, Zander, Forelle
B Karpfen, Schleie
C Nase, Barbe

143. Wie raubt der Hecht?
A Er jagt seine Beutefische
B Er schießt aus Lauerstellung plötzlich auf vorbeiziehende Fische los
C Er sucht seine Beute im Herumschwimmen (»Pirschen«)

2. FISCHKUNDE: SPEZIELLER TEIL

144. Wie ist das Wachstum des Hechtes?
A Der Hecht ist langsamwüchsig
B Der Hecht ist sehr schnellwüchsig
C Der Hecht wächst normal wie die übrigen Süßwasserfische

145. Woran ist der Hechtmilchner außerhalb der Laichzeit zu erkennen?
A An großen Brust- und Bauchflossen
B Am Laichhaken des Unterkiefers
C Am Schwanzstiel, der, vom Körper deutlich abgesetzt, relativ dünn zur Schwanzflosse verläuft

146. Sollen große Hechte geschont werden?
A Die Größe ist unwichtig
B Nein, denn der größere Fisch ist ein schlechter Futterverwerter
C Ja, denn große Fische bringen größere Erträge

147. Ist es fischwirtschaftlich richtig, große Hechte zu schonen?
A Ja, große Hechte machen den Fang interessant
B Nein, große Hechte sind schlechte Futterverwerter
C Ja, große Hechte erzielen höhere Preise und bringen ansehnliche Trophäen

148. Wann laicht der Hecht?
A Im Herbst, etwa Oktober bis Dezember
B Im Sommer, etwa Juli bis September
C Im Winter bis Frühjahr, etwa Februar bis April

149. Wo laicht der Hecht?
A In Ufernähe an flachen Krautstellen
B Auf kiesigem Grund
C An der tiefsten Stelle seines Gewässers

150. Wieviel Eier hat ein Hechtrogner?
A Etwa 4.000 – 6.000 Stück pro 1 kg Körpergewicht
B Etwa 30.000 – 40.000 Stück pro 1 kg Körpergewicht
C Etwa 300.000 – 400.000 Stück pro 1 kg Körpergewicht

151. Wann tritt beim Hechtrogner die Geschlechtsreife ein?
A Am Ende des ersten Lebensjahres
B Am Ende des zweiten Lebensjahres
C Am Ende des dritten Lebensjahres

152. Welcher ist der größte Raubfisch in Mitteleuropa?
A Der Hecht
B Der Huchen
C Der Wels (Waller)

153. Welcher Raubfisch hat nur eine auffallend kurze Rückenflosse und lange Afterflosse?
A Der Hecht
B Der Wels
C Die Rutte (Quappe)

154. Welche Schuppenart hat der Wels?
A Rundschuppen
B Kammschuppen
C Keine Schuppen

155. Wo hat der Wels Barteln und wie viele?
A 4 Barteln an der Unterlippe
B 6 Barteln an der Oberlippe
C 2 Barteln an der Oberlippe und 4 Barteln an der Kopfunterseite

156. Welcher Fisch hat nur Hechelzähne?
A Der Zander

B   Der Hecht
C   Der Wels (Waller)

157. Welche Möglichkeit der Altersbestimmung ist beim Wels (Waller) gegeben?
A   Feststellen von Länge und Gewicht
B   Feststellen der Jahresringe an den Kiemendeckeln und Wirbelknochen
C   Feststellen des Zustandes der Zähne

158. Bei welchen Fischen spielt das Sehen eine untergeordnete Rolle?
A   Rapfen (Schied), Döbel (Aitel)
B   Äsche, Forelle
C   Wels (Waller), Aal

159. Welcher Fisch lebt fast ausschließlich von Fischen?
A   Wels (Waller)
B   Döbel (Aitel)
C   Barbe

160. Welcher Fisch hat besonders kleine Augen trotz erheblicher Körpergröße?
A   Plötze (Rotauge)
B   Wels (Waller)
C   Rutte (Quappe, Trüsche)

161. Welche Fische haben ein besonders gutes Gehör?
A   Aale und Neunaugen
B   Döbel (Aitel) und Brassen (Brachsen)
C   Welse (Waller) und Karpfen

162. Wie viele Eier produziert ein Wels (Waller)-Rogner?
A   30.000 – 35.000 Stück pro 1 kg Körpergewicht
B   3.000 – 3.500 Stück pro 1 kg Körpergewicht
C   300 – 350 Stück pro 1 kg Körpergewicht

163. Wodurch unterscheidet sich u.a der Zwergwels (aus Amerika) vom einheimischen Wels (Waller)?
A   Der Zwergwels hat lange Rücken- und Afterflossen, keine Barteln
B   Der Zwergwels hat außer der Rückenflosse noch eine Fettflosse, 8 Barteln
C   Der Zwergwels hat einen langen Rückenflossensaum, 6 Barteln

164. Welche der folgenden Fische haben verkümmerte, sehr kleine Schuppen?
A   Stichlinge und Lauben
B   Rutten und Aale
C   Nasen und Barben

165. Welcher Fisch hat nur eine Bartel?
A   Der Zwergwels
B   Die Barbe
C   Die Rutte (Quappe, Trüsche)

166. Welcher Fisch hat kehlständige Bauchflossen?
A   Die Rutte (Quappe, Trüsche)
B   Der Zwergwels
C   Der Rapfen (Schied)

167. Mit welcher Fischgruppe ist die Rutte (Quappe, Trüsche) verwandt?
A   Mit den Welsen (Wallern)
B   Mit den Schmerlen
C   Mit den Schellfischen

168. Wann ist die Laichzeit der Rutte (Quappe, Trüsche)?
A   Im Frühling
B   Jm Sommer
C   Im Winter

2. FISCHKUNDE: SPEZIELLER TEIL

169. Welcher Fisch hat eine sehr große, fettreiche Leber (als Delikatesse bekannt)?
A Der Wels (Waller)
B Die Rutte (Quappe, Trüsche)
C Der Aal

170. Welche Fische haben einen besonders empfindlichen Teil der Seitenlinie am Kopf?
A Die Brachsenartigen
B Die Raubfische
C Die Karpfenartigen

Die barschartigen Fische

171. Welche Kennzeichen haben alte barschartigen Fische?
A In der vorderen Rückenflosse sind Weichstrahlen
B In der vorderen Rückenflosse sind spitze Stachelstrahlen
C Die kehlständigen Bauchflossen haben 4 starke Dornen

172. Welche Fischart hat raue Kammschuppen und 2 Rückenflossen?
A Döbel (Aitel)
B Brachse (Brassen)
C Barsch (Bürschling)

173. Welcher Fisch hat einen dunklen Fleck am hinteren Rand der vorderen Rückenflosse?
A Barsch
B Kaulbarsch
C Zander

174. Bei welchem Fisch sind die beiden Rückenflossen voneinander getrennt?
A Kaulbarsch
B Barsch
C Schraetzer

175. Brustständige Bauchflossen sind typisch für
A Aitel (Döbel) und Karpfen?
B Forelle und Hecht?
C Barsch und Zander?

176. Bei welchem Fisch sind die Kiemendeckel nach hinten spitz ausgezogen und mit einem Dorn versehen?
A Barsch
B Barbe
C Zander

177. Was für eine Schwimmblase hat der Barsch?
A Eine geteilte mit Verbindungsgang zwischen den Kammern
B Eine einkammerige ohne Verbindungsgang zum Darm
C Eine einkammerige mit Verbindungsgang zum Darm

178. Wie und wo laicht der Barsch etwa im Mai?
A Er klebt seine Eier einzeln an Wasserpflanzen
B Er legt seine Eier in flachen Bodenvertiefungen ab
C Er legt seine Eier in langen Bändern an ruhigen Wasserstellen ab

179. Bei welchen Fischarten tritt kein Laichausschlag auf?
A Bei den barschartigen Fischen
B Bei den karpfenartigen Fischen
C Bei den Maränen und Felchen (Renken)

180. Wie fängt der Barsch die Beutefische?
A Durch Jagen
B Durch Suchen seiner Beute im Herumschwimmen (»Pirsch«)
C Durch plötzliches Hervorstoßen aus Lauerstellung

181. Welcher Barsch hat eine bis hinter die Augen reichende Maulspalte?
A Der Schwarzbarsch
B Der Forellenbarsch
C Der Kaulbarsch

182. Welcher Unterschied besteht zwischen unserem einheimischen Barsch und dem Schwarz- und dem Forellenbarsch aus Amerika?
A Schwarz- und Forellenbarsch haben Stachelstrahlen in beiden Rückenflossen
B Schwarz- und Forellenbarsch haben eine sehr große erste Rückenflosse
C Schwarz- und Forellenbarsch haben eine erste Rückenflosse mit Stachelstrahlen, die wesentlich niedriger ist als die zweite Rückenflosse

183. Welcher Beschreibung entspricht der Kaulbarsch?
A Der Kaulbarsch hat zwei hartstrahlige Rückenflossen
B Die hartstrahlige erste geht in die zweite, weichstrahlige Rückenflosse über
C Es ist eine Lücke zwischen der hartstrahligen ersten und der weichstrahligen zweiten Rückenflosse

184. Welches der hierunter genannten Fischwasser eignet sich als stehendes Zandergewässer?
A Klein, viele Wasserpflanzen, warm
B Tief, nicht nahrungsreich, klar
C Fester, nicht schlammiger Grund, sommertrüb

185. Welche Schuppenart hat der Zander?
A Er hat Kammschuppen
B Er hat Rundschuppen
C Er hat keine Schuppen

186. Welche Fische haben Hunds- oder Fangzähne?
A Rutte (Quappe, Trüsche) und Wels
B Zander und Hecht
C Döbel (Aitel) und Brassen (Brachsen)

187. Welcher der folgenden Fische hat brustständige Bauchflossen?
A Die Bachforelle
B Die Güster
C Der Zander

188. Welcher der folgenden Fische hat zwei Rückenflossen?
A Der Giebel
B Der Zander
C Die Barbe

189. Wann und wo laicht der Zander?
A Im Frühjahr, etwa März/April klebt er seine Eier an Pflanzengestrüpp, Schilfwurzelwerk etc.
B Im Herbst, etwa September – November, laicht er über Laichgruben
C Im Sommer, etwa Juli – August, laicht er auf Grund in seichten Bachmündungen

2. FISCHKUNDE: SPEZIELLER TEIL

190. Wie viele Eier – errechnet pro 1 kg Körpergewicht – produziert der Zanderrogner?
A 100.000 bis 200.000 Stück
B 10.000 bis 20.000 Stück
C 1.000 bis 2.000 Stück

191. Welcher Fisch bewacht seine Eier?
A Der Barschmilchner
B Der Plötzenmilchner (Rotaugenmilchner)
C Der Zandermilchner

192. Welcher barschartige Fisch hat keinen Dorn am Kiemendeckel?
A Der Flussbarsch
B Der Zander
C Der Kaulbarsch

193. Wie unterscheidet sich der Kaulbarsch vom Forellenbarsch?
A Die erste Rückenflosse ist beim Kaulbarsch höher als die zweite
B Die erste Rückenflosse ist beim Forellenbarsch höher als die zweite
C Die ersten Rückenflossen sind bei beiden Fischen gleich lang wie die zweiten

194. Wie unterscheidet sich der Schwarzbarsch vom Kaulbarsch?
A Die zweite Rückenflosse ist beim Schwarzbarsch höher als die erste
B Die zweite Rückenflosse ist beim Kaulbarsch höher als die erste
C Die zweiten Rückenflossen sind bei beiden Fischen gleich lang wie die ersten

195. Welche der nachfolgenden Fische sind Kieslaicher?
A Wels (Waller), Zährte, Aal
B Salmoniden, Barbe, Nase, Grundel (Gründling)
C Hecht, Zander, Brassen (Brachse)

196. Welche der nachfolgenden Fische haben keine Schwimmblase?
A Zander, Hecht, Barsch
B Mühlkoppe, Makrele
C Karpfen, Döbel (Aitel), Plötze (Rotauge)

Der Aal

197. Welcher Fisch hat einen weichen, geschlossenen Flossensaum um den Hinterkörper, bestehend aus ineinander übergehende Rücken-, Schwanz- und Afterflosse?
A Rutte (Quappe, Trüsche)
B Aal
C Neunauge

198. Welcher Fisch hat keine Bauchflossen?
A Rutte (Quappe, Trüsche)
B Mühlkoppe
C Aal

199. Welcher Fisch hat sehr kleine, längliche Schuppen in der dicken schleimigen Haut?
A Der Wels (Waller)
B Die Rutte (Quappe, Trüsche)
C Der Aal

200. Bei welchen Fischen hat beim Beutefang das Auge eine untergeordnete Bedeutung gegenüber dem Geruchs- und Tastsinn?
A Aal und Wels (Waller)
B Barsch und Döbel (Aitel)
C Forelle und Äsche

201. Welcher Fisch hat keine Gräten im Muskelfleisch?
A Äsche
B Aal
C Forelle

202. Hat der Aal einen guten Geruchssinn?
A Nein, er ist wenig entwickelt
B Ja, einen sehr guten
C Nein, er braucht ihn nicht

203. Was ist ein Blankaal?
A Der Jungaal
B Der zum Laichen abwandernde Aal
C Ein ausgesprochener Raubaal

204. Wann tritt beim Aal Geschlechtsreife ein?
A In einem Alter von 4 – 5 Jahren
B In einem Alter von 5 – 7 Jahren
C In einem Alter von 7 – 12 Jahren

205. Wann kann das Geschlecht des Aales erkannt werden?
Frühestens bei einer Länge
A von 50 cm
B von 25 cm
C von 70 cm

206. Wo laichen die Aale?
A Im Schwarzen Meer
B Im Sargassomeer, südlich der Bermudas
C In sumpfigen Wiesen

207. Wie oft in seinem Leben laicht der Aal?
A Alljährlich
B Etwa alle 3 Jahre
C Nur einmal in seinem Leben

208. Woher kommen die Aallarven?
A Aus den Flussmündungen
B Aus dem Sargassomeer
C Aus dem Golf von Biscaya

209. Welchen Aal bezeichnet man als Glasaal?
A Die laichbereite Abwanderungsform des Aales
B Den an der Küste eintreffenden gläsern durchsichtigen Jugend-Aal
C Die Larvenform des Aales im Laichgebiet

210. Was ist ein Satzaal?
A Jungaal, der ca. 20 bis 25 g wiegt
B Ein ca. 50 cm langer Aal
C Eine in Europa nicht vorkommende Art

211. Wann bezeichnet man den Aal als Gelbaal?
A Wenn er gelbbraun geräuchert ist
B Wenn er im »Fressstadium« gelbbräunliche Farbe auf dem Rücken und eine reingelbliche Farbe auf der Bauchseite angenommen hat
C Wenn es sich um eine fremde Aalrasse handelt

212. Welchen Aal bezeichnet man als Spitzkopfaal?
A Das ist eine besondere Aalart
B Einen Aal, der sich hauptsächlich von Kleintieren ernährt (Krebse, Würmer, Schnecken, Muscheln)
C Den zum Raubfisch gewordenen Aal

213. Wovon ernährt sich hauptsächlich ein Breitkopfaal?
A Von Fischen
B Von Pflanzen
C Von tierischem Plankton

2. FISCHKUNDE: SPEZIELLER TEIL

214. Hängt die Größe des Aales von seinem Geschlecht ab?
A Ja, die weiblichen Aale sind meist größer
B Ja, die männlichen Aale sind größer
C Nein, beide Geschlechter wachsen gleichmäßig

215. Welche Fischart hält eine Winterruhe?
A Die Äsche
B Der Aal
C Der Zander

216. Welche Fische rauben meistens in der Nacht?
A Barsch und Schied (Rapfen)
B Hecht und Zander
C Aal und Wels (Waller)

Neunaugen

217. Welche Art hat keine paarigen Flossen?
A Der Aal
B Das Bachneunauge
C Der Wels

218. Welche Art von Rückenflossen hat das Bachneunauge?
A Das Bachneunauge hat zwei Rückenflossen, die ineinander übergehen
B Das Bachneunauge hat nur eine Rückenflosse
C Das Bachneunauge hat zwei Rückenflossen, aber voneinander getrennt

219. Woher stammt der Name »Neunauge«?
A An jeder Seite sind neun Augen
B An jeder Seite sind je 1 Auge, 2 Nasenlöcher und 6 Kiemenöffnungen
C Von jeder Seite betrachtet sind 1 Auge, 7 Kiemenlöcher und die unpaarige Riechgrube zu sehen.

220. Wo ist das Bachneunauge zu finden?
A In Bächen und Flüssen
B Im Brackwasser
C Im Salzwasser

Krebse

221. Welche Krebsart muss besonders gefördert werden?
A Der amerikanische Flusskrebs
B Die Wollhandkrabbe
C Der Edelkrebs

222. Woran erkennt man die weiblichen Krebse, die in den meisten Ländern Schonzeiten haben?
A Der weibliche Krebs hat größere Scheren
B Dem weiblichen Krebs fehlen die Griffelpaare am Hinterleib
C Dem männlichen Krebs fehlen die Griffelpaare am Hinterleib

223. Wie unterscheidet sich der Sumpfkrebs vom Edelkrebs?
A Er hat längere, aber sehr schmale Scheren
B Er hat keine Scheren
C Wegen schlechten Wachstums bleibt er klein mit verkümmerten Scheren

224. Bei welcher Krebsart ist die Scherenunterseite stets rot?
A Beim Signalkrebs

B Beim Edelkrebs
C Beim Sumpfkrebs

225. Wie misst man den Krebs, um das Schonmaß (Mindestmaß) festzustellen?
A Ganze Länge von der Scherenspitze bis zum Schwanzfächerhinterrand messen
B Länge zwischen Kopfspitze und Schwanzfächerhinterrand messen
C Körperlänge ohne Scheren und Schwanzfächer messen

226. Was geschieht zunächst mit den 200–300 Krebseiern?
A Sie werden in Uferhöhlen versteckt
B Sie werden an Unterwasserpflanzen geklebt
C Sie werden vom Weibchen bis zum Schlüpfen an den Schwimmfüßchen des Hinterleibs getragen

227. Warum ist die im Küstengebiet Norddeutschlands verbreitete Wollhandkrabbe schädlich?
A Sie ist eine starke Nahrungskonkurrentin der Fische
B Sie frisst Fische, besonders solche in Netzen und Reusen
C Sie steigt zum Laichen in die Flüsse auf

Antworten

1B / 2C / 3B / 4B / 5B / 6B / 7B / 8A / 9B

10C / 11 B / 12B / 13B / 14C / 15A / 16B / 17C / 18B / 19B / 20C

21B / 22A / 23B / 24C / 25B / 26A / 27A / 28C / 29B

30C / 31 C / 32B / 33B / 34B / 35B / 36A / 37C / 38B / 39C / 40A

41B / 42B / 43B / 44A / 45A / 46B / 47B / 48B / 49C / 50B / 51B

52B / 53C / 54A / 55B / 56C / 57B / 58C / 59B / 60A / 61 B / 62C / 63A

64B / 65C / 66B / 67C / 68B / 69A / 70B / 71 C / 72 B / 73C / 74B

75C / 76C / 77B / 78C / 79B / 80A / 81 B / 82C / 83A / 84B / 85C

86B / 87C / 88C / 89C / 90A / 91 C / 92B / 93B / 94A / 95A / 96B / 97C

98B / 99B / 100A / 101B / 102C / 103A / 104C / 105A / 106C / 107B / 108C

2. FISCHKUNDE: SPEZIELLER TEIL

109B / 110A / 111B / 112C / 113B / 114B / 115C / 116A / 117C / 118B / 119C

120B / 121A / 122B / 123B / 124B / 125C / 126B / 127C / 128A

129B / 130C / 131B / 132C / 133C / 134A / 135B / 136A / 137B / 138C / 139A

140B / 141B / 142A / 143B / 144B / 145C / 146B / 147B / 148C / 149A / 150B / 151C

152C / 153C / 154C / 155C / 156C / 157B / 158C / 159A / 160B / 161C / 162A / 163B

164B / 165C / 166A / 167C / 168C / 169B / 170B / 171 B / 172C / 173A / 174B

175C / 176A / 177B / 178C / 179A / 180A / 181B / 182C / 183B

184C / 185A / 186B / 187C / 188B / 189A / 190A / 191C / 192B / 193A / 194A

195B / 196B / 197B / 198C / 199C / 200A / 201B / 202B / 203B / 204C / 205A / 206B

207C / 208B / 209B / 210A / 211B / 212B / 213A / 214A / 215B / 216C / 217B / 218A

219C / 220A / 221C / 222B / 223A / 224B / 225B / 226C / 227B

3

Gewässerkundekunde

3.1 Allgemeines

Wie im Erdreich sehr unterschiedliche Bodenarten auftreten, die in ihrer Struktur und nach Art des Ertrages und in ihrer Ertragsmenge recht verschieden sind, so weisen die Gewässer ebenfalls sehr beträchtliche Unterschiede auf. Kein Gewässer gleicht dem anderen in allen Einzelheiten. Es ist eine Erfahrungstatsache, dass sogar in einer Forellenzucht mit gleich großen und gleich tiefen Teichen bei gleichem Wasser und derselben Wassermenge zwei nebeneinander liegende Teiche unterschiedlich im Ertrag sein können. Hierüber muss sich auch der Angelfischer klar werden, weil seine Passion häufig dazu drängt, bestimmte Fischarten zu bevorzugen und sie in seinem Gewässer zu halten, unabhängig davon, ob diese Fischart in das Gewässer passt oder nicht. Jedes Gewässer muss nach seinen besonderen Eigenschaften behandelt werden. Der Angelfischer kann die Eigenschaften seines Fischwassers selten lenken oder beeinflussen, er muss sie aber erkennen und berücksichtigen – dann wird er sich Fehlschläge in seiner Gewässerpflege und mit dem Fischbesatz ersparen.

❓ Was bedingt die Unterschiede und damit die verschiedene Fruchtbarkeit des Wassers?
In erster Linie der verschiedene Gehalt an gelösten Nährsalzen, den Urnährstoffen. Die Herkunft des Wassers und seine Umgebung bedingen diese Zusammensetzung. Ein Gewässer im Moor, im Nadelwald, im fruchtbaren Wiesen- und Ackergelände, ein Fluss im kalklosen Urgestein oder im kalkreichen Gebirge weisen große Unterschiede hinsichtlich des Nährstoffgehaltes auf.

Im **kalkhaltigen** Wasser werden die Fische stets besser wachsen. Reiche Bestände an Wasserpflanzen sind sichere Zeichen für Fruchtbarkeit. Je mehr Pflanzen, um so mehr Kleintiere können sich als Hauptfischnahrung, als Zwischenproduktion entwickeln. Ein Übermaß kann weniger günstig sein.

❷ Welchen Einfluss hat die Wasserbewegung?
Sie bringt ständig frisches Wasser, und damit frisches Atemwasser für die Tierwelt.

❷ Welche Strömungen und Schichtungen unterscheidet man?
Gefällströmungen, die durch Niveauunterschiede bedingt sind, **Windströmungen**, die zunächst an der **Wasseroberfläche** wirksam werden, das aufgestaute Wasser in die Tiefe schicken, und schließlich **Temperaturschichtungen**. Die Strömungskraft (Wassermasse × Gefälle) in Flüssen lässt nur bestimmte, eigens angepasste Lebensformen zu. Wind und Temperatur führen in stehenden Gewässern zur Durchmischung und zu Wasserschichtungen. Im fließenden Wasser findet eine senkrechte Durchmischung statt. In horizontaler Richtung ist die Strömung in der Flussmitte am stärksten und bleibt streckenweise von der langsameren Uferströmung getrennt, was bei Bach- und Abwassereinmündungen zu beobachten ist.

❷ Welcher Faktor spielt im Wasserleben eine besondere Rolle?
Die **Wassertemperatur**. Sie beeinflusst weitestgehend den Stoffumsatz im Gewässer wie auch im Fischkörper. Das Pflanzenwachstum und die Auflösung der absterbenden Pflanzen werden durch Temperaturzunahme beschleunigt. Längere Höchsttemperaturen im Sommer sind entscheidend für die Zusammensetzung der Fischwelt, die Lebensgemeinschaften im Wasser.

❷ Welchen weiteren Einfluss hat die Temperatur auf die Fischwelt?
Sie bedingt die Menge des im Wasser gelösten **Sauerstoffes**. Kaltes Wasser hat mehr Sauerstoff gelöst, daher kommen die sauerstoffbedürftigen Fischarten wie Forellen- und Saiblingsarten nur im kalten Wasser vor.
Im wärmeren Wasser ist weniger Sauerstoff enthalten. Es können die Sauerstoff bedürftigen Fischarten, wie Forellen, nicht mehr darin leben, sondern nur die Arten, die mit weniger Sauerstoff bei der Atmung auskommen, wie z.B. die Weißfische. Am wenigsten Sauerstoff benötigen die Karauschen.
In einem Liter Luft sind 210 cm^3 Sauerstoff enthalten oder gut $^1/_5$. Ein Liter Wasser enthält dagegen nur wenige cm^3 von gelöstem Sauerstoff. Die Menge schwankt nach der Temperatur des Wassers. In kaltem Was-

ser ist mehr Sauerstoff enthalten, und zwar um 0 °C sind es 10,24 cm³ (14,62 mg), bei 10 °C 7,9 cm³ (11,29 mg), bei 20 °C 6,36 cm³ (9,09 mg) und bei 30 °C 5,3 cm³ (7,56 mg) je Liter Wasser. Das warme Wasser von 30 °C hat demnach nur ungefähr die Hälfte an Sauerstoff gelöst wie das Wasser um den Gefrierpunkt. Das sind die normalen (100%-)**Sättigungswerte**. Es wird stets mehr oder weniger Sauerstoff gelöst sein (Übersättigung bei Vorkommen von Unterwasserpflanzen und Sonne und Defizit beim Abbau abgestorbener Pflanzen). Der Sauerstoffgehalt (O_2) wird in Milligramm (mg) oder in cm³ gemessen. 1 mg Sauerstoff pro Liter = 0,70 cm³ Sauerstoff pro Liter.

❓ Wieviel Sauerstoff muss im natürlichen Gewässer für die Fische vorhanden sein?

Je mehr, desto besser! Die untere Grenze ist in erster Linie entscheidend. Die forellenartigen Fische benötigen am meisten: 9–14 mg im Liter Wasser. Die meisten Weißfischarten brauchen weniger zum Leben und Wachsen. Für den Karpfen können schon 4,5 mg/l ausreichend sein, zum guten Wachstum 7 mg/l.

❓ Woher stammt der Sauerstoff des Wassers?

Zunächst aus der Berührung mit der Luft (Wind, Strömung, Wellengang, Stürze, Überfälle, Strudel, Gischt), ferner von den eigentlichen Wasserpflanzen, die bei Licht Kohlensäure aus dem Wasser entnehmen und Sauerstoff ins Wasser geben (Assimilation).

❓ Wann ist viel Sauerstoff im Wasser?

Wenn die Temperatur gering ist, zahlreiche Unterwasserpflanzen vorkommen, der Lichteinfall groß ist, das Wasser durch Strömung, Überstürze und dgl. viel mit der Luft in Berührung kommt und wenig Schlamm und absterbende Pflanzen vorkommen, die beim Abbau Sauerstoff verbrauchen.

❓ Wann ist wenig Sauerstoff im Wasser?

Wenn das Wasser stark verschmutzt und viel Schlamm vorhanden ist und Pflanzenreste abgebaut werden. Beim Abbau (Mineralisierung = Umwandlung von organischer in anorganische Substanz) wird immer Sauerstoff verbraucht. Ferner wenn die Temperatur des Wassers hoch ist, Unterwasserpflanzen fehlen oder von außen beschattet werden (starker Baumwuchs am Ufer) oder so dicht vorkommen, dass sie sich gegenseitig stark beschatten, und wenn Wasserbewegung (Wind und Strömung) fehlt.

3. GEWÄSSERKUNDE

❓ Wann ist das Wasser am dichtesten und am schwersten?
Bei + 4 Grad Celsius (nicht, wenn es am kältesten ist!).

❓ Was bedeutet diese Tatsache im Hinblick auf die Sauerstoffverhältnisse in stehenden Gewässern?
Wenn sich das Wasser an der Oberfläche eines Sees im Winter nach dem Eisaufgang bei Sonneneinstrahlung auf 4 Grad zu erwärmen beginnt, wird es schwerer als das darunter liegende kältere Wasser von 1 – 2 Grad Celsius. Es muss heruntersinken und sich mit dem tieferen Wasser mischen, bis es sich in der gleichen Temperaturzone einschichtet. So kommt Wasser, das an der Oberfläche durch die Luftberührung sauerstoffreicher ist, in tiefere Wasserzonen und bringt frischen Sauerstoff in die Tiefe. Der selbe Vorgang vollzieht sich im Herbst, wenn das Oberflächenwasser sich auf +4 Grad abzukühlen beginnt und das Wasser darunter wärmer ist. So kann in Seen im Frühjahr und im Herbst eine ganze Umschichtung des Wassers erfolgen. Man spricht von der Frühjahrs- und Herbst-**vollzirkulation**. In Kleingewässern kann sich eine solche Umschichtung bei entsprechenden Temperaturverhältnissen häufiger vollziehen.

3.2 Wasserpflanzen

❓ Welche Bedeutung haben sie für ein Fischgewässer?
Pflanzen bauen organische Substanz aus anorganischen Stoffen (z.B. gelösten Mineralsalzen) auf und produzieren Sauerstoff, so auch die Wasserpflanzen.
Tiere sind dazu nicht in der Lage. Sie brauchen zu ihrer Ernährung organische Substanz und Sauerstoff. So sind die Pflanzen im Gewässer eine unbedingte Voraussetzung für die im Wasser lebenden Tiere. Ohne ihre Entwicklung und Arbeit wäre das Leben der Kleinsttiere und der Fische nicht möglich. Als Pflanzenfresser direkt oder als Räuber von Pflanzen fressenden Tieren indirekt sind sie von einer Pflanzenentwicklung abhängig. Die Pflanzengemeinschaften im Gewässer beanspruchen daher das volle Interesse des Fischers. Speziell der **Gewässerwart** sollte die Bestandsentwicklung bestimmter Arten über Jahre hinaus verfolgen, denn er hat die Möglichkeit, hier regulierend einzugreifen.
Da Pflanzen bekanntlich zu ihrer Assimilationstätigkeit (Sauerstofferzeugung) Licht benötigen, kommen sie in einem Gewässer nur in den

3.2 WASSERPFLANZEN

flachen Uferpartien und in den Oberflächenschichten vor, soweit das Licht eindringen kann.

Die Arten haben für den Stoffkreislauf im Gewässer einen unterschiedlichen Wert. Nach fischereilichen Gesichtspunkten teilt man sie ein in:

1. **Überwasserpflanzen**, die aus dem Wasser herausragen,
2. **Schwimmblattpflanzen**, deren Blätter auf der Wasseroberfläche schwimmen,
3. **Unterwasserpflanzen**, die unter Wasser leben,
4. **Pflanzliches Plankton**, einzellige Algen, die frei im Wasser schweben,
5. **Auf- oder Bewuchs**, der sich im Wasser auf den Blättern der Unterwasserpflanzen oder auf Steinen entwickelt, sofern sie belichtet sind.

Die 3 erstgenannten gehören zu den höheren Pflanzen und bilden Bestände und Zonen. Das Ausmaß der verschiedenen Zonen ist produktionsbiologisch und für den Fischertrag bedeutungsvoll. Anteilmäßige Änderungen sollten vom Gewässerwart registriert und gewertet werden.

3.2.1 Überwasserpflanzen:

Sie werden in der Fischerei als **Gelege** bezeichnet.

Diese Arten wurzeln im Boden, entziehen Nährstoffe zu ihrem Wachstum, nur der untere Teil des Stängels steht im Wasser, die Blätter und Blüten entwickeln sich über der Wasseroberfläche. Sie geben bei ihrer Assimilation den Sauerstoff an die Luft und nicht ins Wasser ab. Sie beschatten das Wasser. Der Wurzelstock dringt see- oder flusswärts vor. Sie sind meist ein- oder zweijährig. Wenn sie absterben, liefern sie nur einen unfruchtbaren Schlamm, der sehr lange zur Aufarbeitung auf dem Boden des Gewässers braucht, oft jahrelang auf dem Boden liegt und den guten Schlamm, der darunter liegt, vom Wasser trennt und damit eine Düngung des Wassers verhindert.

❓ Welchen Schaden können sie anrichten?
Der größte Nachteil dieser Überwasserpflanzen ist ihr ständiges Vordringen ins Gewässer, die Verlandungsgefahr, die Verkleinerung des Gewässers und langsamer Verlust an wertvoller »Uferzone«.

❓ Welche Vorteile können sie haben?
Uferbefestigung und Hechteinstände. Diese kleinen Vorteile sind bereits mit einem schmalen Gürtel dieser Überwasserpflanzen gegeben. Da ihr Schaden größer ist, müssen sie kurz gehalten werden.

3. GEWÄSSERKUNDE

Überwasserpflanzen-Gelege

Rohr
(Schilfrohr)
Phragmites comunis

Schilf
(Rohrkolben)
Typha latifolia
(5 versch. Arten)

Binse
(Knäuelbinse)
Juncuscon glomeratus

Simse
(Sumpfbinse)
Scirpus lacustris

Segge
(Schlanke Segge)
Carex gracilis
(mehrere spec.)

Wasser-Süßgras
(Wasser-schwaden)
Glyzeria aquaticum

Flutendes
Süßgras
(Glyzeria fluitans)

Schwanen-blume
(Butomus umbellatus)

Nachstehend sollen **für den Gewässerwart** die häufigsten Arten von Überwasserpflanzen aufgeführt werden mit Angaben über leicht erkennbare Merkmale, um eine Bestimmung zu erleichtern.

Schilf oder Rohrkolben
Starker, seewärts kriechender Wurzelstock, aufrechter Halm mit langen und breiten Blättern. An der Spitze des Stängels walzenförmige Kolben.

Rohr oder Schilfrohr
Wasserwärts vordringend, starker Wurzelstock, harter Halm mit Knoten, Blätter drehbar am Stängel, Blütenrispe. »Leitpflanze des Geleges«.
Beide Pflanzen, Rohrkolben und Schilfrohr, tragen durch Wurzelstocksprosse zur Verlandung bei!

Seesimse
Sie dringt weit ins Gewässer vor. Halme blattlos zylindrisch mit endständigem Blütenstand und verschieden lang gestielten Ähren.

Ästiger Igelkolben   Schilfrohr

3. GEWÄSSERKUNDE

Wasser-Süßgras
In dichten Beständen mit üppiger Blattentfaltung dicht über der Wasseroberfläche. Hohe, verzweigte Blütenrispe.

Binse
Mehrjährig, Blätter und Blütenstängel rund, Blüten seitenständig und kugelförmig.

Schwanenblume
In losem Bestand stehend, runde Blütenstängel mit großer Blütendolde.

Seggen
Wurzelstock ins Gewässer vordringend. Stängel dreikantig, walzenförmige Blütenstände in Abständen untereinander.

Kalmus, Schachtelhalm, Pfeilkraut, Igelkolben, Froschlöffel und Tannenwedel
Bilden selten dichte Bestände.

Berle, Brunnenkresse und Bachbunge
Kommen in Forellenbächen, vornehmlich in Quellnähe, mit Blattwerk über und unter dem Wasser von

3.2.2 Schwimmblattpflanzen

Man unterscheidet **wurzelnde** und **schwimmende** Arten. Ihre Blätter liegen auf der Wasseroberfläche und geben Sauerstoff nur an die Luft ab. Wenn sie in stillen Buchten langsam fließender Gewässer, am windgeschützten Lee-Ufer von Seen und in Altwässern eine geschlossene Decke bilden, verhindern sie Sonneneinstrahlung und Erwärmung, Wasserbewegung, die Entwicklung von Kleinpflanzen und Nährtieren ist stark herabgesetzt. Selten Fischeinstand, mitunter für Schleien bei Vorhandensein von Unterwasserblättern.

Weitere Nachteile:
Starke, überwinternde, wasserwärts kriechende Wurzelstöcke bedeuten eine Verlandungsgefahr.

Gelbe Teichrose
Auffällig starker, sehr langer Wurzelstock, große, ovale bis herzförmige Schwimmblätter. Große, gelbe Blüten am dreieckigen Blütenstengel.

3.2 WASSERPFLANZEN

Gelbe Teichrose *Nupharlutea*

Weiße Seerose *Nymphaea alba*

3. GEWÄSSERKUNDE

Weiße Seerose
Wurzel wie zuvor Schwimmblätter rund. Blüte weiß. Selten Unterwasserblätter. Die Blattstiele sind rund. Beide Arten geschützt.

Die folgend aufgeführten schwimmenden Arten sind kleinbleibend. Sie bilden nur ein einziges, auf dem Wasser liegendes, kleines Schwimmblatt aus mit entweder einem oder mehreren kurzen oder keinem Wurzelhaar unter der Wasseroberfläche:

Wasserlinsen
Kleine WL mit einem Wurzelhaar.
Große WL mit mehreren Wurzelhaaren.
Untergetauchte WL mit einem Wurzelhaar, unter Wasser, lanzettartige Blätter zu Kolonien verbunden. Sie können bei Massenentwicklung in Teichen wegen Verursachung von Dunkelheit nachteilig werden.

Wasserknöterich
Spitz auslaufende, lanzettliche Blätter auf dem Wasser und rosafarbene, steil aus dem Wasser ragende, walzenförmige Blütenähre.

Gemeiner Wasserhahnenfuß
In stehenden und langsam fließenden Gewässern. Nierenförmige Schwimmblätter und fein zerteilte und gefiederte Unterwasserblätter, die bei Entnahme aus dem Wasser pinselartig zusammenfallen.

Froschbiss
Kein Erdwurzelstock, Nährstoffe über ein Büschel unverzweigter Wasserwurzeln aus der Umgebung. Bevorzugt ruhige Buchten kalkarmer Gewässer. Die Schwimmblätter werden mittelgroß (etwa 4 cm).
Die Laichkrautarten sind typische Unterwasserpflanzen, es gibt 2 Arten unter ihnen, die zugleich Schwimmblätter ausbilden.

Schwimmendes Laichkraut
In stehendem Wasser. Oval bis längliche Schwimmblätter, stielrunde untergetauchte Blätter ohne Blattspreiten.

Grasartiges Laichkraut
In Seen, jedoch keine größeren Bestände. Die harten Schwimmblätter sind gestielt und eiförmig, elliptisch, die Unterwasserblätter weich, schmal, lanzettlich.
Beide Arten sind in der Fischerei erwünscht.

3.2 WASSERPFLANZEN

3.2.3 Unterwasserpflanzen

Ihre Bedeutung:
Sie sind fischereilich wertvoll! Sie bilden nur zarte Haftwurzeln, die zur Verankerung dienen, der gesamte Stoffwechsel wickelt sich über das untergetauchte Blattwerk ab. Es nimmt die Nährsalze und die Kohlensäure aus dem Wasser auf, reichert bei Assimilation das Wasser mit Sauerstoff an, was der Atmung der Wassertiere zugute kommt.
Die Haut der Blätter ist weich, fein und durchsichtig, sie beschatten weniger und hindern nicht die Erwärmung des Wassers bei Einfall des Sonnenlichtes. Diese Pflanzen werden als »weiche Flora« im Gegensatz zum Gelege und vom Fischer als »Kraut« bezeichnet. Sie sind meist einjährig. Im Herbst zerfallen sie (»Krautfall«!).
Diese Pflanzen zersetzen sich schnell und bilden einen fruchtbaren Schlamm. Zellulosehaltige, schwer vergängliche Stängel sind nicht vorhanden, sie sind ebenfalls weich, da die im Wasser schwimmenden Blätter nicht getragen werden müssen. Allein die Blüten ragen auf einem wasserhaltigen Stängel über den Wasserspiegel hinaus. Mehrere Arten bilden vor dem Absterben so genannte »Winterknospen«, die auf dem Boden überdauern und im zeitigen Frühjahr neue Bestände bilden.
Sie bieten reichhaltige Weideplätze, da sie von kleinen Nährtieren stark bevölkert und bei ausgedehnter Bestandsbildung ein Schutzbiotop für die Fischbrut und den Jungfisch sind.
Sie bilden bevorzugte Laichreviere für die zahlreichen »Krautlaicher« unter den Fischarten! Daher der Name »Laichkraut« für die größte Gruppe der Unterwasserpflanzen! Sie umfasst etwa 20 Arten, die sich – gut erkennbar – in der Form des Blattes unterscheiden.

Durchwachsenes Laichkraut
Die gegenständig sitzenden weichen Blätter (bis 5 cm lang) sind oval bis eilänglich und umfassen an ihrer Basis den Stängel, so dass sie an ihrem Grunde durchbohrt erscheinen. Die Art kann Sprosse von mehreren Metern Länge treiben. Ihre Blätter sind weich.

Kammförmiges Laichkraut
Stark verästelt mit fadenförmigen Blättern. Große, lichte Bestände.

Spiegelndes Laichkraut
Es hat die größten Blätter, elliptisch lang bis 10 cm und mehr, an beiden Enden zugespitzt, kurz gestielt. Auffällig ist die glänzende, wie

3. GEWÄSSERKUNDE

Unterwasserpflanzen-Kraut

Durchwachsenes
Laichkraut
*(Potamogeton
perfoliatus)*

Krauses Laichkraut
(Pot. crispus)

Kammförmiges
Laichkraut
(Pot. pectinatus)

Spiegelndes
Laichkraut
(Pot. lucens)

Tausendblatt
*(Myriophyllum
spicatum)*

Hornkraut
*(Ceratophyllum
demersum)*

Wasserpest
(Elodea canadensis)

Armleuchteralgen
(Chara spec.)

Quellmoos
(Brunnenmoos)
*(Fontinalis anti-
pyretica)*

3.2 WASSERPFLANZEN

Krauses Laichkraut
Potamogeton crispus

Durchwachsenes Laichkraut
Potamogeton perfoliatus

lackiert wirkende hellgrüne Blattfarbe. Starker Wurzelstock, der fest im Grund steckt.

Krauses Laichkraut
Stängel vierkantig, Blätter länglich und länger als beim durchwachsenen Laichkraut, an ihren Rändern kraus, so sieht jedes Blatt wellig aus. Winterknospen.
Die übrigen Laichkrautarten bilden keine ausgedehnten Bestände.

In flachen und tieferen Teilen der Uferzone stehender und fließender Gewässer kommt häufig eine Art vor, die ursprünglich nicht heimisch war, sondern vor gut 100 Jahren aus Kanada eingeschleppt worden ist:

Wasserpest
Nur die weibliche Form ist seinerzeit nach Europa gekommen. Sie vermehrt sich seitdem bei uns nur vegetativ mit neuen Sprossen und Winterknospen.
Dicht am Stängel entlang stehende, kurze, kleine Blätter, die am Rand schwach gesägt und in Form von dreizähligen Quirlen angeordnet sind. Sie bevorzugt kalkreiches Wasser. Oft massenhafte Verbreitung.

3. GEWÄSSERKUNDE

Tausendblatt
Kammartig gefiederte, haarfeine Blätter. Zwei Arten, entweder zu fünf oder zu vier im Quirl angeordnete Blätter, die erstgenannte bildet Winterknospen, die zweite nicht. Weiches Blattwerk.

Hornkraut
Hart und rau, es bildet mehrgliedrige, starre, übereinander stehende Blattquirle. Die Blätter gabeln sich zu ihrer Spitze (Unterschied zu den Blättern vom Tausendblatt). Vermehrung mit einzelnen kleinen Sprossteilen möglich.
Tausendblatt und Hornkraut bilden sehr lange Triebe und stehen im Allgemeinen in sehr lockeren Beständen seewärts von Laichkrautgürteln.

Großes Nixenkraut
Bis 3 m unter Wasser. Stark verästelt. Sehr schmale, bis 4 cm lange Blätter – zu dritt an einer Stängelstelle – mit Stacheln an den Rändern. Wie das Hornkraut mit kleinen unscheinbaren Blüten unter Wasser. Bestäubung unter Wasser.

Armleuchtergewächse (-algen)
Höher entwickelte Grünalgen. Sie bilden unterseeische Rasen auf dem Boden tieferer Flächen der Uferzone außerhalb der Krautgürtel zur Scharkante. Die verzweigten, dünnen Stängel werden ca. 10 cm lang und tragen Kurztriebe in quirlförmiger Anordnung. Je nach der Tiefe bieten sie Laichplätze für Hechte und bestimmte Felchen bzw. Maränen.

Quellmoos
ist eine Moosart, die in fließendem Wasser bis in Quellnähe vorkommt. Sie bildet ferner in Seen unterseeische Wiesen – ähnlich wie die Armleuchtergewächse-bis in die Nähe der Scharkante, mit langen Stängeln, an denen kurze, kleine Blättchen fest anliegen. Die Stängel hängen in Büscheln zusammen. Winterquartiere für die Fischnährtiere, die dem Eis mit einer Herbstwanderung ausweichen müssen, da es selbst in grünem Zustand überwintert.

Eine ähnliche Funktion erfüllen die:

Wasserstern-Arten
in Quellgebieten, Bächen, Teichen und Seen. Diese Pflanzen bestehen

aus einem Stängel, der in seiner ganzen Länge (bis ca. 10 cm) eine Reihe von zwei gegenständig stehenden Blättern trägt, die nach ihrer Form bei den vier vorkommenden Arten geringfügig verschieden sind. – Sie überwintern und sind zu dieser Jahreszeit besonders nützlich mit ihrer Sauerstoffbildung in Winterteichen und Seen.

3.2.4 Plankton

Der Lichteinfall nimmt mit zunehmender Tiefe eines Gewässers ab und bleibt bei einer bestimmten Tiefe aus. Die untere Grenze (Sprungschicht) wechselt je nach Sonneneinstrahlung und Lichtdurchlässigkeit im Verlauf des Jahres.
Unterhalb dieser Grenze ist eine Pflanzenentwicklung nicht möglich, da sie Licht zu ihrer Assimilationstätigkeit benötigt. So bleiben die Pflanzen auf die oberen Wasserschichten beschränkt und kommen nur in den Uferpartien und in der lichtdurchfluteten Schicht unter der Wasseroberfläche im uferfernen, freien Gewässerteil vor.
Das freie Wasser, soweit es vom Sonnenlicht erhellt wird, ist von zahlreichen Algenarten bevölkert, die nicht wurzeln oder haften können, frei im Wasser schweben und dazu entsprechende Einrichtungen haben, entweder in ihrer Form durch Fortsätze oder in ihrem Zellinhalt durch Öltropfen. Sie sind mikroskopisch klein, vorwiegend einzellig und unbeweglich. Ihre Gesamtheit bildet das **pflanzliche »Plankton«** (Phytoplankton). Das Ausmaß seiner Entwicklung – nach Artenzusammensetzung und Menge – ist sehr unterschiedlich und abhängig von der chemischen Zusammensetzung des Wassers (Urnährstoffen), von den Lichtverhältnissen und von der Temperatur. Es ist kurzlebig. So besteht ein jahreszeitlicher Wechsel der Arten, eine Periodizität im Ablauf eines Jahres. Im Sommer herrschen Blau- und Grünalgen vor, im Winter Kieselalgen. Es baut organische Substanz auf, die als Nahrung für ein oder mehrzellige Kleinsttiere, das **tierische Plankton** (Zooplankton), dient und auch Sauerstoff zur Atmung der Tierwelt liefert. Das tierische Plankton lebt in derselben Wasserschicht.
Besonders in der warmen Jahreszeit kann es bei einzelnen Algenarten zu einer Massenentwicklung kommen, die dem Wasser eine starke Färbung geben kann, die man als **Wasserblüte** bezeichnet und oft ein Zeichen von Überdüngung des Gewässers ist.
Wenn diese Massen und das übrige Plankton absterben, sinkt beides auf den Gewässergrund und bildet hier den fruchtbaren Schlamm und im Zustand der ersten Zersetzung die Nahrung für bestimmte Klein-

tierarten, die auf dem Boden des Gewässers leben. Bei fortschreitender Zersetzung dieser Algenmassen kann es zu einer für die Fische gefährlichen **Sauerstoffzehrung** kommen.
Wie der Aufwuchs die Urnahrung der Fische in den flachen Uferpartien bietet, so liefert das pflanzliche Plankton die erste Nahrung für die Fischnährtiere im freien Wasser und die Urnahrung der Fische in diesen Bereichen eines Gewässers.
Eine zusätzliche Bedeutung haben die Unterwasserpflanzen indirekt durch eine Vergrößerung des Nahrungsangebots für die kleinen Fischnährtiere.
Sie bieten mit ihren Oberflächen günstige Siedlungsmöglichkeiten für Kleinstorganismen, die unter einem Sammelnamen zusammengefasst werden, nämlich

3.2.5 Aufwuchs, Bewuchs

Es ist die Gesamtmasse der vorwiegend mikroskopisch kleinen pflanzlichen (und z.T. auch tierischen) Lebewesen, die auf den untergetauchten Teilen höherer Pflanzen siedeln und aufwachsen. Die selben und andere Formen können außerdem auf toten Gegenständen wie Steinen oder Pfählen im Wasser vorkommen. Hier werden sie neuerdings (WILLER) als »Bewuchs« bezeichnet.
Sie sind die wichtigste Nahrung für die Kleintierwelt in der Uferzone, die den Fischen zur Ernährung dient und somit in der Nahrungskette die Urnahrung der Fische darstellt.
Der Aufwuchs wird von niederen Pflanzen, den Algen, gebildet.
Unter diesen herrschen Kieselalgen (Diatomeen) vor, wenige eintausendstel Millimeter kleine, gelblich gefärbte Einzeller, die von kunstvoll geformten Kieselpanzern eingeschlossen und mitunter zu Ketten vereint sind.
Diese Arten liegen in ovaler Form unmittelbar dem Substrat (Unterlage) auf, stehen aufrecht in Keil- oder Nadelform oder mit Gallertstielen auf den Blattoberflächen des »Krautes« und bilden einen dichten, mehrschichtigen Rasen.
Neben den Kieselalgen beteiligen sich kleinste Blaualgen und Grünalgen. Letztere können mehrzellig sein und längere Fäden bilden, auf denen wiederum kleine Kieselalgen haften und die Siedlungsdichte erhöhen (Grüne Fadenalgen).
In dieses Gewirr von »echtem Aufwuchs« kann durch eine leichte Wasserströmung ein »unechter Aufwuchs« getrieben werden und haften

bleiben. Das ist besonders häufig der Fall bei aufwuchstragenden Pflanzen mit sperrigem Blattwerk (z.b. Tausendblatt).
Schließlich lagern weitere formlose organische Abbaupartikelchen – als »Detritus« bezeichnet – ab, die vom aufgewühlten Wasser angetrieben werden.
Das Ganze bildet eine deutlich sichtbare Kruste von pflanzlichen Organismen, in die sich feste Teile von einfach-kohlensaurem Kalk einlagern, der bei verstärkter Assimilationstätigkeit aus dem im Wasser gelösten doppelt kohlensauren Kalk ausfällt.
So entsteht ein dichter und starker Überzug auf den Unterwasserpflanzen, ein reich gedeckter Tisch für die Fischnährtiere der Uferzone.

3.3 Nahrungskette

Die nach der Größenordnung kleinste Tierwelt im Wasser ist das tierische Plankton (Zooplankton) im freien Wasser der Seen und in den Teichen.
Auf eine Beschreibung dieser zahlreichen Arten wird in diesem Rahmen verzichtet. Um diese Tiere tatsächlich kennen zu lernen, müsste der Angler und Gewässerwart mit einem Mikroskop arbeiten. Eben noch sichtbare Formen vom Krebsplankton wie Wasserflöhe und Hüpferlinge sind wohl aus der Aquarienkunde bekannt.
Es genügt, ihre Bedeutung in der Nahrungskette, die zum Fisch führt, zu wissen. Grob umrissen: Das pflanzliche Plankton bildet mit bestimmten Formen die Nahrung für den Kreis von tierischem Plankton, das sich von Pflanzen (Algen) ernährt und als Fried-Plankton bezeichnet wird. Von diesen Formen lebt das Raubplankton, das die Nahrung für die Plankton fressenden Fische ist.

❓ Welche Fischarten sind vorwiegend Planktonfresser?
Stint, Renken (Blaufelchen und Gangfisch), von den Maränen die Kleine Maräne und die Edelmaräne, Zander im ersten Lebensjahr, Lauben (Ukelei, Mairenke), meist auch der einsömmerige Karpfen. Eine scharfe Abgrenzung artspezifischer Nahrung sollte nicht so streng gehalten werden. Es müsste zwischen »temporär« und »konstant« unterschieden werden, denn die Menge der zeitweise vorhandenen Nahrung spielt eine nicht unbedeutende Rolle, besonders bei der Unterscheidung zwi-

schen »Planktonfresser« und »Bodentierfresser«! Der Stint in den Haffen und im Brackwasser kann beides sein, ebenso der Karpfen in planktonreichen Teichen, und einige »Friedfische« können im Alter räuberisch, andererseits »Raubfische« gelegentlich von Kleintieren leben. Die große Raubforelle wird stets zusätzlich Gammariden aufnehmen!

Mit dieser Beschreibung der fischereilich nützlichen Kleintiere soll in erster Linie der Gewässerwart eine Übersicht über das natürliche Nahrungsangebot erhalten. Wenn er die jeweils vorhandenen Mengen berücksichtigt, hat er eine Unterlage für den Fischbesatz nach Fischart und Stückzahl. Es darf nicht übersehen werden, dass die festgestellten Kleintiere den Rest darstellen, den die Fische übrig gelassen haben, und ein guter Teil von diesem Rest zur Fortpflanzung und Arterhaltung der Fischnährtiere im Gewässer verbleiben muss!

Eine weitgehende Kenntnis dieser Kleintierarten kann den Gewässerwart und fortschrittlichen Angelfischer darüber hinaus in die Lage versetzen, aus dem Tierbestand gewisse Rückschlüsse auf die Beschaffenheit des Gewässers bzw. des Wassers zu ziehen.

❓ Was ist eine Leitform?

Nicht nur unter den Fischen, auch unter der Kleintierwelt und im Übrigen auch unter den Wasserpflanzen gibt es Arten, die spezielle Ansprüche an die Qualität des Wassers, an bestimmte physikalische und chemische Verhältnisse des Gewässers stellen. Andere sind weniger anspruchsvoll. Erstere liefern durch ihr zahlreiches Vorkommen den Beweis, dass die bestimmten Anforderungen, die sie stellen, erfüllt sind. Es sind Leitformen.

Die Abwasserbiologie hat ein »Saprobiensystem« aufgestellt, in dem sie eine Einteilung der Kleintiere und niederen Pflanzen nach dem Grade der Belastung ihres Gewässers mit abbaubaren Stoffen vorgenommen hat. Dieses System gibt dem Sachverständigen die Möglichkeit, den Verschmutzungsgrad nach dem biologischen Bild zu ermitteln. – In der Fischereibiologie ist man einen ähnlichen Weg gegangen. So unterscheidet man »Schmutzwassertiere« und »Reinwassertiere«. Eine »biologische Wasseranalyse« hat den Vorteil, eine stärkere und längere Einwirkung organischer Abwasser später als zum Zeitpunkt der Einleitung festzustellen.

Eine gutachtliche Bearbeitung sollte stets Angelegenheit eines Sachverständigen bleiben. Ein Gewässerwart kann für seine Strecke gute Vorarbeit mit Hinweisen leisten. Im Übrigen dürfte eine Beobachtung der Kleintierwelt in dieser Richtung für seinen »Hausgebrauch« von Vorteil und Nutzen sein.

Stellt er in seiner Bachstrecke zahlreiche Steinfliegenlarven und die Strudelwürmer Alpen- und Bachplanaria sowie im stehenden Gewässer Glas-Strudelwürmer fest, so ist das Wasser völlig einwandfrei.
Im Hinblick auf die Anforderungen, die Bachforellen stellen, ist deren Hauptnahrung, der Bachflohkrebs, ein genügender Beweis für die Eignung als Forellenwasser.
Stellt er unterhalb an anderen, ruhigen Stellen zahlreiche Asseln fest und gleichzeitig starke Detritusansammlungen, die geruchsfrei sind, so ist das noch kein Alarmzeichen. Im Allgemeinen ist die Assel ein Hinweis auf leicht verschmutztes Gewässer. Fehlen Reinwassertiere überhaupt, so besteht hier ein Verschmutzungsherd.
Zur Beurteilung von Schlammablagerungen (auf dem Seeboden, im Teich und im untersten Teil eines Stromes) sind 2 Tierarten wichtig: Wenn die rote Zuckmückenlarve als einzige Form anzutreffen ist, dann bedeutet es einen vom fischereilichen Gesichtspunkt fruchtbaren Schlamm, treten rote bis rötliche Schlammröhrenwürmer allein auf, ohne Chironomiden-Larven, so ist dieser Schlamm stärker belastet und sauerstoffzehrend. Zwischenstufen mit beiden Bodenformen sind möglich.
Der Gewässerwart sollte, wenn er dazu ausgerüstet wird, die Fischnährtiere von der produktionsbiologischen Seite, von dem Ausmaß des natürlichen Nahrungsangebotes sehen, nicht von der Abwasser- und Belastungsfrage her. Zu letzterer gehört eine besondere Ausbildung.

Schlammröhrenwurm

3.3.1 Kleintierwelt der Gewässer

Unter der niederen Tierwelt, die mit einer Fülle von Kleintieren im Wasser vertreten ist, befinden sich sehr viele Arten, die **Nahrungstiere** der Fische sind und – wie schon erwähnt – als **»Fischnährtiere«** zusammengefasst werden.
Sie gehören nicht zu den Wirbeltieren, sondern zu mehreren Stämmen, Klassen und Ordnungen im Tierreich. Von Einzellern bis zu Würmern, Gliederfüßlern und Weichtieren, z.T. Tieren mittlerer Größenordnung. Die Insektenlarven und die Kleinkrebse sind vorherrschend.

Hier sollen nur die Formen erwähnt werden, die nach ihrer Menge eine fischereiliche Beachtung verdienen, mit dem bloßen Auge wahrnehmbar sind und damit vom Praktiker erkannt und beobachtet werden können.

Es wird zweckmäßig sein, anschließend die Arten aufzuführen, die vom fischereilichen Standpunkt schädlich sind und im Schrifttum **»Fischfeinde«** genannt werden.

3.3.2 Fischnährtiere

Um die Übersicht dem Praktiker zu erleichtern, sollen sie möglichst nach Lebensräumen aufgeteilt werden; eine systematische Gliederung wird sich nicht vermeiden lassen.

In fließenden Gewässern – von der Quelle bis zu den Uferpartien der Ströme – und auf dem bewegten Brandungsufer von stehenden Gewässern lebt der **Bachflohkrebs** oder **Gammarus** mit verschiedenen sich ähnelnden Arten.

Die Gammariden sind seitlich abgeplattet mit deutlich sichtbaren Körperabschnitten in Form weichschaliger Ringe. Ihre Extremitäten sind zur Längsachse des gebogenen Körpers in verschiedenen Winkeln angeordnet und unterschiedlich lang, so dass die Tiere sich auf verschiedene Weise fortbewegen können (kriechend, kletternd, hüpfend, stoßweise vor- oder rückwärts schwimmend). Man findet sie in Seitenlage auf dem Boden, wenn er mit Detritus- oder Laubresten bedeckt ist, zwischen Unterwasserpflanzen und unter hohlliegenden Steinen bis zu einer Tiefe von ca. 2 m. Ausgewachsen sind sie nach mehreren Häutungen (im warmen Sommer einmal pro Woche) ca. 20 mm lang. Sie leben in Quellgebieten von Aufwuchs und Grünalgen, weiter unterhalb von Aufwuchs, Detritus (= Schwebe- und Sinkstoffe, deren Hauptanteile abgestorbene Mikroorganismen bilden) und Unterwasserpflanzen (z.B. Brunnenkresse und Fontinalis), auf dem flachen Ufer von abgestorbenen Blättern des eingefallenen Laubes. Sie pflanzen sich mehrmals im Laufe des ganzen Jahres fort. Aus den Eiern schlüpfen fast voll entwickelte kleine Krebse.

Ihr Wohngewässer muss kalk- und sauerstoffreich sein (über 6, besser 10 mg CaO und über 7 Mg O_2. Auch der Magnesiumgehalt des Wassers spielt eine Rolle, das Verhältnis von gelöstem Kalk zu gelöstem Magnesium muss größer als 2:1 sein). Die Gammariden fehlen im Urgesteinsgebiet und im sauren Wasser von Mooren, wo der Kalkgehalt des Wasser zu gering ist.

3.3 NAHRUNGSKETTE

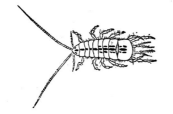 

Wasserassel   Bachflohkrebs

Sie stellen die Hauptnahrung für die Forellen in den Bächen. Eine Massenentwicklung ist der Gradmesser für die Produktionskraft eines Forellenbaches. Mitunter hat eine Auszählung über 400 Stück pro m² ergeben.
Ähnliche Arten kommen im Brack- und Salzwasser vor.
In der Uferregion von langsam fließenden Gewässern, in stillen Buchten, Altwässern und auf dem windstillen (lenitischen) Ufer oder Verlandungszonen von Seen kommt eine weitere Kleinkrebsart, die **Wasserassel** vor, die gegen Wasserströmung empfindlich, sonst anspruchslos ist und eine gewisse Wasserverschmutzung vertragen kann. Sie ähnelt der am Lande lebenden Kellerassel. Im Gegensatz zum hellen Bachflohkrebs ist sie dunkelbraun und von oben nach unten abgeplattet. Sie erreicht Längen von 15 mm. Man trifft sie an den genannten Stellen häufig im Sommer mit Eiern an ihrer Bauchseite an. Sie ist Konsument von Aufwuchs, Detritus und faulenden Pflanzenteilen und lebt zwischen Wasserpflanzen und am Boden bis zur Scharkante.
Die **Insektenlarven** liefern den Hauptanteil an der gesamten Fischnahrung. Es gibt eine sehr große Anzahl von Insektenarten, deren Jugendstadien als Larven und Puppen im Wasser leben und die adulten Insekten nur für kurze Zeit zur Fortpflanzung an der Luft.
Seltener vertreten sind die **Schlamm-, Schweb- und Waffenfliegen,** deren Larven in Teichen, Tümpeln und Gräben vorkommen, im Vergleich zu den sehr stark vertretenen **Eintags-** und **Köcherfliegen**, deren Namen sich auf ihre Lebensgewohnheiten beziehen. Sie gehören beide nicht zu den echten Fliegen im zoologischen Sinne, sondern stellen in der Systematik eigene Ordnungen in der Klasse der Insekten dar. In beiden Ordnungen ist die Artenzahl äußerst groß (80 Eintags- und ca. 250 Köcherfliegen in Mitteleuropa!). Dementsprechend sind sie recht verschiedenen Lebensverhältnissen angepasst und kommen in vielen Gewässertypen vor.

3. GEWÄSSERKUNDE

Eintagsfliegenlarve   Eintagsfliege

Es ist daher nicht möglich, auf die einzelnen Arten einzugehen, es genügt vollauf für den Praktiker, die Merkmale einer ganzen Ordnung zu wissen und sie in der Natur zu erkennen.

Sämtliche **Eintagsfliegen** – Larve wie fertiges Insekt – haben ein gemeinsames Merkmal:

Am Ende des Körpers, des Hinterleibes, befinden sich 3 lange, verschieden stark beborstete Schwanzfäden als Steuer- und Ruderorgane, sie erreichen mindestens die Hälfte der Körperlänge.

Ihre Larven haben ein weiteres gemeinsames Merkmal: An beiden Seiten des Hinterleibes befindet sich eine Reihe von 7 dünnhäutigen Tracheenkiemenblättern zur Atmung.

Beide Wahrzeichen sind leicht erkennbar.

Ihre Körperform ist leicht unterschiedlich: Im schnell strömenden Bach ist sie stark abgeplattet. Die betreffenden Arten leben auf und unter Steinen und auf festem Grund.

Andere Arten, deren Körper ein wenig höher ist, schwimmen oder kriechen zwischen oder auf Unterwasserpflanzen oder auf dem Boden in der Uferzone stehender oder fließender Gewässer. Wenige Arten leben grabend und räuberisch im Boden. Die anderen Arten fressen Aufwuchs und Detritus. Sie sind gefräßig. Bei einer Wassertemperatur von 21 – 22 °C, wie sie im Sommer in der flachen Uferpartie eines Sees oftmals anzutreffen ist, dauert die Passage der Nahrung nach voller Darmfüllung etwa 30 Minuten! Zum Wachstum müssen sie sich oftmals häuten! Die Arten sind verschieden groß: 5-20 mm lang (ohne

Schwanzfäden) und leben bis zu einem Jahr im Wasser, einzelne Arten sind zweijährig.

Das Schlüpfen findet an der Wasseroberfläche zunächst zu einem Vorstadium (Nymphe, Subimago) statt, und die letzte Häutung liefert das geschlechtsreife Luftinsekt mit 4 Flügeln zu den Abendstunden. Es lebt nur kurze Zeit, oft nur Stunden. Im Fluge findet die Begattung statt, die Männchen sterben ab, die Weibchen beginnen sofort mit der Eiabgabe dicht über dem Wasser oder mit dem Hinterende im Wasser, im schnell fließenden Wasser werden die Eier an Pflanzen geklebt.

Dichte Schwärme über dem Wasser in den Abendstunden (»Schneetreiben«), die dem Angler die Sicht nehmen, sind meist Eintagsfliegen. Die massenhafte Entwicklung der Larven ist eine bedeutsame Fischnahrung. Das Absterben nach dem Paarungsflug liefert reichliche »Anflugnahrung« für die Fische.

In den Uferpartien fließender Gewässer leben die Larven der ähnlich aussehenden **Ufer- oder Steinfliegen**, meist an Steinen.

Unterscheidung von den Eintagsfliegen: Larve und Luftinsekt tragen Schwanzborsten stets nur in der Zweizahl, und die Larven haben meist keine Kiemenblätter und sind lichtscheu. Das fertige Insekt hat 4 häutige Flügel. Lebensweise der Larven ähnelt der der Eintagsfliegenlarven, nur sauerstoffbedürftiger, daher Reinwasserform.

Steinfliege (Hinterleibsende)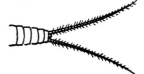

Steinfliege *Isoperla rivulorum*

3. GEWÄSSERKUNDE

Köcherfliegenlarven
(Sprock, bayer: Röhrlmaden)

Die ebenfalls häufigen **Köcherfliegenlarven** lassen sich in 2 Gruppen einteilen, die eine mit Arten, die Köcher bauen, die andere bleibt gehäuselos. Die 1. Gruppe ist auffälliger. Ihre Larven ähneln den Raupen der verwandten Schmetterlinge, besitzen am Ende des Hinterleibes ein Paar Nachschieber mit Krallen zum Festhalten und Nachziehen des Gehäuses, das sie nicht einmal zur Häutung und Verpuppung verlassen. Charakteristisch ist die Stellung des Kopfes zum Körper – die Längsachse des Kopfes steht im rechten Winkel zur Körperachse – und zum anderen das fremde Baumaterial, das sie zur Abdeckung ihres Köchergespinstes verwenden. Je nach den Strömungsverhältnissen ihres Wohngebietes ist es verschieden: Arten im fließenden Wasser wählen schweres Material aus Steinchen und Sandkörnern, die Form des Gehäuses ist platt und bietet wenig Widerstand gegen den Wasserdruck. – Im stehenden und langsam fließenden Gewässer sind die Köcher höher, aus leichtem Baustoff und mitunter sperrig. Schilfstücke, Blätterstreifen, Fichtennadeln, Reste und Bruchstücke von Schnecken- und Muschelschalen werden zur Abdeckung benutzt.

Die einzelnen Arten sind verschieden groß: 5 – 50 mm lang. Nur der Kopf und die 3 Paar Beine – meist die beiden ersten Paare – befinden sich außerhalb des Köchers, den sie kriechend mitschleppen. Sie leben von Aufwuchs, Detritus und Blattresten. Sie werden von den Fischen mit dem Gehäuse gefressen. – Die gehäuselosen Arten leben räuberisch. – Das fertige Insekt hat 4 Flügel, die länger als breit sind und in Ruhestellung dachförmig auf dem Hinterleib aneinander gelegt werden.

Die artenreichste Ordnung unter den Insekten sind die **Zweiflügler** (u.a. Mücken und Fliegen). Das fertige Insekt hat im Gegensatz zu den bisher genannten Arten nur 2 Flügel, ein Paar häutige Vorderflügel

und statt der Hinterflügel 2 kleine Schwingkölbchen. Die Larven und Puppen vieler ihrer Arten leben im Wasser, die Larven haben keine Beine und sind wurmförmig.
Die fischereilich wichtigsten Arten unter ihnen sind die **Zuckmücken**, die sehr verbreitet sind. Die Larven der jeweils bestimmten Formen kommen in allen Gewässertypen und -bereichen vor. Die Zuckmücken sind weder stechend noch blutsaugend. Massenschwärme dieser Arten, die zeitweise über dem Wasser und am Ufer anzutreffen sind, belästigen den Menschen in keiner Weise.
Die bekannteste und bedeutungsvollste Art ist die **Rote Zuckmückenlarve**. Die Farbe kommt von ihrem Blut, das Haemoglobin enthält. Sie lebt auf oder in der Oberflächenschicht des Schlammes auf dem tiefen Grund von Seen und langsam fließenden Gewässern, ist hier recht häufig zu finden und unter den extremen Lebensbedingungen dieses Raumes die einzige Nahrung für die Fische.

Rote Zuckmückenlarve

ENGELHARDT, der übrigens die Artenzahl von Chironomiden mit rd. 1.000 allein in Mitteleuropa angibt, erwähnt, dass mehr als 3.000 rote Zuckmückenlarven je m^2 Boden in fruchtbaren Seen gezählt worden sind.
Bei Seebonitierungen ist die Anzahl dieser Larven (pro Flächeneinheit) ein Gradmesser für die Fruchtbarkeit. Die älteren Larven sind bis 20 mm lang und bis 30 mg schwer.
Weitere Arten kommen in der Uferzone vor, hell oder grün gefärbt, oder minieren in den Blättern von Unterwasserpflanzen. Eine Unterscheidung der Arten gehört zu den schwierigsten Kapiteln der Fischereibiologie.
Im fließenden Wasser – mitunter in stärkerer Strömung – kommen als Fischnahrung die Larven der **Kriebelmücken** vor. Sie werden bis zu 15 mm lang und besitzen am hinteren Ende einen Saugnapf und am vorderen Ende einen Strudelapparat, mit dem sie ihre Nahrung einfangen (kleinste Planktontierchen, Aufwuchs und Detritus, mitunter Jugendstadien von Chironomiden). Sie leben an Wasserpflanzen und bilden auf fester Unterlage dicht stehende Kolonien. Die winzigen Mücken vermögen trotz ihrer Kleinheit zu saugen.
Im stehenden Wasser treten 2 Arten von **Büschelmückenlarven** auf. Sie leben räuberisch im freien Wasser als tierisches Plankton und sind

durchsichtig. 2 Paar sichtbare Luftsäcke im Inneren halten sie in der Schwebe. Das fertige Luftinsekt hat einen Rüssel, der jedoch zum Blutsaugen am Menschen zu kurz ist.
Ebenfalls im stagnierenden Wasser leben die Larven der **Stech- und Fiebermücke**, die Larve der ersteren hängt mit dem Kopf schräg oder senkrecht an der Wasseroberfläche, die Larve der Fiebermücke parallel zur Wasseroberfläche. Die Aufhängeweise dient zur Unterscheidung. Ihr Vorkommen ist mehr auf Tümpel beschränkt.

Wasserschnecken

Von den Weichtieren (Mollusken) – Schnecken und Muscheln – kommen im Allgemeinen nur die kleinen Formen oder die ersten Jahrgänge als Fischnahrung in Frage. Diese Stadien werden gern genommen, und einige deutsche Namen von Schnecken sind in der Fischereibiologie nach der Fischart gewählt, die sie bevorzugt frisst:

Aal-Schleienschnecke
Ihre Schale hat 5 – 6 »Umgänge« (Drehungen). Die Form der Mündung und des Deckels ist kennzeichnend: oben spitz auslaufend, rundlich bis leicht oval.
In fließenden und stehenden Gewässern, in Seen vom Ufer bis zu den Wiesen der Armleuchteralgen vor der Scharkante. Detritusfresser.

Aal-Schleienschnecke   Plötzenschnecke

Plötzenschnecke
5 Umgänge, Mündung und Deckel kreisrund, mit einem auffallenden »Nabel« (kleine Vertiefung) über der Mündung. Auf leicht schlammigem Grund stehender und langsam fließender Gewässer, in geringer Tiefe, Algen- und Detritusfresser. Nahrung für Aal und Rotaugen.

Mützenschnecke
Flache Form mit rundlich abgestumpfter Spitze, auf Steinen in Bächen, von Forellen gefressen.

3.3 NAHRUNGSKETTE

Flussschwimmschnecke
Form halbkugelig bis kahnförmig mit halbkreisförmigem Deckel. In Flüssen und in der Brandungszone von Seen, im Brackwasser. Nahrung für Uferfische.

Napfschnecke
Gehäuse rundelliptisch, hochgewölbt.
Flussform: Nahrung für Forellen und Mühlkoppen.
Teichform: in Verlandungsbuchten: Nahrung für Schleien und Karauschen.

Tellerschnecke
Schalenumgänge in einer Ebene. Zwischen Pflanzen im stehenden Wasser und in Altarmen von Flüssen. Mehr in Norddeutschland, auch in entsprechenden Bezirken von Rhein, Main und Donau, die kleinen Arten werden gern gefressen. Vorkommen in Charawiesen von Seen am Ende der Uferzone.

Schlammschnecke
Große Schalenöffnung, Ende des Schneckengehäuses ausgezogen, meist spitz auslaufend. Kleine Formen dieser Arten werden häufiger gefressen als Tellerschnecken. Sie kommen nur vereinzelt vor.

Sumpfdeckelschnecke
Größte Süßwasserschnecke bis 4 cm. Lebend gebärend. In stehendem Wasser.
Nur die Jugendformen der Schnecken sind Nahrung für die Fische.
Der kleine (5 – 10 mm) und der große Schneckenegel (Rollegel, 1 5 – 30 mm) parasitieren durch Saugen an Wasserschnecken. Oft sind Wasserschnecken und Schneckenegel 1. oder/und 2. Zwischenwirt fischpathogener Saug- und Bandwürmer.

Kleinmuscheln
Ihre Besonderheit einer zweiklappigen Schale und ihre Lebensweise sind bei der Perlmuschel im Teil 2 dieses Buches beschrieben. Für die Muscheln gilt dasselbe wie für die Schnecken, dass nur die kleinen Formen und Stadien als Nahrung der Fische in Frage kommen. So scheiden die großen Arten wie Teichmuscheln und Flussmuscheln (*Unio* spec.) mit Ausnahme ihrer Jugendstadien aus. Mehr in Flüssen als in Seen und nicht sehr empfindlich gegen geringe organische Belastung des Gewässers ist die zwittrige und lebend gebärende.

Kugelmuschel

Weit verbreitet. Ihre Form ist annähernd kugelförmig, d.h., der Wirbel (s. a. Teil 2 »Muscheln«) befindet sich in der Mitte und ragt kaum hervor, die Atemröhren sind weit ausstreckbar, die Farbe ist gelblich oder braun. Nahrung für Fischarten, die Bodentiere fressen. Größe bis 10 mm.

Kugelmuschel

Erbsenmuschel

Wirbel ausgeprägt und hinter der Mitte des Oberrandes gelegen. Die Atemröhren sind in ihrer Länge verwachsen. In Flüssen und Seeufern. Einige Arten leben zwischen und an Wasserpflanzen, dringen vom Ufer in die tieferen Bodenregionen des Sees vor und dienen den Aalen und Rotaugen zur Ernährung. Andere Arten leben ständig am Boden und werden von den Aalen gefressen.

Dreikantmuschel

Auch Wandermuschel genannt. Ihre Form ist umgekehrt kahnförmig, der Wirbel spitz, am Vorderende gelegen, die Unterseite flach von den Kanten der Schalen begrenzt, 30 – 40 mm lang und bis 18 mm hoch, an Steinen und Pfählen fest verbunden mit hornigen Fäden *(Byssus)*, die aus einer Drüse am Fuß gebildet werden. Vorkommen in Flüssen, Strömen, Altwässern und Seen, zuerst mehr im Norden Deutschlands, in letzter Zeit nach Süddeutschland vorgedrungen, durch die Schiffahrt aus ihrer Heimat, dem Schwarzen Meer, eingeschleppt und mit ihren scharfen Kanten eine Plage für die Badegäste. Ihre Larve lebt planktonisch, klammert sich an Fische an und »wandert« mit diesen, daher der Name »Wandermuschel«.

Nach dem Absterben und der Auflösung des Muschelfleisches werden die leeren Schalen in den Seen aus den Uferpartien abgedriftet und lagern unterhalb der Scharkante.

Muschelkrebse *(Ostracoda)* *Cypria ophthalmica* (0,8 mm) und weitere zahlreiche, nur mikroskopisch bestimmbare Arten. Körper in zweiklappigen Schalen eingeschlossen, meist am Gewässerboden lebend. Verbreitung oft in dichten Schwärmen.

3.3 NAHRUNGSKETTE

3.3.3 Fischfeinde unter den Kleintieren

Neben den geschilderten Fischnährtieren leben in der Uferzone von Seen und fließenden Gewässern wie in Teichen und Weihern weitere Kleintiere, die »Fischfeinde« sind, in starker Nahrungskonkurrenz stehen und den Jungfischen gefährlich werden. Sie gehören zu den Libellen, Wasserkäfern und Wasserwanzen. Während Libellen nur im Larvenstadium Fische gefährden, leben Wasserkäfer und Wasserwanzen auch als fertige Insekten im Gewässer. Beide Stadien sind mit einer Ausnahme räuberisch, die Käfer mit beißenden Mundwerkzeugen, die Wanzen mit stechendem und saugendem Rüssel.

Libellenlarven

Die Fluginsekten (Libellen) sind unter dem Namen »Wasserjungfern« bekannt: 4 zarte, lange Flügel, zierlicher langer Körper, 2 große, abstehende Facettenaugen (mit 3 Nebenaugen). Sie sind räuberisch, fressen Luftinsekten wie Schmetterlinge, Fliegen, Mücken.

Ihre Larven fressen Bachflohkrebse, Asseln, Eintagsfliegenlarven, Fischbrut und sind Kannibalen, was eine Entwicklung zu großen Schwärmen ausschließt, denn sie sind gierig raubend.

Charakteristisch ist ihre Fangmaske (= die umgebildete, vorschnellbare Unterlippe mit zwei mit Kanälen versehenen gekrümmten Dolchen, die eine Zange bilden), mit der sie ihre Beute ergreift und frisst, nachdem Säfte aus den Dolchen diese vorverdaut haben.

Die Larven leben 2 Jahre. Die Anzahl der Häutungen zum Wachstum werden mit 15 angegeben. Länge nach Arten schwankend: 23 bis 60 mm ohne die vielen Larvenarten eigentümlichen 3 langen Schwanzblätter am Ende des Hinterleibes. Die Abb. zeigt eine Libellenlarve mit vorgestreckter Fangmaske.

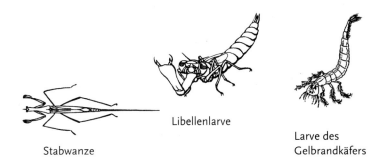

Stabwanze   Libellenlarve   Larve des Gelbrandkäfers

3. GEWÄSSERKUNDE

Wasser-Käfer

Gelbrandkäfer

Wie der Name sagt, haben die dunkel-olivgrünen Flügeldecken der Käfer (beim ♂ glatt und glänzend, beim ♀ gefurcht und gestreift) einen gelben Seitenrand. Die Bauchseite ist gelb-rötlich. Länge bis 35 mm, flug- und schwimmfähig. Das hintere Beinpaar mit langen Schwimmborsten, das mittlere dient zum Steuern. Die vorderen Beine enden mit Greifzangen, – beim ♂ außerdem Haftscheiben mit zahlreichen Saugnäpfen an den Vorderbeinen zum Festsaugen am ♀ bei der Paarung. Von der ergriffenen Beute (niedere Wassertiere und Jungfische) beißt der Käfer mit seinen Mundwerkzeugen Stücke ab, kaut, schluckt und verdaut sie. Er ist Luftatmer und muss in Abständen von ca. 8 Minuten an die Wasseroberfläche kommen, um den Hinterleib herauszustrecken und Luft unter seine Flügeldecken zu nehmen.

Die Larve (bis 6 cm lang) raubt noch stärker, jedoch auf andere Weise. Ihr breiter und flacher Kopf (Abb. S. 195) besitzt am Oberkiefer eine Zange, gebildet von zwei mit Rinnen versehenen gekrümmten Dolchen (Mandibeln). Beim Zupacken gelangt durch die Rinnen der Dolche eine Verdauungsflüssigkeit in das erbeutete Tier (meist ein Jungfisch) und löst es auf.

Gelbrandkäfer (Männchen)   Gelbrandkäferlarve

3.3 NAHRUNGSKETTE

Gelbrandkäferlarve

Das so breiig gewordene, vorverdaute Opfer muss von der Larve dann nur noch aus der Körperhülle geschlürft werden; Käfer und Larven sind nicht geschützt. Sie leben in verlandenden Gewässern, Teichen und ruhigen Uferpartien. In der Nacht unternimmt der Käfer Flüge zu anderen Gewässern.

Breitrandkäfer
Eine spezielle Art der Gelbrandkäfer. Seine Deckflügel sind völlig schwarz und über den gelben Rand hinaus verbreitert. Er wird bis 45 mm lang, die Larve bis 65 mm. Die Lebensweise von Käfer und Larve ist ähnlich wie die des Gelbrandkäfers und dessen Larve. Käfer und Larve sind geschützt.

Kolbenwasserkäfer
Der Kleine Kolbenwasserkäfer (15 – 30 mm) und der (Tief-)Schwarze Kolbenwasserkäfer (bis 45 mm lang) ernähren sich von Wasserpflanzen und Algen. Die Fühlerspitzen sind kolbenartig verbreitert. Wegen seiner Größe und des nach hinten gerichteten Dornes an der Hinterbrust wurde der Schwarze Kolbenwasserkäfer früher für einen gefährlichen Fischräuber gehalten, als Karpfenstecher bezeichnet und verfolgt.
Die Larven der beiden Käfer (Kl. K. bis 35 mm, Schw. K. bis 70 mm lang) ernähren sich von Wasserschnecken und Insektenlarven. Die

Beute wird, da mit Rinnen versehene Mandibeln fehlen (teilweise über der Wasseroberfläche), mit Säften vermischt, vorverdaut, verflüssigt und durch die Mundöffnung eingesogen. Alle Kolbenwasserkäferarten und deren Larven sind, da teilweise vom Aussterben bedroht, geschützt.

Wasserwanzen

Stabwanze
Vom Ei bis zum Vollinsekt im Wasser. Larvenstadium währt einen Sommer. Länge 30 – 40 mm (ohne Atemrohr am Ende des Körpers). Gehbeine, daher schlechte Schwimmer (Abb. Seite 193). 1. Beinpaar = Raubbeine. Stabförmig. Lange Atemröhre am Hinterleibsende ragt über die Wasseroberfläche. Aufenthalt im flachen Wasser, auf dem Boden und zwischen Wasserpflanzen. Kleine Nährtiere als Beute, auch Fischbrut.

Wasserskorpion
In Ufernähe. Länge 17 – 22 mm (ohne Atemrohr). Körper platt und breit. Vorderbeinpaar = starke, zangenartige Raubbeine. Lebensweise wie bei der Stabwanze. Graugefärbt.

Rückenschwimmer

Wasserskorpion

Rückenschwimmer
(Länge 13 – 16 mm) Unter der Wasseroberfläche in Ufernähe stehender Gewässer auf Wasserinsekten und kleine Fischbrut lauernd. Die Atemluft verbleibt wie ein Schwimmkissen zwischen den Haaren der Bauchseite, daher Rückenlage und der deutsche Name. Larve gleicht dem fertigen Insekt. Keine Raubbeine. Der Stich des Rüssels ist schmerzhaft. Volksname »Wasserbiene«. Die häufigeren Ruderwanzen sind Bodenbewohner in Uferpartien und nähren sich von Detritus und Algen, sind demnach keine »Fischfeinde«. Sie sind gute Schwimmer. Sie werden auch Wasserzikaden genannt, da sich zirpende Arten unter ihnen befinden.

❓ Welche Fischfeinde und Bruträuber kommen unter den Wirbeltieren vor?

Von seltenen Tieren wie Eisvogel, Fischotter abgesehen: Wasserfrösche, Ringelnattern, Wasserspitzmäuse, Wanderratten, Iltisse, Zwerg-, Rothals-, Schwarzhals- und Haubentaucher, Seeschwalben, verschiedene Mövenarten, Fischreiher, Schwäne, Kormorane, Säger, Milane, nur sehr bedingt Bisame (Notzeit). Letztere sind vor allem Zerstörer von Dämmen und Uferanlagen.

Andere, am Wasser vorkommende Arten, die durch Aufnahme von an pflanzlicher Nahrung befindlichem Laich schaden können, wie Wildenten (Stock-, Krick-, Tafelenten), Graugänse usw. sollten dem Angler bekannt sein.

3.4 Gewässertypen

3.4.1 Regionen fließender Gewässer

Die Einteilung eines Flusses wird nach hydrographischen Gesichtspunkten in der bekannten Weise vorgenommen: Bach, Oberlauf des Flusses, Mittellauf, Unterlauf, Mündungsgebiet.

Die Lebensbedingungen sind in diesen Bereichen verschieden. So ändern sich auch die Fischgemeinschaften im Verlauf eines Flusses. In der Fischereibiologie wird eine Gliederung der Abschnitte, die als Regionen bezeichnet werden, nach Fischarten vorgenommen, die vorherrschen. Die maßgebende Art ist die Leitforrn. Sie gibt der Region ihren Namen. Die übrigen Arten sind »Nebenfische« oder »Begleitfische«. Da sie die Leitformen mehrerer Regionen begleiten können, soll hier die Bezeichnung Nebenfische gewählt werden.

❓ Welche Regionen kann man im Verlauf von Fließgewässern unterscheiden?

Die Forellenregion

Oberster Lauf des Flusses. Hier hat er noch reinen Bachcharakter. Kleine Nebenbäche mit Kiesgrund, die in Bäche münden, sind vorzügliche Laichplätze der Forelle.

Die klaren Forellenbäche führen reines, sauerstoffreiches Wasser. Ganzjährig kalt, Temperatur selten über 10 °C.

3. GEWÄSSERKUNDE

Nach dem Gelände lassen sich 2 Formen unterscheiden:
Im Gebirge und Bergland der Bergbach: Starkes Gefälle, lebhafte Strömung, die nicht einförmig ist, Stein- und Kiesgrund.
In der Ebene der Wiesenbach: Wasserführung regelmäßiger und gleichförmig. Kies- oder Sandgrund.
Beide Formen sind fruchtbarer bei zahlreichen Unterständen und Kalkgehalt des Wassers.
Die Wassermasse ist klein. Die Strömungskraft ist nur bei stärkerer Wasserführung (Hochwasser) groß. Die Wassertiefe wechselt. Wenn mitunter tiefere Stellen wie Gumpen oder Kolke vorkommen und die natürlichen Uferränder viele Unterstände bieten, ist die Forellenstrecke von hoher Fruchtbarkeit. Begradigungen und künstliche Ufer entwerten sie.
Neben den Forellen als Leitform trifft man Mühlkoppen, Elritzen, Schmerlen, Bachneunaugen und die hier unerwünschten Rutten und Döbel an (Besatzmaßnahmen im Teil 4).

Die Äschenregion

Der Bach wird breiter und tiefer, die Wasserführung stärker. Das Gefälle ist noch stark, aber geringer als in der Forellenregion, die Strömung etwas gleichmäßiger, aber im Querschnitt recht unterschiedlich, d.h., es bilden sich im Vorgebirge oft Kiesbänke, die ihrer Lage nach im Verlauf der Strömung alternieren. Bereits Flusscharakter. Der Sauerstoffgehalt ist noch reichlich bis zum Boden, die Temperatur steigt im Sommer selten bis 12 – 14 °C. Starke Geschiebeführung, Kiesgrund und sandiger Boden wechseln ab.
Leitform: Äsche. Nebenfische sind: Döbel (Aitel), Nase, wiederum Aalquappe (Rutte). Besatz und Zuwanderungsmöglichkeit von Regenbogenforellen vermeiden, da sie – obwohl auch Salmoniden – die Äschenregion überfremden und die Äschen verdrängen können. Im unteren Teil kann der Huchen im Donaugebiet vorkommen. Temperaturerhöhungen um nur 3 °C im Jahresdurchschnitt können die Forellen- und Äschenregionen umgestalten, meist nach Stauhaltungen.
Forellen und Äschen sind sehr empfindliche Fische, die nur sauberes, sauerstoffreiches und kaltes Wasser vertragen. Eine Einleitung von Abwasser und Kühlwasser ist unbedingt zu vermeiden.

Die Barbenregion

Die Wasserführung ist wesentlich stärker, das Gefälle wenig geringer, gleichmäßiger, die Strömungskraft höher, ausgeglichener, die Transportkraft des Wassers ebenfalls. Wenn der Untergrund nicht zur Ruhe

kommt, ist diese Region nicht sehr produktiv. Sie kann jedoch fruchtbarer sein, wenn Bodenablagerungen am Ufer und in Stillwasserbezirken (Buchten und Lee-Ufern) erfolgen.
Im Allgemeinen wird diese Region vom Mittellauf der Flüsse gebildet. Wassertemperatur im Sommer bereits über 15 °C. Am Ufer kommen Unterwasserpflanzenbestände vor. Neben der Barbe als Leitform treten im Süden Nasen (im oberen Teil), ferner Döbel und andere Weißfischarten, Hecht, Aal, Barsch, Zander und mancherorts das Flussneunauge auf. In den Niederungsgebieten des Nordens kommt hier schon der Kaulbarsch, eine Fischart der anschließenden Region, neben Weißfischarten vor.
Wenn im oberen Verlauf dieser Region Kiesgrund vorhanden ist, so sind damit Laichplätze für die Barben und Nasen geboten, andernfalls steigen diese Fischarten zu ihrer Laichzeit flussaufwärts (Kieslaicher).

Die Brachsen – oder Bleiregion
In langsam fließenden Flüssen und Strömen mit gleichmäßiger Stromrinne. Für viele Flüsse ist dies die unterste Region, der Strom. Die Wassermasse ist hier am größten, aber das Gefälle und damit die Strömungsgeschwindigkeit am geringsten. Die Transportkraft des Wassers ist fast zum Erliegen gekommen. Die Sinkstoffe lagern ab. Der Boden ist weich und schlammig.
Wassertemperatur im Sommer auch über 20 °C. In diesem Lebensbezirk kommen die meisten Fischarten vor. Leitform: Blei. Es fehlen Forellen, Äschen und Nasen. Es kommen reichlich vor: Güster, Aland (Nerfling), Hecht, Zander, Barsch, Plötze, Rotfeder, Aal, Karpfen, Schleie und vereinzelt Wels, außerdem Zährte im oberen Teil.
Auf dem Schlamm der Stromsohle kann es zu großen Ansiedlungen von Kleintieren wie roten Zuckmückenlarven kommen. Das Wasser führt echtes Plankton. Gelege am Ufer und Unterwasserpflanzen. Dieser Lebensbezirk ähnelt bereits dem stehenden Gewässer.

Die Brackwasserregion
Im Küstengebiet, in dem die Ströme in das Salzwasser der Meere münden, kann es unter dem Einfluss von Ebbe und Flut zu Mischungen von Süß- und Salzwasser (Brackwasser) kommen. Das hat ein starkes Absterben von empfindlichen Süßwasserformen unter den Kleintieren und des Planktons zur Folge. Damit treten starke Ablagerungen auf, die diese Gewässerstrecke sehr fruchtbar gestalten. Andererseits entwickeln sich hier typische Brackwasserformen von Pflanzen und Kleintieren.

Fischregionen fließender Gewässer

Quelle → Mündung

Region	Salmoniden-Regionen		Weißfisch-Regionen		Brackwasser-/Kaulbarsch-Region
Leitformen:	Bachforelle	Äsche	Barbe	Brachse (Blei)	Brackwasser
Nebenfischarten:	Bachsaibling	Hasel	Nase	Güster	Kaulbarsch
	Mühlkoppe	Aitel	Huchen	Karpfen	Brachse
	Elritze	(Döbel)	Nerfling	Schleie	Güster
	Schmerle		(Aland)	Rotfeder	Karpfen
	Bachneunauge		Döbel	Rotauge	Karausche
	evtl. Regenbogenforelle		Schied	(Plötze)	Schleie
	Rutte (Quappe)		(Rapfen)	Zährte	Zährte
			Zährte	(Rußnase)	
		Gründling	(Rußnase)	Lauben	Weitere Weißfischarten
		Strömer			
			Lauben		
			Rotauge	Weitere Weißfischarten	Aal
			(Plötze)		Hecht
			Aal	Aal	Zander
			Hecht	Hecht	Barsch
			Zander	Barsch	Wels
			Barsch	Zander	Rutte
			Rutte	Rutte	(Quappe)
			(Quappe)	(Quappe)	Stint
			Flussneunauge	Flussneunauge	Flunder
				Wels	Flussneunauge
					Meerneunauge
⌀ Wassertemperatur:	im Sommer selten über 10 °C	im Sommer selten über 15 °C	im Sommer oftmals über 15 °C	im Sommer bis 20 °C und mehr	im Sommer häufig über 20 °C

Neben den Fischarten der zuvor genannten Region tritt hier der Kaulbarsch und Aal stark in den Vordergrund, mitunter sogar die Flunder.

❓ Welche Flussteile sind fischereilich besonders wichtig?
Durch Renaturierungen, naturbedingte Windungen und Schlenken kommt es zur Bildung von **Altwässern** und **Altarmen**, die einen besonderen Nahrungsreichtum aufweisen und als Laichplätze und Kinderstuben von Hecht und Weißfischen und allgemein als Zufluchtsstätten (z.B. bei Hochwasser und Eisschub) bedeutungsvoll sind. Die Offenhaltung solcher Altarme (am Auslauf und Einlauf) muss vom fischereilichen Standpunkt stets angestrebt werden.

❓ Wann treten stärkere Wasserstandsschwankungen in Fließgewässern auf?
Jahreszeitlich nach Höhenlage verschieden: Im Flachland kommt ein Hochwasser bei Eintritt der Schneeschmelze früher (März-April), im Vorgebirge später, da die Schneeschmelze im Hochgebirge später einsetzt (Mai). Ferner nach starken Niederschlägen je nach der Größe des Einzugsgebietes. Sehr nachteilig wirkt sich der sog.»Schwellbetrieb« in Flüssen mit eingebauten Kraftwerken aus, weil hier durch stark wechselnden Wasserstand Flora und Fauna dieses Gewässers erheblichen Schaden leiden.

❓ Was bedeuten die Buhnenfelder der größeren schiffbaren Fließgewässer in der heutigen Zeit?
Einst waren Buhnenfelder eine Vergrößerung des fruchtbaren Uferstreifens und fischereilich günstig. Heute bringt die zunehmende Schifffahrt mit ihren stärkeren Motoren und erhöhten Geschwindigkeiten eine steigende Schädigung der Fischerei durch enorme Sogwirkung und zu starken Wellenschlag. Die Forderung der Fischerei nach Geschwindigkeitsbegrenzungen ist von ihrem Standpunkt naheliegend und sollte auch vom Tierschutz unterstützt werden.
Eine abschließende Übersicht über die Fischregionen gibt die Tabelle auf Seite 200.
Die Abgrenzungen der einzelnen Regionen eines Flussbestandes treten in der Natur nicht so scharf auf, wie es eine theoretische Darstellung wiedergeben kann. Die Grenzen und Übergänge sind fließend und hängen zeitweilig von der Wasserführung ab. In regulierten, durch Wehre aufgeteilten Flüssen kann sich die Aufgliederung z.T. wiederholen. Laufstaue behalten im Gegensatz zu Staubecken ihren flussartigen Charakter.

3.4.2 Typen und Zonen stehender Gewässer

In stehenden Gewässern wie Seen lässt sich eine Einteilung in unterschiedliche Lebensräume leichter vornehmen.

❓ Welche Typen stehender Gewässer unterscheiden wir?

Unter den Kleingewässern den Teich und den Tümpel. Der Teich unterscheidet sich von den übrigen Gewässern dadurch, dass das Wasser ablassbar ist. Der Teich ist also ein künstlich geschaffenes Gewässer. Der Tümpel ist eine natürliche Wasseransammlung und nicht ablassbar. Er wird häufig als Weiher bezeichnet, während man in anderen Gegenden, z. B. im süddeutschen Raum, die Bezeichnung Weiher auch bei ablassbaren Teichen anwendet.

Unter den größeren Gewässern muss man in fischereilicher Hinsicht den natürlichen See vom künstlichen Baggersee und vom Stausee unterscheiden.

Die Baggerseen gewinnen für die Angelfischer immer mehr Bedeutung, dürfen jedoch hinsichtlich ihrer Produktionskraft nicht überfordert werden, indem sie im gleichen Ausmaß wie Teiche besetzt und behandelt werden.

❓ Welche Lebensbezirke (Zonen) hat ein natürlicher See?
1. **Die Uferzone**
2. **Die Freiwasserzone**
3. **Die Bodenzone**

Uferzone
Mit dem Wort Ufer wird der Landstreifen am Gewässer bezeichnet. In der Fischerei ist das Wort »Uferzone« ein fester Begriff für die ständig untergetauchte Zone vom Ufer seewärts bis zu der Grenze, an der die Unterwasserpflanzen (Chara und Fontinalis) aufhören (Krautgrenze).

Die Schar, die Uferbank, Litoral sind gleichbedeutende Bezeichnungen. Die Grenze ist am besten markiert durch die »Scharkante«, hier fällt der Seeboden der Uferzone plötzlich stärker zur Tiefe ab, es ist die gern aufgesuchte Linie des Schleppanglers.

Die Uferzone stellt mit ihren Gelegegürteln, Unterwasserpflanzenbeständen und ihrer mannigfaltigen Kleintierwelt einen eigenen Lebensbezirk und im Sommer die fruchtbarste Zone eines Sees dar. Das »Brandungsufer«, auf das der vorherrschende Wind (bei uns meist Westwind) auftrifft und erodiert, ist größer und zeigt mehrere und breitere Gürtel von Krautarten im Vergleich zum gegenüberliegenden

3.4 GEWÄSSERTYPEN

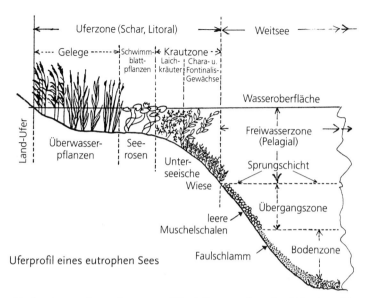

Uferprofil eines eutrophen Sees

»Verlandungsufer«, das unter Wind liegt und mehr Schwimmblattpflanzen und Gelege aufweist, die eine Verlandung fördern.
Eine ähnliche Erscheinung zeigen die konvexen und konkaven Krümmungen der Uferzone eines Fließgewässers.
Die Uferzone ist in der Wachstumsperiode der Fische der nahrungsreichste Teil des Sees, in der Laichzeit der Frühjahrs- und Sommerlaicher das Laichgebiet der Seenfische mit Ausnahme der Freiwasserlaicher, somit die Kinderstube und der Fraß- und Lebensraum der meisten Fischarten. Ihr Anteil an der gesamten Fläche eines Sees ist für den Ertrag und die Anzahl der vorkommenden Fischarten entscheidend.

Freiwasserzone
Sie wird gebildet von dem freien Wasser, dem »Weitsee« zwischen den Uferzonen der Seeseiten und zur Wassertiefe begrenzt, soweit das Licht eindringt. Der Lichteinfall erwärmt diese Wasserschicht. Mit dem Schwund des Lichtes fällt die Wassererwärmung fort, sie nimmt sprunghaft ab. Diese Tiefe wird als »Sprungschicht« bezeichnet und stellt die untere Grenze der Freiwasserzone dar. Sie ändert ihre Tiefe im Verlauf der Jahreszeiten.
Oberhalb der Sprungschicht ermöglicht das vorhandene Licht die Entwicklung schwebender Pflanzen, der Algen, des pflanzlichen Planktons, und bietet die Nahrung für das tierische Plankton, die Schwebe-

tierwelt und die aktiv schwimmenden Kleinsttiere (wiss. »Nekton«). Die Freiwasserzone ist der Nahrungs- und Lebensraum für die Freiwasserfische.

Bodenzone
Die lichtlose Wasserschicht unterhalb der Sprungschicht kann Lebensraum für bestimmte Fischarten sein, sie bleibt aber unproduktiv, da keine Nahrung erzeugt wird. Die Nahrung wird ihr zugeführt.
Die pflanzlichen und tierischen Organismen sinken nach ihrem Absterben auf den Boden des Gewässers und bilden hier je nach Mengenanfall eine mehr oder minder starke Schlammschicht. Bakterien sorgen für ihre Auflösung in Urnährstoffe. Damit ist der Stoffkreislauf im Gewässer geschlossen.
Unter den extremen Lebensbedingungen auf dem Schlammboden können nur wenige Kleintierarten (z.B. Chironomus oder Schlammröhrenwürmer) gedeihen, oft in großen Mengen. Sie bilden die Nahrung für die »Bodentierfresser«, Fischarten, die sich vorwiegend oder ausschließlich von diesen Kleintieren in der Bodenzone ernähren.

❓ **Welche Fischarten können in der Uferzone des Sees vorkommen?**
Hecht, Ufer- oder Krautbarsch, Aal, Rutte, Rotauge, Rotfeder, Karpfen, Schleie, Karausche, Aland, Döbel und weitere Weißfischarten wie Güster und Jungbrachsen, ferner Kaulbarsch u.a.

❓ **Welche Fischarten leben in der Freiwasserzone?**
Renken oder Felchen, Kleine und Edelmaräne, Zander, Stint, Lauben, Jagebarsch oder in kühlen Seen Schwebforelle und jüngere Seesaiblinge.

❓ **Welche Fischarten leben in der Bodenzone?**
Wenn die Sauerstoffverhältnisse ausreichend sind: (Alt-)Brachsen (Blei), Güster, Karpfen, Aal, Tiefenbarsch, Kaulbarsch. Wenn sie günstig sind: Große Maräne in den norddeutschen Seen, Bodenrenke oder -felchen in den süddeutschen Seen. Wenn sie gut sind: Seeforelle und Seesaibling.

3.4.3 Seentypen

❓ **Welche Unterschiede gibt es nach dem Stoffkreislauf im See?**
Der Nährstoffhaushalt ist verschieden:
Ein »**eutropher**« See ist ein »**Überschusssee**«: nährstoffreich, starkes Vorhandensein von Urnährstoffen, ausgedehnte Zonen, die Nährstof-

fe bereiten (= trophogene Zone), schneller Umsatz der Stoffe, lebhafter Nährstoffwechsel, stärkere Produktion von Organismen, als beim Abbau aufgelöst werden. Schlammablagerungen und Abnahme des Sauerstoffgehaltes in der Tiefe. Starker Aufbau von Organismen in der meist weiten Ufer- und Freiwasserzone.

Ein **»oligotropher«** See ist ein **»Fehlbetragssee«**: nährstoffarm, geringes Vorhandensein von Urnährstoffen. Die trophogene Zone wird von der tropholytischen (abbauenden) Zone der Wassermasse weit übertroffen. Kühl, langsamer Stoffumsatz. Die erzeugten Organismen werden nach ihrem Absterben weitestgehend abgebaut und nur bei Einschwemmung geringe Schlammablagerungen und deshalb gute Sauerstoffverhältnisse in der Bodenzone. Meist wenig Uferzone und ertragsarm im Vergleich zum eutrophen See.

Ein **»dystropher«** See. Dieser Typ kommt nur in Moorgebieten vor. Ein Überschuss an organischen Stoffen ist zwar vorhanden, er ist aber schwer löslich und aufschließbar (Humus-Kolloide) und daher eine unbrauchbare Speicherung im Stoffkreislauf.

❷ **Welche Seentypen unterscheidet man nach ihren Hauptfischarten?**
Der Flächenanteil der einzelnen Zonen, das Bodenprofil und das Nahrungsangebot entscheiden.

Forellen-See
Hochgebirgs-See: meist klein, steinig, klar, sauerstoffreich, rein oligotroph, Luftnahrung für die Bachforelle, Elritzen mehr Nahrungskonkurrent als Beutefisch.

Seesaiblings-See
Größere Alpenseen, klares, kaltes Wasser, tief, Uferzone sehr spärlich, Steilhänge, steiniger Boden, Schotter am Hang sind geeignete Laichplätze. Der Seesaibling verlangt ganzjährig eine gleichmäßige, niedrige Wassertemperatur, rein oligotroph.

Coregonen-See
Renken-See in Vorgebirgslandschaft und Maränen-See in Schleswig-Holstein.
Renken-See: eutrophierend (mesotroph), mäßig tief bis tief, sommerkühl mit Ausnahme der Uferzone. Sauerstoffverhältnisse bis zum Boden günstig, planktonische Krebstierchen für Schwebrenken und Bodennahrung für Grund- bzw. Bodenrenken und -felchen. Die Schwebrenke ist die einzige Edelfischart, die zeitlebens nur Plankton frisst.

Maränen-See: ähnlich dem Renken-See: Bei reichlicher Planktonbildung herrscht die Kleine Maräne vor. In großen und tiefen Seen (beispielsweise Schaalsee in Holstein) geringe Uferzone, harter Boden, klares Wasser. Bodennahrung: Chironomus und Kugel- bzw. Erbsenmuschel, die Große Maräne herrscht vor.

Blei- (Brachsen-)See
Mäßig tief, nährstoffreich (eutroph). Uferzone mit Krautbeständen (als Laichplatz), Freiwasserzone planktonreich, Bodenzone ausgedehnt mit fruchtbaren Schlammablagerungen (*Chironomus* als Nahrung für Blei und Aal). Zahlreiche Seen dieses Typs in der norddeutschen Tiefebene. Ertragsreich.

Hecht-Karpfen-Schleien-Aal-See
Flach, sommerwarm, nährstoffreich (eutroph). Große Flächen sind mit Unterwasserpflanzen bedeckt, am Uferrand Gelegebestände. Fast der ganze See ist fischereibiologisch eine »Uferzone«. Weißfische. Sehr fruchtbar und ertragsreich. Schlammzunahme. Verlandungsgefahr.

Zander-See
Mäßig tief (oder flach), Uferzone mehr oder minder breit, wenig Kraut. Sommertrüb, planktonreich (Nahrung für Zanderbrut). Bodenzone mit wenig Schlamm, mitunter kiesig. Schlechtes Wachstum der Weißfische, hechtarm.

Seeforellen-See
Größere Seen des Alpenvorlandes, die von einem Forellenfluss durchflossen sind oder in die ein stärkerer Forellenbach einmündet. In den kiesführenden Zufluss steigt die Seeforelle in der Zeit von Oktober bis Dezember zum Laichen auf. Die Grundforelle nährt sich als starker Räuber von Renken und Saiblingen, die jugendliche Seeforelle (heller, weniger schwarze Flecken) lebt als Schwebforelle in der Freiwasserzone anfänglich von Krebsplankton.
Wenn der See schwach eutroph mesotroph ist, kann er zugleich einen größeren Renkenbestand aufweisen.

3.5 pH-Wert – Säurebindungsvermögen

Der Lebensraum der Fische wird durch Gewässerverschmutzung immer stärker belastet. Die Fischer haben auf diese Gefahr für Menschen

(Ausschaltung des Erholungswertes) und Fische (starke Fischverluste) zuerst hingewiesen. Sie sind die ersten Umweltschützer Jeder Fischer muss mithelfen, durch Beobachtungen und eigene Initiative diese Gefahr vom Wasser abzuwenden, Verschmutzungen festzustellen, Einleitungsstellen und Verursacher zu ermitteln.

Dazu sind Kenntnisse über die Beschaffenheit und Eigenschaften des Wassers erforderlich, die ihn in die Lage versetzen, Wasser zu beurteilen und Befunde (Analysen) zu deuten.

Nachstehend 2 Begriffe, die zu kennen für eine Gewässerpflege und Fischhege notwendig ist.

Was ist der pH-Wert eines Wassers?

Der Messwert für die saure oder alkalische Eigenschaft des Wassers für den Reaktionszustand.

Die Maßzahl für die Wasserstoffionenkonzentration im Bereich von 0 bis 14. Bei dem Wert 7 ist das Wasser neutral, bei niedrigerer Wertzahl sauer, bei höherer alkalisch (basisch). Im Bereich der Werte von 5,5 bis 9 können Fische leben, gedeihen gut in dem Bereich von 7 bis 8. Für das Wachstum der Fische ist alkalisches Wasser erforderlich. Der pH-Wert ist bedingt durch das gegenseitige Verhältnis von Kalk und Kohlensäure im Wasser.

In stehenden Gewässern mit saurem Wasser ist eine Kalkung notwendig. Ermittlung des pH-Wertes auf kolorimetrische Weise: Zu 5 bzw. 10 cm^3 Wasser vorgeschriebene Anzahl Tropfen eines pH-Indikators zugeben und Färbung abwarten: gelbgrün bis blaugrün = pH-Wert 7 bis 8, rot = sauer, blau = stark alkalisch.

Grenzwerte:

pH = 4,5	tödlich für Forelle, Hecht, Barsch	sauer
pH = 4,7	tödlich für Karpfen	↑
pH = 7,0	————————————————	neutral
pH = 9,5	tödlich für Forelle, Barsch	↓
pH = 10,5	tödlich für Karpfen, Schleie, Hecht, Rotauge	alkalisch

Was ist das Säurebindungsvermögen?

Abkürzung = SBV, auch Alkalität oder Alkalinität genannt. Maßzahl für den alkalischen Zustand eines Wassers, hauptsächlich für den im Wasser gelösten doppeltkohlensauren Kalk. Diese Zahl drückt aus, welche

Menge Säure ein Wasser vertragen kann, ohne selbst sauer zu werden. Ermittlung: 50 cm^3 Wasser mit 4 Tropfen Indikator M blau färben, tropfenweise 1/10-normal Salzsäure zusetzen, bis Färbung nach Rosa umschlägt. Menge der verbrauchten Salzsäure mal 2 ergibt den SBV-Wert. Grenzwerte: 0,1 bis 0,2 cm^3 = SBV gering, säureverdächtig; 0,5 cm^3 = gerade ausreichend; ab 3,5 cm^3 = sehr hoch, Wasser fruchtbar.
Ein hoher SBV-Wert ist fischereilich günstig.
Er wirkt ausgleichend (Pufferwirkung) bei pH-Schwankungen. Diese erfolgen auf natürliche Weise im Gewässer, wenn Kohlensäure im Wasser verbraucht oder gebildet wird. Bekanntlich produzieren die Unterwasserpflanzen bei Sonnenlicht Sauerstoff und entnehmendem Wasser Kohlensäure (Assimilation). Bei diesem Entzug steigt der pH – Wert stark an. Fische und Nährtiere haben sich an einen mittleren pH-Wert angepasst.
Seit 1979 bietet der VDSF drei verschiedene Gewässeruntersuchungskästen an:

I. mit Reagenzien für Wasseruntersuchungen
II. speziell für Teichwirtschaften
III. wie I. zusätzlich mit Bestecken für biologische Untersuchungen.
VDSF-Vertriebs-GmbH, Siemensstraße 11–13,
63071 Offenbach/Main.

Prüfungsfragen aus den verschiedenen Bundesländern

Gewässerkunde

Allgemeines

1. Woher kommt das Grundwasser?
A Durch tektonische oder vulkanische Erdrindenverlagerung
B Durch versickerte Niederschläge, die sich über dichteren Bodenschichten ansammeln
C Durch unterirdische chemische Verbindung von Sauerstoff und Wasserstoff

2. Welche Temperatur hat das Grundwasser in unserer geographischen Lage meistens?
A 15 – 12 Grad Celsius
B 10 – 6 Grad Celsius
C 5 – 1 Grad Celsius

3. Welche höchste Temperatur haben in der Regel klare Forellenbäche im Bergland?
A Etwa 4 Grad Celsius
B Etwa 7 Grad Celsius
C Etwa 10 Grad Celsius

4. Was bestimmt u.a den Sauerstoffgehalt des Wassers?
A Die Wassertemperatur
B Die Wasserhärte
C Der Säuregrad des Wassers

5. Wann ist das Wasser am dichtesten und deshalb am schwersten?
A Bei 0 Grad Celsius
B Bei 4 Grad Celsius
C Bei 14 Grad Celsius

6. Welches sind die drei hauptsächlichsten Arten von Quellen?
A Feld-, Wald- und Wiesenquelle
B Berg-, Hang- und Flachlandquelle
C Riesel-, Sturz- und Tümpelquelle

7. Warum schwimmt Eis auf dem Wasser?
A Es hat geringeres spezifisches Gewicht als Wasser
B Darin ist Luft eingeschlossen, die es leichter macht
C Die Strömung hält das Eis auf der Oberfläche

8. Welches Wasser brauchen Bachforellen und Bachsaiblinge?
A Strömendes, saures und warmes Wasser
B Sommerkaltes und sauerstoffreiches Wasser
C Weiches, reißendes und dadurch leicht trübes Wasser

9. Besteht gewöhnlich ein Sauerstoffgehalts-Unterschied zwischen stehenden und fließenden Gewässern?
A Nein, kein Unterschied
B Im stehenden Wasser ist mehr Sauerstoff, weil es keinen durch Bewegung verliert
C Im Fließwasser ist er höher, da es im Wesentlichen durch die Verwirbelung mit der Luft ständig Sauerstoff aufnimmt und bis zum Flussboden verteilt

3. GEWÄSSERKUNDE

10. Welche Gewässer haben in der Regel einen hohen Sauerstoffgehalt?
A Künstlich angelegte Teiche
B Schnell fließende Bäche
C Baggerseen

11. Wann kann in einem Wasser der Sauerstoff schnell abnehmen?
A Bei Absinken der Wassertemperatur unter 18 Grad Celsius
B Bei Heranwachsen der Unterwasserpflanzen
C Bei starker Verschmutzung, z.B. durch Abwasser

12. Bei welcher Temperatur bindet das Wasser am meisten Sauerstoff?
A 20 Grad Celsius
B 10 Grad Celsius
C 1 Grad Celsius

13. In welchem der drei folgenden Gewässer ist die geringste Sauerstoffmenge enthalten?
A An der Quelle
B Natürliche oder künstliche Teiche
C Im Flusswasser

14. Wodurch kommen im Frühjahr und im Herbst in Seen die so genannten »Vollzirkulationen« zustande?
A Durch das periodische Erwärmen des Tiefenwassers durch die Erdwärme
B Weil das mit zunehmender Sonnenbestrahlung wärmer werdende Oberflächenwasser schwerer wird
C Weil im Frühjahr sich das Oberflächenwasser auf 4 Grad erwärmt und im Herbst auf 4 Grad abkühlt, kommt jeweils ein Absinken dieser dann schwereren Schicht zustande

15. Was kann man gewöhnlich aus dem Resultat einer chemischen und biologischen Wasseruntersuchung entnehmen?
A Die Eignung des Gewässers für bestimmte Fischarten
B Die Feststellung, ob Erreger von Fischkrankheiten vorhanden sind
C Die Entscheidung, wie das Gewässer befischt werden muss

16. Wie entsteht eine »Wasserblüte«?
A Durch starken Blütenstaubfall auf die Wasseroberfläche
B Durch eine Massenentwicklung bestimmter Algenarten
C Durch verbreitetes Blühen der Schwimmblattpflanzen

17. Wo kann in stehenden Gewässern am ehesten Mangel an Sauerstoff entstehen?
A An der Wasseroberfläche
B In der Nähe der Ufer
C In den tiefen Stellen (Bodenzone)

Wasserpflanzen

18. Welche organischen Lebewesen sind u.a. Grundlage allen pflanzlichen und tierischen Lebens im Wasser?
A Das tierische Plankton, weil es Sauerstoff produziert
B Die Unterwasserpflanzen und das pflanzliche Plankton, weil sie Sauerstoff produzieren
C Die Überwasserpflanzen, weil sie der Luft Sauerstoff entnehmen

19. Wie kommt – außer der Aufnahme aus der Luft – Sauerstoff in das Wasser?
A Verwitternde Bodenteilchen lassen Sauerstoff in das Wasser

B Unterwasserpflanzen entnehmen bei Licht Kohlensäure aus dem Wasser und geben Sauerstoff ins Wasser (Assimilation)
C Durch Verfaulen absterbender Organismen wird Sauerstoff frei

20. Wie kommt es zur Sauerstofferzeugung der Unterwasserpflanzen?
A Sie werden dazu durch stark alkalische Wasserschichten angeregt
B Sie erzeugen Sauerstoff bei Erwärmung auf 18 Grad
C Durch Einwirkung des Sonnenlichtes reichern sie das Wasser mit Sauerstoff an (Assimilation)

21. Welche Wasserpflanzen erzeugen besonders in stehenden Gewässern Sauerstoff?
A Schilfpflanzen und sonstige Überwasserpflanzen
B Verschiedene Arten von Unterwasserpflanzen der weichen Flora wie u.a. Laichkräuter, Wasserpest, Tausendblatt
C Gelbe und weiße Seerosen sowie Wasserknöterich

22. Wo ist ein stehendes Gewässer am nahrungsreichsten?
A In der sog. Freiwasserzone
B Am Ufer und in Ufernähe
C In der Bodenzone am Gewässergrund

23. Woher kommen gewöhnlich in den Fließgewässern die Pflanzennährstoffe?
A Aus den Einschwemmstoffen und Niederschlägen
B Sie werden im Wasser selbst gebildet
C Aus den Erdschichten unter den Fließgewässern

24. Welche besondere Bedeutung haben die Pflanzennährstoffe in den Fließgewässern?
A Sie sind für die Fische wertlos
B Sie sind für die Bildung von Fischnahrung wertlos
C Sie sind die erste Stufe der Entwicklung von Wasserpflanzen, die Grundlage der Tierernährung sind

25. Welche kleinen Lebewesen werden als Aufwuchs bezeichnet?
A Den Gewässerboden bedeckende Wasserpflanzen
B Es sind im Wesentlichen Algen, die auf Pflanzen und Steinen etc. siedeln
C Jugendstadien von Überwasserpflanzen

26. Wo hat die so genannte »Nahrungskette« im Fischwasser ihren Ursprung?
A In den einzelligen Algen über mehrzellige Algen bis zu den Unterwasserpflanzen
B In den Insektenlarven der Quellbäche
C In den kleinsten Fischarten

27. Welche der folgenden Stoffe sind wichtige Pflanzennährstoffe?
A Flussboden-Sand und -Kies
B Sauerstoff und Wasserstoff
C Stickstoff und Phosphor

28. Bis zu welcher Tiefe in einem Stillwasser haben grüne Pflanzen ständig Lebensmöglichkeit?
A Der Wuchs grüner Pflanzen ist in allen Tiefen möglich
B So tief, bis der Wasserdruck zu stark ist
C Bis zu einer Tiefe, in die genügend Licht eindringt

3. GEWÄSSERKUNDE

29. Welche der folgenden Pflanzen sind Unterwasserpflanzen?
A Binse, Schachtelhalm, Schilfrohr
B Laichkraut, Wasserpest, Wasserstern
C Wasserknöterich, Wasserlinse, Seerose

30. Was wird als pflanzliches Plankton bezeichnet?
A Aufwuchs, Detritus, Fadenalgen
B Pantoffeltierchen, Hüpferlinge, Wasserflöhe
C Blaualgen, Grünalgen, Kieselalgen

31. Welche der folgenden Wasserpflanzen steht unter Naturschutz?
A Froschlöffel
B Wasseraloe
C Gelbe Teichrose

32. Welche Pflanzen sind Überwasserpflanzen?
A Wasserlinse, Wasserknöterich, Seerose
B Rohrkolben, Schilfrohr, Binse
C Laichkraut, Wasserpest, Quellmoos

33. Welchen Nachteil können Überwasserpflanzen haben?
A Beständiges Vordringen ins Gewässer führt zur Verlandung
B Sie bieten guten Hecht-Einstand
C Mangelhafte Uferbefestigung

34. Warum dürfen Schilf- und Rohrbereiche nicht begangen oder mit dem Boot befahren werden?
A Weil hier oft nur ein gefährliches Waten möglich ist
B Weil man hier beim Angeln und beim Landen eines Fisches behindert wird
C Weil der Lebensraum der Tier- und Pflanzenwelt gestört oder gar vernichtet wird

35. Welche der folgenden Pflanzen sind Schwimmblattpflanzen?
A Quellmoos, Wasserstern, Wasserpest
B Binse, Seggen, Schachtelhalm
C Seerose, Wasserlinse, Wasserhahnenfuß

36. In welcher Reihenfolge reihen sich gewöhnlich die Wasserpflanzen seewärts hintereinander?
A Schwimmblattpflanzen – Unterwasserpflanzen – Gelegegürtel
B Gelegegürtel – Schwimmblattpflanzen – Unterwasserpflanzen
C Unterwasserpflanzen – Gelegegürtel – Schwimmblattpflanzen

Nahrungskette, Kleintierwelt etc.

37. Von welchen Nährtieren lebt im Wesentlichen die Fischbrut?
A Vom tierischen Plankton (Zooplankton)
B Von der Anflugnahrung
C Von Sprock (Köcherfliegen-Larven)

38. Welche Fischnährtiere zählt man zum tierischen Plankton?
A Schlammröhrenwürmer und rote Zuckmückenlarven
B Wasserflöhe und Hüpferlinge
C Eintagsfliegen- und Steinfliegenlarven

39. Welche Fische ernähren sich vorwiegend von tierischem Plankton?
A Renken (Blaufelchen, Maränen)
B Forellen
C Barben

40. Welche Fischnährtiere leben am Gewässerboden und werden gern von Karpfen und Brachsen gefressen?
A Hüpferlinge
B Rote Zuckmückenlarven und Schlammröhrenwürmer
C Wasserflöhe

41. Welche der folgenden Kleintiere sind wichtige Fischnahrung?
A Libellenlarven, Gelbrandkäfer
B Zuckmücken-, Köcherfliegen-, Kriebelmückenlarven, Bachflohkrebse
C Stabwanzen, Rückenschwimmer

42. Was muss man über den Gelbrandkäfer wissen?
A Wichtiges Fischnährtier
B Richtet keinerlei Schaden an
C Der Gelbrandkäfer und seine Larve sind sehr schädliche Fischbruträuber

43. Welche Wasserwanze ist ein blutsaugender Fischfeind?
A Der Rückenschwimmer
B Die Stabwanze
C Die Ruderwanze

44. Wo finden die Fische in Bergbächen die meisten Fischnährtiere?
A Auf der Oberfläche schwimmend
B Unterhalb der Wasseroberfläche schwimmend
C Am Bachboden: auf, unter und zwischen den Steinen

45. Warum sind Köcherfliegen und Steinfliegen sowie deren Larven in dem betreffenden Fischwasser so wichtig?
A Weil sie eine schlechte Wasserqualität anzeigen
B Sind eine wertvolle Fischnahrung
C Weil sie schädliche Schmarotzer auf der Schleimhaut der Fische sind

46. Welches kleine Fischnährtier färbt das Fleisch der Forelle rötlich?
A Die Wasserassel
B Der Bachflohkrebs
C Die Köcherfliegenlarve (Sprock)

47. Welches Fischnährtier wird vom Fischer »Sprock« genannt?
A Eine afrikanische Stechmücke
B Eine Moskitoart der finnischen Seen- und Sumpfgebiete
C Eine Larve der Köcherfliege, die sich im sog. Köcher befindet (»Röhrlmade«)

48. Welche meist am Boden lebenden Kleintiere sind beste Fischnahrung?
A Insektenlarven
B Regenwürmer
C Fischegel

49. Welcher der hierunter aufgeführten drei Käfer ist ein Fischfeind?
A Kolbenwasserkäfer
B Gelbrandkäfer
C Junikäfer

50. An welchen Körperteilen erkennt man die Insekten und deren Larven?
A Sie haben 2 Paar Beine
B Sie haben mindestens 5 Paar Beine
C Sie haben 3 Paar Beine

51. Welche der folgenden Kleintiere sind Außenparasiten?
A Bandwurm, Riemenwurm, Blutwurm
B Karpfenlaus, Kiemenkrebs, Fischegel
C Kiemensporenpilz, Kratzer

3. GEWÄSSERKUNDE

Gewässertypen

52. Wie folgen die Fließwasser-Regionen fischereibiologisch hintereinander?
A Äschenregion – Barbenregion – Brassen(Brachsen)region – Forellenregion – Brackwasserregion
B Forellenregion – Äschenregion – Barbenregion – Brassen(Brachsen)region – Brackwasserregion
C Forellenregion – Barbenregion – Äschenregion – Brassen(Brachsen)region – Brackwasserregion

53. In welcher Fließwasser-Region sind in der Regel die meisten Fischarten vertreten?
A In der Äschenregion
B In der Barbenregion
C In der Brassen(Brachsen)region

54. In welchen Regionen und Fischwasser-Bereichen ist der meiste Sauerstoff?
A In der Barbenregion und im Bereich der Schwimmblattpflanzen
B In der Brackwasserregion und an tiefen Seestellen
C In der Forellenregion, im Unterwasserpflanzenbereich und in den Zonen des pflanzlichen Planktons

55. In welcher Fließwasser-Region ist zwischen Sommer und Winter der größte Unterschied in der Wassertemperatur?
A In der Barbenregion
B in der Forellenregion
C In der Brackwasserregion

56. Welcher Fisch lebt vorwiegend in Gewässern mit einer Temperatur unter 20 °C?
A Die Forelle
B Die Barbe
C Der Karpfen

57. Wo findet man in der Regel die Mühlkoppe?
A In der Barbenregion
B Auf dem Boden tiefer Seen
C In der Forellenregion

58. Welche sind die natürlichen Beifische in der Forellenregion?
A Mühlkoppe, Schmerle, Elritze
B Stichlinge, Steinbeißer, Strömer
C Lauben, Plötzen (Rotaugen), Rotfedern

59. Welche Nährtiere findet die Forelle gewöhnlich in ihrer Region?
A Zuckmückenlarven, Schlammröhrenwürmer
B Eintags-, Stein- und Köcherfliegen und deren Larven, Bachflohkrebse
C Egel, Asseln, Muscheln

60. Welcher Fisch ist im Forellenbach ein Schädling?
A Die Schmerle
B Die Elritze
C Die Rutte (Quappe, Trüsche)

61. Welche Pflanzen findet man hauptsächlich in der Forellenregion?
A Brunnenkresse, Wasserstern
B Hornkraut, Laichkraut
C Seerose, Wasserlinse

62. Wo lebt die Barbe in der Barbenregion?
A Nur in ruhiger Strömung
B Auf dem Gewässerboden
C Nähe der Wasseroberfläche in Gumpen und Rückläufen

63. Welche typischen Eigenschaften hat die Barbenregion?
A Kiesiger und sandiger Flussboden, schnelle Strömung
B Grobsteiniger Flussboden, sehr reißende Strömung
C Schlammiger Untergrund, langsame Strömung

64. Welche Fischarten – außer Brachsen (Brassen) – sind vorwiegend in der Brachsenregion zu finden?
A Nasen und Barben
B Plötzen (Rotaugen), Rotfedern, Güstern
C Mühlkoppen, Elritzen, Gründlinge

65. Wie sind Übergänge von flachen Ufern in seichte Gewässerstellen als Standort von Jungfischen zu beurteilen?
A Sie haben fischereilich keine besondere Bedeutung
B Sie werden von größeren Fischen gemieden
C Sie sind gute Aufwuchszonen für viele Jungfische, da es Gebiete mit starkem Fischnährtier-Vorkommen sind

66. Welcher Teil eines Fließwassers wird als »Altwasser« bezeichnet?
A Meist nach Regulierung verbliebener ehemaliger Abschnitt eines Fließwassers
B Fluss mit degeneriertem Fischbestand
C Tiefe Gumpe (Kolk) eines Fließwassers mit fast stehendem Wasser

67. Warum sind Altwässer fischereilich hochwertig?
A Weil hier die Wassertemperatur höher ist und wärmeliebenden Fischen gute Standplätze geboten werden
B Weil neben Vögeln und Amphibien gerade die Fische hier gute Lebensbedingungen haben
C Weil in Altwässern das Fischen erleichtert ist

68. Welche Fischnährtiere leben in der Bodenzone von Altwässern?
A Schlammröhrenwürmer, Larven der Zuckmücken und der Kriebelmücken
B Flohkrebse, Wasserflöhe
C Steinfliegenlarven, Köcherfliegenlarven

69. Wie sind Gumpen (Kolke) in Bächen und Flüssen zu beurteilen?
A Sie sind sauerstoffärmer als der Flusslauf und werden deshalb von den Fischen gemieden
B Sie sind für Fische ungeeignete Standplätze
C Sie sind besonders gute Standplätze für viele Fischarten

70. Was ist nach heutigem Sprachgebrauch ein Teich?
A Ein Buhnenfeld, das keine Verbindung mit anderen Gewässern hat
B Ein künstlich geschaffenes, absperrbares und ablassbares Kleingewässer
C Ein natürlicher, kleiner See

3. GEWÄSSERKUNDE

Seentypen, Staue, Kiesgruben etc.

71. Welche Zone stehenden Wassers ist für die Fische am fruchtbarsten?
A Die Freiwasserzone
B Die Uferzone
C Übergangszone mit leeren Muscheln

72. Wie weit vom Ufer dehnt sich die Uferzone aus?
A Vom Ufer seewärts bis dahin, wo die Unterwasserpflanzen aufhören
B Vom Ufer seewärts bis zum Schilfrand
C Vom Ufer seewärts bis zur Zone der Schwimmblattpflanzen

73. Wodurch ist die Freiwasserzone begrenzt?
A Nach oben durch die Luft, seitlich durch das Ufer, nach unten durch den Gewässerboden
B Nach oben durch den Wasserspiegel, seitlich durch die Uferzone, nach unten durch die »Sprungschicht«
C Nach oben durch die »Sprungschicht« nach unten durch den Schlammboden, seitlich durch die Uferzone

74. Wie und in welcher Reihenfolge werden die 3 Zonen eines tiefen Sees benannt in dem das Licht zum Teil nicht bis zum Seegrund dringt?
A Gelegezone, Weitsee, Sprungschicht
B Uferzone, Schar, Bodenzone
C Uferzone, Freiwasserzone, lichtlose Tiefe

75. Welches ist die Eigenart eines nährstoffarmen Sees?
A In der Tiefe ist sein Wasser sehr sauerstoffarm
B In seiner Tiefe hat er einen hohen Sauerstoffgehalt
C Sein Wasser ist verdorben durch starke Ablagerungen von Fäulnisstoffen

76. Durch welche der nachfolgenden Vorgänge kann die Lebensmöglichkeit von Fischen in stehenden Gewässern gestört oder aufgehoben werden?
A Durch größeren Sauerstoffbedarf laichender Fische
B Durch massiertes Schlüpfen von Wasserinsekten
C Durch starke Pflanzenatmung (Dissimilation) in den Nachtstunden

77. Welcher Fisch lebt überwiegend in der Freiwasserzone eines Sees?
A Die Rutte (Quappe, Trüsche)
B Die Brachse (Brassen)
C Die Renke (Felchen, Blaufelchen)

78. Welche Fische bevorzugen die Bodenzone eines Stillwassers?
A Die Renke (Felchen)
B Die Brachse (Brassen)
C Der Döbel (Aitel)

79. Welcher der folgenden Fische bevorzugt die Freiwasserzone?
A Der Zander
B Der Hecht
C Die Brachse (Brassen)

80. Was ist die Eigenart eines so genannten Zandersees?
A Klarsichtig, wenig Kraut, Tiefen
B Leichte Trübung, harter Seeboden, wenig Kraut
C Klarsichtig, mäßige Tiefen, dichte Krautwiesen

81. Welcher Fisch hat seinen Standort hauptsächlich in der bewachsenen Uferzone eines Sees?
A Der Hecht
B Der Zander
C Der Barsch

82. Welche Fische bewohnen die tiefen Stellen der Seen in den Voralpen?
A Regenbogenforellen
B Rotaugen (Plötzen)
C Seesaiblinge

83. Welche Lebewesen können auch in Seetiefen leben, die lichtlos sind?
A Pflanzliches Plankton
B Bakterien
C Muscheln

84. Aus welcher Eigenschaft eines stehenden Gewässers kann man auf fischereibiologisch guten Zustand schließen?
A Üppiger Überwasserpflanzenbestand
B Gute Sichttiefe, klares Wasser bis zum Grund
C Geringe Sichttiefe durch Plankton-Trübung

85. Welche Eigenart des Betriebes von Wasserkraftwerken wirkt sich in Talsperren und Stauseen sehr nachteilig für die Fische aus?
A Der Schwellbetrieb, d.i. häufiger und schneller Wasserstandswechsel
B Starke Wasserabkühlung im Winter
C Lange und intensive Sonnenbestrahlung in Schönwetterperioden

86. Wie ist der fischereibiologische Zustand frisch erstellter Baggerseen?
A Sauerstoffmangel in den oberen Wasserschichten
B Zu hohe Wassertemperatur im Sommer
C Für Fische ungenügender Nährstoffgehalt

87. Wann kann man in der Regel frühestens in neue Baggerseen Fische einsetzen?
A Sofort nach dem klar werden
B Erst nach Entwicklung pflanzlichen und tierischen Lebens durch Bepflanzung
C Etwa ein Jahr nach Beendigung der Arbeiten

88. Ist die Einebnung von Tümpeln und kleinsten Wasserstellen naturfeindlich?
A Ja, weil dadurch Lebensraum mancher Tiere und Pflanzen zerstört wird
B Nein, weil fruchtbares Land gewonnen wird
C Nein, weil Brutstätten giftiger Insekten verschwinden

pH-Wert und Säurebindungsvermögen

89. Was versteht man unter pH-Wert einer Wasserprobe?
A Phenolgehalt des Wassers
B Messwert für Reaktionszustand des Wassers (sauer, neutral, alkalisch)
C Verschmutzungsgrad des Wassers

90. Welcher pH-Wert eignet sich für unsere Fische im Bundesgebiet?
A 9 – 10,5
B 5,5 – 9
C 3,5 – 5

3. GEWÄSSERKUNDE

91. Welche Fische sind besonders empfindlich gegen saures Wasser?
A Bachforelle
B Karausche
C Karpfen

92. Welche Fische sind besonders empfindlich gegen alkalisches (basisches) Wasser?
A Bachforelle und Regenbogenforelle
B Barsch und Hecht
C Schleie und Karpfen

93. Welche Gewässer sind durch Zuflüsse oder Verbindung mit Wasser niederen pH-Wertes gefährdet?
A Gewässer in und aus Steinbrüchen
B Mit Fischen überbesetzte Gewässer
C Gewässer mit Zuflüssen aus Moorgebieten, Fichtenbeständen und kalkarmen Geieten

94. Wie wird ein Reaktionszustand des Wassers mit einem für unsere Fische günstigen pH-Wert von 7 bezeichnet?
A Neutral
B Alkalisch
C Sauer

95. Was ist das Säurebindungsvermögen SBV?
A Messzahl für das Selbstreinigungsvermögen
B Messzahl für den alkalischen Wasserzustand (Kalkgehalt)
C Messzahl für den Säuregehalt

96. Für den Gehalt von welchen Stoffen im Wasser gibt das SBV einen Anhaltspunkt?
A Sauerstoffgehalt
B Nitratgehalt
C Kalkgehalt

97. Welches Fischwasser bringt gewöhnlich geringe Erträge?
A Kalkreiches Wasser, z.B. mit SBV etwa ab 3,0 cm³
B Mäßig kalkhaltiges Wasser, z.B. mit SBV etwa 0, 5 cm³
C Kalkarmes Wasser, z.B. mit SBV von etwa 0,1 – 0,2 cm³

98. Welchen Ertrag haben in der Regel Fischwasser mit einem SBV über 3,0 cm²?
A Geringen Ertrag
B Mäßigen Ertrag
C Hohen Ertrag

99. Welche Wasseruntersuchungen kann und soll ein Angelfischerverein regelmäßig durchführen?
A Eisen und Gesamtphosphorgehalt
B Stickstoff-, Ammoniak- und Chromgehalt
C pH-Wert und Sauerstoffgehalt

Antworten

1B / 2B / 3C / 4A / 5B / 6C / 7A / 8B / 9C

10B / 11 C / 12 C / 13A / 14C / 15A / 16B / 17 C / 18B

19B / 20C / 21B / 22B / 23A / 24C / 25B / 26A / 27C

28C / 29B / 30C / 31C / 32B / 33A / 34C / 35C / 36B / 37A / 38B

39A / 40B / 41 B / 42C / 43A / 44C / 45B / 46B / 47C / 48A / 49B

50C / 51 B / 52B / 53C / 54C / 55C / 56A / 57C / 58A / 59B / 60C

61 A / 62 B / 63A / 64B / 65 C / 66A / 67 B / 68A / 69C / 70 B

71 B / 72A / 73 B / 74C / 75B / 76C / 77C / 78B / 79A / 80B

81 A / 82 C / 83 B / 84C / 85A / 86C / 87 B / 88A / 89B / 90B

91 C / 92A / 93C / 94A / 95B / 96C / 97C / 98C / 99C

4 Fischhege und Gewässerpflege

Die Hege der Fischbestände und die Pflege des Fischwassers sind neben dem Aneignungsrecht an den Fischen die selbstverständliche Pflicht jedes Gewässerbesitzers oder Pächters.
Auf diesen beiden Gebieten kommt den Fischereivereinigungen eine große Verantwortung zu. An der Erfüllung dieser Aufgaben muss jeder organisierte Fischer mitarbeiten. Viele Vereine geben entsprechende Vereinsvorschriften für ihre Mitglieder heraus und haben einen Arbeitsdienst eingeführt, um diese Aufgaben erfüllen zu können.
Der **Gewässerwart** (auch Wasserwart genannt) trägt in dieser Hinsicht eine große Verantwortung, die er ohne Unterstützung durch jedes einzelne Mitglied nicht erfüllen kann.
Voraussetzung und Grundlage für eine erfolgreiche Fischhege ist die Auswertung einer vielseitigen **Fangübersicht**.

❓ Was ist Sinn und Zweck der Fischhege?
Die **Erhaltung und Verbesserung des Fischbestandes**.
Man erreicht sie im Wesentlichen durch eine laufende **Fangübersicht**, richtige **Besatzmaßnahmen** sowie entsprechende **Besatzwahl, Besatzmengen, Gesundheitskontrolle** und notwendige **Schutzmaßnahmen**.

❓ Was versteht man unter Gewässerpflege?
Auf dem Gebiet der **Gewässerpflege** stehen im Vordergrund Arbeiten für eine Begünstigung der natürlichen Ernährungsmöglichkeiten, Förderung der natürlichen Vermehrungsmöglichkeiten, Abwendung von fischereilichen Schäden am Gewässer.

4.1 Fangübersicht

❓ Was soll eine Fangliste enthalten?
Die organisierten Angelfischer sind vom Verein verpflichtet, jährlich

vor Erhalt eines neuen Jahreserlaubnisscheins ihre Fangliste des abgelaufenen Jahres abzuliefern.
Der Verein tut gut, diese Verpflichtung satzungsgemäß zu verankern, um eine vereinsrechtliche Unterlage zu besitzen, gegen säumige Mitglieder wegen Satzungsverstoßes wirksam vorzugehen. Eine kurzfristige Fangmeldung wäre sicherlich genauer. Sie gibt ein besseres Bild über einen saisonhaften Fang bestimmter Fischarten. Eine monatliche Aufgliederung der Fänge in der Jahresliste sollte angestrebt werden. Es genügt keineswegs, nur die Anzahl der gefangenen Fische anzugeben. Der Angler ist bekanntlich verpflichtet, bei vielen Fischarten ihr Schonmaß zu beachten, und ist somit gewohnt, ihre Länge zu messen. Diese Feststellung erfolgt darüber hinaus in den Fällen, die offensichtlich weit über dem Mindestmaß liegen, aus Freude am Erfolg, aus Genugtuung über das Ausmaß seiner Beute. Er benötigt kein besonderes Bandmaß, die Skala kann an der Angelrute markiert sein.
Das Gewicht des gefangenen Fisches hat einen größeren Aussagewert über das Wachstum und für Rückschlüsse, die ein Gewässerwart hinsichtlich des Ertrages seiner Gewässerstrecke ziehen sollte. So ist nicht nur die Anzahl, sondern auch die jeweilige Länge und das Gewicht in die Fangliste einzutragen.
Ein gutes oder schlechtes Wachstum ist richtig zu beurteilen, wenn das Tempo des Wachstums, der Zuwachs in der Zeiteinheit feststeht. So ist eine Altersbestimmung von sehr großer Bedeutung!
Diese drei Faktoren sollten festgehalten werden. Damit wird der Gewässerwart in die Lage versetzt, sichere Rückschlüsse auf die Ertragsfähigkeit der ihm anvertrauten Gewässerstrecke zu ziehen.
Er erhält außerdem einen Einblick in den Altersaufbau der gefangenen Fische und damit viele Hinweise für die erforderlichen Besatzmaßnahmen. Er kann aufgrund dieser Unterlagen beurteilen, wie der Satzfisch, dessen Alter beim Einsatz bekannt ist, abgewachsen ist und ob die Besatzmenge richtig war oder noch erhöht werden kann.
Das Geschlechtsverhältnis sollte für die natürliche Fortpflanzung möglichst 1:1 betragen. Die Beißlust der Geschlechter ist nach dem Ablaichen unterschiedlich. Die Weibchen haben einen größeren Nachholbedarf und gehen gieriger an die Angel. Nach Beendigung der Schonzeit (z.B. bei Forellen und Äschen) werden mehr Weibchen gefangen. Später wird es sich ausgleichen. Wenn das Geschlecht in der Fangliste festgehalten wird, erhält man einen Einblick und möglicherweise ein Warnzeichen, ob die Fänge das Geschlechterverhältnis beeinflussen.
Ein Fangbogen, der eine geeignete Unterlage für die Hegearbeit des Vereins sein kann, müsste folgende Spalten im Vordruck haben: **Ge-**

wässer – Fangdatum – Fischart – Länge in cm – Gewicht in Gramm – Alter – Geschlecht.** Weitere Angaben über Fangplatz, Fangweise, Wetter etc. können von persönlichem Interesse sein.
Ein Tagebuch ist die beste Form, Erfahrungen zu sammeln!
Bedauerlicherweise ist die Anzahl der Angelfischer noch beträchtlich, die meinen, der Verein will seine Mitglieder mittels einer Fangliste kontrollieren. Das ist nicht der Fall!
Eine Fangübersicht benötigt der Verein für seine Hegemaßnahmen, sie dient dem Angler zur Bereicherung eigener Erfahrungen.
Schwierigkeiten, die Fangmeldung zu erhalten, bestehen bei den Anglern, die Tageserlaubnisscheine (Tageskarten) lösen. Sie sollten ebenfalls zur Abgabe verpflichtet werden. Eine Postkarte, die mit entsprechendem Vordruck versehen und adressiert ist, auszufüllen und zurückzusenden ist sicherlich nicht zuviel verlangt. Es vervollständigt die Fangübersicht.

4.2 Besatzmaßnahmen

❓ Welche Maßnahme ist zur Erhaltung und Förderung wertvoller Fischarten notwendig?
Ein jährlicher Besatz mit Jungfischen (Setzlingen), der dem Fischgewässer zugeführt werden muss.
Bei Pachtgewässern ist in der Regel ein Mindestbesatz im Pachtvertrag vorgeschrieben.

❓ Warum ist ein Besatz erforderlich?
Die natürlichen Fortpflanzungsstätten sind durch menschliche Einwirkungen verschiedener Art den Fischen unzugänglich gemacht, stark entwertet oder zur Gänze vernichtet worden.
In den Fließgewässern verhindern Wehre und Stauanlagen den Aufstieg der Fische zum Laichplatz.
In Strom und Fluss vernichtet der Schiffsverkehr die abgelegten Eier der »Strömungslaicher«. Von Schiffen erzeugter Wellenschlag und Sog lässt die Brut dieser Fischarten an den befestigten Ufern zerschellen und zerstört zugleich die Eier und die Brut der »Uferlaicher«. In der Uferzone der Seen richtet die Schifffahrt ähnlichen Schaden an. In Bächen schadet der Enteneinlaß zur Laichzeit. An den Ufern beunruhigen die Badegäste, besonders an den Campingplätzen.
Eine starke Entwicklung des Wassergeflügels (Haubentaucher, Wasser-

hühner, Seeschwalben, Schwäne, Wildenten) zerstört die Laich- und Brutplätze sowie die Nahrungsplätze vieler Fischarten.

Nicht zuletzt verursacht die zunehmende Wasserverschmutzung großen Fischereischaden. Die Einleitung von Abwässern, besonders die hoch konzentrierten Abwasserwellen mit Giftstoffen, vernichten Massen von Fischlaich, Brut und fangfähigen Fischen.

❓ Wovon hängt der Erfolg der Besatzmaßnahmen ab?

Von der Auswahl geeigneter Fischarten, von der passenden Stückzahl, die das Gewässer verträgt, von der fehlerfreien Durchführung des Aussetzens und der Qualität der Satzfische, die gesund und kräftig sein müssen!

4.2.1 Besatzwahl

❓ Welches ist die geeignete Fischart zum Besatz?

Nicht die Fischart, die bevorzugt und am liebsten gefangen wird, sondern die Art, die für das Gewässer wirklich geeignet ist und noch zusätzlich gefördert werden kann. Es entscheidet in der Besatzwahl nicht der Liebhaberwert und in einem Fischereiverein nicht die Stimmenmehrheit bei der Abstimmung! Allein die Eigenschaften der betreffenden Fischwasserstrecke, die der Gewässerwart kennen muss, bestimmen die Besatzart.

❓ Was ist bei der Wahl des Besatzes in einem Gewässer mit mehreren oder vielen Fischarten zu berücksichtigen?

Das »biologische Gleichgewicht« muss im Gewässer gewahrt bleiben.

❓ Was heißt das in diesem Zusammenhang?

Wenn Satzfische eingesetzt werden, erhält das Fischwasser neue, zusätzliche Verzehrer, die den schon vorhandenen Fischarten Nahrung wegnehmen. Es muss die Nahrung für Besatzfische im Überschuss vorhanden sein, damit die alten und die neuen Fische genug zu fressen haben und beide Gruppen gut abwachsen.

Beim Besatz mit derselben Art oder mit anderen Arten ist stets auf das Ausmaß der Nahrungskonkurrenz zu achten.

Beide Gruppen müssen sich vertragen, zueinander passen und sich nicht gegenseitig stören oder gar vertreiben.

Handelt es sich um dieselbe Art, so muss sich der Besatz mit dem alten Bestand später paaren, was auf Schwierigkeiten stoßen kann, wenn die Stämme verschiedener Herkunft sind und in den Laichterminen voneinander abweichen.

❓ Was ist beim Einsatz von Raubfischarten zu beachten?

Es müssen genügend Beutefische zum Fraß in passender Größe im Gewässer vorhanden sein, sonst drohen Verluste durch baldigen Kannibalismus, z.B. beim Hecht.

Die Größe der verschiedenen Arten von Beutefischen muss gleich nach dem Besatz passend sein und später nach weiterem Abwachsen des Besatzes.

❓ Soll man mehrere Raubfischarten im selben Gewässer aussetzen?

Das kann nur in großen Gewässern oder solchen, die in sich sehr unterschiedlich sind, in Frage kommen. Stets nur dann, wenn ein großer Bestand an Futterfischen verschiedener Art vorhanden ist. Im Unterlauf breiter Ströme mit Uferzonen werden Hechte und Zander ihr Fortkommen finden, weil sich der Hecht an den Rohrbeständen und im Kraut der Uferzone aufhält und der Zander im Strom jagt. Dasselbe trifft für große Seen zu, wenn flache Uferpartien genügend vorhanden sind. Trifft das letztere nicht zu, wird ein Hechtbesatz kaum zum Erfolg führen. Der Zanderbestand wird sehr bald vorherrschen und der Hechtbestand zurückgehen (z.B. in tiefen großen Seen im Voralpengebiet).

Ist genug Nahrung vorhanden, entscheiden die Standortverhältnisse, die eigentlichen Lebensräume, mit ihren Ausmaßen über Art und Menge des Besatzes.

❓ Welche Satzfischarten sind aus Fischzuchten erhältlich?

Aus Forellenzuchten sind Bach- und Seeforellen, Regenbogenforellen, Bach- und Seesaiblinge, Äschen, Huchen und neuerdings in einzelnen Fällen Hechtsömmerlinge aus eigener Produktion lieferbar. Forellensatzfischzuchten, vornehmlich die von den Landwirtschaftskammern, der »Deutschen Landwirtschaftsgesellschaft« (DLG) oder vom Staat offiziell anerkannten Betriebe, sind zu bevorzugen.

Beim Bezug vom Fischhandel besteht die Gefahr einer uneinheitlichen und der Herkunft nach unterschiedlichen Ware.

Karpfenteichwirtschaften liefern Karpfen, Schleien, Hechte, Zander und neuerdings Graskarpfen. Es empfiehlt sich ebenfalls, bei anerkannten Satzfischzuchten zuerst anzufragen.

Die Bezugsmöglichkeiten für Aale (Aalbrut oder Satzaale) sind bereits an früherer Stelle (S. 122) erwähnt.

❓ Wann sind Setzlinge dieser Arten erhältlich?

Forellen, Saiblinge, Huchen, Äschen, Hecht, Zander, Karpfen und Schleien sowie Satzaale im Herbst.
Aalbrut im Frühjahr und Hechtsömmerlinge Anfang Juni.

❓ Welche Altersklassen kommen bei den Forellen für einen Besatz in Frage?

Früher war der jährliche Einsatz von Forellenbrut im Frühjahr vielerorts üblich. Heute ist er selten geworden und wird im Allgemeinen nur noch von Angelfischervereinen vorgenommen, wenn diese die Möglichkeit haben, in ihren kleinen, ungestörten Nebenbächen die oft zahlreichen kleinen Forellen mit Hilfe der Elektrofischerei zu fangen und in ihre Hauptwasserstrecken umzusetzen.

Allgemein üblich ist nunmehr der Forellenbesatz mit Setzlingen, die in den Brutanstalten der Forellenzuchten im Winter und Frühjahr erbrütet werden und im darauf folgenden Herbst zur Lieferung bereitstehen. In letzter Zeit werden in zunehmendem Maße zweisömmrige Forellen für den Einsatz ins Wildgewässer verlangt. Hier macht sich der Einfluss amerikanischer Besatzmethoden bemerkbar, die aber im Sinne der Fischhege nicht immer zu empfehlen sind. Im zweiten Lebensjahr können Regenbogenforellen bereits Speisefischgröße erreicht haben. Der Züchter ist auf einen zweijährigen Wechsel mit Besatz-Forellen nicht eingestellt.

Die Frage, ob einjähriger oder zweijähriger Forellenbesatz richtig ist, muss von den Eigenschaften des Gewässers und der Lebensgemeinschaft in diesem Gewässer aus betrachtet und entschieden werden.

❓ Welche Größenklassen sind bei einsömmrigen Bach- und Regenbogenforellensetzlingen handelsüblich?

Längen von 7 – 9, von 9 – 11 und von 11 – 13 cm.

❓ Welche Altersgröße wählt man bei Karpfen und Schleien?

Da in deren Gewässern der Hecht ebenfalls zu Hause ist, empfiehlt sich ein Besatz von zweisömmrigen Fischen ($K_2 + S_2$)
Der zweisömmrige Karpfen ist bereits hochrückig und fällt in diesem Format dem Hecht nicht so leicht zum Opfer.
Die zweisömmrige Schleie steht in diesem Alter mehr am Boden und entzieht sich damit dem Zugriff des Hechtes.

❓ Was ist beim Schleienbesatz zu beachten?

Ein durchgezüchteter Schleienstamm ist sehr wüchsig. Ein Schleienbestand dagegen, der ohne Zuchtziel nur als Nebenfisch in der Karpfenteichwirtschaft gehalten wird, ist als Besatz nicht immer zufrieden stellend. Es kommt sehr auf den Lieferanten an.

Die einzelnen Größenklassen aus demselben Jahrgang können in der Zusammensetzung der Geschlechter verschieden sein. Da sich Rogner und Milchner schon im zweiten Lebensjahr, also vor der ersten Laichreife, leicht unterscheiden lassen, sollte beim Bezug auf ein günstiges Stückzahlverhältnis der Geschlechter (♂:♀/1:1) mehr Wert gelegt werden als auf die Stückgröße, um eine natürliche Fortpflanzung zu erleichtern.

❓ Welche Jugendformen des Hechtes kommen für den Besatz in Frage?

1. Hechtbrut im Frühjahr (März-April) direkt aus den Brutanstalten. Vom Einsatz der Hechtbrut ist man in der letzten Zeit abgekommen. Der Fisch ist in diesem Stadium noch zu empfindlich. Die Verluste sind groß. Die Hechtbrut darf auf keinen Fall in dem Stadium ausgesetzt werden, in dem sie noch den Dottersack trägt. Sie ist dann im Schwimmen behindert, sinkt auf den Boden des Gewässers und geht dort zugrunde.
2. Hechtsömmerlinge oder vorgestreckte Hechtbrut, gezogen im Mai/Juni im Karpfenteich, lieferbar im Juni, jedoch nicht größer als 4, bestenfalls 5 cm lang.
3. Als Satzhecht im Herbst nach Abfischung der Karpfenteiche Hl und H2 in Längen von 20 – 40 cm.

❓ Welcher Besatz eignet sich für Seen?

Das kommt entscheidend auf die Eigenart des Sees an. Ein flacher, krautreicher, im Sommer warmer See ist ein ausgesprocherier Hecht- und Schleiensee. Zusätzlich können Karpfen und Aale (u.U. auch Hechte und Schleien) eingesetzt werden, Rotaugen als Beutefisch für Hecht nur, wenn sich diese Fischart nicht genügend vermehrt.

Ein großer und tiefer See mit breitem Gürtel von Über- und Unterwasserpflanzen entspricht in der Uferzone dem zuvor genannten See.

Fehlt jedoch die Uferzone, so hat es keinen Sinn, diese Fischarten einzusetzen.

Für die weite Seenmitte eignet sich der Zander, als Beutefisch Lauben vornehmlich, wenn die tieferen Wasserschichten des Sees schon sauerstoffarm oder bereits schwefelwasserstoffhaltig sind.

Im Allgemeinen bietet ein eutropher See genügend Laichmöglichkeiten, so dass nur der Aal jährlich eingesetzt werden sollte.

Im **Coregonen-See** sind Renken oder Maränen jährlich nachzusetzen, weil ihre Laichplätze durch die Belastung der Seen stark gefährdet sind. Eine angefütterte Brut garantiert den besten Erfolg.

Bei **Seeforellen-** und **Seesaiblings-Seen** ist zu berücksichtigen, dass diese beiden Fischarten den selben Lebensraum beanspruchen und die Seeforelle im Alter ein großer Raubfisch ist. Sind nicht genügend andere Beutefische im See vorhanden, werden die Seesaiblinge ihre Hauptnahrung sein.

Bei dem Interesse, das diese beiden Arten in Anglerkreisen genießen, sollten sie regelmäßig eingesetzt werden.

Bei **Forellen-Seen** im Gebirge ist ein mäßiger Besatz angebracht, das geringe natürliche Nahrungsangebot ist zu berücksichtigen.

❓ Welcher Besatz kommt für Baggerseen in Frage?

In großen und tiefen Baggerseen, die auf dem Grund im Sommer nicht warm werden oder hier Quellen bergen, empfiehlt sich ein Forellenbesatz (Bach- oder Regenbogenforellen), und zwar besonders, wenn die Randpartie zufließende Rinnsale aufnimmt oder ein kleines Fließ einmündet – hier haben die größeren Forellen die notwendige und passende Gelegenheit zum Ablaichen.

In flachen, im Sommer warmen Baggerseen mit weichem Grund und Wasserpflanzen können Karpfen und Schleien mit gutem Erfolg eingebürgert werden. Mitunter ist ein Aalbesatz recht erfolgreich.

Kein Hechtbesatz, wenn Forellen vorherrschen! Im flachen Baggersee lohnt sich ein Hechtbesatz und das zusätzliche Einbringen von Rotaugen als Hechtfutter, wenn Karpfen und Schleien vorhanden sind.

❓ Welcher Besatz eignet sich für Teiche?

Flache, ausgedehnte und sommerwarme Teiche ohne Quellen und ohne Zulauf werden »Himmelsteiche« genannt. Diese und ähnliche Teiche mit einem geringen Wasserdurchlauf bei geringer Tiefe (nicht über 2 m) eignen sich für einen Besatz mit Karpfen und Schleien (letztere bei Schlammboden). Der Zulauf braucht nicht stärker zu sein als 1 L/sec pro ha, um die Wasserverdunstung an heißen Sommertagen auszugleichen. Wenn mehr Wasser zuläuft, kann ein Besatz mit Regenbogenforellen in Frage kommen. Reine Forellenteiche sind kleinräumiger und stärker durchströmt.

Im Karpfenteich sind Karpfen und Schleien Nahrungskonkurrenten, die Schleie sucht intensiver nach Nahrung. Der Teich mit zusätzlichem Schleienbesatz wird besser ausgenutzt und bringt einen höheren Ertrag.

4. FISCHHEGE UND GEWÄSSERPFLEGE

❓ Welcher Besatz ist in Talsperren zu bevorzugen?

Der natürliche Fischbestand einer Talsperre wird zuerst vom Einzugsgebiet bestimmt. Die Talsperre ist an den Einläufen zum oberen Teil offen, der Fischbestand des Zulaufes entscheidet. Wenn es sich um Salmonidengewässer handelt, sollte das Talsperrenbecken mit Bachforellen und bei größerer Tiefe mit Seeforellensetzlingen besetzt werden.

Wenn die Zuflüsse keine Forellen bergen und ein Barschbestand sich stark entwickelt hat, ist ein Zanderbesatz am Platze.

Kommen Weißfischbestände reichlich vor, ist ein Hechtbesatz zu empfehlen.

Rückhaltebecken zum Hochwasserschutz sind allgemein flach und sommerwarm. Hier sollte ein Aalbesatz stärkere Beachtung finden.

❓ Was ist bei der Besatzwahl für Fließgewässer zu beachten?

Die Bezeichnungen der oberen Regionen weisen auf den Besatz hin. Eine **Forellenregion** verlangt einen jährlichen Einsatz von Bachforellen, eine **Äschenregion** den Besatz mit Äschensetzlingen.

Ein Einsatz von Regenbogenforellen kann einem unterhalb anschließenden Äschenbestand schaden.

In der **Barben- und Nasenregion** sollten diese Leitformen einem ausreichenden Schonmaß unterliegen. Sie sollten zweimal zum Ablaichen kommen. Wenn keine Abwässerschäden auf der Strecke eintreten, ist der Bestand gesichert.

Wenn die Kiesführung im oberen Teil dieser Region zum Erliegen gekommen, der Boden sandig ist und die Ufer natürlich geblieben oder im Lebendverbau befestigt sind, kann hier bereits ein Aaleinsatz erfolgen.

In der **Brachsenregion** ist der Aal der bevorzugte Satzfisch (Satzaal), wenn der Glasaal nicht auf natürliche Weise aufsteigen kann.

Im Bedarfsfall ist ein weiterer Besatz mit Hecht, Zander, Karpfen und Schleie zu berücksichtigen.

4.2.2 Besatzmengen

Richtzahlen für Besatzmaßnahmen lassen sich nur in größeren Spannen geben. Die Produktionskraft der Gewässer gleichen Typs ist unterschiedlich und entscheidend.

Der zuständige Gewässerwart ist in der Frage nach den Besatzmengen entscheidend, er kann aus den Rubriken der Fanglisten Anzahl, Gewicht und Alter der gefangenen Fische ersehen und entscheiden, wie viel zusätzlicher Besatz angebracht ist.

4.2 BESATZMASSNAHMEN

Wenn keine Fangwerte und Erfahrungen vorliegen, empfiehlt es sich:
a) eine **Kontrollbefischung** vorzunehmen. Sie kann einen annähernden Einblick in die Zusammensetzung der Fischarten und in die **Fischdichte** (Bestandsdichte) geben. Auch Elektrofischerei ist hier berechtigt; b) eine **Untersuchung des natürlichen Nahrungsangebotes** vorzunehmen. Sie ist in den meisten Strecken der Forellen- und Äschenregion, die watend befischt werden, und mit dem Boot in der Uferregion fließender und stehender Gewässer möglich, in dem die Fischnährtierwelt kontrolliert wird. Der festgestellte Bestand an Fischnahrung ist der Rest, den die Fische übrig gelassen haben. Bei der Absicht, aufgrund dieses Überschusses an Nahrung den Besatz wesentlich zu verstärken, muss berücksichtigt werden, dass ein Teil des Überschusses den Fortbestand der Fischnährtiere gewährleisten muss.

Für die Richtzahlen zu den Besatzmaßnahmen ist in der letzten Zeit der Flächenbezug vereinheitlicht worden. Bei kleineren Fließgewässern war die Uferlänge zugrunde gelegt. Forellen- und Äschengewässer können – auch in sich – verschieden breit sein und für ihre ganze Fläche einen Besatz erhalten, wenn z.B. im Forellenwasser Unterwasserpflanzen auf der ganzen Breite vorkommen.

So ist es heute üblich, die Besatzzahlen für 1 ha Wasserfläche anzugeben.

Jährlicher Bachforellen-Besatz im Forellengewässer

Wenn die Forellenregion Zubringerbäche und Quellgebiete aufweist und frei von Raubforellen, Aiteln und Rutten ist, so kommt für diese Teilgebiete ein Einsatz von 2.000 – 10.000 Stück Brut je ha in Frage.

Ist der eigentliche Bach frei von Aiteln und Rutten, dann sollten 400 bis 2.000 Setzlinge je ha eingebracht werden.

In den Pachtverträgen sind 100 Setzlinge auf 1 km Bachlänge vorgeschrieben, das ist bei einem Meter Breite ein Setzling auf 10 m Länge oder ein Besatz von 1000 Stück pro ha.

Kleinstgewässer gehören zu den fruchtbarsten Fischgewässern, der Höchstwert wäre angebracht.

Es kommt sehr auf die Beschaffenheit des Gewässers an. Wenn Unterwasserpflanzen in oder an der Flussrinne vorkommen, das eigentliche Ufer laufend Unterstände aufweist und der Bachflohkrebs reichlich vorhanden ist, kann stets der genannte Höchstwert zugrunde gelegt werden.

Er muss wesentlich (um das Fünffache und mehr) erhöht werden, wenn es sich um Ur- oder Wiederbesetzung bei Totalverlusten nach Abwässerschäden handelt und der Nährtierbestand sich erholt hat.

4. FISCHHEGE UND GEWÄSSERPFLEGE

Jährlicher Äschenbesatz in der Äschenregion
200 – 2.000 Stück Äschensetzlinge/ha
Erfahrungen an Äschengewässern in Oberbayern haben gezeigt, dass das Wachstum der Äschen wesentlich besser ist, wenn auf dieser Strecke reichlich Köcherfliegenlarven vorkommen. In Strecken mit geringem Vorkommen dieser Nahrungsart ist das Wachstum selbst bei gutem Vorkommen von Bachflohkrebsen um fast 30 % geringer.
Der Höchstbesatz kann vielleicht von dem Vorhandensein dieser Larven abhängig gemacht werden, da die übrigen Faktoren in den verglichenen Gewässern gleich waren.

Für geeignete **Seen und Talsperren** je ha
 100 – 200 Stück Forellen-Setzlinge
 (Bach- oder Regenbogenforellen)
 50 – 100 Stück Seeforellen-Setzlinge
Für **Saiblings-Seen** je ha
 50 – 100 Stück Seesaiblings-Setzlinge

Ein **Hecht-Besatz** ist jährlich nötig, da diese Fischart bevorzugt geangelt wird und die natürlichen Laichplätze in Fließgewässern durch Stauhaltungen und in Seen durch Uferverbauungen verringert oder verloren gegangen sind.
An flachen Uferstellen mit niedrigem, dichtem Kraut ist im Hinblick auf die natürlichen Stückverluste ein hoher Besatz von schwimm- und fressfähiger Brut zu verantworten, je ha 1.000 – 3.000 Stück Hechtbrut.
Bevorzugt werden aus planktonreichen Teichen
 50 – 100 Stück bis 4 cm lange Hechtsömmerlinge
 (vorgestreckte Hechtbrut),
 mitunter
 50 Stück Hechtsetzlinge, die bis 30 cm Länge in Karpfenteichen bis zum Herbst gewachsen sein können.
Bei dieser Fischart ist zu beachten, dass sie nicht nur Raubfisch ist, sondern stark zum Kannibalismus neigt. Ein vorhandener hoher Bestand ist der Feind des Besatzes! So legt Dr. F. W. TESCH den Besatzberechnungen die Fanghöhe als Bestandshinweis zugrunde. Bei einem Angelertrag von 10 kg/ha Hecht ist ein weiterer Besatz zwecklos und bedeutet teures Hechtfutter, nur bei einem darunter liegenden Ertrag (bis 5 kg) ist eine Steigerung des Hechtfanges zu erwarten.
TESCH nimmt ferner die Hechtverluste wie folgt an: bei Hechtsetzlingen 20 % bei vorgestreckter Hechtbrut 50 % bei Hechtbrut 99 %.

4.2 BESATZMASSNAHMEN

Diese Verlustziffern können dem Gewässerwart helfen, die verschieden hohe Rentabilität der Besatzformen zu berechnen.

Ein **Zander-Besatz** kann auf verschiedene Weise erfolgen:
Wenn geeignete Laichstellen vorhanden sind, ist ein Besatz mit laichreif werdenden Fischen vorzuziehen:
Laichzander bis 10 Stück oder 5 Paar pro ha.
Bei der Heranzucht von Zander-Setzlingen hat es sich gezeigt, dass die Jungzander bei der Abfischung aus Karpfenteichen bis zu einer Länge von 10 cm weniger empfindlich sind als größere Setzlinge. Erstere sind für den Besatz günstiger. Bei geringem und schwankendem Ertrag empfiehlt sich, 300 Stück Zander-Setzlinge je ha einzusetzen.

Ein **Aal-Besatz** ist in besonderem Maß in den Gewässern notwendig, die weiter vom Meer entfernt sind oder mit dem Meer keine natürliche Verbindung haben und somit eine Zuwanderung von Jungaalen (Steigaalen) nicht möglich ist.
Aufgrund langjähriger Erfahrungen in der Praxis (STROPHAL) ist ein regelmäßiger jährlicher Besatz in eutrophen Seen von:
40 – 50 Stück Satzaalen
160 – 200 Stück Aalbrut (Glasaal) je ha ratsam.
In Flüssen kann die Stückzahl mindestens verdoppelt werden.
Die ausgesetzte Brut zieht flussaufwärts, der größere Satzaal wandert in wenigen Jahren ab. Der kleine Satzaal unter 30 cm eignet sich besser zum Besatz.
Zur Berechnung der Besatzmengen:
1 kg Aalbrut = 3.000 – 4.000 Stück
0,25 dz Satzaal = 1.250 Stück

Beim **Karpfen-Besatz** ist zu unterscheiden, ob er für Teiche oder für natürliche Gewässer beabsichtigt ist.
Für **Teiche** rechnet man je ha
200 zweisömmerige Karpfen
(K_2, Einsatzgewicht ca. 500 g)
Sie wachsen ohne Fütterung und Düngung (Naturalzuwachs) beim Einsatz im Frühjahr bis zum Herbst auf dreipfündige Fische (K3) ab.
Bei Düngung kann die Besatzzahl verdoppelt werden, bei intensiver Fütterung noch einmal. Setzt man eine größere Zahl auf dieselbe Fläche, so muss mit geringerem Zuwachs gerechnet werden.
Für Teiche kann die K_2-Anzahl für zusätzlichen Schleienbesatz gelten, da die Schleie intensiver nach Naturnahrung sucht.

4. FISCHHEGE UND GEWÄSSERPFLEGE

Der Besatz für fruchtbare, sommerwarme Seen ist infolge der Nahrungskonkurrenz weiterer Fischarten in der Uferzone geringer und beträgt 30 Stück K_2 je ha.

Ist der See krautreich, kann ein zusätzlicher Besatz von zweisömmerigen Schleien (S_2) 30 Stück je ha erfolgen.

Krebs-Besatz
Anzahl 1 Stück auf 1 m Uferlänge. Sömmerlinge 2 – 3 Stück je Meter. Geschlechtsverhältnis: mindestens 2 Weibchen auf 1 Männchen, die Weibchen 14 Tage zuvor einsetzen, vor dem Einsatz abbrausen.

? Unter welchen Umständen müssen Besatzmaßnahmen verstärkt durchgeführt werden?
Wenn durch Flusskorrekturen oder Flussabsperrungen oder Seensenkungen die ursprünglichen Laichplätze bestimmter Fischarten verloren gegangen oder nicht mehr zugänglich sind.
Ferner nach Fischsterben, wenn diese durch vorübergehende Wasserverschlechterungen herbeigeführt worden sind, z.B. nach Abwasserschäden.

4.2.3 Besatzweise

? Welche Fehler werden häufig beim Aussetzen der Jungfische gemacht?
1. Das Aussetzen wird zu schnell durchgeführt. Es wird zu wenig Sorgfalt beim Umsetzen und bei der Verteilung verwendet.
2. Es wird zu wenig darauf geachtet, ob die Fische einwandfrei sind, nämlich gesund, frei von Parasiten und ohne Seuchenanzeichen.

? Welche Fischarten müssen mit besonders großem Zeitaufwand ausgesetzt werden?
Hechte, denn sie müssen einzeln eingesetzt und weit verteilt werden. Sonst große Verluste durch Kannibalismus. Dasselbe trifft für Huchen und Waller zu, da diese Arten im Alter nicht gesellig leben.

? Worauf ist bei der Durchführung des Besatzes weiter zu achten?
Der Satzfisch muss schonend behandelt werden. Die weiche Oberhaut darf nicht verletzt werden. Sonst siedeln sich schnell auf den verletzten Stellen Pilze an und bilden einen weißen, watteartigen Belag. Der Fisch kann dann zugrunde gehen.
Andere Parasiten können eindringen.

Schuppen dürfen aus demselben Grunde nicht verlorengehen. Jedes Scheuern (Kescher) vermeiden!

❓ Wie kann die Oberhaut noch beschädigt werden?
Durch plötzlichen Temperatur- und Wasserwechsel, wenn das Transportwasser und das Gewässer unterschiedlich sind.

❓ Wie zeigt sich das?
Die Oberhaut des Fisches wird leicht milchig, geht verloren, und der Fisch stirbt nach Pilz- und Parasitenbefall ab.

❓ Wie soll das Transportwasser beschaffen sein?
Kühl und sauerstoffreich.

❓ Was ist beim Fischtransport zu beachten?
Das Transportwasser muss kühl und sauerstoffreich sein, die Innenwände der Transportgefäße glattwandig und ohne hervorstehende Teile. Bei Transporten über eine längere Zeitdauer müssen die Fische ausgenüchtert, der Darm leer sein.

❓ Was ist vor dem Fischeinsatz zu beachten?
Man muss das Transportwasser erst ganz langsam mit dem neuen Wasser mischen, um Temperaturen und chemische Unterschiede im Wasser langsam auszugleichen. Ein langsames Angleichen ist auch bei gleichen Temperaturen notwendig, wenn das Wasser chemisch unterschiedlich ist.

❓ Welche Gefahr kann bei Satzfischen bestehen, die aus kleineren, weniger gut gepflegten Teichen stammen und von Sammelstellen zusammengekauft werden?
Der Satzfisch steht im Teich stets dicht gedrängt auf engem Raum und kann von Parasiten befallen sein. Die mit dem Besatz eingeschleppten Parasiten können die Wildfische befallen. So kann das Gewässer verseucht werden und Fischverlust eintreten.

4.2.4 Gesundheitskontrolle

❓ Was ist vor dem Fischeinsatz besonders wichtig?
Eine sorgfältige Kontrolle der Satzfische auf Krankheiten und Parasitenbefall.

Zunächst ist die Gesamtlieferung in Augenschein zu nehmen, das Verhalten der Fische ist zu überprüfen. Dann ist es ratsam, einzelne Fische als Proben herauszunehmen, auf äußere Schäden, Parasitenbefall und Krankheitsanzeichen zu untersuchen. Einige Exemplare sind – besonders wenn äußere Krankheitssymptome festgestellt worden sind – zu töten, aufzuschneiden und die inneren Organe auf Innenparasiten und Krankheiten zu untersuchen. Bei Anzeichen – schon bei Verdacht – sollte nach Möglichkeit ein Fachmann eingeschaltet werden (in Bayern ggf. auch der Tiergesundheitsdienst Bayern e.V., Abt. Fischgesundheitsdienst, 85586 Grub).

❓ Warum ist eine solche Kontrolle in der heutigen Zeit besonders wichtig?

1. Die hauptsächlichen Satzfischarten wie Karpfen, Schleien, Forellen u.a. können aus Importen stammen, die entgegen den Bestimmungen der Binnenmarkt-Tierseuchenschutzverordnung (v. 31.03.1995) ohne Garantie für Gesundheit vom Fischhandel geliefert werden. Jede vorangegangene Hälterung mit anderen Lieferungen kann Infektionen, ein langer Transport mit der damit verbundenen Schwächung Krankheiten akut werden lassen.
2. Kranke Fische, ins Gewässer ausgesetzt, sind nicht mehr zu heilen und infizieren den bereits vorhandenen gesunden Bestand sowohl direkt durch Berührung als auch über das Wasser. Die Ansteckung und der Parasitenbefall können auf weitere Fischarten übergreifen.
3. Die allgemein zunehmende Eutrophierung und eine verstärkte Bestandsdichte fördern die Entwicklung der Krankheitserreger und Parasiten.

Auch der Angelfischer sollte deshalb jeden gefangenen Fisch genau kontrollieren und die Fische im Gewässer stets beobachten! – Ein abseits stehender oder sich unnatürlich verhaltender Fisch sollte Verdacht wecken. Das gehört heute zur Fischhege und Gewässerpflege, die jeder einzelne Fischer leisten kann.

4.3 Fischkrankheiten, Diagnose und Therapie

Die nachstehend aufgeführten Beispiele zur Krankheitsdiagnose und zum Parasitenbefall können keinen Anspruch auf Vollständigkeit erheben, sie sollen auf die wichtigsten Krankheiten, Parasiten und Gefahren hinweisen. Oftmals sind die Krankheitsmerkmale (Symptome) bei verschiedenen Krankheiten dieselben, was die Diagnose (Krankheitsbestimmung) erschwert. Ohne gesicherte Diagnose, die in aller Regel nur von Fachleuten (Institute, Fischgesundheitsdienst etc.) erstellt werden kann, ist eine wirksame Therapie (Heilbehandlung) nicht möglich und anzuraten. Eine Therapie, die Injektionen (Einspritzen) mit Medikamenten am Fisch erfordert, kann nur von geschulten Personen durchgeführt werden. Soweit möglich, werden geeignete Maßnahmen zur Vorbeugung sowie zur Behandlung von Krankheiten und Parasitenbefall angegeben.

❓ Welche Anzeichen sollten (insbesondere bei Besatzfischen) beachtet werden und zur strengen Kontrolle Anlass geben?

Parasitenbefall auf der Haut und den Kiemen.
Hautzerstörungen deuten auf Temperaturschäden, schlechte Behandlung (Stoß, Scheuern), Schäden durch Chemikalieneinwirkung hin.
Watteartiger, wattebauschförmiger Belag ist die Folge einer Entwicklung von Pilzen (Saprolegnia) auf Wundstellen. Behandlung größerer Nutzfische: Kochsalz-Kurzbad (25 g/l Wasser, 10 – 15 Min.), junge Besatzfische 10 – 15 g/l, 10 – 15 Min.
Hauttrübungen – als weißlicher Belag – weisen entweder auf verstärkte Schleimabsonderung durch Temperaturschocks, auf Chemikalieneinwirkung oder Parasitenbefall hin (Einzeller wie Costia (Kleiner Hauttrüber), Ichthyophthirius, Chilodonella (Großer Hauttrüber) oder kleine Saugwürmer wie Gyrodactylus und Dactylogyrus).
Ichthyophthirius ist ein mikroskopisch kleines, einzelliges Wimpertierchen, das zwischen der Ober- und Unterhaut der Fische schmarotzt und Entzündungen und Hautablösungen hervorrufen kann, was ein Eindringen von Bakterien und Schimmelpilzbefall ermöglicht.
Auf der Fischhaut, den Flossen, Kiemen und Augen zeigen sich zuerst kleine, grießkornartige Punkte (Grießkörnchenkrankheit). Bekämpfung mit Malachitgrün nach Vorschrift (in Spezialbehältern).

❓ Was versteht man unter Costia?

Costia necatrix (= *Ichthyobodo necator*) ist ein sehr kleines, einzelliges Geißeltierchen, das als Hauptparasit Fischbrut befällt. Vernichtung durch Formalin (37%ig, 200 – 300 ml/m^3 Wasser, 30 Min.) oder Kochsalz (7 – 10 g/l Wasser, 30 – 60 Min.).

❓ Welche Hautschmarotzer sind mit bloßem Auge sichtbar?

Ein Kleinkrebs, die **Karpfenlaus** (*Argulus foliaceus* und weitere fischtypische *Arg.* spec.), die als Steckbrief einen Stachel mit Giftdrüse hat und das Blutserum sowie Gewebesaft aussaugt und zum Überträger von Krankheiten werden kann. Der Wirtsfisch zeigt nach Befall mit Argulus Hauttrübungen durch vermehrte Schleimbildung, punktförmige gerötete Einstichwunden, die gegebenenfalls runde flächige Rötungen (Infektionen, bakteriell) entwickeln oder verpilzen.

Zur Bekämpfung dienen Lysolbäder (2 cm^3/l Wasser, 5 – 15 Sek.), Kaliumpermanganat (1 g/l Wasser, 30 Sek.) oder Masotenbäder nach Vorschrift.

Als weitere parasitäre Kleinkrebse sind zu nennen: **Lernaea cyprinacea** (9 – 22 mm lang), der auf Teichfischen schmarotzt, indem er sich unter den Schuppen in der Muskulatur verankert und Schuppensträube verursacht und **Lernaea ctenopharyngodonis** (6 – 12 mm lang), der durch die Einführung Pflanzen fressender Cypriniden aus China eingeschleppt wurde.

Saugwürmer: Gyrodactylus und Dactylogyrus

Gyrodactylus (0,5 – 0,8 mm lang) ist lebend gebärend, hat ein zweizipfeliges Vorderende und keine Augen, meist auf der Haut des Rumpfes.

Dactylogyrus vermehrt sich durch Eiablage, hat ein vierzipfeliges Vorderende mit vier schwarzen Augenpunkten, wird 0,5 – 10 mm lang und haftet mit einer großen Haftscheibe – bestehend aus Haken und Klammern – meist am Kiemengewebe.

Behandlung: Formalin-Kurzbad (37%ig, 300 ml/l Wasser, 30 Min.) oder Masotenbad (35 g/l Wasser, 2 – 8 Min.).

Die Larve des Saugwurms *Diplostomum spathaceum* (Endwirt sind Vögel) verursacht bei Fischen (2. Zwischenwirt) den so genannten **Wurmstar** durch Schädigung des Glaskörpers und der Linse (Erblindung). Vorbeugende Maßnahme ist die Vernichtung der Wasserschnecken (1. Zwischenwirt) in »fischfreien Teichen« durch Baylucid (Bayer) nach Vorschrift.

❓ **Welcher Egel kommt sehr häufig vor und ist wegen seiner Größe nicht zu übersehen?**

Der 1 – 5 cm lange **Fischegel** (Piscicola).

Helle Querbinden. Eine deutlich abgesetzte Saugscheibe an jedem Körperende. Häufig auf großen Karpfen und anderen Fischarten.

Von Mai bis zum Herbst mehrmalige Eiablage. Diese Egel wandern ständig auf dem Fisch, verletzen ihn aufs Neue, indem sie die Haut durchbohren, Blut saugen und neue Fische aufsuchen. So werden die Fische beunruhigt und beträchtlich geschwächt.

4.3 FISCHKRANKHEITEN

❓ Was kann man gegen veregelte Satzfische tun?

Vor dem Einsetzen ins Gewässer ein kurzes Bad in einer schwachen Ätzkalklösung: 200 g Branntkalk auf 100 l Wasser, Badedauer 5 – 10 Sek. Es dürfen keine festen Teilchen des Branntkalkes im Badewasser vorhanden sein, sie würden den Fisch ätzen und verwunden! Vorsicht! Nach dem Ablöschen des Branntkalkes die Löschlösung ruhen lassen und dann vorsichtig abgießen. Feste Kalkteilchen in der Badelösung verätzen Haut und Augen der Fische. Nach dem kurzen Tauchbad werden die Fische sofort in frisches, möglichst fließendes Wasser umgesetzt, die noch haftenden Egel fallen sehr bald tot ab.

❓ Welche möglichen Krankheitsanzeichen sind auf der Fischhaut außerdem zu beachten?

Nicht nur Außenparasiten (Ektoparasiten), sondern auch ansteckende Krankheiten und **Seuchen**, die durch Bakterien und Viren (kleinste, nur mit Spezialmikroskopen sichtbar zu machende Krankheitserreger) hervorgerufen werden, zeigen Merkmale auf der Haut.

Bei **karpfenartigen** Fischen:

❓ Welche zum Teil gefährlichen Krankheiten sind an äußeren Symptomen zu erkennen?

Die **Pockenkrankheit** ist erkennbar an gallertartigen, milchglasfarbigen Oberhautwucherungen; gewöhnlich erst auf den Flossen, später auf die ganze Körperoberfläche einschließlich des Kopfes verteilt. Bei schwerer Erkrankung kann es zur Knochenweiche kommen. Erreger ist ein den Herpesviren ähnliches DNA-Virus. Zur Abheilung hilft ein Umsetzen in andere Teiche oder in fließendes Wasser (durchströmte Hälterbecken).

Erythrodermatitis (CE = Carp Erythrodermatitis), auch Furunkulose des Karpfens genannt (früher als chronische oder Geschwürform der Infektiösen Bauchwassersucht (IBW) bezeichnet). Eine bakterielle Entzündung mit chronischem Verlauf. Die durch das Bakterium *Aeromonas salmonicida* sp. *nova* verursachte Erkrankung tritt meist im Sommer auf und ist erkennbar an wassergefüllten Blasen, Bibberbeulen und typischen Geschwüren mit einem roten Zentrum, das mit einer weißen und anschließend schwarzen Zone umrandet ist. Behandlung mit Antibiotika und Sulfonamiden nach Vorschrift, verabreicht mit dem Futter.

Die **Frühjahrsvirämie** (SVC). Äußerliche Kennzeichen: vorgestülpter After, aufgetriebener Leib, anomale Seitenlage beim Schwimmen.

4. FISCHHEGE UND GEWÄSSERPFLEGE

❓ Was ist an den Flossen zu beachten?

Ein Zerfall, Ausfall oder eine Verkürzung der Flossen kann auf die Bakterielle Flossenfäule, IBW oder Virusseptikämien hinweisen. Eine Flossenzerfransung ist nicht allein auf schlechte Behandlung zurückzuführen.

❓ Welche Anzeichen sind am Kopf zu finden?

Bereits Glotzaugen oder eingefallene Augen können auf die Frühjahrsvirämie oder andere schwere Erkrankungen hinweisen. Eingefallene Augen sind oft auch Anzeichen von schlechter Überwinterung oder ungenügender Ernährung.

Bei Fischen mit Mopsköpfen, Kiemendeckelverkürzungen oder -durchlöcherungen kann es sich um nichtparasitäre, erbbedingte Krankheiten handeln.

❓ Was ist bei den Kiemen zu beachten?

Sie werden kontrolliert, wenn sich der Fisch in einem Eimer unter Wasser befindet. Der Kiemendeckel wird dort angehoben. Die Kiemen sind dann nicht zusammengefallen und können besser besichtigt und auf Parasiten (Kiemenkrebs u. a.) untersucht werden.

Blasse Kiemen deuten auf Sauerstoffmangel und Transportschäden hin oder auf Blutarmut.

❓ Welche Kiemenerkrankung ist besonders gefährlich?

Die **Kiemenfäule**, die bei Karpfen, Schleie, Hecht und verschiedenen Weißfischarten auftreten kann, häufiger in besonders fruchtbaren Teichen und Seen mit Teichcharakter.

Es gibt zwei nahe verwandte und ähnliche Erreger. Es sind Algenpilze (Branchiomyces-Arten), die in den Blutgefäßen der Kiemenbögen, -blättchen und -fältchen leben. Bei ihrem Wachstum und ihrer Vermehrung verstopfen sie die Gefäße, die infolgedessen fleckig werden. Es wechseln dunkelrote mit blassen Kiemenpartien ab. Die Erreger können alle Altersklassen befallen! Die Krankheit tritt bei hoher Wassertemperatur auf und ist besonders gefährlich bei der Fischaufzucht in Teichen.

Weitere Kiemenerkrankungen

Die bereits angeführten Parasiten der Haut wie Costia, Ichthyophthirius treten auch auf den Kiemen auf und rufen weißliche Trübungen hervor oder weiße Knötchen. Die genannten Wurmarten, besonders der Fischegel, sind ebenfalls auf den Kiemen anzutreffen.

4.3 FISCHKRANKHEITEN

Erkrankungen im Inneren der Fische
Die **Infektiöse Bauchwassersucht** (IBW, alte Bezeichnung) ist ein Komplex, der aus drei verschiedenen Krankheitskonditionen besteht:
1. **Erythrodermatitis** (CE, Beschreibung auf Seite 237 f.),
2. **Frühjahrsvirämie** (SVC),
3. **Schwimmblasenentzündung** (SBE).

Die **Frühjahrsvirämie** (SVC = Spring viremia of carp), früher bezeichnet als akute oder Exsudatform der IBW. Erreger ist ein Virus (*Rhabdovirus carpio*). Akuter, schneller Krankheitsverlauf, hohe Sterberate, meist im Frühling und Frühsommer. Blutungen an und in den inneren Organen, blutig-gelbe Exsudatansammlung in der Leibeshöhle, blutiger Schleim im Darm. Keine direkte Behandlung möglich.
Bei der **Viralen Schwimmblasenentzündung** (VSBE) des Karpfens, einer in der Teichwirtschaft bedeutungsvollen Viruskrankheit, sind ähnliche Symptome zu beobachten. Bei älteren Karpfen erkennbar außerdem der Kopfstand durch die veränderte Schwimmblase (mangelnde Gleichgewichtsregulierung). Sie tritt auf infolge der Frühjahrsvirämie (Virus); die **Schwimmblasenentzündung** (SBE) bei Karpfenbrut durch Infektion mit Myxosporidien in der Schwimmblasenwand. Die Schwimmblasenwand erscheint trüb, verdickt oder weist bräunliche Beläge auf. Auffällig die Verkümmerung der hinteren Schwimmblasenkammer.
An der VSBE können auch andere Weißfischarten und Hechte erkranken. Eine Behandlung mit Antibiotika und/oder anderen Medikamenten (als Injektion oder verabreicht mit dem Futter nach Vorschrift) mildert den Krankheitsverlauf.
Auf eine Schwimmblasenentzündung bakterieller Ursache (BSBE) sei hingewiesen.

Die **Infektiöse Bauchwassersucht** (IBW), auch als **Septikämisches dermoviscerales Syndrom** (SDVS) bezeichnet, wird teilweise (vor allem bei Erkrankungen mit Ansammlung von Flüssigkeit (Exsudat) in der Leibeshöhle) als eine für sich eigene Krankheit angesehen. Erreger können ein Virus oder/und Bakterien sein. Chloramphenicol und Nitrofurane, dem Futter nach Vorschrift beigemengt, erweisen sich als wirkungsvolle Therapeutika.

Innenparasiten (Endoparasiten)
Bandwurmbefall: Beim Karpfen kommen die **Nelkenkopfbandwürmer** *Caryophyllaeus fimbriceps* (15 – 30 mm lang) und *Khawia sinensis* (80 – 170 mm lang, aus Fernostasien eingeschleppt), die asiatischen

4. FISCHHEGE UND GEWÄSSERPFLEGE

Karpfenbandwürmer *Bothriocephalus gowkongensis* (15 – 30 cm lang) und *Bothriocephalus acheilognathi* (beide mit Grasfischimporten eingeschleppt), vor, *Caryophyllaeus laticeps* befällt meist Blei und Güster.
Vom **Riemen(band)wurm** (*Ligula intestinalis*) lebt nur die (Larve) Vollfinne (*Ligula simplicissima*, 20 – 40cm lang) in der Leibeshöhle der Weißfische, besonders bei Rotfedern. Endwirt sind Wasservögel.
Starker Bandwurmbefall führt – besonders bei Jungfischen – zu Gewichtsabnahme und Wachstumsstillstand. Äußerlich teilweise erkennbar an eingefallenen Augen, Abmagerung und Dunkel-Verfärbung.
Auf weitere Innenparasiten wie **Kratzer** und **Fadenwürmer**, jeweils verschiedene Arten, sei hingewiesen.

Bei der **Schleie:**

? Welcher Parasit kommt besonders häufig bei der Schleie vor?
Der **Kiemenkrebs** (*Ergasilus sieboldi*). Dieser Parasit lebt auf den Kiemen, wie der Name sagt, und ist auch bei Hechten und Weißfischen, spez. beim Blei in natürlichen Gewässern und in Teichen anzutreffen. Die Parasiten sind als kleine weißliche Striche erkennbar. Der parasitische Krebs zerstört die oberste Zellschicht der Kiemen. Masotenbad nach Vorschrift vor Einsatz befallener Fische (2,5%ig, 5 – 10 Min.). In großen Teichen oder Baggerseen ist eine Behandlung nicht möglich.
Ein Besatz mit Schleien, die diese Parasiten tragen, kann in den freien Gewässern nicht nur gesunde Schleienbestände erheblich reduzieren, sondern auch Hechte, Edelfischarten und Weißfische infizieren und einen erheblichen Ertragsrückgang herbeiführen.

? Treten Bauchwassersucht, Erythrodermatitis und Frühjahrsvirämie auch bei Schleien auf?
Diese Krankheiten sind bei Schleien nicht beobachtet worden. Es ist jedoch nicht auszuschließen, dass die Schleie Überträger sein kann. So ist sorgfältig auf die Herkunft der Besatzfische zu achten.

Bei **forellenartigen** Fischen:

? Welche Parasiten und Krankheitszeichen sind auf der Haut zu beachten?
Forellen, Saiblinge und Äschen können von denselben Parasitenarten befallen werden, die bisher geschildert wurden. Ein Befall mit Costia zeigt einen weißlich-bläulichen Hautbelag, Ichthyophthirius die typischen weißlichen Knötchen = Grießkörnchen auf der Haut.

Ein starker Befall mit Fischegeln tritt im Frühjahr in nicht sehr schnell fließenden Forellenbächen häufiger auf; dies bedarf noch eingehender Untersuchung. Einer stärkeren Entwicklung des Egels im Wildwasser sollte man durch den Besatz von nur egelfreien Forellensetzlingen vorbeugen. Saprolegnienflecken können vorkommen. Kleine Bläschen unter der Haut zeigen **Gasblasenkrankheit** an.

❓ Welche seuchenhafte Erkrankung ist bei den Forellen am meisten gefürchtet?

Die **Virale hämorrhagische Septikämie** (VHS), die in der Praxis schlechthin als Forellenseuche bezeichnet wird. Der Erreger ist ein Virus (Egtved-Virus), das wahrscheinlich in Europa endemisch war und nach Einführung der Regenbogenforelle sich zu deren gefürchtetem Krankheitserreger entwickelt hat. Eine direkte Behandlung ist nicht möglich.
Die Setzlinge erzeugenden Forellenzuchten sollten gewissenhaft darauf achten, nur seuchenfreie Fische (Zertifikat) in ihre Anlagen zu nehmen. Kennzeichen dieser Seuche sind bei der akuten Form Glotzaugen und rötlich gefärbte Flossenansätze, blasse Leber, bei der chronischen Form außerdem Hämorrhagien, Nierenschwellung, gelbliche Flüssigkeit im Magen mit pH-Wert im alkalischen Bereich. Vor dem Verenden unnatürliche, ruckartige Bewegungen und taumelnde Drehbewegungen, Muskelkrämpfe mit Maulspreizen. Die akute VHS kann auch völlig symptomlos verlaufen.

❓ Was ist die IPN?

Die **Infektiöse Pankreasnekrose** der Salmoniden. Eine im Setzlingsstadium auftretende seuchenhafte Viruskrankheit aller Salmoniden (besonders Regenbogenforellen) mit hoher Sterblichkeitsrate (über 80 %) und schneller Ausbreitung. Anzeichen sind: Glotzaugen, Dunkel-Verfärbung, entzündeter After. Neben Veränderungen des Pankreas (Bauchspeicheldrüse) ist der leere, aber stark schleimige Darm auffällig. Keine Behandlung möglich.
Auf die **Infektiöse hämatopoetische Nekrose** (IHN) der Salmoniden wird hingewiesen. Erreger ist ein RNA-Rhabdo-Virus. Beobachtete Symptome sind: Dunkel- und Rotverfärbung, Glotzaugen, Blutungen an den Flossenbasen und inneren Organen, blasse Kiemen, Verkrümmung der Wirbelsäule und Petechien im kaudalen Nierenbereich.

❓ Welche weitere Erkrankung ist bei Salmoniden sehr gefährlich?

Die **Furunkulose**. Der Erreger ist ein Bakterium (*Aeromonas salmonicida*). Am empfindlichsten gegen dieses Bakterium ist der Bachsaibling, dann folgt die Bachforelle und dann die Äsche, weniger die Regenbogenforelle. Aber auch andere Fischarten sind gefährdet.

Die ersten Anzeichen sind leichte dunkle Verfärbungen unter der Haut, wo sich in der Muskulatur blutige Geschwüre bilden. Diese können die Haut aufwölben und nach außen durchbrechen.

Es haben sich zwei verschiedene Formen des Auftretens bei dieser Krankheit gezeigt: Die eben geschilderte Geschwürform und die häufiger auftretende Form ohne Geschwürbildung, dafür äußerlich punktförmige Blutstellen nach kleinen Rötungen besonders an den Flossenansätzen und zusätzlich im Inneren in der Muskulatur. Rein innere Symptome sind Blutungen in den Eingeweiden und bei einer ausgesprochenen Darmfurunkulose starke Rötungen des Darmes, Blut im Darm mit auffallend großen Blutgefäßen um den Darm und einer Vorstülpung des Afters. Bereits vorhandener Befall mit Bandwürmern und spez. Kratzern kann die Darmfurunkulose fördern.

❓ Wie wirkt sich die Rotmaulseuche (ERM) der Salmoniden aus?

Erreger der ERM (Enteric Redmouth) ist das Bakterium *Yersina ruckeri,* häufig durch Ausscheidungen von Wasservögeln übertragen. Die erkrankten Fische (Regenbogenforellen, aber auch andere Salmoniden) zeigen Rötungen im Ober- und Unterkieferbereich sowie in der Mundhöhle, Glotzaugen, Blutungen in der Hornhaut und Augentrübung (Erblindung). Akut erkrankte Fische haben blasse Kiemen, Blutungen in der Leber und in der Schwimmblasenwand sowie Enteritis (Darmentzündung).

❓ Wie äußert sich die Drehkrankheit bei Setzlingen der Regenbogenforellen?

Es handelt sich um eine Parasitose der Brut. Der Erreger ist ein Myxosporid (*Myxobolus cerebralis*), das sich im Knorpelgewebe des Kopfes und der Wirbelsäule bei Regenbogenforellenbrut entwickelt. Äußerlich erkennbar sind die Dreh-Schwimmbewegungen (Schwanzjagen) sowie die Schwarz-Verfärbung der hinteren Körperhälfte. Ab ca. 7 cm Länge, wenn die Knochenbildung einsetzt, sind die Brütlinge unempfindlich für den Erreger. Nach Überstehen dieser akuten Krankheitsphase entwickeln sich Skelettdeformationen, z.B. Mopskopf und Wirbelsäulenverkrümmung. Die Verknöcherung kapselt die Parasiten ein. Der befallene Fisch wächst weiter, bleibt jedoch ein gefährlicher Sporenträger, der die Krankheit latent in sich trägt. Schwarzschwänzige oder gar mit Missbildungen der Kiefer und Wirbelsäulenverkrümmungen behaftete Regenbogenforellen sind weder aus Teichen auszusetzen noch in Teiche einzusetzen, da sie beim Absterben den Boden des Gewässers mit frei werdenden Sporen verseuchen. Der Erreger kann latent viele Jahre im Teich bleiben. Teichdesinfektion mit Kalkstickstoff (1 kg/m² Teichboden; Vorsicht beim Ausbringen, Atemschutz, 6 Tage lang keinen Alkohol trinken), Plastikfolien im Teich oder Betonteiche.

Hexamitiasis (Hexamitose)
Hexamita ist ein Parasit des Darmtraktes bei Forellen und Saiblingen. Hochgradige Infektionen führen zu Darmentzündungen mit wässrigem oder blutig-schleimigem Darminhalt. Medikamentöse Behandlung (nach Vorschrift) ist möglich.

Was bedeutet UDN?
Ulcerative Dermalnekrose. Symptome häufig zur Laichzeit. Nach Schwächung im Winter bei Forellen, Saiblingen, Äschen, in Flüssen und Teichen. Zuerst grau-weiße Verfärbung der Haut und der Flossen, besonders am Kopf und an der Schwanzflosse, später offene Geschwüre, die im Spätstadium verpilzen (Saprolegnia), erkennbar an weißlich bis bräunlich gefärbten wattebauschartigen Belägen. Ausfransen der Flossen. Erreger und Ursache sind unbekannt. Wahrscheinlich eine hormonelle Störung.

Beim **Hecht:**

Welche äußeren Anzeichen zeigen eine verlustreiche Hechtkrankheit an?
Fleckenförmige Zerstörung der Ober- und Unterhaut. Die Muskulatur liegt frei und kann bis zur Wundbildung angegriffen sein. Diese Stellen finden sich am häufigsten an den Ansatzstellen der Flossen. Es handelt sich um die **Hechtseuche** oder **Fleckenseuche**, früher als **Hechtpest** bezeichnet. Sie tritt besonders um die Laichzeit auf.
Da vielfach auch andere Fischarten daran erkranken, in neuerer Literatur als **Fleckenseuche der Süßwasserfische** bezeichnet.

Welche Außenparasiten können auf Haut und Kiemen auftreten?
Weißliche Striche an den Kiemen weisen auf den bereits erwähnten Ergasilusbefall hin, weiße Knötchen an den Kiemen zeigen einen Befall von Einzellern (Sporozoen) an.
Karpfenläuse und Kiemenfäule können auch beim Hecht auftreten.

Welche Innenparasiten des Hechtes können eine zunehmende Verwurmung des Gewässers herbeiführen?
Es sind zwei Arten von **Hechtbandwürmern**, die einen Kreislauf in ver-

schiedenen Wirtstieren durchmachen. Der Hecht ist der Endwirt, in dem der reife Bandwurm Eier bildet, meist in der Zeit von Dezember bis Mai. Aus den Eiern schlüpfen nach einer Woche Flimmerlarven (Coracidien), die im freien Wasser von Kleinstkrebsen aufgenommen werden, sich hier zur Vorfinne (Procercoid) entwickeln und mit diesem Wirtstier in zahreiche Fischarten gelangen (Hecht, Barsch, Zander, Rutte, Forellen, Coregonen). Sie durchbohren den Darm des Fisches und wandern je nach Art des Bandwurmes in die Muskulatur (*Triaenophorus crassus* mit länglicher Cystenform) oder in die Leber (*Triaenophorus nodulosus* mit runder Cystenform) und entwickeln sich hierzur Vollfinne (*Plerocercoid*). Junge Hechte können Zwischenwirte und Endwirte, größere Hechte, wenn sie rauben, Endwirte sein. Der Neubefall des Hechtdarmes erfolgt vorwiegend von April bis Juni.

Auf diese Bandwürmer sollte der Angelfischer nach dem Fang achten. Bei Befall ist ein starkes Herausfangen des Hechtes erforderlich und zur Parasitenverdünnung eine vorübergehende Reduzierung des Hechtbesatzes, wenn die Verwurmung gebremst werden soll!

Beim **Aal:**

❓ Welche äußeren Krankheitszeichen sind zu beachten?

Unter den Satzaalen befinden sich mitunter einzelne Exemplare, die am Maul und seltener um die Brustflossen rosafarbene bis blutrote, rosetten- oder traubenartige Wucherungen haben. Es handelt sich um die **Blumenkohlkrankheit** des Aales. Eine Virusinfektion ist dafür die Ursache. Starke Wucherungen im Maulbereich können die Nahrungsaufnahme behindern oder unmöglich machen, so dass die kranken Aale abmagern. Befallene Satzaale sind auszusortieren und zu vernichten. Eine Therapie ist bisher nicht möglich.

❓ Welche Aalkrankheit ist dagegen verlustreicher?

Die **Aalrotseuche** (Süßwasseraalseuche). Als bakterielle Erreger werden Aeromonas punctata und verschiedene Pseudomonaden (z. B. *Ps. fluorescens* und *Ps. putida*) angesehen. Die Seuche zeigt sich äußerlich mit deutlichen Rötungen am ganzen Körper, besonders am Bauch und am Maul, und innerlich mit Entzündungen. Kein Gegenmittel bekannt. Vielleicht wird die beginnende Intensivhaltung des Aals dazu zwingen, nach Bekämpfungsmaßnahmen zu suchen.

Der **Schwimmblasenwurm** des Aales (*Anguillicola crassus* und andere Spec.) ist um 1980 (wahrscheinlich mit Importen von Satzaalen) aus dem asiatisch-australischen Raum eingeschleppt worden und mittlerweile über weitere Teile der Bundesrepublik Deutschland und Europa verbreitet. Bei starkem Befall der 1,5 – 4,0 cm langen Parasiten kann es zur Entzündung, Verdickung und zum Platzen der Schwimmblase kommen. (Nur Glasaale zum Besatz verwenden!)

4.4 Abwasserschäden

Wie unterscheidet man eine »Fischkrankheit« von einem »Fischsterben«?

Beim Auftreten einer Fischkrankheit wird selten ein plötzliches Massensterben beobachtet. Die Verluste treten anfänglich nur vereinzelt auf und beschränken sich auf eine Fischart oder sogar nur auf eine bestimmte Altersgruppe dieser Fischart.

Bei einem Fischsterben, das durch Wasserverschlechterung oder Vergiftung hervorgerufen wird, treten plötzlich große Verluste auf. Große und kleine Fische vieler Arten sterben gleichzeitig ab.

Welche Ursachen können Fischsterben haben?

Durch Sauerstoffmangel im Wasser, wenn organische, abbaubare Stoffe in großen Mengen eingeleitet werden, z.B. Odel (Jauche), Fäkalien, Abwässer von Ortschaften, Molkereien, Zuckerfabriken und Silagen (Futterkonservierungsmittel für Silos).

Wann sind diese besonders gefährlich?

Wenn der Sauerstoffgehalt im Wasser nicht groß ist: d. h., wenn das Wasser im Sommer sich stärker erwärmt hat und wenn es zuvor schon mit vielen abbaubaren Stoffen belastet war (starke Schlammablagerungen, starkes Pflanzenabsterben nach Wasserblüte).

Wenn Gifte eingeleitet werden, Fabrikabwässer (Zyan, Phenole, Gerbsäure, Schwefelwasserstoff, Sulfide, Ammoniak, Detergentien) oder Spritzmittel, die im Obstbau und in der Forst- und Landwirtschaft verwendet werden, in das Gewässer gelangen.

Wie unterscheiden sich die Fischsterben?

Bei giftigen Abwässern von Industriebetrieben tritt das Fischsterben am stärksten bei der Einlassstelle der Abwässer auf. Hier ist das Gift im Gewässer noch konzentriert.

Bei sauerstoffzehrenden Abwässern (Siedlungsabwässer) tritt ein Erstickungstod der Fische ein, wenn der Sauerstoffgehalt des Wassers durch die Sauerstoffzehrung verbraucht ist.

Das Absterben der Fische tritt erst weiter unterhalb und später ein, da Abbau und Sauerstoffverbrauch Zeit brauchen und das Wasser fließt.

❓ Welche Maßnahmen sind bei Fischkrankheiten zu treffen?
1. Intensives Fischen, um den kranken Bestand zu verdünnen.
2. Kranke Fische in **lebendem** Zustand zur Untersuchung einsenden.
3. Vor Neubesatz den zuständigen Fischereirat oder in Frage kommende Institute zu Rate ziehen.

❓ Welche Maßnahmen sind bei Fischsterben zu treffen?
Es muss durch Wasserproben der Beweis erbracht werden, um welche Gifte es sich handelt und wer sie eingeleitet hat.

❓ Wie ist dieser Beweis zu erbringen?
Durch sofortige Entnahme von Wasserproben. Dabei ist der Zeitpunkt und der Ort der Entnahme und die Temperatur des Wassers unbedingt festzuhalten.
Es sind mehrere Proben zu entnehmen:
1. Probe oberhalb der vermutlichen Einlaufstelle,
2. Probe an der Einlaufstelle,
3. Mehrere Proben in größeren Abständen flussabwärts.

Die erste Probe soll Oberlieger vom Verdacht ausschließen, die 2. Probe soll den Abwasserlieferanten ermitteln, die weiteren Proben sollen das Ausmaß der Einwirkung flussabwärts zeigen.

Sofort den zuständigen Fischereirat, den biologisch-chemischen Gewässersachverständigen benachrichtigen, in einigen Ländern den **Fischgesundheitsdienst.**

Zur Entnahme der eigenen Proben einen Beamten als Zeugen hinzuziehen, nach Möglichkeit einen Polizeibeamten.

Die entnommenen und versiegelten Wasserproben sind bei der Polizei sicherzustellen.

Es hat keinen Sinn, tote Fische, die an Vergiftungen oder Sauerstoffmangel eingegangen sind, einzusenden, da die Giftstoffe in kleinsten Spuren durch die Kiemen eindringen und wirken. Sie sind im Fisch schwer festzustellen.

In abwassergefährdeten Gewässern ist eine häufige Kontrolle und ständige Aufmerksamkeit erforderlich. Es ist notwendig, die eigentliche Abwasserwelle bei der Probenentnahme zu erfassen. Die toten Fische geben lediglich einen Anhaltspunkt für die Höhe des Schadens. Die Beweisführung liegt in Händen des Fischereiausübungsberechtigten

und Fischwasserbesitzers. Er muss die Ursache und den Lieferanten des Abwassers ermitteln.
Nach dem neuen Wassergesetz ist es nicht mehr notwendig, dem Verursacher des Fischsterbens ein eindeutig schuldhaftes Verhalten nachzuweisen.

4.5 Gewässerpflege

Die Erhaltung und Reinhaltung der Gewässer ist in den Wasser- und Fischereigesetzen der Länder wie auch im Naturschutzrecht geregelt.
Für die Fischerei ist die Frage von Bedeutung, ob es möglich ist, eine Gewässerpflege zu betreiben, die eine natürliche Nahrungsentwicklung begünstigt.
In Teichen kommt eine Düngung in Frage.
In natürlichen Gewässern bieten sich in begrenztem Umfang andere Möglichkeiten an.
Die Uferzone ist, wie bereits dargelegt (Teil 3), der produktionsbiologisch wichtigste Teil des Gewässers. Hier bestehen Möglichkeiten der Einwirkung.
Der fischereiliche Wert der Wasserpflanzen ist unterschiedlich. Das Gelege ist ungünstig (Verlandungsgefahr, keine Verbesserung der Sauerstoffverhältnisse im Wasser, Beschattung, steriler Schlamm nach dem Absterben). Eine radikale Beseitigung ist nicht nur im berechtigten Interesse des Naturschutzes und im Hinblick auf eine Vernichtung wertvoller Nistplätze der Wasservögel, sondern auch fischereilich nicht anzustreben. Das Gelege trägt zur Uferbefestigung bei und bildet Schutzbiotope.
Lediglich ein Verdrängen der wertvollen Unterwasserpflanzen zugunsten des Geleges ist fischereilich unerwünscht.

❓ Warum ist jeder Angelfischer auch Umweltschützer?

Viele Fischereivereine führen schon seit längerer Zeit Reinigungen und Räumungen ihrer Fischgewässer durch, soweit das die Tiefe und Strömung zulässt. In Bächen und kleineren Flüssen ist das fast immer und nicht nur an den seichten Stellen möglich. Steht ein geräumiges Boot zur Verfügung, können auch Gumpen und Rückläufe gesäubert werden.
Es gibt zahlreiche Beispiele dafür, wie gedankenlos und ohne Rücksicht Abfälle jeder Art in das Wasser geworfen werden und dann von umweltbewussten Mitgliedern unserer Fischereivereine in mühseli-

4. FISCHHEGE UND GEWÄSSERPFLEGE

gerArbeit geborgen werden müssen, um das Gewässer sauber zu halten. Solche guten Vorbilder der Reinigung und Pflege der Umwelt sind heute dringend nötig.
Jeder einzelne Angelfischer kann mit Aufklärung zur Reinerhaltung unserer Gewässer, die immer mehr an Freizeitwert gewinnen, beitragen. Hier nur einige Beispiele:
Bei sog. »Grillfesten« an Seen, Bächen und Flüssen gelangen oft unbewusst durch Reinigen von Grillgeräten große Mengen an Ruß und schädlichen Fetten in die Gewässer. Reinigungsarbeiten also an geeigneterer Stelle vornehmen! Dasselbe gilt auch für die Verwendung von Sonnenschutzmitteln jeglicher Art, durch die ebenfalls zahlreiche Schadstoffe den Gewässern zugeführt werden.
Es ist sehr begrüßenswert, dass nicht nur die Vereine, sondern auch zahlreiche einzelne Angelfischer in zunehmendem Maße die Presse auf derartige Verfehlungen hinweisen, wodurch in breiter Streuung wichtige Aufklärungsarbeit innerhalb der Bevölkerung zum Schutze der Umwelt geleistet wird.
Die Öffentlichkeit sollte daher alle Bemühungen unterstützen und die Fischbestände als wichtige Garanten für ein gesundes Wasser achten. Eine verstärkte Aufklärung seitens Natur- und Tierschutz bleibt notwendig.

Kann eine Verlandung und eine Verschlechterung der Uferzone verhindert werden?

Eine verlandende Entwicklung des Geleges sollte zur Erhaltung der Unterwasserpflanzenbestände aufgehalten werden:
Wenn die ersten Triebe der Gelegearten im Frühjahr die Wasseroberfläche erreicht haben, sind sievon der Seeseite beginnend über dem Seeboden abzuschneiden. Es gibt eigens dazu entwickelte »Schilfsensen« oder gegen ausgedehnte Bestände in Teichen Schilfschneidemaschinen. Im Sommer nachwachsende neue Triebe machen – je nach Ausmaß – einen zweiten Schnitt notwendig. Die Bodenwurzeln an der Seeseite sind bei wiederholtem Schnitt ausgezehrt und von dem eindringenden Wasser vernichtet. Dem weiteren Vordringen ist auf diese Weise Einhalt geboten, der gelegefreie Teil der Uferzone bleibtfür eine vermehrte Entwicklung der produktionsbiologisch günstigen Unterwasserpflanzen frei. – Wohl infolge starker Eutrophierung der Seen ist derzeit die Entwicklung des Schilfes und Rohres mitunter rückläufig.

Nachteile einer zu starken Krautentwicklung

Zu dicht stehende Krautbestände, eine Verkrautung von Teichen und Uferzonen in Seen sind produktionsbiologisch nachteilig. Der Aufwuchs wird zu stark beschattet und bei Wasserbewegung abgerieben. Eine zu ergiebige Assimilation verursacht eine ungünstige Erhöhung des pH-Wertes.

Mit sperrigen Leinen kann eine Verdünnung der Krautbestände oder ein Herausziehen von Teilbeständen vorgenommmen werden.

Die Räumung von Gräben oder kleinen Bächen zur Freilegung für den ungehinderten Wasserablauf wird zu radikal durchgeführt. Die Nahrung der Fische, die Kleintierwelt zwischen den Pflanzen, geht zur Gänze verloren.

In der Schweiz besteht die Vorschrift, eine Räumung nicht total, sondern nur stellenweise, alternierend auf beiden Seiten vorzunehmen.

Ist eine Ansiedlung von Unterwasserpflanzen möglich?

Wenn das Gewässer arm an Kraut ist, gelingt es mit eingebrachten Sprossen von Unterwasserpflanzen, z.B. mit Trieben der Wasserpest, die sich nur durch Sproßbildung vermehrt, in kurzer Zeit (längstens in einem Jahr) einen guten Bestand dieser Pflanze aufzubauen. Es ist ebenfalls mit Laichkrautarten möglich. Die Triebe müssen zunächst am Gelege zur Ruhe kommen.

Wie ist eine Aufwuchsentwicklung zu fördem?

Die Besiedlungsdichte ist auf den Pflanzenarten verschieden stark.

Über das Ausmaß der Besiedlung entscheidet die Oberflächenbeschaffenheit der Substratpflanzen. Eine weiche Haut trägt mehr Aufwuchs als ein harte Haut.

Von den Gelegearten tragen das Wasser-Süßgras und das flutende Süßgras mehr Aufwuchs als Rohr und Schilf, und die Schwanenblume ist dichter besiedelt als Simsen und Binsen.

Stets sind die Unterwasserpflanzen bessere Aufwuchsträger als die Gelegearten. Aber auch hier gibt es Unterschiede.

Das gekräuselte und das durchwachsene Laichkraut sind dichter besiedelt als das spiegelnde.

Besonders kraß sind die Unterschiede bei Tausendblatt und Hornkraut, das weiche Tausendblatt trägt wesentlich mehr Aufwuchs als das harte Hornkraut (siehe Bildtafel im Abschnitt »Gewässerkunde« S. 179).

Eine Förderung der aufwuchsreichen weichen Arten und ein Kurzhalten der härteren Wasserpflanzen, wenn es darum geht, die Uferzone optimal zu gestalten, bedeutet eine Bereicherung und eine Verstärkung des ersten Gliedes in der Nahrungskette zum Fisch.

Es wird nicht die Absicht bestehen, bestimmte Bestände zu vernichten,

4. FISCHHEGE UND GEWÄSSERPFLEGE

aber die Vorrangstellung kann den besseren Aufwuchsträgern eingeräumt werden.

❷ Lässt sich die Nährtierwelt fördern?

Das zweite Glied in der Nahrungskette zum Fisch ist der Bestand an Nährtieren. Oft wird die Frage gestellt, ob das Einbringen von kleinen Nahrungstieren Erfolg bringt.

In einigen unkontrollierten Fällen soll die Einbürgerung von Bachflohkrebsen in Forellenbächen geglückt sein.

Generell ist dieser Weg wohl kaum Erfolg versprechend. Die Abhängigkeit dieser Kleintierformen von speziellen chemischen und physikalischen Faktoren des Wassers ist groß. Es ist z.B. erwiesen, dass man am Vorhandensein bestimmter Tierarten (Eintagsfliegenarten, Köcherfliegen und Würmern) Rückschlüsse auf die Fließgeschwindigkeit ziehen kann. Das bedeutet Leitformen für diesen physikalischen Faktor. Das zeigt auch, wie schwierig es sein muss, die geeignete Art zu finden. Es setzt eine weitgehende Formenkenntnis voraus.

Ein Gewässerwart wird mit einem solchen Versuch nicht immer Erfolg haben.

❷ Wie kann der Gewässerwart die Entwicklung der meisten Kleintiere zeitweise kontrollieren?

Durch bloße Beobachtung im und am Wasser!

In der Forellen- und Äschenregion ist eine watende Begehung möglich. Mit dem Aufheben von Steinen aus dem Wasser kann er die an diesen Substraten haftende Besiedlung von Bachflohkrebsen, Eintagsfliegen- und Köcherfliegenlarven kontrollieren.

In anderen Uferbezirken weiterer Regionen und in Seen ist eine ähnliche Kontrolle an herausgerissenen Büscheln von Unterwasserpflanzen möglich.

Am Wasser bieten sich zu verschiedenen Jahreszeiten ähnliche Gelegenheiten:

Die Hauptmenge von Nährtieren besteht aus Insektenlarven, die zur Fortpflanzung als fertige Insekten an der Luft große Schwärme bilden, die dem menschlichen Auge nicht entgehen können, ein Hinweis für das Vorhandensein reichlicher Nahrung.

Beim Schlüpfen der Insekten an der Wasseroberfläche zurückgebliebene Larvenhäute (Exuvien genannt) sind ein weiterer Hinweis.

Im späteren Winter oder zeitigen Frühjahr, wenn die Eisdecke am Uferrand aufzutauen beginnt, erwärmt sich das Wasser der flachen, eisfreien äußersten Randzone durch die Insolation schnell und erheblich, stellenweise bis + 16 °C, wenn das Gewässer noch festes Eis trägt. Das lockt die Kleinfauna an.

Man findet sie hier dicht massiert nach ihrer »Frühjahrsrückwanderung« aus dem Winterquartier an der Scharkante, zu der sie sich im Herbst zurückgezogen hatte. Es sind vorzügliche Plätze für den Gewässerwart, die Nährtiere qualitativ zu testen.

Bei Eisschub wird die Fauna in die überwinternde Gelegezone gedrängt und präsentiert sich an diesen Stellen in ihrem »Frühjahrsschutzbiotop«.

So gibt es Gelegenheiten, auf einfache Weise Beobachtungen über die Kleinfauna anzustellen.

Aufmerksamen Fischern war einmal aufgefallen, dass die Schwärme von Zuckmücken (Chironomus) während der letzten Jahre ausgeblieben waren. Sie meinten darin die Ursache für ein Nachlassen des Wachstums von Brachsen zu sehen. Eine anschließende Untersuchung der Bodenzone ergab den Nahrungsmangel, denn die rote Zuckmückenlarve fehlte! (Die Nährtier-Larven und Fluginsekten sind mit ihren Erkennungsmerkmalen im Teil 3 »Gewässerkunde« behandelt.)

❷ Lässt sich die Nahrung für Raubfische steigern?

In eutrophen Gewässern ist die Entwicklung von Rotaugen oftmals sehr stark. Sie wachsen gering und werden vor Erreichung einer verwertbaren Größe bereits geschlechtsreif. Eine Bestandsreduzierung ist angebracht.

Wenn sie sich zum Ablaichen am Ufer massieren, ist ihr Massenfang leicht. Ein Umsetzen in Hechtgewässer ist geeignet, das Futterangebot für diese Fischart und für den Zander zu verbessern.

❷ Was kann die natürlichen Vermehrungsmöglichkeiten fördern?

Eine Pflege der natürlichen Laichplätze und Schaffung künstlicher Laichstätten. Die Maßnahmen sind nach der Art des Ablaichens verschieden:

Fischarten, die in der Strömung auf dem Kies laichen, benötigen einen sauberen und ruhenden Kies. Der Schotter soll nicht rollen. Gegebenenfalls ist eine Sohlensicherung zu veranlassen.

Die Laichplätze (von Äschen, Barben und Nasen) liegen oftmals an den »Kiesköpfen«, den flach auslaufenden Enden von Kiesbetten. Sie sind tunlichst sauber zu halten, d.h., Anschwemmungen von schlammhaltigem Sand sollten abgeleitet werden.

Besonders empfindlich ist in dieser Hinsicht der Seesaibling. Diese Fischart laicht an den Schotterhängen des Sees. Man bringt z.B. an dem Seesaiblingsufer auf der französischen Seite des Genfer Sees jährlich frischen, schlammfreien Kies in den Hang, um den Laichfischen einen sauberen Laichplatz zu bieten und auf diese Weise die Vermehrung zu fördern.

Für Freiwasserlaicher (Renken und Maränen), die in der Schwebe laichen und deren Eier langsam auf den Seeboden sinken, ist die Reinhaltung des Gewässers für die Laichentwicklung von größter Bedeutung. Die Eier gehen im Schlamm bei Sauerstoffmangel zugrunde.

Ringkanalisationen bringen hoffentlich einen Wandel zum Guten!

Für Krautlaicher ist es ratsam, die Bestände der höheren Unterwasserpflanzen nicht zu dicht wachsen zu lassen. Ausdünnungen sind vorteilhaft, denn der Milchner muss den Samen über die abgelegten Eier ergießen können.

Lediglich für zeitige Frühjahrslaicher ist diese Maßnahme nicht erforderlich, wenn die Pflanzenentwicklung nicht so voran geschritten ist. Meist setzt jedoch die Bestandsbildung frühzeitig ein.

❓ Welche künstlich geschaffenen Laichstätten haben sich bewährt?

Vor der Laichzeit des Zanders werden Reisigbündel, Tannen-, Wacholder- oder dichte Weidenzweige in einer Reihe oder im Kreis an einer Querleiste oder an Drähten aufgehängt und die Aufhängevorrichtung an Pfählen befestigt, die in den Boden der Scharfläche getrieben werden.

Die Bündel werden in Norddeutschland »Kratzringe«, in Süddeutschland »Daxen« genannt. Sie hängen 1 – 2 m tief im Wasser (in der Tiefe der natürlichen Laichstellen). Bei Schwankungen des Wasserspiegels können sie schwimmend am Boden verankert werden.

Treten nach der Eiablage Anschwemmungen durch aufgewühltes Wasser auf, genügt ein vorsichtiges, langsames Schütteln der Bündel. Die Zandereier sind klebrig und bleiben haften.

Ein Schutz vor Laichräubern (Barschen) durch engmaschige Netze, die um die Dachsen nach dem Ablaichen gestellt werden, ist ratsam, oder Fangnetze für Laichräuber oder Köderfische!

Es kommt vor, dass diese Laichstätten, nachdem die Brut geschlüpft ist, von Brachsen und anderen Weißfischen zum Ablaichen angenommen werden.

Künstliche Laichstätten zur Bestandsregulierung

Nicht erwünschte Weißfischarten und zu stark auftretende Brachsen, die schlechtwüchsig bleiben, können auf diese Weise durch Entnahme ihres Laiches im Bestand verringert werden und verwertbare Größen erreichen. Genehmigung für die Entnahme einholen!

4.5 GEWÄSSERPFLEGE

4.5.1 Schutzmaßnahmen

Der Schutz der Fischerei und der Fische ist in allen Ländern gesetzlich und in Verwaltungsbezirken auf dem Verordnungswege geregelt. Schonzeiten, Schonmaße (Mindestmaße), schädigende Fangmethoden, Schutz der Fische in Laichschonrevieren und Laichschonstätten, vor Turbinen, im Winterlager, Garantie des freien Wechsels, Uferbetretungsrecht u.a.m. ist in den Fischereigesetzen geregelt.
Sie werden im Teil 7: »Rechtliche Bestimmungen« behandelt.

❓ Kann ein Zwischenschonmaß nötig sein?
Im Forellen- und Äschenwasser empfiehlt sich ein zusätzliches Zwischenschonmaß, um den Laichfischbestand zu stärken.
Bei Forellen und Äschen, die gerade das Schonmaß erreicht haben, ist die Qualität und die Menge des produzierten Laichs nicht so ausgeprägt wie bei älteren Exemplaren. Es dürfen also z.B. Forellen zwischen 30 und 35 cm und Äschen zwischen 40 und 45 cm nicht angeeignet werden, wohl aber größere und kleinere.

❓ Welche selbst auferlegten Fangregelungen können dem Fischbestand dienen?
Eine freiwillige Verlängerung der gesetzlich geregelten Schonzeit. Sie dient auch zur besseren Gestaltung des Geschlechtsverhältnisses. Ferner eine freiwillige Erhöhung des Mindestmaßes (Schonmaßes).

❓ Wann ist ein Eingriff zur Verminderung des Fischbestandes erforderlich?
Wenn unerwünschte Fischarten im Edelfischwasser (Forellen- und Äschenregion) stark auftreten (Aitel, Hecht und Aal). Wenn Weißfischbestände sich zu stark entwickeln.

❓ Wie kann eine solche Bestandsregulierung durchgeführt werden?
1. Durch intensiven Fang der zu stark vorkommenden Arten, z.B. im Vereinsgewässer durch Pflichtfänge und Freigabe des Edelfischfanges nur nach Erfüllung dieser Pflichtfänge oder durch gezieltes Hegefischen, bei dem nur die zu stark vertretenen Arten gefangen werden. Wer die meisten dieser Fische gefangen hat, wird Fischerkönig. Das wäre einmal eine gerechte Bewertung, die den Zufall weitestgehend ausschließt und zum anderen eine begrüßenswerte Maßnahme im Zuge der Fischhege und Bestandsregulierung darstellt.
2. Mit Hilfe der Elektrofischerei.

4. FISCHHEGE UND GEWÄSSERPFLEGE

❓ Welche Voraussetzungen sind für die Durchführung der Elektrofischerei notwendig?

Verwaltungsmäßige und örtliche Vorbereitungen. Die Elektrofischerei ist grundsätzlich verboten. Sie muss von Fall zu Fall gesondert genehmigt werden. Eine Bestandsregulierung ist ein berechtigter Anlass zur Genehmigung. Das Elektrogerät muss von der Überwachungsstelle zugelassen sein. Der Elektrofischer, das ist der pluspolführende Fänger, muss ausgebildet sein. Der Abschluss einer Versicherung muss nachgewiesen werden. Die Polizei und die Fischereiaufsicht sollten von dem Termin verständigt werden. – Die Wasserführung muss geeignet sein; die chemische Wasserbeschaffenheit (Leitfähigkeit) des Gewässers bedingt die Wirkung des eingesetzten Gerätes. Sie ist entscheidend für die Auswahl des Gerätes. Keine Wassertrübung durch Regenfälle! Sauerstoffgerät für gefangene Fische!

❓ Ist eine Elektrobefischung im Interesse der Angelfischerei berechtigt?

Besonders in Forellen- und Äschengewässern muss sie bejaht werden. Das mag an zwei Beispielen aus der Arbeit des Verfassers gezeigt sein: In einem Bach von 4 km Länge, der im Oberlauf Forellen, weiter unten Äschen aufwies, konnten diese Fische trotz regelmäßigen und starken Besatzes nicht mehr gefangen werden. Eine Elektroabfischung ergab auf dieser Strecke fast 4.000 Aitel (Döbel). Ein größerer Bach eines Angelfischereivereins konnte durch mehrmaligen Einsatz der Elektrofischerei in 2 Jahren in ein gutes Forellengewässer verwandelt werden, nachdem zuvor nur Weißfischarten vorhanden waren.

❓ Was ist bei einer Bestandsregulierung kleiner Fließgewässer zu berücksichtigen?

Eine Bestandsregulierung mit Hilfe der Elektrofischerei auf einer kurzen Teilstrecke eines Baches oder eines schmalen Flusses – etwa in einem nur kleinen Fischereirecht – wird nur für kurze Zeit wirksam bleiben und damit nicht zufriedenstellend durchgeführt werden können, weil die unerwünschten Fischarten aus den angrenzenden, ober- und unterhalb anschließenden Strecken in den bestandsverdünnten Teil ziehen! – Eine Bestandsregulierung sollte nach Möglichkeit eine weite Strecke erfassen, die an beiden Enden für den Fischwechsel begrenzt ist, am besten das ganze Fließgewässer. – In breiteren Flüssen sollte nicht bis an die Grenzen des Fischereirechtes elektrisch gefischt werden, um die anschließenden Strecken nicht zu beeinträchtigen.
Der Einsatz von Elektrofischfanggeräten wird beim Berufsfischer und

bei den Angelfischereivereinen häufiger werden, und zwar zum Fischfang am Ufer für den Berufsfischer, besonders auf abwandernde Aale, und in Vereinsgewässern für den Angelfischer zur Bestandsregulierung vor dem Neubesatz, zur Sicherung des vorhandenen Bestandes vor wasserbaulichen Maßnahmen und Feststellung von Fischverlusten nach größeren Fischsterben.

Großflächige Gewässer, Seen, Baggerseen, Teiche können nicht erfolgreich elektrisch befischt werden, da das Fanggerät stets nur im Umkreis von wenigen Metern fängig ist. Deshalb auch keine Gewässer über 2 m Tiefe!

❓ Welche Anwendung ist gefährlich und untersagt?

Selbstgebastelte Wurmfanggeräte mit Netzanschluss. Nur Batteriegeräte einsetzen, die VDE-geprüft sind.

❓ Was hat mit Köderfischen zu geschehen?

Verwendung und Verbleib bei Nichtbenutzung regeln die Vereine durch eigene Beschlüsse.

Verboten ist das Einbringen von Innereien nach dem Ausweiden der Fische!

> **Merke:**
> Nach dem Angeln übrig gebliebene lebende Köderfische, die nicht aus dem befischten Gewässer stammen, sollten in dieses Gewässer nicht eingebracht werden. Das Einbringen von toten Fischen und Teilen von Fischen in Gewässer ist in der Regel verboten! (Näheres unter Rechtsvorschriften S. 332.)

4. FISCHHEGE UND GEWÄSSERPFLEGE

Prüfungsfragen aus den verschiedenen Bundesländern

Fischhege und Gewässerpflege

Fangübersicht

1. Welchen Hauptzweck hat die Fangstatistik?
A Sie liefert die Grundlagen für eine richtige und fischgerechte Fischwasserbewirtschaftung
B Der Angler soll sich näher mit seiner Beute befassen
C Es soll festgestellt werden, welcher Mitfischer die meisten und größten Fische fängt

2. Welche Angaben muss die Fangstatistik hauptsächlich enthalten?
A Köder, Drilldauer, Angelgerät
B Witterung, Wassertemperatur, Wasserstand
C Länge, Gewicht und Geschlecht des Fisches, Fangdatum, Fanggewässer

3. Was versteht man unter »Fischhege«?
A Einsatz und Pflege möglichst vieler Fischarten in einem Fischwasser
B Pflege der Ufer und der Wasserpflanzen
C Alle Maßnahmen, die der Hege und Pflege des Einzelfisches wie des Bestandes dienen

4. Wie kann man den normalen Lebensraum eines Gemischtwassers wiederherstellen, wenn Weißfische, Barsche etc. überhand genommen haben?
A Man braucht nichts zu tun weil sich der Fischbestand in kurzer Zeit von selbst reguliert
B Man befischt die überhand genommenen Fische besonders intensiv und setzt geeignete Raubfische ein
C Man setzt zu den vorhandenen Fischen die gleichen Arten reichlich ein, um eine schnelle Degeneration zu erreichen

5. Wer ist zur Hege in Fischgewässern verpflichtet?
A Alle Erlaubnisschein-Inhaber
B Die Inhaber oder Pächter von Fischereirechten
C Die Gewässeranlieger

6. Mit welcher Einschränkung dürfen wir den Fischfang ausüben?
A Ausschließlich, um unseren Urtrieb zum Jagen und Fischen zu befriedigen
B Nur zur Sammlung schöner Trophäen
C Zum Fang von Fischen, die für eine sinnvolle Verwertung durch Mensch und Tier bestimmt sind

7. Was versteht man unter einer sinnvollen Verwertung der gefangenen Fische?
A Wenn sie zur Ernährung von Mensch und Tier verwendet werden
B Wenn auch die maßigen Fische zurückgesetzt werden
C Wenn mit ihnen private oder behördlich zugelassene Versuche durchzuführen sind

8. Was versteht man unter einer ordnungsgemäßen fischereiwirtschaftlichen Gewässernutzung?
A Den Besatz mit möglichst vielen fangreifen Fischen
B Künstliche Eingriffe zur Veränderung des Wassers
C Den Umfang des Fanges der natürlichen Produktionskraft des Fischwassers entsprechen zu lassen

9. Welche Fischarten soll man in einem Fischwasser fördern?
A Fischarten, die dem Charakter des Fischwassers entsprechen und zum biologischen Gleichgewicht gehören
B Fischarten, die möglichst hohen Marktwert haben
C Fischarten, die besonders interessanten Drill liefern

10. Für welche Fische können wir mit behördlicher Genehmigung günstige Laichplätze schaffen?
A Nur für Zander und Hechte
B Nur für Fische, die der Eigenart des Wassers entsprechen und ein biologisches Gleichgewicht erhalten oder wiederherstellen
C Ausschließlich für Salmoniden

11. Mit welcher Absicht legt man so genannte »Laichwiesen« an?
A Um Futterplätze für Fischreiher zu schaffen
B Um große Hechte beim Laichen besser fangen zu können
C Um die Erhaltung und Vermehrung des Fischbestandes zu verbessern

Besatzmaßnahmen

12. Wie viele einsömmerige Bachforellensetzlinge setzt man in einen Forellenbach ein, der frei ist von Raubfischen, Aiteln und Rutten?
A 40 – 200 Stück je 1 ha Wasserfläche
B 100 – 1.000 Stück je 1 ha Wasserfläche
C 400 – 2.000 Stück je 1 ha Wasserfläche

13. Welche Menge schwimm- und freßfähiger Hechtbrut setzt man jährlich in ein Hechtwasser ein, das etwa einen Ertrag hat, der unter 5 kg/ha liegt?
A Etwa 100 – 300 Stück je 1 ha
B Etwa 1.000 – 3.000 Stück je 1 ha
C Etwa 10.000 – 30.000 Stück je 1 ha

14. Was ist beim Fischeinsatz besonders wichtig?
A Es muss eine Zustimmung des Ober- und Unterliegers vorliegen
B Es müssen unbedingt ein langsamer Temperaturausgleich vorgenommen und passende Einsatzstellen ausgewählt werden
C Fremde und schaulustige Personen sind fernzuhalten

15. Warum ist ein Wasserausgleich (hauptsächlich Temperaturausgleich) beim Fischeinsatz erforderlich?
A Um einen Druckausgleich für die Schwimmblase herzustellen
B Um Hautparasiten abzuschwemmen
C Um die Schleimschicht nicht durch starken Temperaturunterschied zu schädigen (Vermeidung von »Schock und Stress«)

4. FISCHHEGE UND GEWÄSSERPFLEGE

16. An welchen Gewässerstellen soll der Besatz eingebracht werden?
A Weit verteilt den Ufern entlang
B Im Freiwasser oder in Flüssen an der tiefsten Stelle
C Nur an einer Stelle im Flachwasser

17. Welche Fischart ist als Besatz für eine Quellregion besonders geeignet?
A Mühlkoppe
B Bachsaibling
C Nase

18. In welchen Fischgewässern ist ein Forellenbesatz angebracht?
A In klaren sauerstoffreichen Gewässern
B In seichten, algenreichen Teichen
C In flachen, leicht trüben Seen

19. Welcher Grundsatz ist für jeglichen Setzlingseinsatz maßgebend?
A Die Anzahl muss der vorhandenen Nahrungsgrundlage angepasst sein
B Die Anzahl richtet sich nach der Tiefe des Fischwassers
C Die Anzahl richtet sich nach dem Mindestmaß der einzelnen Fischarten

20. Warum ist in den meisten Gewässern ein wiederholter Fischeinsatz nötig?
A Weil Raubfische viele Jungfische fressen
B Weil zu viele Angelfischer die Bestände verringern
C Weil durch Abwässer und unsachgemäße Regulierung der Lebensraum der Fische verdorben sowie Laich- und Aufwachsplätze vernichtet werden

21. Wodurch wird in vielen Fällen das biologische Gleichgewicht eines Fischwassers gestört?
A Durch ein Verbot des Fischens mit lebendem Köderfisch
B Durch ungeeigneten, einseitigen Fischeinsatz
C Nur durch zu starkes Vorkommen von Raubfischen

22. Wie kann das biologische Gleichgewicht eines Fischwassers erheblich gestört werden?
A Durch starke Bepflanzung mit Unterwasser- und Schwimmblattpflanzen
B Durch einen naturfeindlichen Überbesatz mit Fischen
C Durch Einbringen von Amphibienlaich in Fischwasser

23. Was ist bei der Wahl der Art und Menge des Fischeinsatzes in erster Linie zu beachten?
A Art und Menge der natürlichen Nahrung im betreffenden Fischwasser
B Die durchschnittliche Temperatur des Fischwassers
C Die durchschnittliche Tiefe und Durchflussmenge des Fischwassers

24. Wie alt sollten vorwiegend die Besatzfische sein?
A Stets fangreife Fische
B Ein- oder zweisömmerige Setzlinge
C Stets nur Fischbrut

25. Was muss beim Kauf von Setzlingen unbedingt beachtet werden?
A Die Setzlinge müssen frei von Fischkrankheiten und Parasiten sein
B Stückzahl oder Gewicht müssen mit der Rechnung übereinstimmen
C Die Setzlinge müssen alle die gleiche Größe haben

26. Warum sollen die Setzlinge möglichst immer vom gleichen, bewährten Fischzüchter bezogen werden?
A Um immer dieselben Arten und Größen zu erhalten
B Um nach Möglichkeit die Übertragung von Krankheiten zu vermeiden
C Um die Gefahr bestandschädigender Kreuzungen zu vermeiden

27. Was ist vor einem Jungfischeinsatz besonders wichtig?
A Das Mähen von Wasserpflanzen
B Das Anlegen oder Verbessern von Futterplätzen
C Eine Bestandsregulierung (evtl. auch mit Netzen oder Elektrogerät) mit Entnahme unerwünschter Fischarten

28. Was ist beim Jungfischtransport zu beachten?
A Möglichst große Transportgefäße mit glatten Innenwänden verwenden
B Größe und Form der Transportgefäße kann beliebig sein
C Möglichst kleine Transportgefäße mit wenig Spielraum für die Fische verwenden

29. Welche Schäden treten beim Transport von Jungfischen häufig auf?
A Kopfverletzungen
B Kiemenbeschädigungen
C Beschädigungen von Haut und Flossen, Hautverpilzung

30. Was ist beim Besatz von Bächen und Flüssen mit Regenbogenforellen zu beachten?
A Die Gefahr der Kreuzung mit Bachforellen
B Die Gefahr des Abwanderns
C Ihre Eigenart, dass sie wenig frisst und deshalb schlecht abwächst

31. Wie viele zweisömmerige Karpfen à ca. 500 Gramm setzt man in einen normalen Teich ein, wenn weder gedüngt noch gefüttert wird?
A Etwa 20 K_2 je Hektar
B Etwa 200 K_2 je Hektar
C Etwa 500 K_2 je Hektar

32. Welcher Besatz eignet sich für tiefe Baggerseen mit sauerstoffreichem Wasser?
A Karpfen
B Schleien
C Forellen

33. Welche Fischarten sollten grundsätzlich nicht zusammen in einen Baggersee eingesetzt werden?
A Hechte und Rotaugen (Plötzen)
B Hechte und Forellen
C Karpfen und Schleien

34. Wonach soll sich das Ausmaß des Hechtbesatzes in einem Fischwasser richten?
A Nach der Menge der vorhandenen Futterfische
B Nach der Gewässertiefe
C Nach den vorhandenen Geldmitteln

35. Wie setzt man Hechtsömmerlinge aus?
A In kleinen Gruppen im Freiwasser
B Schwarmweise am Ufer
C Einzeln in Ufernähe oder möglichst in oder an Krautbänken

4. FISCHHEGE UND GEWÄSSERPFLEGE

36. Warum setzt man vielfach lieber Glasaale als Satzaale ein?
A Der Anteil schneller wachsender Rogner soll bei Glasaaleinsatz größer sein
B Der Anteil schneller wachsender Milchner soll bei Glasaaleinsatz größer sein
C Glasaal-Einsatz ergibt geringere Verluste

37. Warum ist es falsch, wenn man Aale in ein Krebsgewässer einsetzt?
A Weil sie Nahrungskonkurrenten sind
B Weil sie die »Butterkrebse« fressen (Krebse nach Häutung)
C Weil sie darin im Wachstum behindert werden

38. Welches Verbot kann u. a. in Schonbezirken erlassen werden?
A Es ist nur der Fang von laichreifen Fischen erlaubt
B Der Fang von Fischen und anderen Wassertieren
C Es besteht kein Verbot

39. Was bedeuten die Schonzeiten?
A Die damit verordnete Ruhe ermöglicht den Fischen ein ungestörtes Ablaichen
B Besonders übereifrige Fischer werden vom Wasser ferngehalten
C Die damit verordnete Ruhe dient der Vermehrung der Eierzahl und Vergrößerung der Eier

40. Warum gibt es Mindestmaße?
A Damit nur große Fische gefangen werden
B Damit der Fisch wenigstens einmal ablaichen kann
C Damit das Leben der Fische verlängert wird

41. Wie behandelt man einen versehentlich in der Schonzeit gefangenen oder untermaßigen Fisch?
A Man setzt ihn in den Setzkescher
B Man entfernt den Haken vorsichtig noch unter Wasser oder mit nassen Händen und setzt ihn ins Wasser zurück
C Man reißt schnell den Haken heraus und wirft den Fisch zurück ins Wasser

42. Welche Fischart wünscht man zusätzlich in der Forellenregion?
A Aitel (Döbel)
B Hechte
C Elritzen

43. Welche Fischart kann in einem Forellenbach großen Schaden anrichten?
A Schmerlen
B Rutten (Trüschen, Quappen)
C Elritzen

44. Warum ist das Wachstum der Fische in der warmen Jahreszeit beschleunigt?
A Weil dann die Ernährung artgerechter ist
B Weil sich dann der Fisch artgerechter bewegen kann
C Weil dann im Fisch eine Beschleunigung des Stoffwechsels eintritt

Fischkrankheiten

45. Bei welchen Jungfischen besteht die Gefahr, von der Drehkrankheit befallen zu werden?
A Bei jungen Renken (Felchen)
B Bei jungen Regenbogenforellen
C Bei jungen Hechten

PRÜFUNGSFRAGEN

46. Wie stellt sich u.a. die Drehkrankheit bei Regenbogenforellen dar?
A Taumeln, Hervortreten der Augen
B Dunkelfärbung der Haut, Ausfall der Augendrehung
C Bewegungsstörungen, Schwarzfärbung am Hinterende des Körpers

47. Wie äußert sich bei Regenbogenforellen die gefürchtete Forellenseuche?
A Rötlich gefärbte Flossenansätze, Glotzaugen, blasse Leber
B Dunkelfärbung der Haut, Starrwerden der Augen
C Schwarzfärbung der Flossen

48. Wie äußert sich eine bestimmte Furunkuloseform bei Bachforellen, Bachsaiblingen und Äschen?
A Watteartige Aufwölbungen auf der Haut
B In der Muskulatur gebildete, durch die Haut nach außen dringende, aufbrechende Geschwüre
C Brandiger Zerfall und Verlust des Körperendes

49. Woran erkennt man die Grieskörnchenkrankheit?
A Mit der Lupe wahrzunehmende weiße Punkte auf Kopf und Kiemen
B Weiße Körnchen nur auf der Haut von Kopf und Kiemen
C Ohne Vergrößerung erkennbare weiße Körnchen auf Flossen, Haut, Kiemen und Augen

50. Wie sehen von der Bauchwassersucht befallene Karpfen aus?
A Aufgedunsener Vorderkörper, brandige Stellen im Muskelfleisch
B Stark aufgetriebener Bauch, mit Flüssigkeit gefüllte Hautblasen (»Bibberbeulen«), gerötete Hautflecken und After
C Geschwollener Gesamtkörper, abfaulende Flossen

51. Was ist ein Kiemenkrebs?
A Ein seltenes Fischnährtier
B Eine schlimme Kiemenkrankheit
C Ein Schmarotzer (Ergasilus) auf den Kiemen (z.B. bei Schleien)

52. Welcher Kleinkrebs schmarotzt auf der Haut der Fische?
A Der Bachflohkrebs
B Die Karpfenlaus
C Der Kiemenkrebs

53. Was ist ein Fischegel?
A Ein den Blutegeln ähnlicher, aber kleinerer blutsaugender Hautschmarotzer
B Ein schmarotzender Darmkrebs
C Ein auf den Kiemen sitzender Kleinkrebs

54. Wie erkennt man den Befall eines Flusskrebses mit Krebspest?
A Weiße Flecken an der hinteren Körper-Unterseite
B Schwarze Flecken am Körperpanzer
C Bewegungsloses, schlappes Herunterhängen der Beine, wenn der Krebs aus dem Wasser herausgehoben wird

55. Welche äußerliche Krankheitserscheinung bei Fischen tritt oft nach Hautverletzungen ein?
A Verpilzung der Hautwunde
B Entzündung der Verletzungsstelle und blutige Schwellung
C Symptome ähnlich der Bauchwassersucht

4. FISCHHEGE UND GEWÄSSERPFLEGE

Abwasserschäden

56. Besteht bei Abwassereinleitung in Bäche für die Fische besondere Gefahr?
A Nein, denn Sauerstoffmangel kommt hier auch unter natürlichen Verhältnissen oft vor
B Ja, weil in Bächen die Fische in der Regel an sauerstoffreiches Wasser angepasst sind
C Ja, weil die Fische in Bächen besonders empfindlich auf saures Wasser reagieren

57. Richten schon geringe Mengen von Abwasser in der Tierwelt eines Fischwassers biologischen Schaden an?
A Ja, denn die Tierwelt reagiert sehr empfindlich auf Veränderung ihrer Umwelt
B Nein, denn das Abwasser wird sofort stark verdünnt
C Nein, denn die Selbstreinigungskraft des Wassers verhindert Schäden

58. Welche der folgenden Abwasserarten lässt am ehesten Sauerstoffmangel entstehen?
A Saures Abwasser
B Beton-Schwemm-Wasser
C Organisches, besonders fäulnisfähiges Abwasser

59. Wann können Abwässer den Fischen besonders gefährlich werden?
A Bei starker Wasserführung
B Bei niedrigem Wasserstand bzw. geringer Wasserführung
C Bei Dunkelheit, besonders nachts

60. Was bedeuten im Fließwasser Ansammlungen von roten Schlammröhrenwürmern auf Schlammbänken?
A Das Vorkommen von Schlammröhrenwürmern ist belanglos
B Das Wasser ist gut, also für die Fische nicht schädlich
C Solche Gewässer sind in der Regel durch Abwässer geschädigt, also schlecht

61. Wo findet man gehäuft Wasserasseln?
A In Gewässern, die durch Abwasser geschädigt sind
B In tieferen Seen
C In klaren Bergbächen

62. Wodurch schädigen die üblichen Abwässer aus der Landwirtschaft die Fische?
A Durch die damit verbundene Wärmezufuhr
B Durch Sauerstoffverlust beim Abbau dieser Abwässer
C Durch giftige Schwermetalle, die im Landwirtschafts-Abwasser enthalten sind

63. Warum schädigen in der Regel Baustellenabwässer die Fische?
A Weil die von dort kommenden Zement-, Beton und Kalkwasser stark alkalisch sind und ätzend wirken
B Weil sie gewöhnlich stark getrübt sind
C Weil sie immer Säuren enthalten

64. Welche Art von Abwässern schädigen und zerstören die Schleimhaut der Fische?
A Organische Abwässer
B Schwebstoffe führende Abwässer
C Ätzende Abwässer

65. Was versteht man unter Selbstreinigung im Gewässer?

A Verringerung und Abbau der Schmutzstoffe im Wasser selbst durch biochemische Prozesse
B Eine weitgehende Sedimentierung
C Beschleunigung der Fäulnisvorgänge

66. Wann hat ein Gewässer die beste Selbstreinigungskraft?
A Bei starker Wasserführung, z.B. Hochwasser infolge Schneeschmelze
B Bei starker Wasserführung und einer Wassertemperatur von 18 °C
C Im Winter

67. Welche Region von Fließgewässern hat in der Regel am wenigsten Sauerstoff?
A Die Barbenregion
B Die Äschenregion
C Die Brackwasserregion

68. Woran erkennt man hauptsächlich, dass im Fischwasser Sauerstoffmangel eingetreten ist?
A Die Fische weichen in Zuflüsse oder wasserabwärts aus
B Die Fische kommen zur Oberfläche und schnappen nach Luft
C Die Fische schießen im Wasser hin und her

69. Können Fischsterben durch besondere Wetterverhältnisse in stark verkrauteten Teichen verursacht werden?
A Ja, durch starke und lange Regen-, und Schneefälle
B Ja, durch plötzliches Aufklaren in Nächten mit Vollmond
C Ja, durch warme, ganz windstille Nächte

70. An welcher Erscheinung ist zu erkennen, dass ein Fischsterben durch Einleitung von Stoffen hervorgerufen ist, die als ausgesprochenes Fischgift anzusehen sind?
A Alle Fischarten verenden schlagartig
B Das Fischsterben dauert mehrere Tage
C Nur besonders empfindliche Fischarten verenden

71. Wie unterscheiden sich die Auswirkungen von Fischsterben hervorgerufen durch Krankheiten, und andererseits hervorgerufen durch Vergiftungen?
A Bei Fischsterben verursacht durch Fischkrankheiten gibt es immer ein gleichzeitiges Massensterben verschiedener Arten und Altersgruppen
B Bei Fischsterben durch giftige Einleitungen sterben immer nur Fische einer Art oder einer Altersgruppe
C Bei einem Fischsterben z.B. durch Vergiftung sterben plötzlich große und kleine Fische verschiedenster Arten gleichzeitig

72. Was ist vordringlich zu tun, sobald sich ein Fischsterben bemerkbar macht?
A Sofort Wasserproben entnehmen und die Polizei und evtl. weitere Ämter benachrichtigen
B Vorläufig nichts tun, bevor die Behörde eingreift
C Den Wassereigentümer durch eingeschriebenen Brief benachrichtigen

4. FISCHEHEGE UND GEWÄSSERPFLEGE

73. Wo sind bei einem Fischsterben in einem Bach oder Fluss Wasserproben zu nehmen?
A Möglichst weit unterhalb einer vermuteten Einleitung
B Dicht über dem Gewässerboden
C Oberhalb und unterhalb vermuteter Einleitungsstellen, evtl. auch zwischen den verendeten Fischen, möglichst in Anwesenheit der Polizei

74. Wieviel Wasser soll bei einer vermuteten Abwassereinleitung je Probe entnommen werden?
A Ca. 10 Liter in sauberem Behälter
B Ca. 5 Liter in sauberem Behälter
C Ca. 1 Liter, möglichst in sauberer Plastikflasche

75. Was muss bei der Übergabe der Wasserprobe beachtet werden?
A Die Probe muss persönlich überbracht werden
B Der Verursacher des Fischsterbens muss mit der Untersuchung einverstanden sein
C Schriftliche Angaben über:
1. Gewässer und Entnahmestelle
2. Datum und Uhrzeit der Entnahme
3. Name des Probenentnehmers und evtl. des Absenders
4. Wichtige Beobachtungen

76. Was muss der Angelfischer veranlassen, wenn er einen krankheitsverdächtigen Fisch fängt?
A Den Fisch sofort töten und vergraben
B Den Fang dem Gewässerwart melden zur schnellen Veranlassung einer fachlichen Untersuchung
C Den Fisch mitnehmen und daheim untersuchen

77. Kann man Fische essen oder verfüttern, die aus einem Fischsterben stammen oder sonstwie krank erscheinen (Verpilzung, Wunden, Hautverfärbung)?
A Nein, sie sind zu vernichten (vergraben)
B Ja, der Genuss ist unbedenklich
C Ja, wenn sie gut gewaschen und mit Essig gebeizt sind

78. Ist die Gewohnheit mancher Angelfischer richtig, Eingeweide ausgenommener Fische in das Wasser zu werfen?
A Ja, denn sie werden dann von Fischen und Wasservögeln als Nahrung verwertet
B Nein, es können dadurch evtl. nicht erkannte Fischkrankheiten verbreitet werden
C Ja, denn die dadurch eintretende Wasserverschmutzung ist geringfügig

Schäden durch Wasservögel und Bisamratten

79. Welche Schäden richten Bisamratten in Fischwassern an?
A Sie sind Nahrungskonkurrenten der Fische
B Sie unterhöhlen Ufer und Dämme, so dass diese oft zerstört werden
C Sie jagen und vertreiben die Fische aus ihrem Revier

80. Warum können Schwäne in Fischgewässern oft Schaden anrichten?
A Sie beunruhigen und verscheuchen die Fische
B Sie vertilgen Jungfische
C Sie fressen Kraut und Pflanzen mit ihrem Aufwuchs sowie Fischlaich

81. Welcher Wasservogel ernährt sich vorwiegend von Jungfischen?
A Das Blesshuhn
B Die Wildente
C Der Haubentaucher

82. Warum sind Gewässerregulierung und -unterhaltung oft nachteilig für die Fischerei?
A Weil das Wasser oft zu kühl wird
B Weil die Lebensräume und Laichbezirke der Fische oft beeinträchtigt oder zerstört werden
C Weil die Wassertemperatur oft erhöht wird

Elektrofischerei

83. Welche Maßnahmen zur Bestandsregulierung müssen behördlich genehmigt werden?
A Reusenfischerei
B Elektrofischerei
C Netzfischerei

84. Welche Personen, die einen Fischereischein besitzen, dürfen mit dem Elektrogerät fischen?
A Jeder Fischereiberechtigte
B Jeder Fischereipächter
C Jeder Inhaber eines Bedienungsscheines

Antworten

1A / 2C / 3C / 4B / 5B / 6C / 7A

8C / 9A / 10 B / 11 C / 12 C / 13 B / 14 B / 15 C

16A / 17B / 18A / 19A / 20C / 21B / 22B / 23A / 24B / 25A

26B / 27C / 28A / 29C / 30B / 31B / 32C / 33B / 34A / 35C

36A / 37B / 38B / 39A / 40B / 41B / 42C / 43B / 44C / 45B

46C / 47A / 48B / 49C / 50B / 51C / 52B / 53A / 54C / 55A

56B / 57A / 58C / 59B / 60C / 61A / 62 B / 63A / 64C

65A / 66B / 67C / 68B / 69C / 70A / 71C / 72A

73C / 74C / 75C / 76B / 77A / 78B / 79B / 80C

81C / 82B / 83B / 84C

5 Gerätekunde

5.1 Theoretischer Teil der Angelfischerausbildung

Die heutige Vielzahl von Angelgeräten aller Art macht dem noch unerfahrenen Angelfischer die Wahl des fischgerechten (waidgerechten) Gerätes schwer. Wenn er keinen erfahrenen Berater hat, besteht die Gefahr, dass er zum Beispiel die Rute zu kurz, zu lang, zu weich oder zu hart, die Schnur zu dünn oder zu dick, den Haken zu klein oder zu groß wählt. Das kann seinen Fangerfolg erheblich beeinträchtigen. Was aber schlimmer ist: **Ein unsachgemäß zusammengestelltes Angelgerät kann durch Gerätebruch oder Abreißen der Schnur den geangelten Fisch gefährden, so dass er verludert!** Deshalb muss verlangt werden, dass der Angelfischer schon vor der ersten Ausübung des Fischfangs weiß, auf was es bei der Zusammenstellung des Angelgerätes ankommt, ohne dass er ein umfangreiches Katalogwissen hat. Nur die wichtigsten Arten der Angelruten, Rollen, Schnüre, Haken und des Zubehörs braucht er zu kennen. Aber er muss wissen, wie es um die Eignung der einzelnen Geräte für den Fang bestimmter Fische bestellt ist und welche Festigkeitseigenschaften diese voraussetzen. Darauf ist die Mehrzahl der nachfolgenden Fragen ausgerichtet.

5.1.1 Angelruten

Art, Stärke und Länge der Angelrute sind zweifellos abhängig von der Beschaffenheit des Fischwassers und seiner Ufer. So verlangen zum Beispiel Schilfgürtel und hohe Schrägufer lange Ruten, während an unbewachsenen Ufern, beim Fischen vom Boot aus und beim Watfischen kurze Ruten handlicher und praktischer sind. Auch stellen sie an die Muskelkraft des Fischers keine Ansprüche.

Viel mehr aber werden Art und Abmessung der Angelrute bestimmt von der Fischart, deren Verhalten bei Anbiss und Drill, der Eigenart ihrer Kampfesweise und dem Grade ihrer Wehrhaftigkeit. Wie unterschiedlich die Ruten in dieser Hinsicht sein müssen, mögen einige Gegensätze klarmachen: Des zentnerschweren Wallers im Donaudelta kann man nur mit einer harten und schweren Rute Herr werden. Die blitzschnelle Reaktion und die schnellen Fluchten des Lachses, bei denen 50 und mehr Meter Schnur in einem Zuge von der Rolle gerissen werden, verlangen eine zähe, aber doch elastisch-nachgiebige Lachsrute. Spannlange Lauben und Barsche fängt man mit leichtesten und oft recht kurzen Ruten. Dazwischen liegen vielerlei Möglichkeiten, die aber doch sehr unterschiedliche Ansprüche an die Angelrute stellen. »Biegsam trotz hartem Rückgrat« heißt es zum Beispiel beim wehrhaften Großkarpfen. »Nicht zu lang und ziemlich hart« soll die Hechtrute sein. »Sehr leicht und weich und nicht zu kurz« verlangen die kleinmäuligen Äschen und Nasen unsere Angelrute.

So setzt schon die Rutenwahl manche Vorkenntnisse voraus, so dass niemand darum herumkommt, sich vor dem ersten Angeltage ernsthaft mit seinem Wasser, seinen Fischen und der gar nicht so einfachen Angelrutenwahl zu beschäftigen! In guten Lehrbüchern findet man klare Hinweise. Besser aber ist die persönliche Beratung durch einen erfahrenen Fischer bei der ersten Anschaffung.

❓ Welche Angelruten gibt es, eingeteilt nach ihrem Verwendungszweck?

1. **Grundruten** – leicht, mittelstark und stark – meist zwei- und dreiteilig – als Steckruten und mehrteilig als Teleskopruten – zum Fischen in allen Wassertiefen von der Oberfläche bis zum Grund (Boden) (z. B. auch sog. »Stippruten«).
2. **Spinnruten** – leicht, mittelstark, stark und sehr stark – je nach Länge und Stärke ein- oder zweihändig zu führen – zum Fischen mit Spinnködern.
3. **Fliegenruten** – zum Fischen mit der künstlichen Fliege,
    a) einhändige – zweiteilig – leicht, mittelstark (»Normal« oder »Standard«) und extra stark, letztere meist nur für den Turnierwurf,
    b) zweihändige – zwei- und dreiteilig – in Längen bis über 4 m – meist nur für die Lachsfischerei.

Die Mehrzahl der unter 1. und 2. genannten Ruten wird auch als »Wurfruten« bezeichnet. Besonders die Spinnruten sind »Wurfruten.«

5. GERÄTEKUNDE

> **Anmerkung:** Für die Schleppfischerei vom Boot aus, in Seen und Talsperren, wird eine extra starke und kurze Spinnrute, die sog. »Schlepprute« gebraucht. Stark muss sie sein, damit der an langer Schnur oft tief geführte Spinner sie nicht zu stark durchneigt, und kurz, damit der Fischer bei Wurf und Drill im schwankenden Boot nicht das Gleichgewicht verliert.

Handgriff-Grundformen

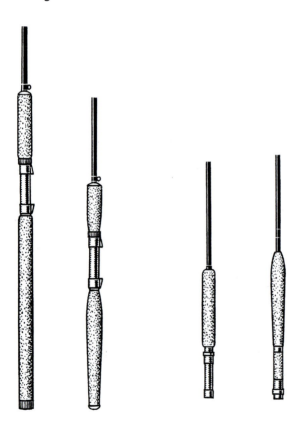

2-händige und
1-händige Grund- und Spinnrute

Fliegenruten-Handgriffe
(einhändig)

5.1 THEORETISCHER TEIL DER ANGELFISCHERAUSBILDUNG

❓ Welche Angelruten gibt es, eingeteilt nach dem verwendeten Material?

1. **Gespließte Ruten** – hergestellt aus »Spließen« der zähen Außenschicht besten Tonkinrohres. Eigenschaften: elastisch mit viel Federkraft = »Rückgrat«, »hart, aber zerbrechlich«. Kostspielige Herstellungsart. Daher heute fast nur noch zur Fabrikation sehr hochwertiger Fliegenruten angewendet, die aber selbst auf dem Gebiet des Fliegenfischens überwiegend nur von wenigen Liebhabern gekauft werden.

Gespließte Rute   Vollglasfiber-Rute   Hohlglasfiber- und Kohlefaserrute

2. **Vollglasruten** – ohne Hohlraum, hergestellt aus feinsten Glasfasern, die durch ein Kunstharz verbunden werden. Die Härtung der Teile wird durch Erhitzung erreicht.
Eigenschaften: schwerer und weicher als etwa gleich starke Hohlglasruten, aber sehr bruchsicher, unempfindlich und preiswert. Vollglasruten werden fast nur noch als extra starke Wurfruten der Süßwasser- und Meeresfischerei hergestellt, auch als Schleppruten in Binnenseen.

3. **Hohlglasruten** – hergestellt aus zu Bändern oder Stoffbahnen gewebten feinsten Glasfäden. Sie werden zu dünnwandigen konischen Röhrchen verarbeitet, die nach Präparierung mit einem Kunstharz durch Erhitzen gehärtet werden.
Eigenschaften: sehr leicht und handlich, aber empfindlicher gegen Stoß und starke Biegung als Vollglasruten. Sehr praktisch: Teleskopartig zusammenschiebbare Hohlglasruten in allen Längen, besonders in Längen von 3 bis 6 m und darüber.

4. **Kohlefaserruten.** Sie sind eine Fortentwicklung der Glasfiberruten, wobei die Glasfiberfaser durch die Kohlefaser (»Graphit«) ganz oder teilweise ersetzt wird. Dieses im Flugzeugbau und in der Raumfahrt entwickelte Material macht den Bau hochwertiger Angelruten mög-

5. GERÄTEKUNDE

lich, die etwa 25 % bis 30 % leichter sind als vergleichbare Glasfiberruten und deren Federkraft trotzdem weit übertreffen.
Die Kohlefaserrute ist heute die gebräuchlichste Angelrute. Inzwischen werden häufig Kombinationen aus Kohlefaser und Glasfaser verwendet, hinzu kommen noch High-Tech-Materialien wie Kevlar oder Siliconcarbit.

5. **Bambusruten** – hergestellt aus gelbem, schwarzem oder geflecktem, naturgewachsenem Bambusrohr oder auch aus Tonkinrohr; oft mit einer Vollglas- oder Hohlglas-Spitze. (Spezialruten: Lange Seerohrruten, 5 m und darüber, sehr leicht, für die feine »Stipp«- und Grundfischerei.)
Eigenschaften: dort geeignet, wo extra lange Grundruten unentbehrlich sind.
Die Bambusruten sind heute aus der Mode geraten. Auch sie finden inzwischen nur noch bei Liebhabern ihren Platz.

❓ Welche Längen und Stärken sollen Grund- und Spinnruten für den Fang folgender Fische haben: Rotauge (Plötze) und sonstige Weißfische – Forelle – Karpfen – Hecht – Huchen und Waller?

Rotauge (Plötze) und sonstige Weißfische: leicht mit entsprechend dünner Spitze. Kurzer Rutentyp: Länge ab ca. 1,8 – 2,0 m. Langer Rutentyp: Länge ca. 2,5 – 3,0 m. Sehr langer Rutentyp: Länge ca. 5,0 – 7,0 m (Teleskop oder mehrteilige Steckruten).
Forelle: leicht mit dünner, gut federnder Spitze. Kurzer Rutentyp: ca. 1,80 – 2,40 m. Langer Rutentyp: ca. 2,70 – 3,00 m.
Karpfen: mittelstark mit leichter bis mittelstarker Spitze je nach Durchschnittsgröße des Karpfenbestandes. Langer Rutentyp: ca. 2,70 – 3,90 m. Kurze Rutentypen werden auf Karpfen nicht mehr verwendet.
Hecht: mittelstark bis stark mit entsprechend harter Spitze: Kurzer Rutentyp: ca. 1,80 – 2,00 m (meist Bootsruten). Langer Rutentyp: ca. 2,40 – 3,30 m.
Huchen und Waller: stark und steif mit kräftiger Spitze. Kurzer Rutentyp: ca. 2,10 – 2,20 m. Langer Rutentyp: ca. 2,40 – 3,00 m.

Beispiele:

❓ Wie muss eine Spinnrute für den Hechtfang beschaffen sein?
Sie muss recht steif sein mit kräftig verlaufender Spitze, damit die verhältnismäßig großen Haken – meist Drillinge – beim Anhieb sicher in die knochigen Kiefer eindringen können.

5.1 THEORETISCHER TEIL DER ANGELFISCHERAUSBILDUNG

❓ Wie muss eine Grundrute zum Fischen mit Schnüren 0,12 – 0,15 mm Ø und Goldhaken der Größen 12 – 15 beschaffen sein?

(Z.B. geeignet zum Fang von kleinen und mittleren Rotaugen oder sonstigen Weißfischen, auch Barschen.)
Zu diesen dünnen Schnüren und kleinen Haken passt nur eine weiche Rute mit sehr dünn verlaufender Spitze; Rutenlänge nicht zu kurz, also möglichst 2,50 – 3,00 m lang. Wo extra lange Ruten nötig sind, kommen leichte Teleskopruten, meist 5,00 – 7,00 m, jedoch auch 10,00 m und darüber in Frage.

❓ Wie muss eine Karpfenrute beschaffen sein, wenn mit schweren Exemplaren gerechnet werden muss und vom Ufer oder vom Bootssteg aus geangelt wird?

Zum Parieren der rasanten Fluchten eines wehrhaften Großkarpfens braucht man eine mittelstarke, etwa nicht unter 3,30 m, besser 3,90 m lange Grundrute. Die Durchbiegung soll in diesem Falle der meist verwendeten Schnurstärke 0,35 mm Ø und der Hakengröße 2 – 6 (mittlere Aktion) entsprechen. (Beim Fischen vom nicht verankerten Boot aus kann die Rutenlänge kürzer gehalten werden.)

❓ Welche »Aktionen« unterscheidet man bei den Angelruten?

1. Gleichmäßig auf die ganze Rutenlänge verteilte Durchbiegung (»Aktion«) bei Wurf und Drill (auch »parabolische Aktion« genannt).
2. Durchbiegung der Rute in den oberen zwei Dritteln (»mittlere Aktion«).
3. Stärkere Verjüngung der Rute in der oberen Hälfte oder nur im oberen Drittel, so dass die Durchbiegung meist im wesentlichen auf das Spitzenteil beschränkt ist (sog. »Spitzen-Aktion«).

Ruten-Aktion: siehe S. 272

Bei Fliegenruten ist die Parabolik-Aktion vorherrschend.

Von bekannten Herstellern werden die Ruten heute in Klassen eingeteilt (z.B 4 Klassen 1,5–2,0; 2,5–3,0; 3,5–4,0 und 4,5–5,0 oder A, B, C und D) Hierbei ist A die leichteste Rute, entspricht jedoch der Klasse 4,5–5,0 usw. Das dabei jeder Klasse zugeordnete Wurfgewicht ist eine gute Charakterisierung der Rutenstärke und -eignung. Allerdings wird heute häufig, vor allem auf Karpfenruten, die Testkurve in lb (1 lb = 454 g) angegeben. Hier empfiehlt sich eine Umrechnung. Bsp: Eine Rute trägt die Angabe 2 lb. Man rechne: 2 x 454 = 908 g: 16 = 56,75. Das

5. GERÄTEKUNDE

Ruten-Aktion

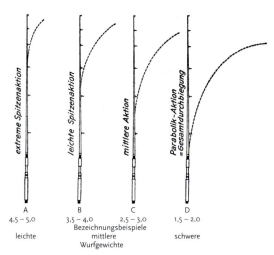

Bei Fliegenruten ist die Parabolik-Aktion vorherrschend.

bedeutet, wir haben es mit einer Rute zu tun, deren optimales Wurfgewicht bei ca. 60 g liegt.

❓ Wann ist die »Spitzen-Aktion« der normalen, über die ganze Rute verteilten Durchbiegung vorzuziehen?

Wenn ein Ausholen mit der Rute, also der sog. Rückschwung, durch Buschwerk, Bäume, Zäune, Hauswände und dgl. behindert ist, ermöglicht sie trotzdem weite Würfe mit kurzen Ruten. Vorteilhaft ist sie auch beim Fischen vom Boot aus, da das Herausschnellen des Köders mit nur geringer Arm- und Rutenbewegung möglich ist und so das Gleichgewicht im Boot nicht gestört wird. Außerdem sind besonders dünn verlaufende Rutenspitzen empfindliche Bissanzeiger. Anwendungsgebiet: Leichte und mittlere Grund- und Spinnfischerei.

❓ Welcher Verstoß gegen die Fischgerechtigkeit kann bei der Spinnfischerei mit der Verwendung von Ruten mit Spitzenaktion verbunden sein?

Sehr dünn auslaufende Rutenspitzen können zur Verwendung zu dünner Schnüre und zu kleiner Haken verleiten. Zu dünne Schnüre aber haben beim Drill stärkerer Fische zu geringe Zerreißfestigkeit.

Zu kleine Haken sind immer eine Gefahr beim Biss untermaßiger Fische, da sie oft tief im Rachen sitzen und dann nur unter hohem Blutverlust und sonstigen lebensgefährlichen Verletzungen entfernt werden können.

> Nicht die Spitzenstärke der Rute bestimmt die Hakengröße, sondern allein die Art und Größe des zu erwartenden Beutefisches!

❓ Welche Teile der Angelrute können die Zerreißfestigkeit der Schnur gefährden?

Schadhafte Rutenringe, z.B. gesprungene Glas-, Porzellan und Achatringe und von der Schnur stark eingesägte Stahlringe.

Die ständige Kontrolle der Schnurführungsringe ist daher für den Angler unerlässlich.

❓ Warum sind schadhafte Schnurführungsringe an der Angelrute nicht fischgerecht?

Sie können die Schnur beschädigen, so dass sie vom stärkeren Fisch abgerissen werden kann.

(Voraussetzung für Erhaltung der Zerreißfestigkeit der Schnur ist ein hoher Härtegrad der Rutenringe, an deren Verbesserung ständig gearbeitet wird. Außer den meistens verwendeten Schnurlaufringen aus hartverchromtem Federstahl stehen heute für besonders hochwertige Ruten solche aus härterem Material, z.B. Wolfram-Karbid und Ringe mit besonderen Einlagen aus Wolfram-Karbid, Aluminium-Oxyd etc. zur Verfügung.)

5.1.2 Angelrollen

Die Angelrolle hat die Aufgabe, die Schnur aufzunehmen und beim Wurf leicht abzugeben. Seit es stabile monofile Kunststoffschnüre gibt, hat die Stationärrolle in der Grund- und Spinnfischerei das Feld erobert, so dass heute ein Grund- und Spinnfischer ohne Stationärrolle nicht mehr denkbar ist. War früher aber die Angelrute der teuerste Teil beim Anschaffen eines Gerätes, so hat heute der Rollenpreis den Rutenpreis oft überholt. Der verhältnismäßig komplizierte Mechanismus, zusammengebaut aus vielen Einzelteilen, verlangt Präzision bei der Herstellung. Billige Stationärrollen haben eine geringe Lebensdauer, machen bald Ärger und gefährden sogar beim Versagen den gehakten Fisch. Wegen ihrer dominierenden Funktion beim Zusammenwirken der Angelgeräte soll man deshalb – auch im Hinblick auf die Lebensdauer – eine Präzisionsrolle vorziehen, die nach Möglichkeit Kugel-

5. GERÄTEKUNDE

lager, eine fein regulierbare Schnurbremse und ein extra hartes, rotierendes Schnurführungs- bzw. Schnurlaufröllchen hat.

Die Karpfenangelei hat in den letzten Jahren die meisten Fortschritte gebracht. So ging aus ihr auch die so genannte Freilaufrolle hervor. Hierbei handelt es sich um eine Stationärrolle, deren Bremse ausgeschaltet werden kann, so dass der Fisch beim Biss Schnur nehmen kann, ohne dass durch offenen Schnurfangbügel Perücken entstehen können. Heute sind Freilaufrollen auch beim Raubfisch-Ansitz längst Standard.

❓ Welche verschiedenen Rollenarten gibt es?

1. **Einfache Rollen** ohne Übersetzung mit rotierender Trommel, offen oder im Gehäuse, für Grund- und Spinnfischerei. (Extra große auch für die Schleppfischerei am Boot zu befestigen.)
2. **Übersetzte Rollen** mit rotierender Trommel = sog. Multirollen (Multiplikatorrollen) für Grund- und Spinnfischerei, extra große auch für die Meeresfischerei.
3. **»Stationärrollen«** mit quer zur Rutenachse feststehender, also nicht rotierender Trommel, für Grund- und Spinnfischerei (»Querwinder«),
   a) mit offenem Gehäuse und Klappbügel = Schnurfangbügel (s. Abb. S. 275/3. a),
   b) mit geschlossenem Gehäuse, einfachem Schnurfangstift im Gehäuse-Innenraum und loch- oder ringförmigem Schnuraustritt an der Vorderseite (Kapselrolle, Abb. S. 275/3. b).

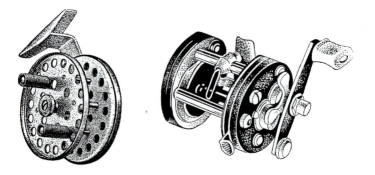

1. Einfache Grund – u. Spinnrolle   2. Multirolle

3. a) Stationärrolle (offen)

3. b) Stationärrolle geschlossen (Kapselrolle)

4. **Fliegenrollen** mit rotierender Trommel
a) mit Handaufwindung = sog. »Kurbelrollen«,
mit Federaufwindung = sog. »Automatic-Fliegenrollen«.
Die Automatic-Rollen haben sich, bis auf eine Ausnahme, welche aus Carbon hergestellt wird, auf Grund ihres hohen Gewichtes nicht durchgesetzt.

Zu 1. (s. Abb. 274/1)
❓ **Wann kann man einfache Rollen ohne Übersetzung verwenden?**
a) Für die schwere Grund- und Spinnfischerei, bei der Köder und Bleibeschwerung so schwer sind, dass die Trommel beim Wurf leicht in Bewegung gesetzt wird.
b) Für die Grundfischerei in Ufernähe, wo man die benötigte Schnurlänge vorher von der Rolle zieht und diese dann im Schwung »von Hand« durch die Ringe gleiten lässt.

Einfache Rollen dieser Art werden nur noch wenig verwendet.

»Kurbelrolle« »Automatic-Rolle«

4. a) Einfache Fliegenrolle

4. b) Automatische Fliegenrolle

5. GERÄTEKUNDE

Zu 2. (s. Abb. S. 274/2)
❓ Welche Vorteile hat die Multirolle?
Das gradlinige Ablaufen der Schnur in Verbindung mit Daumenbremsung unmittelbar auf der Schnur ermöglicht einen genauen Zielwurf.

❓ Welche Nachteile hat die Multirolle?
Bei zu scharfem Anschwung entsteht leicht eine Schnurverheddung (»Perücke«), wenn nämlich die Trommel schneller ist als die ablaufende Schnur. Für diese Rolle sind nur leichte und mittelstarke, weiche – evtl. geklöppelte – Schnüre geeignet.

❓ Wie können diese Nachteile vermindert oder auch ganz ausgeschaltet werden?
Durch eine eingebaute Fliehkraftbremse, die um so stärker wirkt, je schneller die Schnurtrommel läuft. Multirollen mit dieser Einrichtung ermöglichen bei guter Beherrschung der Daumenbremsung sehr gute Zielwürfe und völlig ausreichende Weitwürfe.

Zu 3 a) (s. Abb. S. 275/3. a)
❓ Welche Wurfeigenschaft hat die offene, normalgroße Stationärrolle?
Der ungehemmte Schnurablauf ermöglicht große Wurfweiten bei monofilen und multifilen Schnüren.

Zu 3 b) (s. Abb. S. 275/3. b)
❓ Welche Wurfeigenschaft hat die geschlossene Stationärrolle (Kapselrolle)?
Die normalgroße Kapselrolle ist besonders für genaue Zielwürfe mit einfachen Schnüren bis etwa 0,30/0,35 mm $\varnothing$ geeignet. Die Wurfweiten sind bei dünnen Schnüren wenig beeinträchtigt, nehmen aber mit zunehmender Stärke erheblich ab.

❓ Wann sind geschlossene Stationärrollen (Kapselrollen) für die Fischerei auf schwere Hechte und Großkarpfen geeignet?
Wenn es sich um Modelle mit größerem Schnurfassungsvermögen etwa der Stärke 0,40 mm handelt.

Zu 3.
❓ Welches Schnurfassungsvermögen muss eine Stationärrolle haben?
Eine **kleine Stationärrolle** soll für die leichte Grund- und Spinnfischerei auf Forellen, Barsche und sonstige leichte Fische etwa 100 m monofile Schnur von 0,30 mm $\varnothing$ fassen können.

5.1 THEORETISCHER TEIL DER ANGELFISCHERAUSBILDUNG

Die **normale und gebräuchlichste Stationärrolle** soll etwa 100 m monofiler Schnur von 0,45 mm ∅ fassen können.(Entsprechend höhere Kapazität wird bei Verwendung geflochtener Schnüre erreicht.) Die Fischerei auf schwere Hechte, Huchen und Welse (Waller) verlangt oft eine **größere Stationärrolle** mit einem Fassungsvermögen von etwa 100 m monofiler Schnur bis Stärke 0,60 mm ∅.
Rollen für die Meeresfischerei s. Teil 9.3 ab S. 422.

Anmerkung: Stationärrollen mit geringem Schnurfassungsvermögen, zu welchen auch viele geschlossene oder Kapsel-Rollen gehören, setzen meist nur geringe Schnurstärken voraus, deren obere Grenze oft bei 0,30 mm ∅ liegt. Solche Rollen sollen deshalb nur für die leichte Spinnfischerei auf Forellen, Barsche, Aitel (Döbel) etc., ferner für die leichte Grund- und Schwimmangelfischerei Verwendung finden, wo keine Gefahr besteht, dass ein starker Fisch (Hecht, Karpfen, Schied, Rapfen, Huchen) die zu dünne Schnur zerreißt!

Beispiele

❓ **Welche Schnurlänge welcher Stärke soll eine Stationärrolle für den normalen Hechtfang aufnehmen können?**
Nicht unter ca. 100 m der Schnurstärke 0,45 mm ∅.
(Die Normalstärke der Hechtschnur ist allgemein bei monofiler Schnur 0,40 mm ∅, bei geflochtener 0,16 mm. Dünnere Schnüre für die leichte Spinnfischerei oder die Grundfischerei können auf Reservetrommeln mitgeführt werden.)

❓ **Warum kann man eine kleine Stationärrolle nicht zum Hecht- oder Wels-(Waller-)Fang benutzen?**
Weil sie zu wenig der benötigten starken Angelschnur fasst.

zu 4. Abb. S. 275/4. a
❓ **Welche Eigenschaften muss eine einfache Fliegenrolle mit Handaufwindung haben?**
1. Schmale Bauart mit großem Achsdurchmesser = schnelle Schnuraufwindung und geringe Schnurkrümmung.
2. Einstellbare, meist stille Hemmung = Achsbremse.
3. Schnurschutz in Art eines Achat- oder Stahlführungsringes oder einer Schnuraustrittsöffnung aus hartverchromtem Stahlblech.

5. GERÄTEKUNDE

❓ Welche Eigenschaften muss eine Automatic-Fliegenrolle haben? (Abb. S. 282/4. b)

1. Sehr lange, weiche Feder, so dass kein Abreißen des Vorfaches bei weiten Fluchten entstehen kann.
2. Eine weite Schnuraustrittsöffnung aus sehr hartem Stahlblech mit abgerundeten Kanten = Schonung der sehr wertvollen Fliegenschnur.
3. Leichte Zugänglichkeit aller beweglichen Teile, die schnelles Auseinandernehmen bei Störungen ermöglicht.

❓ Welche Teile der Rolle können die Zerreißfestigkeit der Schnur gefährden?

1. Scharfe Kanten an der Trommel, am Gehäuse und an der Schnurführung.
2. Zwischenräume zwischen den beweglichen und festen Teilen, in die dünne Schnüre hineingeraten und dort durch Reibung und Quetschung beschädigt werden können. Wichtig: Umdrehung der Kurbel sofort stoppen! Überprüfung eingeklemmter Schnurteile.
3. Zu stark angezogene Schnurbremse bei der Stationärrolle.
4. Ein von der Perlonschnur eingesägtes und dadurch scharfkantig gewordenes Schnurlaufröllchen am Schnurfangbügel der Stationärrolle oder der eingesägte Fangstift der Kapselrolle.

Die auf Seite 275 abgebildete Stationärrolle mit übergreifender Spule vermeidet Einklemmen von Schnüren zwischen Spule und Gehäuse und Eindringen von Schmutz und Sand.

❓ Welcher Teil der Stationärrolle ist für einen sicheren Drill am wichtigsten?

Die Schnurbremse (Bremsmutter, Bremsstern, Bremsschraube). Sie ist der Schnurstärke entsprechend so einzustellen, dass bei plötzlichem und scharfem Zug eines guten Fisches die Zerreißfestigkeit der Schnur nicht überschritten werden kann. Die Schnurstärke, also ihre Zerreißfestigkeit bestimmt die Bremseinstellung! (Nicht die Größe des zu erwartenden Fisches!)

Wegen der überragenden Bedeutung der Schnurbremse der Stationärrolle für ein fischgerechtes Angeln seien hierunter noch ein paar einfache Fragen aufgeführt, die jederzeit beim Kauf einer Rolle, beim Fischen selbst und auch in der Fischerprüfung an den Fischer gestellt werden können.

❓ Warum hat die Stationärrolle eine verstellbare Schnurbremse?
Damit die Bremskraft der Zerreißfestigkeit der Schnur angepasst werden kann.

❓ Wie stark darf die Schnurbremse der Stationärrolle maximal angezogen werden?
Sie darf nur so stark angezogen werden, dass beim Drill eines Fisches die Zerreißfestigkeit der Schnur nicht überschritten wird.

❓ Welcher Teil der Stationärrolle ist für eine sichere Landung des Fisches am wichtigsten?
Die Schnurbremse, weil sie auch bei starken Fischen ein Abreißen der Schnur durch richtige Einstellung vermeidet.

❓ Welches sind die wichtigsten Forderungen der Rollenpflege?
1. Die Rolle sowie die Rute mit der daran befestigten Rolle dürfen nicht auf sandigen Boden gelegt werden. Eindringen von Sand in die beweglichen Teile und in das Getriebe bedeutet Blockierung und vorzeitige Abnutzung.
2. Auf dem Transport im Rucksack, in der Gerätetasche oder im Auto soll die Rolle – insbesondere die Stationärrolle! – in einem festen Karton oder Etui stoßsicher untergebracht sein. Verbogene Schnurfänger können die Rolle außer Funktion setzen und sogar den gehakten Fisch bei Anhieb und Drill gefährden.
3. Schnurbügellager, Auslöser, Handgriff- und Kurbelachse müssen öfter geölt werden. Die Getriebeteile bedürfen bei fleißigem Gebrauch vor jeder Saison einer neuen Schmierung durch einen Fachmann.

5.1.3 Angelschnüre und Vorfächer (Tragkraft s. S. 301)

Durch die Erfindung der Schnüre aus verschiedenen Kunststoffen sind die früher so verbreiteten geklöppelten Seidenschnüre völlig verdrängt worden. Die einfädige (»monofile«) Schnur hat sich wegen der geringen Sichtigkeit bei hoher Zerreißfestigkeit (Tragkraft) durchgesetzt. In den letzten Jahren ist die geflochtene (»multifile«) Schnur sehr stark aufgekommen. Sie wird aus einem Kunststoff namens Dyneema gefertigt. Hierbei werden viele Einzelfäden zu einer dünnen, extrem starken Schnur geflochten. Es entstehen bei geringem Durchmesser Tragkräfte, die früher undenkbar waren. Als Beispiel soll die früher angesprochene normale Hechtschnur dienen. Es wurde gesagt, dass man normaler Weise mit 40 mm ∅ fischt. Diese Schnur hat eine mittlere Tragkraft von 13 kg. Eine geflochtene Schnur gleichen Durchmessers hätte bereits eine Tragkraft von 32 kg. Es ist also klar, dass sich hier anbietet eine dünnere Schnur zu verwenden. Dies gilt aber nicht immer. Beim Karpfenangeln beispielsweise sollte wegen der höheren Dehnbarkeit der monfilen Schnur, diese auch vorgezogen werden. So kommt es also immer auf die geplante Verwendung an. Fest steht jedoch, dass in einigen Fällen, wie z. B. dem Spinnangeln, der geflochtenen Schnur der Vorzug gegeben werden sollte.

Nur sollte man seine Ansprüche an jegliche Angelschnur nicht überspannen! Die heute so überfischten Wasser verführen nämlich leider dazu, die Schnur recht wenig sichtbar, also oft zu dünn zu wählen. Hinzu kommt ein gewisses Angebertum. Man will mit möglichst leichtem Zeug möglichst große Fische fangen! Dieser unheilvollen Tendenz muss energisch entgegengetreten werden, da sonst gegen die Forderungen eines vernünftigen Tierschutzes verstoßen und der Ruf der Waidgerechtigkeit der Angelfischerei in Frage gestellt wird!

An einer gut gepflegten Schnur der richtigen Stärke erkennt man den fischgerechten Angler!

Zudem ist ja die Pflege der meist verwendeten einfachen bzw. einfädigen Schnur so einfach! Sie verrottet nicht und ist nur gegen Sonnenbestrahlung empfindlich. Daher ist auch eine gefärbte Schnur immer besser. Da die monofile Schnur nicht teuer ist, empfiehlt sich ein öfteres Abschneiden der ersten paar Meter – wenigstens bei den dünneren Schnüren! – und völliger Ersatz in jeder Angelsaison, wenn die Schnur an zahlreichen Angeltagen besonders beim Spinnfischen recht strapaziert wurde.

❓ Welche Angelschnurarten sind heute am gebräuchlichsten?

1. Schnur, bestehend aus einem Kunststofffaden (monofil).
2. Schnur, geflochten aus vielen feinen Dyneemafäden (multifil).
3. Parallele (gleichbleibend starke) und verjüngte Fliegenschnüre, meist aus feinen Perlonseidenfäden geklöppelt.
   a) mit Ölfirnis oder Kunstharz präpariert und ohne Hohlraum = schwerer als Wasser
   b) mit Kunstharz präpariert und mit durchgehendem oder unterteiltem Hohlraum = leichter als Wasser, heute meist verwendet.
   zu a) die sogenannte »Ölschnur« oder Vollschnur muss durch Einfetten schwimmfähig gemacht werden,
   zu b) die sog. »Luftschnur« schwimmt ohne Einfetten.

❓ Wann ist die monofile und wann die multifile Schnur vorzuziehen?

Die monofile Schnur ist fest und unempfindlich, so dass sie in den mittleren Stärken 0,25 bis 0,40 mm ⌀ fast universell für die Grundfischerei verwendet wird. Nur wenige Angeltechniken und Fischarten verlangen dünnere Schnüre von 0,20 mm ⌀ und schwächer.

Beim Spinnfischen, bei welchem es darauf ankommt, häufig und weit meist leichte Kunstköder zu werfen, ist die multifile Schnur die bessere Wahl, da sie sich auf Grund ihres geringen Durchmessers besser werfen lässt und trotzdem auch starke Fische halten kann.

Die stärkeren monofilen Schnüre, etwa 0,45 bis 0,60 mm ⌀, sind mit zunehmender Stärke starrer und drahtig-steifer. Sie verlangen ein entsprechend größeres Schnurfassungsvermögen der Rolle und in der Regel höhere Wurfgewichte. Auch in diesen Fälle empfiehlt sich die Verwendung entsprechender multifiler Schnur.

❓ Welche Schnurstärken der monofilen Schnur wählt man in der Regel beim Grund und Spinnfischen auf z.B. Forellen – Barben – Karpfen – Hechte – Huchen – Waller (Welse)?

Forellen: nicht unter 0,25 mm; Barben: nicht unter 0,30 mm; Karpfen/Hechte: nicht unter 0,30 bis 0,35 mm; Huchen: nicht unter 0,45 mm; Waller: nicht unter 0,50 – 0,60 mm.

Anmerkung: Besonders klare und überfischte Wasser können bedingen, dass die angegebenen Stärken unterschritten werden müssen. Aber hierbei soll man sehr verantwortungsbewusst verfahren und lieber auf einen guten Fisch verzichten, als einen Schnurriss zu riskieren, so dass der Fisch dann verludern muss! – Andererseits kann es notwendig sein, dass in Wassern mit sehr starken und schweren Fischen die angegebenen Stärken überschritten werden müssen, besonders wenn das Fischwasser stark verkrautet ist. Siehe auch Tabelle für den Anschauungsunterricht unter 5.2 Praktischer Teil der Angelfischerausbildung Seite 301.

❓ Gibt es für das Verhältnis von Schnurstärke zur Rutenstärke, also auch zum Wurfgewicht eine allgemeine Regel?

Wie jede Fischart eine bestimmte Schnurstärke verlangt, so muss auch die Angelrute zu dieser Schnurstärke passen. Das ergibt eine zweckmäßige und harmonische Zusammenstellung, die aus der anschließenden Tabelle ersichtlich ist:

5. GERÄTEKUNDE

Rutentyp:	Wurf-gewicht	Schnur- (oder Vorfach-)stärke in mm (monofil
Leichte Fliegenrute: »Äschenrute«	AFTMA* 5 – 6	0,16 – 0,22
Kräftige Fliegenrute:	AFTMA 6 – 7	0,18 – 0,24
Sehr leichte Grund – und Spinnrute, »Forellenrute«:	5 – 20 g	0,20 – 0,25
Leichte Grund- und Spinnrute: Vielseitig verwendbare »Leichte Wurfrute«	10 – 30 g	0,25 – 0,30
Mittel- oder »normal«-starke Grund- und Spinnrute: »Hechtrute«, »Karpfenrute«, »Barbenrute«	20 – 40 g	0,30 – 0,40
Kräftige Grund- und Spinnrute: »Starke Hechtrute«,	30 – 60 g	0,40 – 0,45
»Huchenrute«	50 – 100 g	0,45 – 0,50
Stärkste Süßwasser-Rute: z.B. »Wallerrute«	150 – 300 g	0,50 – 0,60

AFTMA (American Fishing Tackle Manufactures Association)
Anm. s. a. Angelgeräte für das Fischen in Küstengewässern (S. 422 f.)

❓ Darf man bei bestimmten Schnurfabrikaten die Schnurstärken dünner wählen als sie in den vorhergehenden Antworten angegeben sind?

Ja, wenn es sich um vergütete (»gestreckte«), monofile Schnüre mit wesentlich höherer Tragkraft handelt. Hier kann man die genannten Schnurstärken in der Regel um ca. 0,05 mm bei den schwächeren und mittleren und um höchstens 0,10 mm bei den starken Nummern unterschreiten.

Beim Fliegenfischen mit der Fliegenrute und der künstlichen Fliege ist der dünnste Teil der Schnur die Vorfachspitze, an welche die Fliege angebunden ist.

❓ Wie stark soll beim Fliegenfischen mit der einhändigen Fliegenrute die Vorfachspitze sein?

Sie ist abhängig von der Bewegung und Sichtigkeit des Wassers, dem

Wetter (Sonne, Wolken, Dämmerung) und der Empfindlichkeit des zu fangenden Fisches. Sie liegt allgemein in Stärken zwischen etwa 0,16 und 0,24 mm ⌀, wobei als Mittelwerte 0,8 mm ⌀ beim Äschenfang und 0,20 mm ⌀ beim Forellenfang angesehen werden können.
Extremfälle wie glatter Wasserspiegel bei geringer Tiefe, helles Sonnenwetter, starke Überfischung, können erhebliche Unterschreitung der genannten Stärken bedingen. Doch soll die allgemeine Richtschnur bei der Wahl der Vorfachspitze sein: »Nicht dünner als nötig!«

❓ Welche Richtschnur soll uns bei der Auswahl der Schnurstärke leiten?
Die Schnur soll nicht dünner gewählt werden, als unbedingt nötig ist. Also Leitsatz: Nicht dünner als nötig!

❓ Welcher Teil der Angelschnur unterliegt der größten Abnutzung, und was kann man dagegen tun?
Die ersten paar Meter werden durch starke Reibung in den Ringen beim Auswerfen und durch Hindernisse am Ufer und am Boden des Fischwassers sowie auch durch die unvermeidlichen Knoten am meisten geschwächt und müssen öfter abgeschnitten werden!

❓ Wie sollen die Schnurknoten beschaffen sein?
Es dürfen nur Knoten angewendet werden, bei denen keine oder denkbar geringste Gefahr besteht, dass sie sich beim Gebrauch aufziehen oder abgewürgt werden. Solche Knoten müssen aus Lehrbüchern oder unter verantwortungsvoller Anleitung eines erfahrenen Angelfischers erlernt werden.

Vier gute Knoten:
a) Anbinden eines Spinners, eines Wirbels oder einer Drahtschlaufe

b) Verbinden von zwei Schnurenden – Vorfachknoten so:
Doppelter Schlingenknoten (auch Fischerknoten genannt) oder so:

5. GERÄTEKUNDE

Fassknoten (auch Bloodknoten = Blutknoten genannt)

c) Anbinden eines Plättchenhakens

Da dieses »Haken-Anbinden« von jedem Fischer an fast jedem Angeltage beherrscht werden muss, wird es anschließend anschaulich in 5 Phasen dargestellt.

Dieses ist eine sehr bewährte und haltbare Ausführung, die ohne Hilfsmittel am Fischwasser vorgenommen werden kann.

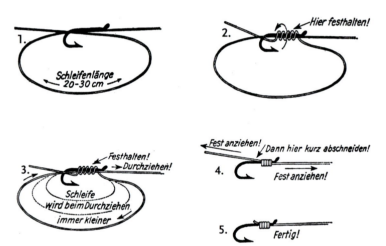

> **Welche Stellen des Vorfaches – also des sozusagen dünnsten Teiles der Schnur – werden beim Fliegenfischen am stärksten beansprucht?**

Der Vorfachknoten am Fliegenöhr und der unterste Teil (»die Spitze«) des Vorfaches. Der Knoten muss sachgemäß geknüpft und das Vorfachende (»die Spitze«) immer wieder geprüft werden.

Unten werden die einzelnen Phasen des Anbindens einer Fliege an die Vorfachspitze des Fliegenvorfaches dargestellt.

Hier handelt es sich um einen besonders sicheren Zugknoten, nämlich einen durch einen Endknoten verbesserten »Turleknoten«, bei dem das gefährliche Herausschlüpfen des Vorfachendes sicher vermieden wird.

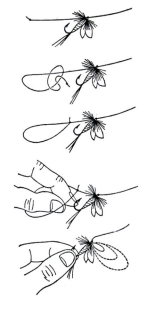

Endknoten

Schlingenknoten lose
(»Paketschlaufe«)

Schlingenknoten fest

Schlinge so zuziehen, dass der Knoten unter dem Hakenöhr liegt.

Wichtig ist öfteres Abschneiden der untersten paar Zentimeter oder Ersetzen der Vorfachspitze

❓ **Wie begegnet man der Gefahr, dass durch die spitzen und scharfen Zähne mancher Raubfische, besonders des Hechtes, die Schnur zerrissen wird und dann der Fisch verludert?**

Bei diesen Fischen muss ein Stahlvorfach in ausreichender Stärke zwischen Köder und Schnur eingeschaltet werden!

❓ **An welchen Stellen des Stahl- bzw. Drahtvorfaches kann Bruch – oder Reißgefahr auftreten?**

1. An der Lötung der Schlaufen, wenn diese bei der Herstellung nicht sorgfältig gemacht wurde. Neben der Lötung kann der Draht brechen, wenn er durch zu starke Erhitzung spröde wurde.
2. An Knickstellen erhöhte Bruchgefahr. – Strecken nur über der Flamme einer Kerze oder der schwachen Flamme eines Gasbrenners und Erhitzen nur bis zu dunklem Rotglühen!

Ständige Überprüfung und Kontrolle des Stahlvorfaches sind unerlässlich!

Der verantwortungsbewusste Raubfischangler führt stets einige Reserve-Stahlvorfächer mit sich!

5. GERÄTEKUNDE

❓ Bei welcher Art von Stahlvorfächern wird die Knickgefahr weitgehend vermieden?

Bei Vorfächern aus verseiltem Stahldraht mit Perlon- oder sonstigem Kunststoff-Mantel. Sie sind aber durch die Ummantelung wesentlich dicker als nicht ummantelte Stahlvorfächer derselben Tragkraft und können deshalb vom Auge des Raubfisches leichter gesehen werden. Ohne Beeinträchtigung der Fängigkeit finden sie vorzugsweise Anwendung in angetrübtem Wasser, in der Dämmerung, bei dunklem Wetter und in größerer Wassertiefe.

❓ Wie lang muss ein Stahldrahtvorfach mindestens sein?

Es muss so lang sein, dass auch bei einem weiträumigen Maul eines großen Raubfisches dessen Zähne nicht mit der Hauptschnur in Berührung kommen können. Sehr stabil und praktisch sind etwa nur 15 bis 20 cm lange, steife Vorfächer aus einfachem, zähhartem Stahldraht (ähnlich Klaviersaitendraht).

❓ Wie vermeidet man beim Spinnfischen das Verdrehen der Schnur wenn Spinnköder verwendet werden, die sich im Wasser drehen?

Man schaltet vor dem Spinnköder einen oder mehrere Wirbel ein. Die meisten Blinker, Spinner, Löffel und viele Anköderungssysteme für tote Fischchen haben zwar bereits einen Kopfwirbel, doch ist die Einschaltung eines weiteren Wirbels, etwa zwischen Vorfach und Schnur, gerade bei schnell rotierenden Spinnern immer anzuraten.

Verdrehte Schnur aber bedeutet nicht nur eine Störung des Wurfes und des Fischens überhaupt, sondern sie kann auch die Ursache von Schleifenbildung sein. Solche Schleifen gefährden immer die Schnur, wenn ein starker Fisch gebissen hat, insbesondere wenn sie die Rolle blockieren. Schnurriss aber macht einen guten Fisch »waidwund«, ohne dass wir ihn – wie bei der Jagd – nach erfolgreicher Nachsuche von seinem Leiden erlösen können!

❓ Wie sollen die beim Spinnfischen notwendigen Wirbel beschaffen sein?

Sie sollen zwar klein und deshalb wenig sichtbar sein, müssen aber mindestens die gleiche Bruchfestigkeit haben wie die Angelschnur. Durch Wirbelbruch wurde schon mancher gute Fisch verloren, der mit dem hakenbewehrten Spinner im Maul zum Veludern verdammt ist! Stahlwirbel sind meistens besser als Messingwirbel.

Einige gebräuchliche Wirbelarten

Größenskala

Stahlwirbel mit
Einhängeschlinge

Tönnchenwirbel mit
Einhängkarabiner

Tönnchenwirbel ohne Einhängschlinge
oder -karabiner

Stahlnadelwirbel
mit Einhängschlinge

❓ Gefährden weggeworfene Schnurreste die Umwelt?
Ja! Sie verrotten nicht, so dass lange Zeit hindurch für Kleintiere die Gefahr besteht, dass sie sich darin verheddern und verwickeln (z.B. Igel, Wiesel, Eichhörnchen, Vögel), und sie verschandeln die Umwelt.

5.1.4 Angelhaken

Ebenso wichtig wie die Schnurwahl ist im Sinne der Fischgerechtigkeit die Verwendung der richtigen Hakengröße. Dass immer ein guter Qualitätshaken genommen wird und dass alte, durch Rost in ihrer Bruchfestigkeit beeinträchtigte Haken ausgemerzt werden, ist eine selbstverständliche Voraussetzung.
Für die Wahl der Hakengröße sind nun viele Umstände von Bedeutung, von denen nur einige genannt werden sollen: Art und Größe des Köders, Größe des Fischmaules, Empfindlichkeit und Scheu des Fisches. Gerade letzteres verführt leicht dazu, allzu kleine Haken zu verwenden. Das ist besonders gefährlich bei Raubfischen mit großem Maul, wie zum Beispiel bei der Forelle, dem Hecht und dem Huchen. Diese schlürfen bei gierigem Zupacken oft den kleinen Köder mit zu kleinem Haken bis weit in den Rachen hinein und können dann, wenn sie untermaßig sind, kaum mehr abgeködert und unversehrt zurückgesetzt werden.
Das gilt auch für den sehr wehrhaften aber auch schlauen Karpfen, für dessen Fang mit dem Wurm oder dergleichen früher fast durchweg zu kleine Haken verwendet wurden. Heute wird mit bestem Erfolg der Boilie als Köder genommen, der am so genannten Haar an entspre-

5. GERÄTEKUNDE

Welche Hakengröße für welche Fische?

Abbildungen = natürliche Größe!

4/0 3/0 2/0 1/0 1 2 3 usw. →

Fisch	4/0	3/0	2/0	1/0	1	2	3
Aal							
Äsche							
Barbe							
Barsch							
Brachse							
Döbel/Aitel							
Forelle							
Hecht	meistens Drillinge						
Huchen					Grundköder		
Karpfen							
Nase							
Rotauge							
Rutte							
Schleie							
Waller	nur Drillinge						
Zander							

5.1 THEORETISCHER TEIL DER ANGELFISCHERAUSBILDUNG

	4	5	6	7	8	9	10	11	12	13	14	16	18
Aal													
Äsche							Fliege						
Barbe						Grundköder							
Barsch													
Brachse			Grundköder										
Döbel/Aitel								Fliege					
Forelle									Fliege				
Hecht													
Huchen													
Karpfen													
Nase													
Rotauge							Grundköder						
Rutte											Fliege		
Schleie													
Waller													
Zander													

5. GERÄTEKUNDE

chend großen Haken angebracht wird, so dass der Haken für den Fisch sichtbar bleibt. Dadurch ist inzwischen erwiesen, dass es Karpfen recht wenig interessiert, ob ein Haken sichtbar ist oder nicht.

❓ Welche allgemeine Regel gilt für die Wahl der Hakengröße?

Sie soll nicht kleiner gewählt werden, als unbedingt nötig ist.
Also Leitsatz: **»Nicht kleiner als nötig!«**
Dieser Leitsatz entspricht sinngemäß auch der Richtschnur für die Auswahl der Schnurstärke: »Nicht dünner als nötig!« Da diese beiden Forderungen unbedingt zum fischgerechten Verhalten gehören, werden in den Antworten der folgenden Frage bestimmten Fischen bestimmte Hakengrößen zugeordnet (s.a. S. 288), wie auf Seite 282 die Schnurstärken genannt wurden, die beim Fang bestimmter Fische nicht unterschritten werden sollen.

❓ Welche Hakengröße wählt man zum Beispiel beim Hecht – Huchen – Karpfen –, bei der Forelle – Nase – Plötze (Rotauge) usw.?

Einfache Haken:		Drillinge:	
Hecht: (selten)	4/0 – 1/0	Hecht:	3/0 – 2
Huchen: (selten)	4/0 – 1/0	Huchen:	3/0 – 1/0
Karpfen:	1 – 3	Karpfen:	
Forelle:	1/0 – 2	Forelle:	5 – 7
Plötze = Rotauge:	8 – 11	Plötze = Rotauge:	–
Nase:	8 – 13	Nase:	–

Um ein zu starkes Verletzen untermaßiger Hechte und besonders auch untermaßiger Forellen zu vermeiden, ist es oft angezeigt, eine Hakenspitze der verwendeten Drillinge am Hakenbogen abzuzwicken, so dass Doppelhaken daraus entstehen.
Die Bedeutung der Frage nach der richtigen Hakengröße wird noch deutlicher, wenn dafür bestimmte Einzelfälle herangezogen werden, wie es in den folgenden Fragen mit Antworten geschieht.

❓ Warum dürfen Einfachhaken die kleiner sind als etwa Größe 2 beim Forellenfischen nicht verwendet werden (außer beim Fliegenfischen)?

Weil sie meist zu tief im Rachen auch untermaßiger Forellen sitzen, so dass diese oft nicht ohne Verletzungen vom Haken gelöst werden können.

5.1 THEORETISCHER TEIL DER ANGELFISCHERAUSBILDUNG

❓ Für den Fang welcher Fische sind die Größen 1 und 2 einfacher Haken richtig gewählt?

Für den Fang von Forellen oder Karpfen, weil durch die Wahl dieser relativ großen Haken erreicht wird, dass sie beim Anhieb auch untermaßiger Fische im Ober- oder Unterkiefer, aber nicht im Rachen sitzen.

Hakenformen, Hakenarten

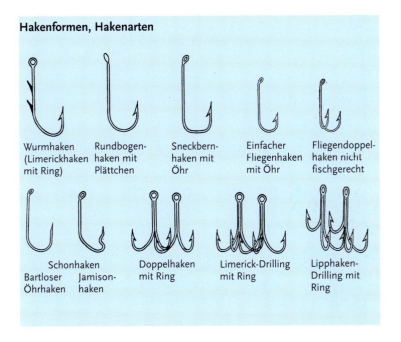

Wurmhaken (Limerickhaken mit Ring)
Rundbogenhaken mit Plättchen
Sneckbernhaken mit Öhr
Einfacher Fliegenhaken mit Öhr
Fliegendoppelhaken nicht fischgerecht

Schonhaken Bartloser Öhrhaken
Jamisonhaken
Doppelhaken mit Ring
Limerick-Drilling mit Ring
Lipphaken-Drilling mit Ring

❓ Bei welchen Fischen ist der Drilling dem einfachen Haken vorzuziehen?

Beim Spinnfischen auf Hechte und Huchen sollen extra große Drillinge verwendet werden, damit beim Anhieb wenigstens eine der drei Hakenspitzen in einen der knochigen Kiefer des großräumigen Maules eindringen kann.

❓ Welche allgemeine Regel gilt für die Zusammenstellung von Rute, Schnur und Haken?

– »Kleiner Haken – dünne Schnur – weiche Rute!«
– »Mittlerer Haken – mittlere Schnur – mittlere Rute!«
– »Großer Haken – starke Schnur – steife Rute!«

5. GERÄTEKUNDE

Hakengrößen
Einfache Haken und Drillinge in natürlicher Größe

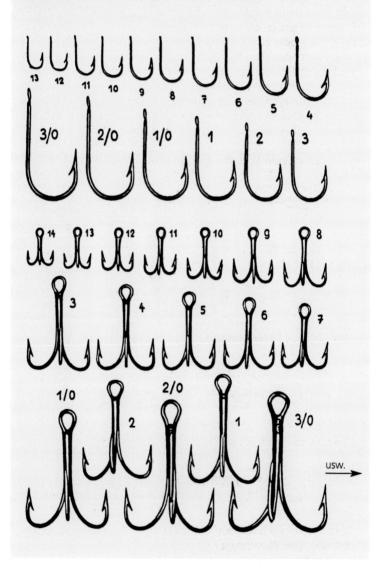

5.1 THEORETISCHER TEIL DER ANGELFISCHERAUSBILDUNG

> **Welches sind die gebräuchlichsten Hakensysteme zum Anködem toter Köderfische und dgl.?**

1. **Einfache, große Haken** mit oder ohne Bleibeschwerung. Das Wobbeln oder Drehen wird durch Krümmung des Fischchens bewirkt. Beispiel: Wiptaler- oder Tiroler-Haken.
2. **Ein Drilling oder zwei Drillinge hintereinander an Perlon oder Drahtschnur** mit oder ohne Bleibeschwerung. Das Wobbeln oder Drehen wird durch Krümmung des Fischchens bewirkt. Beispiel. Koppensystem, Fischchensystem.
3. **Fertige Spinnsysteme mit mehreren Drillingen ohne Drehschaufeln** (Turbine). Das Wobbeln oder Drehen wird durch Krümmung des Fischchens bewirkt, zum Teil durch einen gekrümmten Spieß, auf

Hakensysteme zum Anködern toter Köderfischchen

1. Wiptaler- oder Tiroler-Haken mit einfachem Haken mit Drillingen (besonders »fischgerecht« nur mit einem Drilling)

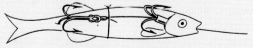

2. Zwei Drillinge hintereinander montiert mittotem Köderfisch

3. Gekrümmter Spieß mit zwei Drillingen

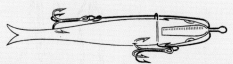

4. Spinnsystem aus federndem Stahldraht mit mehreren Drillingen, mit oder ohne Bleibeschwerung

den das Fischchen aufgezogen wird. (Spinnsysteme mit Tiefenschaufel sollen sich nicht drehen, sondern sich je nach Stärke der Schnurzüge ab- und aufwärts bewegen.)
Beispiel: System mit 2 Drillingen hintereinander.
4. **Spinnsystem aus federndem Stahldraht,** sog. Klammersystem. Bei diesem muss durch »Rucken«, Heben und Senken der Rutenspitze die taumelnde Bewegung eines kranken Fischchens vorgetäuscht werden.
5. **Das Drachkovitch-System** besteht aus einer Körperklammer und zwei Drillingen. Die Körperklammer wird bis zur Kopföse in das Fischmaul eingeführt, danach werden die Drillinge befestigt. Wird mit diesem System gefischt, erhält man das gleiche Prinzip wie beim Fischen mit dem Gummifisch, allerdings mit dem zusätzlichen Reiz des echten Fisches als Köder. Der montierte Fisch hält an diesem System extrem lange.

❓ Welches sind die gebräuchlichsten künstlichen Spinnköder?

1. **Im Wasser sich drehende und taumelnde Köder.**
   Metall-Löffel oder -Blinker. Sich um die eigene Achse drehend.
   Löffelspinner
   Metall- und Plastikspinner mit Turbine. Die Drehung um die eigene Achse wird durch Drehschaufeln (Turbine) bewirkt.
   Kugelspinner. Spinner aus Haarkörper, Federkörper und dgl., bei denen sich nur die Kopfturbine (Kugelturbine) dreht.
   Gummiköder aller Art, also Gummifische, Twister, Wackelschwänze
2. **Köder mit Wobbel-, Tauch- und Steigbewegung.** Holz- oder Plastikwobbler.
3. **Zöpfe und ähnliche.** Aus Leder, Gummischlauch oder Kunststoff als Nachbildung gebündelter Würmer oder Neunaugen u. dgl.
   Beispiel: sog. Neunaugenzopf.
4. **Phantasie-Spinner.** Spinner aller Art, die durch eigenartige Form, Farbe oder Bewegung den Raubfisch reizen sollen, ohne ein Fischchen nachzuahmen.

❓ Warum muss man bei der Wahl des Spinnköders besonders auf die Hakenmontierung achten?

Weil die Haken- bzw. Drillings-Größe sich nach der Art des Raubfisches richten muss! (Die richtigen Größen siehe auf Seite 288)

❓ Warum sind Forellenspinnköder mit mehreren kleinen Drillingen (kleiner als Größe 7) oder große Hechtwobbler mit mehreren zu

kleinen Drillingen (kleiner als Größe 2) als nicht fischgerecht abzulehnen?

Weil in beiden Fällen untermaßige Fische so stark verangelt werden können, dass sie nur unter erheblichen Verletzungen mit Blutverlust abgeködert werden können und nach dem Zurücksetzen wenig Überlebensaussichten haben.

❓ Was versteht man unter einer Legangel?

Das ist eine mit einem oder mehreren Ködern versehene Angel, die ohne ständige Beaufsichtigung am Ufer oder dgl. angebunden ist und stundenlang oder zum Beispiel eine Nacht lang sich selbst überlassen bleibt.

❓ Warum ist die Legangel nicht »fischgerecht« (waidgerecht)?

Weil die Befreiungsversuche der gehakten Fische meist langdauernd sind und deshalb eine Tierquälerei darstellen.

5.1.5 Landegeräte und Verschiedenes

❓ Was sollte man beim Landen eines Fisches (außer Lauben, kleinen Barschen und sonstigen Kleinfischen) vermeiden?

Man darf den größeren Fisch nicht an der Schnur aus dem Wasser heben oder ziehen. Während er nämlich im Wasser sozusagen gewichtslos ist, wirkt außerhalb des Wassers sein ganzes Gewicht auf die Schnur, die dann zerreißen kann. Der Fisch ist verloren und verludert, wenn der oder die Haken im Rachen, in der Zunge oder in den Kiemen festsitzen!

Also: Beim Drillen und Landen Hände weg von der Schnur und keinen größeren Fisch mit der Rute aus dem Wasser heben!

❓ Wie landet man im allgemeinen einen größeren Fisch?

Mit dem **Kescher = Unterfangnetz** oder dem **Landungshaken = Gaff.** Diese Geräte muss der Fischer immer mit sich führen, wenn in seinem Wasser größere Fische sind. Die üblichen zusammenlegbaren Kescher reichen in der Regel für Fische mit gedrungenem Körperbau bis zu 10 Pfund aus. Der Netzsack selbst muss tief und geräumig sein. Großkarpfen verlangen einen besonders stabilen Kescher mit weitem Reif und sehr tiefem Netzsack.

Für schwere Fische mit torpedo- oder spindelförmigem Körper (z.B. Hecht, Huchen, Zander, Großforelle, Lachs) ist ein Landungshaken vorzuziehen.

5. GERÄTEKUNDE

Nur in günstigen Fällen und wenn der Fisch durch den Drill völlig ermüdet ist, kann ein »Greifen« und Herausnehmen mit den Händen gutgeheißen werden. Aber dieses »Greifen« will gelernt sein!

? Welche Eigenschaften müssen gute Kescher und Gaffs haben?
a) Der Kescher:
1. Der **Kescherstock** muss sehr stabil und bruchsicher sein. Einteilige Stöcke, möglichst abschraubbar, sollen je nach Uferhöhe eine Länge von 1 m bis 1,50 m haben. Sie eignen sich beim Fischen vom Boot aus und an festen Angelstellen, Bootsstegen usw,
Beim Fliegenfischen, Spinnfischen und sonstigem Fischen mit ständig wechselndem Standort ist ein Teleskop- Klappkescher geeigneter, der zusammengelegt mit Klemmfeder an der Jacke oder am Gürtel angehängt oder in einem Köcher mitgeführt wird. Für das Watfischen genügt ein sog. Watkescher mit sehr kurzem Stiel. Beim Angeln von Brücken, hohen Ufermauern und dergl. aus, verwendet man einen Seilkescher.

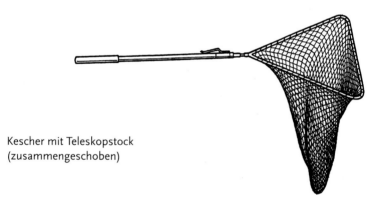

Kescher mit Teleskopstock
(zusammengeschoben)

2. Der **Kescherreif** (-bügel) soll eine lichte Weite von ca. 55 cm haben, jedoch für Großkarpfen und Hechte mindestens 80 cm.
3. Das **Netz** muss aus unverrottbarem, wasserfest imprägniertem Material, mit ca. 2 cm Maschenweite geknüpft sein und soll einen tiefen, geräumigen Sack bilden, aus dem sich der gekescherte Fisch nicht durch Herausschnellen befreien kann.

b) Das Gaff:

1 . Der **Gaffstock** entspricht dem unter a) 1. beschriebenen Kescher-

stock. Falls er abschraubbar ist, muss hier auf sehr festen Sitz der Schraubhülse geachtet werden.

Für Fischereimethoden mit ständig wechselndem Standort ist ein anhängbares Teleskop-Gaff geeigneter, das ausgezogen ca. 1 m lang ist. Auf sehr stabile Konstruktion ist zu achten.

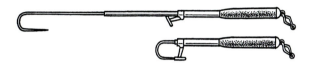

Teleskop-Gaff, ausgezogen und zusammengeschoben

2. Der **Gaffhaken** aus zähhartem Federstahl mit größtmöglicher Bruch und Biegungsfestigkeit, mit einer Bogenweite von 6 bis 7 cm muss immer nadelspitz geschliffen sein, damit die Gaffspitze an den Schuppen nicht abgleitet.

❓ **Welche Geräte muss der Angelfischer außer seinen Angel- und Landungsgeräten immer mit sich führen?**
1. Ein **Bandmaß** oder einen Maßstab zum Feststellen des Mindestmaßes Eine cm-Skala auf dem Rutengriff oder dem Kescherstiel genügt auch (Abb.3=Komb.mit Waage).
2. Ein **Lösegerät** (Löseschere, Lösezange oder Lösenadel) zum vorsichtigen Abködern untermaßiger Fische (Abb. 1 und 2). Zum leichteren Herauslösen der Angelhaken aus dem bezahnten Raubfischmaul ist auch ein sog. Rachensperrer (Abb. 5) geeignet.
3. Ein zum schnellen und schmerzfreien Töten geeignetes Instru-

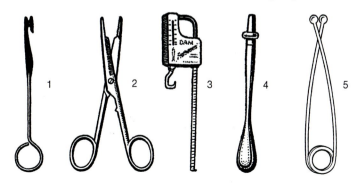

ment, z.B. ein **Schlaginstrument**= »**Fischtöter**« (Abb.4), und ein festes, spitzes Messer für den Herzstich oder die Durchtrennung der Wirbelsäule. Letzteres ist besonders geeignet zum Töten größerer Fische nach vorheriger Betäubung.

❷ **Das Einhängenetz (Setzkescher) ist ein oft notwendiges Übel wenn die gefangenen Fische lebend erhalten werden müssen. Wie soll es beschaffen sein?**
Es muss aus knotenfreien Textilien hergestellt und soll groß und geräumig sein. (Einhängenetze mit Reifen sind besser als einfache Netzsäcke – Setzkescher aus Perlon sind haltbarer, solche aus Draht in aller Regel verboten. Rechtliche Vorschriften beachten!)

Letzte Prüfung vor dem ersten Wurf:
Die menschliche Unzulänglichkeit und die immer einmal mögliche Fehlerhaftigkeit des Materials schließen nicht aus, dass trotz langer Erfahrung und Übung sich irgendwo im zusammengestellten Angelgerät ein verhängnisvoller Fehler eingeschlichen hat. Eine Überprüfung des gebrauchsfertigen Geräts ist deshalb unerlässlich. Daher muss sich jeder Angelfischer vor dem ersten Wurf des Spinnköders oder vor dem ersten Versenken der Grundangel die folgende Frage stellen:

❷ **Das Gerät – Rute, Rolle, Schnur, Vorfach und Köder – ist fertiggemacht zum Fischen. Was ist dann noch unbedingt nötig?**
Die ganze »Flucht« – vom Haken oder Spinner bis zur Schnur – und die ersten paar Meter der Schnur selbst müssen zuletzt durch eine Zugprobe auf Zerreiß- (und damit auch auf Knoten-) festigkeit überprüft werden!

5.2 Praktischer Teil der Angelfischerausbildung
(besonders wichtig für Ausbilder und Gewässerwarte)

5.2.1 Anleitung für fischgerechte Gerätezusammenstellung

Die in diesem Kapitel gegebenen Anleitungen und Empfehlungen sollen zunächst eine Hilfe für die Ausbildung in den Verbänden und Vereinen sein. Sie geben auch manche Hinweise für Organisation und Durchführung interner mündlicher oder schriftlicher Prüfungen. Da aber die staatlich vorgeschriebenen Fischerprüfungen meist nur schriftlich mit Fragebögen abgehalten werden, ist es nötig, in der Ausbildung auch die möglichen falschen Antworten zu behandeln.

Der Bewerber um den Fischereischein muss nach der Ausbildung in der Lage sein, im Fragebogen schnell die richtige aus mehreren, zum Teil falschen Antworten herauszufinden!

Mit einer theoretischen Ausbildung in der Gerätekunde muss die praktische Ausbildung Hand in Hand gehen. Dazu müssen natürlich Angelgeräte als Anschauungsmaterial vorhanden sein, vor allem die gebräuchlichsten Angelruten, Angelschnüre, Angelrollen, Angelhaken, Angelsysteme und Spinner. Die bisher behandelten Fragen setzen ja eine solche praktische Unterweisung voraus, ohne dass zunächst an eine Beherrschung der Wurfmethoden und der eigentlichen Angeltechnik gedacht ist, deren Behandlung im Anschluss an die Gerätekunde den Schluss dieses Abschnittes bildet.

Der Inhalt der meisten Fragen ist so gehalten, dass immer wieder auf die Forderungen eines fischgerechten Verhaltens hingewiesen wird. So schreiben zum Beispiel Humanität und Tierliebe die Antworten vor, wenn der Angelfischer vor die Frage der Wahl fischgerechter Schnurstärken und Hakengrößen gestellt wird. Ohne ganz positive, praktische Kenntnisse ist dieses fischgerechte Verhalten aber kaum möglich. Deshalb sollen die nachfolgenden Hinweise erläutern, wie man prüfen kann, ob das theoretische Wissen vom praktischen Können richtig untermauert ist.

Eine Musterskala einfacher, doppelter und dreifacher Angelhaken (Drillinge) in allen gebräuchlichen Größen von etwa Nr. 3/0 bis 18 legt verschiedene Fragen nahe:

❓ Welche Haken haben etwa die Größe 3 – 6 – 10 – 16 usw.?
Bei der Bedeutung der Größenwahl für das humane Fischen sollte der Fischer die richtige Größe nicht nur in ihren Abmessungen kennen, sondern auch mit der festgelegten Größen-Nr. benennen können. Ist

5. GERÄTEKUNDE

z.B. nach Größe 6 gefragt, so müsste er diese Größe bezeichnen können, wenigstens aber die nächst größere oder nächst kleinere treffen.

❓ Welche dieser Haken sind etwa zu verwenden auf Forellen – Hechte – Karpfen – Schleien – Rotaugen usw.?

Das Herausfinden der passenden Haken erfordert schon ziemliche Kenntnisse der Fische, ihrer Größen, der Art ihres Maules und ihrer Kampfesweise. Im Kapitel »Angelhaken« wurden die richtigen Größen genannt. In der Praxis wäre es nicht so tragisch, wenn die Wahl auf zu große Haken fallen würde. Werden aber wesentlich zu kleine Haken herausgesucht, dann würde in der grünen Praxis immer ein Verstoß gegen die Fischgerechtigkeit vorliegen.

Musterstücke von monofilen Schnüren, angeordnet in Art einer Stärkenskala, führen ebenfalls zu sehr naheliegenden Fragen:

❓ Welche Schnur hat etwa die Stärke 0,25 – 0,35 – 0,50 usw.?

Mit den Augen und den Fingern (»Fühlen«) die jeweilige Stärke heraus zu finden, dazu gehört schon etwas Praxis.

Abbildung einer Schnurstärkenkarte, die ein bewährtes Lehrmittel ist. (Seite 301)
(Diese Karte kann von jedem Ausbilder leicht angefertigt werden.)
Wenn man aber nicht gleich die richtige Nummer trifft, ist es schon als Fortschritt anzusehen, wenn wenigstens die nächst stärkere oder nächst schwächere gewählt wird.

❓ Welche dieser Schnüre sind etwa zu verwenden auf Rotaugen – Schleien – Karpfen – Hechte – Waller usw. ?

Wählt man zu große Haken, fängt man wenig oder nichts; wählt man sie aber zu klein, verstößt man gegen die Fischgerechtigkeit. Das trifft noch mehr auf die Wahl der Schnüre zu. Zu dicke Schnüre verscheuchen den Fisch, zu dünne gefährden ihn! Die richtigen Stärken wurden im Kapitel »Angelschnüre und Vorfächer« genannt. Bei diesem Test sollte man sehr genau sein! Denn bei den dünneren Schnüren kann schon die Wahl einer um ein halbes Zehntel Millimeter (0,05 mm) zu dünnen Schnur zum Reißen beim Drill eines guten Fisches führen.

Wird eine größere Anzahl der verschiedensten Spinnermodelle in sehr unterschiedlichen Größen vorgelegt, so ergibt sich sofort die interessante Frage:

5.2 PRAKTISCHER TEIL DER ANGELFISCHERAUSBILDUNG

		einfädig (monofil)		
		⌀ mm	kg min.	kg max.
Angelschnur: »Nicht dünner als nötig!«	Kapitale **Waller** Großhuchen	0,60	18,0	25,0
	Waller Huchen Hechte	0,50	14,0	20,0
		0,45	11,0	17,0
	Mindeststärke für Hechte, kapitale Barben, Karpfen und Aale	0,40	9,5	14,0
	Zander Barben	0,35	7,0	11,5
	Karpfen kapitale Forellen	0,30	6,0	9,0
	Allgemein für Forellen Spind und Grundfischen	0,25	4,5	7,0
	Vorfachspitzen für Forellen, Äschen, Döbel (Aitel) usw.	0,22	3,0	5,0
	Leichte **Grundfischerei** auf Schleien, Brachsen, Plötzen Nasen usw.	0,20	2,5	4,2
		0,18	2,0	3,5
	Nasen und andere kleine Weißfische wie Lauben, Hasel usw.	0,15	1,5	3,2

Geflochtene (multifile) Schnüre haben eine wesentlich größere Tragkraft (Reißfestigkeit) als die in dieser Tabelle angegebenen Werte.

❷ Welche von diesen Spinnern wählt man für das Spinnfischen auf z.B. Hechte – Forellen – Döbel – Zander usw?

Wichtiger als das Treffen der passenden Spinnerart ist hier wieder die Wahl der richtigen Hakengröße, auf die ja in den betreffenden vorhergehenden Fragen hingewiesen wurde.

Liegt nun ein ganzes Sortiment von Geräten bereit, wie z.B. geflochtene Schnüre verschiedener Stärken, mehrere Größen von Angelhaken mit Platte, einige Spinner, Wirbel und Stahlvorfächer, Schere und Zange, dann können die vielseitigsten Aufgaben gestellt werden, von denen hierunter nur einige genannt werden sollen:

5. GERÄTEKUNDE

Ein Karpfenhaken ist herauszusuchen, an ein dazu auszuwählendes Vorfach zu knüpfen und dann mit einer ebenfalls herauszusuchenden, um eine Nummer stärkeren Schnur mit einem Knoten zu verbinden.
Dieselbe oder eine ähnliche Zusammenstellung ist herzustellen z.b. für die Fischerei auf Rotaugen, Schleien, Forellen usw.

Ein Spinner für Forellen oder für Hechte usw. ist mit der Schnur zu verbinden. Dafür sind jeweils die passenden Schnurstärken, Stahlvorfächer, Wirbel und Bleie auszusuchen, die Knoten herzustellen.
Wenn eine Ausbildung in der Fliegenfischerei durchgeführt wurde, kann eine Fliegenschnur bereitgelegt werden, ferner Fliegenvorfächer verschiedener Stärken sowie eine Anzahl Öhrfliegen verschiedener Größen. Es muss dann aber auch eine kombinierte Schere mit Zange oder dgl. zur Stelle sein.

Eine Fliege für die Forellenfischerei – evtl. bei fortgeschrittenen Kenntnissen für einen bestimmten Monat – ist auszuwählen, an ein dazu passendes Vorfach anzuknüpfen und dieses mit der Fliegenschnur zu verbinden.

Dieselbe Aufgabe wird gestellt für die Fliegenfischerei auf Döbel (Aitel), auf Äschen oder auf Rotaugen usw.
Einige Stationärrollen verschiedener Größen, gefüllt mit monofilen Schnüren verschiedener Stärken, mit nur lose aufgeschraubten Bremsmuttern liegen bereit. Mehrere verschieden starke Ruten sind außerdem vorhanden.

Die Rollen sind an den dazu passenden Ruten (Schnurstärke!) zu befestigen, die Schnurbremse ist der Schnurstärke entsprechend einzustellen.
Das richtige Einstellen der Schnurbremse ist neben der richtigen Schnurstärken- und Hakengrößenwahl eine wichtige Forderung der Fischgerechtigkeit!

Verschiedene Ruten, Rollen, Schnüre und Vorfächer, Haken und Wirbel, Systeme und Spinner sind übersichtlich bereitgestellt bzw. -gelegt. Wie beim Einkaufen im Angelgerätegeschäft – eine Aufgabe, die ja an jeden Fischer immer wieder herantritt – ist es nun eine jeweils sehr interessante Frage, wie sich der Angler ein bestimmtes Angelgerät selbst zusammenstellt:

Eine Spinnangel auf Hechte ist komplett fertig zu machen. Eine Karpfenangel, Nasenangel usw. ist komplett zusammenzustellen.

Falls schon Kenntnisse in der Fliegenfischerei vorhanden sind, kann der Auftrag auch lauten:

Eine Fliegenangel auf Forellen, auf Äschen, auf Rotaugen ist komplett fertig zu machen.

Da man aus Fehlern lernen kann, ist es sehr amüsant, ein oder mehrere falsch zusammengestellte Geräte vorzulegen. Man kann das sehr abwechslungsreich machen.

Zum Beispiel:
wählt man die Schnur unpassend zur Rute; wählt man die Schnur für einen großen Spinner zu dünn; wählt man die Wirbel für die Schnur zu klein; bindet große Haken an zu dünne Schnüre; macht schlechte Knoten; lässt dort das Stahlvorfach fehlen, wo es nicht fehlen darf.
Für den Anfänger sollen diese Fehlerkombinationen natürlich nicht zu raffiniert sein. Aber dem Fortgeschrittenen dürfen schon auf den ersten Blick nicht zu findende Fehler serviert werden, z.B. unsachgemäße Knoten, die nach außen einwandfrei erscheinen, aber sich bei mäßigem Zug aufziehen lassen. In jedem Falle ist dann die Aufgabe:

Die Fehler sind aufzufinden und müssen abgestellt werden.

Die Beispiele zeigen, wie vielseitig solche Aufgaben gestellt werden können. Wie schon angedeutet, sollen sie aber für den Anfänger nicht zu kompliziert sein. Für den Neuling am Fischwasser ist es zunächst nur wichtig, dass er grobe Fehler vermeidet und den Fisch nicht gefährdet. Die Feinheiten kann er erst in der grünen Praxis lernen!

5. GERÄTEKUNDE

Prüfungsfragen aus den verschiedenen Bundesländern

Gerätekunde

Angelruten

1. Welches sind die beherrschenden Grundsätze bei der Wahl des Angelgerätes und der Angelmethoden?
A Die Verbesserung der Angelgeräte
B Die Forderungen des Tier- und Naturschutzes
C Die Weiterentwicklung der Angelmethoden

2. Wie soll das fischgerechte Angelgerät beschaffen sein?
A Möglichst schwach, damit der Fisch »auch eine Chance hat«
B Nicht schwächer als nötig
C Möglichst stark, damit man den Fisch ohne Schnurbruch schnell landen kann

3. Welche Länge hat heute in der Regel eine einhändige Wurfrute (Spinnrute)?
A 1,50 – 2,10 m
B 2,50 – 3,00 m
C 3,00 – 5,00 m

4. Welche Länge hat heute in der Regel eine zweihändige Wurfrute (Spinnrute)?
A 1,50 – 2,00 m
B 2,40 – 3,00 m
C 3,50 – 5,00 m

5. Wonach richtet sich hauptsächlich die Länge der Angelrute?
A Nach der Größe des Wassers (flächenmäßige Ausdehnung)
B Nach der Tiefe des Wassers
C Nach der Beschaffenheit des Ufers

6. Aus welchem Material sind heute in der Regel die leichtesten Angelruten gefertigt?
A Gespließtes Tonkinrohr
B Kohlefaser
C Glasfiberfaser

7. An welcher Stelle der Angelrute besteht die größte Bruchgefahr?
A An der Spitze
B An Steckverbindungen
C Oberhalb des Handgriffes

8. Was versteht man unter Ruten-Aktion?
A Die Stärke der Rute
B Die Eigenart der Durchbiegungskurve bei Wurf und Drill
C Den Verwendungszweck der Angelrute

9. Welche Eigenschaften muss eine normale Gebrauchsrute haben?
A Sie muss so lang wie möglich sein und schwippig bis zur Spitze
B Sie muss gut in der Hand liegen und für ihren Zweck die richtige Aktion haben
C Sie muss kopflastig sein, damit ein weicher Anhieb möglich ist

10. Warum werden heute die meisten Angelruten nach dem dazu passenden Wurfgewicht beurteilt?
A Damit die Rute beim Wurf nicht überlastet wird

B Da mit man weiß, bis zu welchem Gewicht man die Fische aus dem Wasser heben kann
C Weil das Wurfgewicht die Rutenstärke bestimmt, zu der man die Tragkraft der Schnur richtig auswählen kann

11. Welche Angelrute passt zu Schnüren mit 0,12 – 0,15 mm Ø?
A Eine möglichst lange und steife Rute
B Eine möglichst kurze und weiche Rute
C Eine lange und leichte Rute mit weicher Spitze

12. Welche wesentlichen Aufgaben haben die Schnurlaufringe der Angelrute?
A Sie ermöglichen den weiten Wurf
B Sie streifen Verunreinigungen und Schmutz von der Schnur ab
C Sie verteilen bei Wurf und Drill die Belastung auf die ganze Rutenlänge

13. Welcher Schnurlaufring der Angelrute ist am stärksten belastet?
A Alle Ringe sind gleichmäßig belastet
B Der Endring an der Rutenspitze
C Der sogenannte Führungsring = erster Ring nach der Rolle

14. Was ist bei Stahlschnurlaufringen zu tun, bei denen die Schnur Rillen eingeschliffen hat?
A Die Rillen sind ohne Bedeutung
B Sie müssen durch neue, einwandfreie Ringe ersetzt werden
C Es ist eine stärkere Schnur zu verwenden

15. Aus welchen Materialien werden heute die Angelruten meistens hergestellt?
A Eschenholz, Weidenholz
B Hohlglasfiber und Kohlefaser (und deren Kombinationen)
C Gespließtes Tonkinrohr

16. Wie behandelt man die Spitze von Teleskopruten?
A Beim Zusammenschieben die Spitze zuletzt einschieben
B Keine besondere Handhabung
C Beim Auseinanderschieben die Spitze zuletzt auszuziehen

17. Beim zugelassenen Wettfischen müssen die Teleskopruten u.a. eine besondere Eigenschaft haben. Welche ist diese?
A Sie müssen steif bis zur Spitze sein
B Sie müssen meistens eine extreme Spitzenaktion haben
C Sie müssen kopflastig sein

18. Welche Rutenlängen sind bei Grund- und Stippruten üblich?
A ca. 1,50 m – 2,10 m
B ca. 3,00 m – 6,00 m
C ca. 7,50 m – 12 m

19. Bis zu welcher maximalen Länge wird das sehr stabile Vollglas heute als Rutenmaterial noch verwendet?
A 1,20 m Rutenlänge
B 2,40 m Rutenlänge
C 3,00 m Rutenlänge

20. Welche Rutenart wird immer mehr bevorzugt?
A Die mehrteilige Aluminiumrute
B Die mehrteilige Teleskoprute
C Die mehrteilige gespließte Rute

5. GERÄTEKUNDE

21. Was ist eine »Schwingspitze«?
A Die Spitze einer Rute mit Spitzenaktion
B Die zusätzliche, empfindlich elastische Spitze am Endring der Rute beim Angeln ohne Schwimmer (Pose)
C Ein Bissanzeiger in Form eines über der Rolle angebrachten mit der Schnur verbundenen Stäbchens

Angelrollen

22. Was ist eine Multirolle?
A Kleinste Rolle mit nicht rotierender Trommel
B Rolle mit Übersetzung zwischen Kurbel und Trommelachse
C Rolle mit nicht rotierender Trommel

23. Bei welcher Angelrolle dreht sich die Schnurtrommel nicht?
A Fliegenrolle und einfache Grundrolle
B Multirolle
C Stationärrolle

24. Welcher Angelrollentyp ist heute der meist verwendete?
A Einfache Metallrolle mit sich drehender Trommel
B Multirolle(Metallrolle mit Übersetzung)
C Stationärrolle mit sich nicht drehender Schnurtrommel

25. Für welche Methoden der Angelfischerei sind Stationär- und Multirollen ungeeignet?
A Grundfischerei
B Fliegenfischerei
C Spinnfischerei

26. Was bestimmt bei der Schnurbremse der Rolle die Stärke der Bremsung?
A Die Größe und Kraft des erwarteten Fisches
B Die Stärke der Rutenspitze
C Die Tragkraft der Schnur

27. Von welchem Teil der Angelrolle wird ein Schnurriss durch einen starken Fisch vermieden?
A Durch die richtig eingestellte Schnurbremse
B Durch eine Übersetzung, da sie schnelles Einholen der Schnur ermöglicht
C Durch die Rücklaufsperre, da sie ein versehentliches Schnurgeben unmöglich macht

28. Warum kann man kleine Stationärrollen nicht zum Fang starker Fische verwenden?
A Man muss beim Drill zu schnell kurbeln
B Sie fassen eine zu geringe Menge der benötigten starken Schnur
C Man kann die Schnurbremse nicht stark genug einstellen

29. Wie stark darf die Schnurbremse der Stationärrolle angezogen werden?
A So stark, dass der Fisch keine Schnur abziehen kann
B Nur so stark, dass die Reißfestigkeit der Schnur nicht überschritten wird
C Etwas stärker als die Reißfestigkeit der Schnur

30. Welche Rollen verwendet man vorzugsweise bei 0,20 bis 0,25 mm starken Schnüren
A Multirollen
B Kleine Stationärrollen
C Mittelgroße Normal-Stationärrollen

PRÜFUNGSFRAGEN

31. Was versteht man bei Angelrollen mit aufgezogener Schnur unter einer »Perücke«?
A Die beim Fliegenfischen noch nicht ganz gestreckte Schnur
B Ein Schnurdurcheinander (Verhedderung), wenn sich die Klänge bei unkontrolliertem Ablauf miteinander verwickelt haben
C Die Kopfbedeckung mancher Fischer

32. Ab welcher Schnurstärke sollen große Stationärrollen verwendet werden?
A Bei 0,40 bis 0,45 mm starken Schnüren
B Bei 0,50 bis 0,70 mm starken Schnüren
C Bei 0,30 bis 0,35 mm starken Schnüren

33. Welche der drei folgenden Störungen beim Wurf von der Stationärrolle ist am schlimmsten?
A Der Schnurfangbügel klappt bei Wurfende trotz Kurbelbetätigung nicht sofort zu
B Beim Anwurf kann der Zeigefinger verletzt werden
C Der Schnurbügel klappt beim Wurf zurück und stoppt die Schnur

34. Für welche Angelmethode eignet sich neben der Stationärrolle auch die Multirolle?
A Für das Fliegenfischen
B Für die Stippangelei
C Für das Grundangeln und das Spinnangeln

35. Welche Schnurlänge weicher Stärke soll eine Stationärrolle für den Fang größerer Hechte aufnehmen können?
A ca. 100 m der Stärke 0,40 bis 0,45 mm ⌀
B ca. 100 m der Stärke 0,50 bis 0,60 mm ⌀
C ca. 100 m der Stärke 0,30 bis 0,35 mm ⌀

Angelschnüre/Vorfächer

36. Für welche Schnurstärken eignet sich unsere meist verwendete mittelgroße Stationärrolle am besten?
A 0,18 – 0,25 mm ⌀ (max. 0,30)
B 0,30 – 0,40 mm ⌀ (max. 0,45)
C 0,50 – 0,60 mm ⌀ (max. 0,70)

37. Wie stark soll in der Regel bei Hohlglasruten die Schnurstärke im Verhältnis zur Spitzenstärke sein?
A 1 : 1 (gleich stark)
B 1 : 20 (einZwanzigstel)
C 1 : 10 (einZehntel)

38. Nach welchem Grundsatz soll die Schnurstärke gewählt werden?
A Immer möglichst stark
B Nicht dünner als nötig
C Immer möglichst dünn

39. Für welche Fische werden 0,20 bis 0,25 mm starke Angelschnüre verwendet?
A Hechte, Welse (Waller), Zander
B Brassen (Brachsen), Güster, Rotauge, Zährte, mittlere Forelle
C Stör, Huchen, Lachs, Glatthai

40. Welche Schnurstärke wird für den Fang von Barben allgemein als richtig angesehen? (Ausnahme: klarsichtige kleine Bäche und Flüßchen)
A 0,35 bis 0,40 mm ⌀
B 0,55 bis 0,60 mm ⌀
C 0,15 bis 0,25 mm ⌀

5. GERÄTEKUNDE

41. Welche Schnurstärke ist zum Fang mittlerer Karpfen geeignet?
A 0,45 mm ⌀
B 0,35 mm ⌀
C 0,25 mm ⌀

42. Welche Schnurstärke ist zum Barschfang allgemein ausreichend?
A 0,45 mm ⌀
B 0,35 mm ⌀
C 0,25 mm ⌀

43. Für welche Fische sind Angelschnüre der Stärke 0,15 mm ausreichend?
A Köderfische aller Art
B Alle Fische außer Hecht, Wels (Waller), Huchen, Lachs
C Größere Weißfische, Meerforellen

44. Welche Mindest-Schnurstärke ist in der Regel als normale Hechtschnur zu bezeichnen?
A 0,30 mm ⌀
B 0,40 mm ⌀
C 0,50 mm ⌀

45. Welche Zerreißfestigkeit hat heute eine gute, einfädige Perlon- bzw. Nylon-Angelschnur der Stärke 0,40 mm Ø?
A Etwa 4 – 6 kg
B Etwa 9 – 12 kg
C Etwa 13 – 15 kg

46. Welche Schnurstärke soll man beim Aalfang mindestens verwenden?
A 0,20 mm ⌀
B 0,40 mm ⌀
C 0,60 mm ⌀

47. Für den Fang welcher der folgenden Fische kann man Schnüre der Stärken 0,25 bis 0,30 mm Ø als normal ansehen?
A Große Karpfen
B Mittlere und große Barben
C Bach – und Regenbogenforellen, mittlere und große Weißfische

48. Was versteht man unter Vorfach beim Angeln auf Friedfische?
A Das am Angelhaken angebundene Schnurende, das in der Regel eine Nr. (ca. 1/2 Zehntel mm) dünner als die Hauptschnur ist
B Die Schnurlänge zwischen Rolle und Endring
C Das im Verhältnis zur Hauptschnur dickere Ende am Haken

49. Soll man beim Fischen auf Karpfen unbedingt ein Vorfach verwenden?
A Ja, immer ein dünneres Vorfach als die Schnur, damit Hänger nicht zuviel Schnurverlust verursachen
B Nein, bei Wahl der richtigen Schnurstärke wird die Unsicherheit eines Knotens vermieden
C Die Verwendung eines Vorfaches ist gleichgültig

50. Welche Länge soll die sogenannte »Kopfschnur« beim Stippangeln haben?
A Sie soll doppelt so lang sein wie die Rute
B Sie soll so lang sein wie die Rute
C Sie soll halb so lang sein wie die Rute

51. Welches Stück der Angelschnur wird am stärksten abgenutzt?
A Die Schnur wird überall gleichmäßig abgenutzt
B Die vordersten Meter nach dem Angelhaken

C Die Schnur wird durch die Reibung an den Laufringen in der Mitte des Wurfes am stärksten abgenutzt

52. Wie pflegt man die einfache (monofile) Angelschnur nach dem Fischen?
A Sie bedarf keiner besonderen Pflege
B Man fettet sie ein
C Man breitet sie zum Trocknen aus

53. Wie werden die ersten paar Meter der Angelschnur behandelt, wenn sie aufgerauht sind?
A Aufgeraute Schnurteile werden eingefettet
B Aufgeraute Schnurteile müssen abgeschnitten werden
C Man kann damit nur noch auf kleine Fische angeln

54. Wie vermeidet man ein Abreißen der Schnur durch die Fangzähne eines Raubfisches?
A Man wählt eine extra dicke Schnur
B Man fügt zwischen der Schnur und dem Köder ein Stahldrahtvorfach ein
C Man stellt die Schnurbremse ganz leicht ein

55. Wie stark muss ein Stahldrahtvorfach sein?
A Die Tragkraft muss geringer sein als die der Schnur
B Die Tragkraft kann willkürlich gewählt werden
C Die Tragkraft soll etwas größer sein als die der Schnur

56. Was ist vor dem Fischen auf Raubfische beim Stahldrahtvorfach besonders zu beachten?
A Dass die Brünierung nicht schadhaft ist
B Dass das Vorfach nicht geknickt ist oder Roststellen hat
C Dass die Lötstellen gut lackiert sind

57. Welche Länge soll das Stahldrahtvorfach beim Fischen mit Köderfisch mindestens haben?
A Mindestens 10 cm
B Mindestens 20 cm
C Mindestens 100 cm

58. Welche Eigenschaften müssen gute Schnurknoten haben?
A Sie sollen so klein wie möglich sein, sich aber weder aufziehen noch abwürgen lassen
B Sie sollen möglichst dick und umfangreich sein
C Da sie die gleiche Tragkraft haben wie die Schnur, ist ihre Beschaffenheit ohne Bedeutung

59. Wie verhält sich die Tragkraft des Schnurknotens zur Tragkraft der Schnur?
A Die Tragkraft am Knoten ändert sich nicht
B Die Tragkraft ist am Knoten geringer
C Die Tragkraft ist am Knoten größer

60. Welche Schnurknoten zur Verbindung von 2 Schnurenden sind besonders zweckmäßig?
A Der Stopperknoten
B Der flämische Knoten
C Der doppelte Schlingenknoten = »Fischerknoten« und der ganz ähnliche Blutknoten (blood knot)

5. GERÄTEKUNDE

61. Wodurch kann die Haltbarkeit eines Schnurknotens noch erhöht werden?
A Durch mehrfache Windungen der beiden Schnurenden
B Durch maschinelles Binden
C Durch Lacküberzug

62. Gefährden weggeworfene Perlon- oder Nylon-Reste die Umwelt?
A Nein, denn sie verrotten schnell
B Ja, sie verrotten nicht, verschandeln die Umwelt und gefährden Kleintiere durch Schlingenbildung
C Nein, denn sie sind völlig unauffällig

Angelhaken

63. Welcher Grundsatz soll die Wahl des Angelhakens bestimmen?
A Sehr klein, damit er recht unauffällig ist
B Die Angelhakengröße kann nach Gutdünken gewählt werden
C Nicht kleiner als nötig

64. Welche Haken sind beim Angeln auf Friedfische (Cypriniden) fischgerecht?
A Doppelhaken = Zwillingshaken
B Einfache Haken – auch solche ohne Widerhaken
C Drillinge = Dreifachhaken

65. Was ist ein Lipphaken?
A Drilling, bestehend aus einem Doppelhaken mit einem sehr viel kleineren Haken auf der Rückseite
B Drilling mit zwei kurzen Schenkeln
C Einfacher Doppelhaken

66. Wann verwendet man kurzschenklige, starkdrähtige Einfachhaken?
A Beim Fang großer Schleien
B Beim Fang größerer Barsche und Brachsen (Brassen)
C Beim Fang großer Barben und Karpfen

67. Warum verwendet man vielfach Haken ohne Widerhaken?
A Zur Schonung gehakter Fische, besonders der untermaßigen
B Zur guten Köderbefestigung
C Zur verminderten Wahrnehmung durch den Fisch

68. Bei welcher Angelart sind die kleinen Hakengrößen 18 – 20 fischgerecht?
A Beim Grundfischen auf Barben
B Beim Fischen mit der künstlichen Fliege
C Beim Spinnfischen auf Forellen

69. Welche Fische fängt man mit feindrähtigen Goldhaken?
A Aale
B Kleine und mittlere Friedfische
C Zander

70. Welche Hakengröße wählt man beim Fang kleiner Fische?
A Größe 3 – 8
B Größe 9 – 12
C Größe 2/0 – 1

71. Welche Hakengröße ist beim Karpfenfang fischgerecht?
A Größe 1 – 4
B Größe 9 – 12
C Größe 4/0 – 1/0

72. Welche Fische fängt man mit einfachen Haken der Größen 9 bis 12?
A Plötzen (Rotaugen), Rotfedern
B Karpfen und Barben
C Zander

PRÜFUNGSFRAGEN

73. Was nennen wir eine Hakenflucht?
A Haken, die man verloren hat
B Mehrere Haken hintereinander an der Angelschnur
C Der Fisch sucht mit dem abgerissenen Haken das Weite

74. Bei welchen Fischen ist die Verwendung von Drillingen fischgerecht?
A Karpfen und Schleien
B Forellen, Saiblinge und Äschen
C Hechte und Zander

75. Welche Drillinggröße nimmt man beim Fischen auf Hechte?
A Größen 8 – 10
B Größen 5 – 7
C Größen 1/0 – 3

76. Welche der nachfolgenden Fische fängt man gewöhnlich mit der Grundangel und einfachen Haken?
A Zander, Hecht, Huchen
B Brachsen (Brassen), Plötzen (Rotaugen), Karpfen
C Seesaiblinge, Seeforellen

77. Warum sind Drillinge, auch beim Fischen mit Kartoffeln auf Karpfen, nicht fischgerecht?
A Es werden damit zu viele Karpfen gefangen
B Bei untermaßigen Karpfen sitzt der Drilling oft tief im Rachen
C Beim Einwerfen löst sich oft der Köder vom Haken

78. Ist es fischgerecht, beim Angeln auf Cypriniden Doppelhaken oder Drillinge zu verwenden?
A Nur bei bestimmten Fischarten
B Niemals
C Nur bei Verwendung von Teig oder Kartoffeln

79. Welche Größe einfacher Haken wendet man an, wenn beim Forellenfang ausnahmsweise kleine Fische oder Würmer gestattet sind?
A Einfache Haken, Größen 8 – 10
B Einfache Haken, Größen 5 – 7
C Einfache Haken, Größen 1/0 – 2

80. Ist ein Fischen auf Friedfische ohne Rolle, nur mit angebundener Kopfschnur fischgerecht?
A Ja, da es mit der Kopfschnur möglich ist, den Fisch schnell zu landen
B Nein (außer in geschlossenen Gewässern, in denen garantiert kein größerer Fisch ist)
C Ja, da eine lange Rute mit langer Kopfschnur ein Abreißen verhindern kann

81. Welche Hakengrößen und Schnur- bzw. Vorfachstärken passen zueinander?
A Hakengröße 1/0 zur Schnurstärke 0,20 mm $\varnothing$
B Hakengröße 10 zur Schnurstärke 0,45 mm $\varnothing$
C Hakengröße 3 zur Schnurstärke 0,35 mm $\varnothing$

82. Welche Gerätezusammenstellung ist richtig und fischgerecht?
A Steife Rute, dünne Schnur, großer Haken
B Weiche Rute, starke Schnur, möglichst kleiner Haken
C Steife Rute, starke Schnur, großer Haken

5. GERÄTEKUNDE

83. Was will man mit einem Schwimmer (Pose) hauptsächlich erreichen?
A Einen möglichst weiten, gezielten Wurf
B Eine Einstellung des Köders in der richtigen Tiefe und Anzeige des Bisses
C Das Aufliegen der Schnur auf der Wasseroberfläche

84. Wodurch wird eine Senkrechtsteltung des Schwimmers (Pose) erreicht?
A Durch eine zum Schwimmer passende Bleibeschwerung unterhalb des Schwimmers
B Durch Verwendung einer Schwimmschnur
C Durch einen im unteren Teil schwereren Schwimmer

85. Wie befischt man mit der Schwimmerangel (Posenangel) größere Tiefen?
A Man fischt mit sehr langen Ruten und normalem Schwimmer
B Man bringt den Schwimmer behelfsmäßig an der ausgeworfenen Schnur an (z.B. vom Boot aus)
C Man fischt mit einem Gleitfloß (Gleitschwimmer) und bringt im gewünschten Abstand einen leicht durch die Rutenringe laufenden Stopper an

86. Wie soll ein Schwimmer (Pose) beim Fischen mit Köderfisch beschaffen sein?
A Er soll möglichst klein und für den Raubfisch nicht sichtbar sein
B Die Größe und Tragkraft des Schwimmers ist ohne Einfluß, da er ja in genügender Entfernung vom Köderfisch schwimmt
C Die Tragkraft des Schwimmers soll so groß sein, dass er vom Köderfisch nicht unter Wasser gezogen werden kann

87. Was nennt man eine »Paternosterangel«?
A Eine Grundangel mit mehreren Haken und rollendem Bodenblei
B Eine Angel zum Heben und Senken an Seen oder tieferen Flußkolken (Gumpen) mit mehreren Haken an Seitenarmen und Endblei
C Eine Flugangel mit 3 und mehr künstlichen Insekten

Spinner und Blinker

88. Was versteht man unter einer Spinnangel?
A Das Fischen mit feingesponnenen Angelschnüren
B Die Köder – z.B. Würmer oder Fischfetzen – werden durch Schnurzug in Bewegung gesetzt
C Tote, mit Drillingen montierte oder künstliche Fische (Wobbler, Löffel, Blinker) werden durch Schnurzug rotierend durch das Wasser gezogen

89. Welche Gerätezusammenstellung wird zum Spinnfischen auf Rapfen (Schied) angewendet?
A Gerät wie beim Spinnfischen auf Hechte
B Kräftige Spinnrute und 20 g Bleibeschwerung
C Mittlere Spinnrute mit schlankem, mittlerem Blinker

90. Welche Methoden sind beim Fischen auf Rapfen (Schied) recht fängig?
A Grundfischen mit halbgaren Kartoffeln
B Spinnfischen mit schlankem, mittlerem Blinker
C Grundfischen mit Weichkäse

91. Zum Fang welcher Fische wendet man hauptsächlich die Spinnangel an?
A Karpfen, Barben
B Zander, Rapfen (Schiede), Hechte, Forellen
C Brachsen (Brassen), Nasen

92. Welcher Spinnköder ist seit der Jahrhundertwende und heute noch allgemein im Gebrauch?
A Der große und kleine Devonspinner
B Der Heintzblinker
C Der Leder- und Gummizopf

93. Welche Spinnköder haben feste oder verstellbare Tauchschaufeln?
A Heintzblinker
B Ein- und mehrteilige Wobbler
C Kugelspinner

94. Welcher Spinnköder wird Wobbler genannt?
A Der um eine Drahtachse rotierende Metall-Löffel
B Der gekrümmte, an Drillingen montierte, tote Mühlkoppen
C Der ein- oder mehrteilige, fischförmige, Spinnköder, der wie ein Fischchen bemalt ist und taumelnde (»wobbelnde«) Bewegungen ausführt

95. Welche Erfahrung gilt grundsätzlich für die Kontrastwirkung eines Spinnköders?
A Je dunkler oder trüber das Wasser, desto dunkler und matter der Spinner
B Je klarer und heller das Wasser, desto heller und glänzender der Spinner
C Je dunkler oder trüber das Wasser, desto heller oder glänzender der Spinner

96. Welche Bleibeschwerung ist für die schwere Spinnangel auf große Raubfische am zweckmäßigsten?
A Exzentrische Spinnbleie (nach Dr. Heintz)
B Gekrümmte Bleioliven
C Bleikugeln mit Loch

97. Warum ist ein Forellenfang mit Spinnködern, die mit mehreren kleinsten Drillingen montiert sind, nicht fischgerecht?
A Sie sind oft so fängig, dass damit zuviel gefangen wird
B Untermaßige Forellen können nur unter stärkerer Verletzung und Blutverlust abgeködert werden
C Man fängt damit nur kleine, oft untermaßige Forellen

98. Warum sind große Wobbler mit mehreren Drillingen der Größen 4 – 6 beim Hecht- und Huchenfang nicht fischgerecht?
A Weil mit den zu kleinen Drillingen untermaßige Fische stark verangelt werden können
B Weil sie zu fängig sind
C Weil sie Fehlbisse größerer Raubfische zur Folge haben können

99. Wie ist beim Drill das Abkommen eines Fisches zu vermeiden?
A Die Schnur locker und durchhängend halten
B Die Schnur in ständiger Spannung zum Fisch halten
C Die Schnurbremse stark anziehen und den Fisch schnellstens zum Gaff oder Kescher führen

5. GERÄTEKUNDE

100. Welche Spinnangel sollte man in einem Binnensee oder Fluß anwenden, wenn Hechte mit 20 Pfund und mehr vorhanden sind?

A Extra steife kurze Rute, einfache große Kurbelrolle, geklöppelte Schnur 0,60 mm $\varnothing$, Perlonvorfach 0,50 mm $\varnothing$, Drillinge 3/0 – 1/0

B Lange Rute bis zu 200 g Wurfgewicht, große Stationärrolle für Schnüre ab 0,60 mm $\varnothing$, Stahldrahtvorfach, Drillinge 5/0 – 3/0

C Normallange Spinnrute bis 100 g Wurfgewicht, Stationärrolle mit 0,45 mm $\varnothing$ Schnur, Stahldrahtvorfach, Drillinge 3/0 – 1/0

101. Wie vermeidet man beim Spinnfischen das Verdrehen der Angelschnur, den »Schnurdrall«?

A Durch gekrümmte Bleioliven
B Durch Verwendung starker Schnüre
C Durch Wirbel und exzentrische Spinnbleie

102. Welche Tragkraft sollen Wirbel haben?

A Geringere Tragkraft als die Schnur
B Mindestens die gleiche Tragkraft wie die Schnur
C Größere Tragkraft als die Schnur

103. Was versteht der Spinnfischer unter einem »Angelsystem«?

A Eine Fischereimethode wie z.B. Fliegenfischen, Grundangeln
B Eine Reißangel, mehrere Drillinge hintereinander (verboten!)
C Mehrere Einfachhaken, Doppelhaken oder Drillinge hintereinander an Draht oder Perlon gebunden für das Spinnangeln mit totem Köderfisch

104. Was muss vor dem Fischen am zusammengestellten Gerät vordringlich überprüft werden?

A Nach dem ersten Wurf sofort Rute, Rolle und Schnur überprüfen
B Rute, Rolle, Schnur, Vorfach und Haken vor dem ersten Einwurf überprüfen, besonders eine Zugprobe machen
C Prüfen, ob alle Hilfsgeräte, z.B. Fischwaage, Landegerät, Hakenlöser etc., vorhanden sind

Hilfsgeräte

105. Welche Hilfsgeräte soll ein Angler beim Fischen immer griffbereit haben?

A Setzkescher
B Fischwaage, Ködermaterial
C Bandmaß oder Maßstab, Hakenlöser, Fischtöter, Messer, Landegerät

106. Wozu werden Hakenlöser, Löseschere oder Lösezange gebraucht?

A Zum schonenden Herauslösen der Haken aus dem Maul lebender Fische, insbesondere der untermaßigen, die zurückgesetzt werden
B Zum Festhalten des Fisches beim Hakenlösen
C Zum Herauslösen von Angelhaken, die sich in der Kleidung verfangen haben

107. Was ist ein Rachensperrer?

A Ein verendender Fisch
B Ein Hilfsgerät zum Offenhalten des Maules der Raubfische, besonders des Hechtmaules, zur Erleichterung des Herauslösens der Angelhaken
C Ein Fischgift, das eine Maulsperre zur Folge hat

108. Wie füttert man in Fließgewässern an?
A Anfüttern nur bei trübem Wasser oder nachts
B Das Futter wird an der Fangstelle in reichlicher Menge eingebracht
C Man füttert oberhalb der Angelstelle an

109. Für welche Fische ist die halbgar gekochte Kartoffel der richtige Köder?
A Karpfen und Döbel (Aitel)
B Forelle und Saibling
C Aal und Neunauge

110. Welche Angelköder sollte man immer bevorzugt verwenden?
A Würmer und Schnecken
B Künstliche und vegetabile (aus pflanzlichen Nahrungsmitteln)
C Lebende Insekten und Fischchen

Landegeräte/Verschiedenes

111. Wie muss ein Kescher (Unterfangnetz) beschaffen sein?
A Der Netzsack aus kräftigem Garn soll sehr engmaschig sein
B Der Netzsack aus kräftigem Garn soll sehr weitmaschig sein
C Der Netzsack aus kräftigem Garn soll ziemlich lang, also geräumig sein, Maschenweite um ca. 2 cm

112. Wie bringt man einen größeren Fisch sicher zur Landung?
A Den Fisch nach zügigem, aber behutsamem Drill mit dem Kescher oder dem Gaff landen
B Die Rute aus den Händen legen und die Schnur mit den Händen schnell heranziehen
C Den Fisch schnellstens mit der Rute oder mit den Händen aus dem Wasser heben

113. Welche Fische landet man besser mit dem Gaff statt mit dem Kescher?
A Alle Salmoniden
B Größere Fische mit gedrungenem Körper
C Alle größeren (kapitalen) Fische mit torpedo- oder spindelförmigem Körper

114. Was ist ein Gaff?
A Ein Gerät zum »Speeren« eines größeren Fisches
B Teil der Takelung eines Fischerbootes
C Ein Landungshaken mit scharfer Spitze zum Landen größerer Fische

115. Was ist nach der Landung eines zum Mitnehmen bestimmten Fisches vordringlich zu tun?
A Abködern von der Fliege, dem Spinner oder der Grundangel
B Messen und wiegen
C Sofort betäuben (»Abschlagen«) und töten

116. Was ist nach der Landung eines untermaßigen Fisches vordringlich zu tun?
A Beim Abködern mit einem trockenen Tuch halten und wieder ins Wasser werfen
B Möglichst noch im Wasser, sonst mit nassen Händen halten und abködern. Dann wieder behutsam ins Wasser gleiten lassen
C Die Schnur kurz vor dem Haken abschneiden und den Fisch zurücksetzen

5. GERÄTEKUNDE

117. Wie wird der gefangene und zum Mitnehmen bestimmte Fisch gemessen?
A Am einfachsten mit der Handspanne, deren Maß vom Daumen bis zum kleinen Finger jeder Angelfischer kennt
B Ganz einfach nach dem Augenmaß
C Von der Kopfspitze bis zum Schwanzflossenende

Fliegenfischen/Flugangeln

118. Wo ist bei einhändigen Fliegenruten die Rolle befestigt?
A Vor der Wurfhand
B Hinter der Wurfhand am unteren Ende des Handgriffes
C In der Mitte des Handgriffes

119. Welche Rutenaktion haben gute Fliegenruten?
A Spitzen-Aktion
B Durchbiegung nur der oberen zwei Drittel der Rute
C Parabolik-Aktion = Durchbiegung von der Spitze bis zum Griff

120. Welcher Rollentyp ist richtig für die Fliegenfischerei?
A Schmale Gehäuserolle mit Kurbel und verstellbarer Bremshemmung
B Kleine Stationärrolle
C Multirolle

121. Was versteht man unter Fliegenfischerei oder Flugangeln?
A Eine besondere Grundangelmethode mit weit fliegendem Köder
B Eine besondere Angelmethode mit der künstlichen Fliege, besonders auf Salmoniden
C Das Angeln mit der Wasserkugel

122. Was ist beim Fliegenfischen das Wurfgewicht?
A Die künstliche Fliege
B Eine Bleibeschwerung der Schnur
C Die Fliegenschnur

123. Zu welcher Angelmethode gehört die doppelt verjüngte Schnur (z.B. Doubie Taper = DT)?
A Zum Brandungsfischen
B Zur Grundangelmethode
C Zur Flugangelmethode (Fliegenfischen)

124. In welche Hauptgruppen werden die künstlichen Fliegen eingeteilt?
A Helle und dunkle Fliegen
B Große und kleine Fliegen
C Trockenfliegen, Nassfliegen, Streamer

125. Wie sieht ein Fliegenvorfach zum Fischen auf Forellen, Äschen und Döbel (Aitel) aus?
A Einfach-Perlon (Monofil) ca. 1,20 m, konisch bis zum Ende auf 0,20 mm $\varnothing$ verlaufend
B Einfach-Perlon (Monofil) ca. 2,40 bis 2,70 m lang, konisch z.B. von 0,40 mm $\varnothing$ bis 0,18 mm verlaufend
C Einfach-Perlon (Monofil) ca. 3,50 m lang, konisch ca. von 0,50 bis zu 0,30 mm verlaufend

126. Wie stark sollte die Vorfachspitze sein, wenn Fliegen mit Hakengröße 16 und kleiner verwendet werden?
A 0,20 bis 0,22 mm $\varnothing$ (3x bis 2x)
B 0,14 bis 0,16 mm $\varnothing$ (6x bjis 5x)
C 0,22 bis 0,24 mm $\varnothing$ (2x bis 1x)

127. Was ist eine normale schwimmende Fliegenschnur?
A Sie schwimmt auf der Wasseroberfläche (leichter als Wasser)
B Sie schwimmt unter der Wasseroberfläche (schwerer als Wasser)
C Sie schwimmt im ganzen auf der Wasseroberfläche, nur der vordere Teil sinkt ab (»Schußkopf«)

128. Was ist beim Fliegenfischen unter Leer-oder Luftwurf zu verstehen?
A Das Abkommen des Fisches nach dem Biss
B Das Schwingen der Fliegenschnur ohne Wasserberührung
C Die mangelhaft gestreckte Schnur beim Werfen und fehlerhaftes Auftreffen auf der Wasserfläche

129. Welche Fische außer Salmoniden können auch mit der künstlichen Fliege gefangen werden?
A Döbel (Aitel), Hasel, Plötze (Rotauge), Rotfeder, Nerfling
B Dorsche, Sandaale, Plattfische
C Rochen, Haie

130. Mit welchen Knoten bindet man am zweckmäßigsten künstliche Fliegen an?
A Flaggenstich
B Blutknoten (Blood-Knoten)
C Turleknoten

131. Was versteht der Fliegenfischer unter Streamer?
A Englischer Name für den Strömer
B Große, künstliche Naßfliege, die wie ein Spinner gezogen wird
C Gegen den Strom gezogener Fischköder

132. Was ist eine Hechelfliege?
A Eine mit »Nymphe« bezeichnete künstliche Fliege
B Künstliche Trockenfliege ohne Flügel, mit z.b. aus Hahnenhalsfedern gebundenen Hecheln
C Große künstliche Fliege, die wie ein Spinner unter Wasser angeboten wird

133. Was versteht man unter der Bezeichnung »Trockenfliege«?
A Ein getrocknetes, mit Haken versehenes natürliches Insekt
B Eine Fliege, die nur zur Eiablage mit dem Wasser in sekundenlange Berührung kommt
C Eine künstliche Fliege, die durch reichliche Hechelfedern gut auf der Wasseroberfläche schwimmt

134. Was ist beim Fliegenfischen ein »Springer«?
A Eine zweite Fliege am Fliegenvorfach oberhalb der Fliege an der Vorfachspitze
B Ein springendes Insekt auf der Wasseroberfläche
C Ein aus dem Wasser springender Salmonide

135. Welche Angelhaken sind für künstliche Fliegen am geeignetsten?
A Feindrähtige Goldhaken mit Plättchen
B Brünierte Angelhaken mit geradem Ring
C Feindrähtige Angelhaken mit kleinem Öhr

136. Für den Fang welcher Fische wird die zweihändige Fliegenrute verwendet?
A Für den Fang von Salmoniden in Stauseen
B Für den Fang von Lachsen
C Für den Fang von Grasfischen (Amuren)

5. GERÄTEKUNDE

137. Wie lang sind die gebräuchlichsten Lachsfliegenruten?
A ca. 2,70 m = 8 – 9 Fuß
B ca. 5,00 m und mehr = 15 Fuß und mehr
C ca. 3,70 – 4,30 m = 12 – 14 Fuß

138. Was haben die Begriffe »Nassfliegen« und »Nymphen« gemeinsam?
A Sie sind die Köder des Watfischers
B Sie werden beim Flugangeln unter der Wasseroberfläche verwendet
C Sie eignen sich nur zum Fischen bei Regenwetter

139. Was versteht man unter »Watfischen«?
A Fischen im Moorwasser
B Fischen im Wattenmeer
C Fischen im Wasser stehend oder im Wasser gehend

140. Welche Angelgeräte sind für den Angelfischer erlaubt?
A Mehrteilige Wobbler, Hecht- und Huchen, Zopf
B Die Reißangel = meist mehrere Drillinge hintereinander an starker Schnur zum Haken der Fische von außen
C Netze und Reusen

141. Welche Fangmethoden sind für den Angelfischer immer verboten?
A Fischfang mit Schußwaffen, Sprengmitteln und Giften
B Fischfang mit Netzen und Reusen
C Fischfang mit Senken und Legangeln

142. Ist das sogenannte »Casting« auch für den normalen Fischfang von Bedeutung?
A Nein, der Casting-Sport (Wurfsport) ist für das Fischen ohne Wert
B Ja, der Casting-Sport fördert die Vervollkommnung der Wurftechnik und der Angelgeräte
C Nein, das Turniergerät hat zum Gebrauchsgerät eine Beziehung wie etwa ein Zimmerstutzen zum Jagdgewehr, ausgenommen wenn es sich um echtes Gebrauchsgerät bei Wettwerfen handelt

Antworten

1B / 2B / 3A / 4B / 5C / 6B / 7B / 8B / 9B

10C / 11C / 12C / 13B / 14B / 15B / 16A / 17B / 18B / 19B / 20B

21B / 22B / 23C / 24C / 25B / 26C / 27A / 28B / 29B / 30B

31B / 32B / 33C / 34C / 35A / 36B / 37C / 38B / 39B

40A / 41B / 42C / 43 A / 44B / 45B / 46B / 47C / 48A / 49B

50B / 51B / 52A / 53B / 54B / 55C / 56B / 57B / 58A / 59B

60C / 61A / 62B / 63C / 64B / 65A / 66C / 67A / 68B / 69B / 70B

71A / 72A / 73B / 74C / 75C / 76B / 77B / 78B / 79C / 80B / 81C

82C / 83 B / 84A / 85C / 86C / 87B / 88C

89C / 90B / 91B / 92B / 93B / 94C / 95C / 96A / 97B / 98A

99B / 100C / 101C / 102B / 103C / 104B / 105C

106A / 107B / 108C / 109A / 110B / 111C / 112A / 113C / 114C

115C / 116B / 117C / 118B / 1 19C / 120A / 121B / 122C / 123C

124C / 125B / 126B / 127A / 128B / 129A / 130C / 131B / 132B /

133C / 134A / 135C / 136B / 137C / 138B / 139C / 140A / 141A / 142B

6
Wurftechnik

Wenn ein Angelfischer die Wurftechnik nicht beherrscht, so braucht das durchaus kein Verstoß gegen die Waidgerechtigkeit zu sein; denn die Fische werden in solchem Falle ja höchstens verjagt und vergrämt, aber nicht gefährdet. Aber es kann dennoch vom Angelfischer schon vor seinem ersten Angelausflug die Beherrschung bestimmter Ziel- und Weitwürfe in den Grenzen verlangt werden, die durch die Art des zu befischenden Wassers gezogen werden. Das verlangt schon die gebotene Rücksichtnahme auf die mitfischenden Angelfreunde, denen sonst durch eine Vielzahl fehlerhaft ins Wasser klatschender Köder, Aufpeitschung des Wasserspiegels und dergleichen mehr die Fische vergrämt werden und die Freude am Angeln und an der Natur gründlich verdorben wird. Ein Mindestkönnen in der Wurf- und Angeltechnik wird aber auch verlangt von der Notwendigkeit eines guten Ansehens der Angelfischergilde in der Öffentlichkeit; heute mehr denn je spielt sich unsere Angelfischerei oft unter den Augen uns mehr oder weniger gut gesinnter Zuschauer ab.

Für Wurfübungen muss ein passendes Gelände zur Verfügung stehen. Als Lehrkräfte sollten gute Werfer herangezogen werden, die gleichzeitig aber auch gute und erfahrene Fischer sind. Letztlich ist eine Anzahl geeigneter Geräte erforderlich. Das alles hat heute ein gut geführter Fischereiverein zur Verfügung.

Es können sich auch mehrere Interessenten zusammenfinden, von denen der eine diese, der andere jene Ruten- oder Rollenart hat. Beim wechselseitigen Austausch der Geräte kann so eine vielseitige Ausbildung zustande kommen.

Hierunter ist zusammengestellt, auf welche Punkte es bei der Grundausbildung im Werfen vor allem ankommt. Werden diese Punkte beachtet und beherrscht und kommt ein gewisses Mindestmaß an Übung in der beschriebenen Handhabung der Geräte und im Werfen hinzu, so kann die Wurfausbildung zunächst als soweit abgeschlossen angesehen werden, dass der Angelfischer dann mit der eigentlichen Fischerei beginnen kann.

6.1 Das Werfen mit der Grund- und Spinnrute
(»Wurfrute«)

6.1.1 Die Rute:

1. **Die Rute für den einhändigen Wurf:**
   Kurze, leichte und mittelstarke Wurfrute = vielseitig verwendbare, **gebräuchlichste Rute** von 1,50 bis 2,10 m Länge. Lange, leichte Wurfrute von 2,20 bis 2,70 m Länge, ausnahmsweise bis zu etwa 3,00 m Länge.
2. **Die Rute für den zweihändigen Wurf:**
   Kurze, starke Spinnrute von ca. 2,00 bis 2,20 m Länge. **Lange, mittelstarke und starke Grund- und Spinnrute** von ca. 2,40 bis 3,90 m Länge. Hierzu gehören auch sämtliche extra langen Ruten für die Grundfischerei.

6.1.2 Die Rolle

Die verschiedenen Rollentypen bedingen unterschiedlichen Sitz am Rutengriff und besondere Handhabung bei Wurf und Drill. Bei den nachfolgenden Anleitungen wird der einhändige Wurf mit einer Einhand-Rute und der zweihändige Wurf mit einer Zweihand-Rute parallel beschrieben.

6.1.2.1 Das Werfen mit der Stationärrolle:

Für den einhändigen Wurf:
Rollensitz:
Etwa in der Mitte des Rutengriffes nach unten hängend. Handkurbel zeigt nach links.

Für den zweihändigen Wurf:
Rollensitz:
Etwa im oberen Drittel des Rutengriffes hängend. Bei längeren und stärkeren Ruten auch noch weiter oberhalb. Handkurbel zeigt nach links.

6. WURFTECHNIK

Für den einhändigen Wurf:

Für den zweihändigen Wurf:

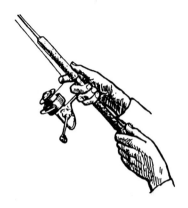

Rechte Hand:
(*»Führungshand«*)
Umfasst den Rutengriff so, dass der Rollensteg zwischen Mittel- und Ringfinger liegt und der Zeigefinger zum Halten der Schnur frei ist. (Spezialmodelle, z.B. einige geschlossene Kapselrollen, benötigen andere Handhabung!) Schnur wird mit gekrümmtem Zeigefinger nahe am **Spulenrand** frei gehalten und dann der Schnurfänger (Schnurfangbügel) aufgeklappt.

Linke Hand:
Ist am Wurf nicht beteiligt und betätigt sofort nach dem Einfallen des Köders die Handkurbel durch Drehen nach vorn (»vom Körper weg«), damit der Schnurfänger umklappt und weitere Schnurabgabe vermieden wird.

Rechte Hand:
(*»Führungshand«*)
Umfasst den Rutengriff so, dass der Rollensteg zwischen Mittel- und Ringfinger liegt und der Zeigefinger zum Halten der Schnur frei ist. (Spezialmodelle, z.B. einige geschlossene Kapselrollen, benötigen andere Handhaltung!) Schnur wird mit der Spitze des Zeigefingers unmittelbar am **Spulenrand** frei gehalten und dann der Schnurfänger aufgeklappt.

Linke Hand:
Umfasst den Rutengriff am hinteren (unteren) Ende und betätigt sofort nach dem Einfallen des Köders die Handkurbel durch Drehen nach vorn (»vom Körper weg«), damit der Schnurfänger umklappt und weitere Schnurabgabe vermieden wird.

6.1 DAS WERFEN MIT DER GRUND- UND SPINNRUTE

Festhalten, Bremsen und Stoppen der Schnur:
Zeigefinger der rechten Hand gibt gegen Ende des Vorschwungs (Übungssache!) die Schnur frei.
Während des Wurfs kann mit der Spitze des ausgestreckten Zeigefingers am Spulenrande der Schnurablauf gebremst und beim Einfallen des Köders auch gestoppt werden.

Für den einhändigen Wurf:
Das einfachere, aber ruckartig harte »Stoppen« der Schnur siehe unter »Linke Hand«.

Einholen der Schnur:
Nur leichteste Ruten beim Einholen der Schnur frei halten. Alle anderen in Hüftgegend einstützen. Beim Einholen wie auch beim Drill betätigt ausschließlich die linke Hand die Kurbel. Die rechte Hand bleibt über der Rolle und führt die Rute.

Festhalten, Bremsen und Stoppen der Schnur:
Zeigefinger der rechten Hand gibt gegen Ende des Vorschwungs (Übungssache!) die Schnur frei.
Während des Wurfs kann mit der Spitze des ausgestreckten Zeigefingers der rechten Hand am Spulenrande der Schnurablauf gebremst und beim Einfallen des Köders auch gestoppt werden.

Für den zweihändigen Wurf:
Das einfachere, aber ruckartig harte »Stoppen« der Schnur siehe unter »Linke Hand«.

Einholen der Schnur:
Rute in Hüftgegend einstützen. (Bei langen und starken Ruten die rechte Hand je nach Bedarf und Gewohnheit vor die Rolle bringen.) Beim Einholen wie auch beim Drill betätigt ausschließlich die linke Hand die Kurbel. Die rechte Hand führt die Rute.

Anmerkung: Alle Angaben für die Handhabung von Rute und Rolle haben Geltung für den Rechtshänder. Für den Linkshänder gelten sie im umgekehrten Sinne.
Bei einigen Modellen gekapselter Stationärrollen mit innen liegendem Schnurfänger wird die Schnurfreigabe durch einen Fingerhebel oder eine Teildrehung der Kurbel betätigt. Für diese Rollen gilt das Gesagte nur sinngemäß. Es ist die den Rollen beigegebene Gebrauchsanweisung zu beachten.

6. WURFTECHNIK

6.1.2.2 Das Werfen mit der Multirolle
(Spinnrolle mit Übersetzung, Multiplikatorrolle)

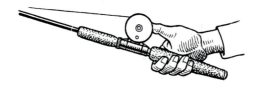

Für den einhändigen Wurf:
Rollensitz:
Stehend auf dem Rutengriff etwa in der Mitte des Rutengriffes. Schnurführer zeigt nach vorn, Handkurbel nach rechts.

Rechte Hand:
(»Führungshand«)
Umfasst den Rutengriff unmittelbar hinter der Rolle. Daumen liegt auf der Schnur.

Linke Hand:
Ist am Wurf nicht beteiligt.

Festhalten, Bremsen und Stoppen der Trommel:
Nur mit dem Daumen der rechten Hand.

Wichtigste Aufgabe: Vermeiden zu großer Drehgeschwindigkeit

Für den zweihändigen Wurf:
Rollensitz:
Stehend auf dem Rutengriff etwa im oberen Drittel, bei längern und stärkeren Ruten auch weiter oberhalb. Schnurführer zeigt nach vorn, Handkurbel nach rechts.

Rechte Hand:
(»Führungshand«)
Umfasst den Rutengriff unmittelbar hinter der Rolle.
Daumen liegt auf der Schnur.

Linke Hand:
Umfasst den Rutengriff am hinteren (unteren) Ende.
Bei langen und starken Ruten kann die linke Hand den Rutengriff auch vor der Rolle umfassen.

Festhalten, Bremsen und Stoppen der Trommel:
Nur mit dem Daumen der rechten Hand.

Wichtigste Aufgabe: Vermeiden zu großer Drehgeschwindigkeit

6.1 DAS WERFEN

der Spule und damit der sog. »Perücke.«
Multirollen mit eingebauter Fliehkraftbremse vermeiden die Bildung von »Perücken«.

Einholen der Schnur:
Nur leichteste Ruten beim Einholen der Schnur frei halten. Alle anderen in Hüftgegend einstützen. Vor dem Einholen »Umgreifen« der Hände. Die rechte Hand betätigt die Handkurbel. Je nach Bedarf und Gewohnheit kann beim Schnureinholen und beim Drill »umgegriffen« werden, d.h. die nicht kurbelnde Hand den Rutengriff vor der Rolle umfassen.

der Spule und damit der sog. »Perücke«.
Multirollen mit eingebauter Fliehkraftbremse vermeiden die Bildung von »Perücken «.

Einholen der Schnur:
Rute in die Hüftgegend einstützen. Vor dem Einholen der Schnur und vor dem Drill »Umgreifen« der Hände. Die linke Hand umfasst den Rutengriff vor der Rolle und führt die Rute, die rechte Hand betätigt die Handkurbel.

Die Fertigkeit des Werfens selbst, besonders die Art, Stärke und Richtung des »Schwunges«, kann der Angelfischer nur durch praktische Übung unter Anleitung erwerben. Erstes Ziel muss sein, den Köder in die gewünschte Richtung werfen zu können. Dann wird allmählich die Wurfweite gesteigert und die Erlernung der verschiedenen Wurfarten in Angriff genommen, nämlich:

1. des Seitenwurfes von rechts,
2. des Seitenwurfes von links,
3. des Überkopfwurfes,
4 des Pendelwurfes.

Es ist anzustreben, in diesen vier Wurfarten eine brauchbare Wurfweite und eine genügende Wurfgenauigkeit im Treffen des Zieles zu beherrschen, soweit diese am Fischwasser nötig sind.
Alle diese Übungen sollen zunächst mit den üblichen 7,5, 15 und 30 Gramm schweren Wurfgewichten durchgeführt werden, und zwar zweckmäßig auf dem Rasen, wo Weiten und Ziele abgesteckt werden können. Der Abschluss dieser Ausbildung sind dann der Praxis angepasste Würfe am Wasser mit Gerätezusammenstellungen, wie sie für die folgenden vier Angelmethoden gebräuchlich und bewährt sind:
1. Das Fischen mit Grundangel ohne Schwimmer (Floß).

6. WURFTECHNIK

2. Das Fischen mit der Grundangel mit Schwimmer (Floß).
3. Das Fischen mit der Schwimmangel mit Schwimmer (Floß).
4. Das Fischen mit der Spinnangel.

Es ist zweckmäßig, die ersten Übungen dieser Art mit Gerätezusammenstellungen ohne Haken oder mit abgebrochenen Haken durchzuführen.

Einhandwurf mit Stationärrolle: Überkopfwurf

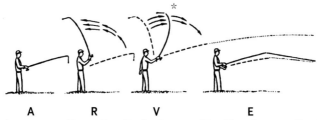

A   R   V   E

A = Ausgangsstellung, R = Rückschwung, V = Vorschwung, E = Endstellung, Rückschwung: Köder hängt ca. 20 cm von Rutenspitze herab. Mit steigender Geschwindigkeit Rutenspitze in der senkrechten Ebene über die Schulter zügig, aber nicht weich nach rückwärts schwingen. Schnur festhalten! Vorschwung: Aus etwas mehr als senkrechter Rutenstellung (Abb. R) scharfer Vorschwung und Schnurfreigabe bei*.

Einhandwurf mit Stationärrolle: Seitenwurf

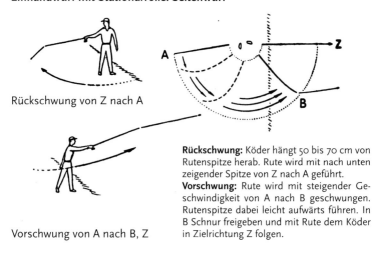

Rückschwung von Z nach A

Vorschwung von A nach B, Z

Rückschwung: Köder hängt 50 bis 70 cm von Rutenspitze herab. Rute wird mit nach unten zeigender Spitze von Z nach A geführt.
Vorschwung: Rute wird mit steigender Geschwindigkeit von A nach B geschwungen. Rutenspitze dabei leicht aufwärts führen. In B Schnur freigeben und mit Rute dem Köder in Zielrichtung Z folgen.

6.2 Das Werfen mit der Fliegenrute

Das Fliegenfischen wird oft als die Krönung aller Angelkunst angesehen. Der kleine Fliegenhaken, das dünne Vorfach und die schwache Rute erfordern eine viel feinere und leichtere Art des Werfens und des Fischens. Es ist deshalb die Regel, diese Kunst erst in einem fortgeschrittenen Stadium der Beherrschung der Wurftechniken mit Grund- und Spinnruten zu erlernen.

Es soll deshalb – dem Sinne dieser kleinen Anleitung entsprechend – hier nur das Wichtigste der Gerätezusammenstellung und der Wurftechnik aufgeführt werden, um einen Überblick zu geben.

Die Fliegenrute

1. **Leichteste und leichte Fliegenrute,** ca. 1,80 bis 2,40 m lang, zweiteilig, Gewicht weitgehend abhängig von der Art des Materials und der Beschläge ca. 50 bis 120 Gramm.
2. **Normalstarke oder mittelstarke Fliegenrute** = Standardtyp, 2,40 bis 2,65 m lang, zweiteilig, Gewicht abhängig von der Art des Materials und der Beschläge, gebräuchlich: 70 bis 130 Gramm.
3. **Starke (steife) Fliegenrute (Turnierrute),** 2,60 bis 3,00 m lang, meist zweiteilig, 120 bis 150 Gramm.

Rollensitz
»Hinter der Hand«, also am unteren Ende des Handgriffes, nach unten hängend.
1. Einfache Rolle mit Handaufwindung. Handgriff zeigt nach links.
2. Automatic-Rolle mit Federaufwindung. Auslösefeder zeigt nach oben, also zur Hand hin, damit sie vom kleinen Finger der werfenden Hand betätigt werden kann (s. Abbildungen Seite 275).

❓ Können Fliegenrollen auch zum Grund- und Spinnfischen verwendet werden?
Für die Grund- und Schwimmangel können Fliegenrollen zur Not verwendet werden, wenn in kurzer Entfernung vom Ufer geangelt wird, wobei die benötigte Schnurlänge vor dem Auswerfen von der Rolle abgezogen wird. Dasselbe gilt für diese Art des Fischens vom Boot aus. Für die Spinnfischerei sind die gebräuchlichen Fliegenrollen ungeeignet, da die Trommel für einen Wurf von der Rolle zuviel Achsreibung

6. WURFTECHNIK

und Massenträgheit hat und außerdem nicht abgebremst und gestoppt werden kann.

Die **rechte Hand** umfasst den Handgriff so, dass der Daumen gestreckt oben auf dem Griff aufliegt. Mit dem Daumen wird die Wurfkraft auf die Schnur übertragen, die bei der Flugangel das Wurfgewicht ist. Die Fliegenschnur wiegt je nach Art und Stärke 20 bis 30 Gramm und darüber! (Statt des Daumens kann auch der Zeigefinger oben auf dem Griff aufliegen.)

Fliegenschnur			
Rutenart:	Leichte	Normalstarke	Starke Fliegenrute
Schnurstärke der Parallelschnur:	L 4 (5)*	L 5 (6)*	L 6 (7–8)*
verjüngte Schnur:	DT 4–5*	DT 5–6*	DT 6–7 (8)*

Der Oberarm ist abgewinkelt und liegt leicht am Oberkörper an. Die Wurfbewegungen werden aus dem Handgelenk mit leichter Unterstützung des Unterarms vollführt. Dabei keine Verkrampfung der Armmuskeln!
Bei der Automaticrolle betätigt der kleine Finger der rechten Hand den Schnurhebel = Freigabe der Spiralfeder zur Schnureinholung.
Die **linke Hand** hält die Schnur fest, wenn mit gleichbleibender Schnurlänge geworfen wird.
Sie zieht beim Rückschwung Schnur von der Rolle, wenn die Wurfweite vergrößert werden soll.
Sie lässt die abgezogene Schnur beim Vorschwung nach vorn »schießen«.
Sie betätigt bei der einfachen Fliegenrolle den Handgriff der Spule zum Einholen der Schnur.
Sie lässt bei der Automatic-Rolle die Schnur leicht bremsend durch die Finger gleiten, wenn die Einholfeder freigegeben ist.

---

* Bezeichnung nach der AFTMA-Gewichtsskala.
  Der Turnierfliegenwurf erfordert höhere Schnurstärken bis DT 11

Drill und Einholen des Fisches

Rutenhaltung: Handteil bildet mit der Schnur einen rechten bis spitzen, nie einen stumpfen Winkel!

1. Bei der einfachen Fliegenrolle »drillt« die linke Hand den Fisch heran, indem sie die Schnur auf die Rolle aufwindet. Dabei ist die je nach Hakengröße, Vorfach- und Schnurstärke zulässige Spannung Gefühlssache! Bei starken Fischen den Handgriff der Spule loslassen, sobald die Schnurspannung bzw. die Rutenkrümmung zu stark wird. Die Rolle muss so eingestellt sein, dass der Fisch Schnur abziehen kann, ohne die Zerreißfestigkeit der Vorfachspitze zu überschreiten.
2. Bei der Automatic-Fliegenrolle wird der Drill so bewerkstelligt, dass die linke Hand die Schnur meterweise heranzieht. Sie wird dann von der freigegebenen Feder eingenommen. Wird bei starken Fischen die Schnurspannung und die Rutenkrümmung zu stark, so muss die linke Hand die Schnur loslassen, so dass der Fisch dann Schnur von der Rolle abziehen kann. Notfalls mit der linken Hand die Schnurabgabe erleichtern. (Automatic-Fliegenrollen mit regulierbarer Schleifbremsung der Trommel vermeiden zu starke Federspannung bei langen Fluchten starker Fische.)

Die 4 Zeiten des Fliegenwurfes

Gerät: Fliegenrute mit Rolle und bereits durch die Ringe gezogener Schnur, an die ein Fliegenvorfach von ca. 2–2,80 m Länge mit einer Fliege ohne Hakenbogen und -spitze geknüpft ist.

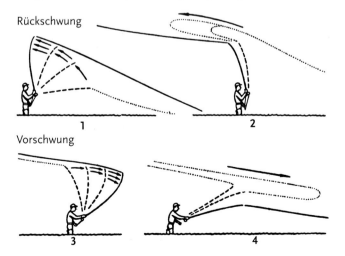

Rückschwung

1 2

Vorschwung

3 4

6. WURFTECHNIK

Ausgangsstellung: 10 bis 12 m Schnur werden vom Wurflehrer auf das Wasser gebracht, dann wird die Rute vom Wurfschüler waagrecht in Wurfrichtung gehalten. Der linke Unterarm ist nach oben gewinkelt, und die linke Hand hält die Schnur während aller 4 Zeiten fest.

Tätigkeiten des Werfers:

Tempo 1:
Der Werfer schwingt die Fliegenrute mit steigender Geschwindigkeit aus der horizontalen in die vertikale Stellung (nicht mehr als 30 Winkelgrade darüber hinaus!). »Rückwärtsschwung«

Tempo 2:
Der rechte Arm des Werfers verharrt in der Stellung der senkrecht gehaltenen Fliegenrute. »Pause«

Tempo 3:
Der Werfer schwingt die Fliegenrute mit kräftigem Daumen- oder Zeigefingerdruck nach vorwärts. Nach etwa 60 Winkelgraden lässt er sie mit verminderter Geschwindigkeit in die horizontale Ausgangsstellung gehen. »Vorwärtsschwung«

Tempo 4:
Der rechte Arm des Werfers verharrt mit der Rute in waagerechter Stellung, bis die Schnur sich gestreckt hat und eingefallen ist. »Streckenlassen der Schnur«

Verhalten von Rute und Schnur:

Tempo 1:
Die Rute schwingt nach oben, die Schnur mitziehend. Diese hebt sich vom Wasser ab und streckt sich.

Tempo 2:
Die Schnur tritt den Weg nach rückwärts in einem engen Bogen an und streckt sich waagrecht.

Tempo 3:
Im Augenblick der völligen Streckung der Schnur nach hinten wird sie durch die Rute wieder nach vorwärts »gerissen«.

Tempo 4:
Die Schnur tritt den Weg nach vorwärts in einem engen Bogen an und streckt sich gerade aus, um dann auf das Wasser zu sinken.

Der Weg, den die Fliegenrute während dieser 4 Zeiten beschreibt, bewegt sich in einem Viertelkreis, also in einem Winkel von 90 Grad. Die Schwünge selbst, nämlich »Vorwärtsschwung« und »Rückwärtsschwung«, benötigen nur Wege von etwa 30 bis 45 Grad.
Ausschlaggebend für ein gutes Gelingen des Wurfes ist die senkrechte Rutenhaltung während der zeitlich genau zu bemessenden »Pause«. (Bei sehr weiten und Turnierwürfen geht die Rute bis zu 30 Grad nach hinten über die Senkrechte hinaus!)
Erfahrungsgemäß ist es für den Anfänger sehr fördernd, wenn ihm von einem erfahrenen Flugangler, also seinem Wurflehrer, die Hand geführt wird. Das geschieht in der Weise, dass sich der Lehrer dicht hinter seinen Schüler stellt, den vorderen Teil der Hand des Schülers mit seiner eigenen »Wurfhand« umschließt und nun den Wurf so ausführt, als werfe er allein. Der Schüler macht diese Bewegung zuerst ohne Muskelanspannung mit, bekommt aber auf diese einfache Weise sehr bald das richtige Gefühl für die wichtigsten Momente des Ablaufs der Ruten- und Schwungbewegungen. Es fördert auch das Gefühl für die richtige Bemessung und die gleiche Länge der »Tempi«, wenn beim Wurf laut gezählt wird: »Eins – zwei – drei – vier« oder »Rück« – »Pause« – »Vor« – »Aus«.
Für diese elementare Anleitung ist natürlich ein einfaches Schema gewählt worden. Damit der Wurf sich in schöner Gleichmäßigkeit vollzieht, sind noch manche verbindende Faktoren zu beachten, was aber schon nicht mehr zur Grundausbildung gehört. Es bedarf im Laufe des Fortschreitens der Übungen noch mancher »Abrundungen« der Tempi, bis aus dem Schüler ein Meister wird!

6.3 Casting-Sport

Aus der beschriebenen Wurftechnik beim Fischen hat sich auch das Turnierwerfen, der sog. Casting-Sport entwickelt, wo es auf sehr große Wurfweiten oder größtmögliche Zielgenauigkeit ankommt. Hierüber orientiert sich der Angelfischer innerhalb der Vereine, die diesen Sport pflegen. Die Bedeutung des Casting-Sports für die Fortentwicklung der Fischereigeräte und die Verbesserung der Wurftechnik ist groß. Deshalb kann er jungen Fischern als Verbesserung ihrer Wurfpraxis wie als Leistungswettkampf nicht warm genug empfohlen werden.

7 Rechtliche Bestimmungen

Da die Fischereigesetze der einzelnen Bundesländer sehr unterschiedlich sind, der zur Verfügung stehende Raum jedoch begrenzt ist, kann in diesem Abschnitt nur auf die wesentlichsten Bestimmungen eingegangen werden, die für die Fischerprüfung und den Angelfischer von Bedeutung sind.

Den Ausrichtern von Vorbereitungslehrgängen zur Fischerprüfung, die in allen Bundesländern für den Erhalt eines Fischereischeins vorgeschrieben ist, bleibt es vorbehalten, die erforderliche Sachkunde zu ergänzen und zu vermitteln. Hierfür können Sie sich an die einzelnen VDSF-Landesverbände wenden, deren Adressen Sie am Ende dieses Kapitels finden.

7.1 Einführung

❓ Was ist bei der Ausübung der Angelfischerei in rechtlicher Hinsicht zu beachten?

Fischerei- und Erlaubnisschein mitführen. Schonmaße (Mindestmaße), Schonzeiten und Grenzen fremder Fischwasser beachten sowie das Verbot des Fischfangs durch menschliche Tätigkeit während der Nachtzeit einhalten. Zu beachten sind auch die Vorschriften des Erlaubnisscheins über Anzahl der erlaubten Handangeln mit Anzahl und Art der erlaubten Haken je Angelrute sowie Aneignungsrecht für bestimmte Fische in welcher Anzahl.

Tote Fische und Teile von Fischen dürfen in ein Gewässer nicht eingebracht werden; dies gilt nicht für das Einbringen 1. als Köderfische, 2. als Futterfische (beschränkt auf Fischzuchtanlagen und Teichwirtschaften sowie auf Fischgehege).

Lebende Fische als Köder sind in Deutschland verboten. Von Netzen und Reusen soll (in manchen Bundesländern muss) beim Angeln ein genügend weiter Abstand eingehalten werden.

Naturschutzvorschriften sind zu beachten; der Angelplatz sollte so verlassen werden, wie man erwartet ihn vorzufinden.

7.2 Fischereirecht und Fischereigesetz

❓ Was ist Gegenstand und Inhalt des Fischereirechts?
Das Fischereirecht gibt die Befugnis, in einem Gewässer Fische, Neunaugen und Krebse sowie Muscheln (Fische) zu hegen, zu fangen und sich anzueignen. Das Fischereirecht erstreckt sich auch auf Fischlaich und sonstige Entwicklungsformen der Fische sowie auf Fischnährtiere. Mit dem Fischereirecht ist auch die Pflicht zur Hege verbunden; die Verpflichtung zur Hege gilt nicht für Anlagen der Fischzucht und für Teichwirtschaften.

❓ Was versteht man unter Hegerecht und Hegepflicht?
Das Recht und die Verpflichtung, Maßnahmen zu treffen, die zur Erhaltung und Förderung eines der Größe, Beschaffenheit und Ertragsfähigkeit des Gewässers angepassten artenreichen und gesunden Fischbestandes sowie zur Pflege und Sicherung standortgerechter Lebensgemeinschaften beitragen.

❓ Was ist Aneignungsrecht?
Es ist das Recht, dem Fischfang nachzugehen und an den Fischen Eigentum zu erwerben. Gegenstand des Aneignungsrechtes ist z.B. auch Fischlaich und Fischbrut. In den Rahmen des Aneignungsrechts gehört auch die Fischnacheile (s. S. 335).

❓ Was sind beschränkte Fischereirechte?
Beschränkte Fischereirechte liegen vor, wenn das Recht auf bestimmte Fangmittel und/oder bestimmte Zeiten des Fischfangs sowie auf bestimmte Fisch- oderTierarten beschränkt ist.

❓ Was versteht man unter Koppelfischerei?
Koppelfischerei liegt vor, wenn an derselben Gewässerstrecke mehrere Fischereirechte bestehen oder wenn an derselben Gewässerstrecke mehreren Personen ein Fischereirecht zusteht.

❓ Was ist ein selbstständiger Fischereibetrieb (Eigenfischereibezirk, Hegebezirk etc.)?
Ein Fischereirecht, das sich auf einen solchen räumlichen Umfang im

7. RECHTLICHE BESTIMMUNGEN

Gewässer erstreckt, dass hierdurch eine ordnungsmäßige und nachhaltige Bewirtschaftung ermöglicht ist, bildet einen selbstständigen Fischereibetrieb (Eigenfischereibezirk, Hegebezirk).

In einem fließenden Gewässer ist hierfür in der Regel eine zusammenhängende, die ganze Breite des Gewässers umfassende Strecke von mindestens 2 km Uferlänge erforderlich. In bestimmten Fällen kann die zuständige Behörde einen geringeren Umfang als genügend und einen größeren für erforderlich erklären.

Fischereirechte von einem geringeren Umfang, die den Voraussetzungen für einen »Selbstständigen Fischereibetrieb« nicht entsprechen, werden zu einem Gemeinschaftlichen Fischereibetrieb zusammengeschlossen oder bilden einen Gemeinschaftlichen Fischereibezirk.

❓ Wer ist grundsätzlich Fischereiberechtigter?

Soweit nicht auf besonderen Rechtsverhältnissen beruhende Rechte dritter Personen bestehen, steht das Fischereirecht dem Eigentümer des Gewässers zu.

❓ Wem steht das Fischereirecht in Abzweigungen zu?

In einer Abzweigung, die aus dem Hauptstrom aus- und wieder einmündet, steht das Fischereirecht den im Hauptwasser Fischereiberechtigten, im Verhältnis zur Lage und zur räumlichen Ausdehnung des Fischereirechts in der Hauptwasserstrecke, zu.

❓ Was versteht man unter Uferbenutzungsrecht (Uferbetretungsrecht) und Zugangsrecht?

Der zur Ausübung der Fischerei Berechtigte sowie dessen Hilfs- und Aufsichtspersonal sind befugt, unter Einhaltung der zur Vermeidung von Beschädigungen erforderlichen Vorsicht, fremde Ufergrundstücke, Brücken, Wehre und Schleusen zu betreten, an ihnen Schiffe sowie zum Fang oder zur Aufbewahrung von Fischen bestimmte Geräte zu befestigen, soweit dies zur ordnungsmäßigen Ausübung der Fischerei sowie zur Pflege und zur Beaufsichtigung des Fischwassers erforderlich ist. Für Schäden haften Verursacher und Fischereiausübender. Die Befugnis erstreckt sich nicht auf eingefriedete Grundstücke.

Kann der zur Ausübung der Fischerei Berechtigte das Fischwasser in anderer zumutbarer Weise nicht erreichen, so kann er von Anliegern und/oder Hinterliegern unter Rücksichtnahme auf deren Interessen verlangen, dass sie ihm gegen angemessene Entschädigung den Zugang über ihre Grundstücke auf seine Gefahr gestatten.

7.2 FISCHEREIRECHT UND FISCHEREIGESETZ

❓ Was sind eingefriedete Grundstücke?
Als eingefriedet gilt ein Grundstück, wenn es außer auf der vom Wasser bespülten Seite von Mauern, Gittern oder anderen ständigen Einfriedungen ganz umschlossen ist.

❓ Was gilt nicht als Einfriedung?
Nicht als ständige Einfriedungen gelten in der Regel: einfache Drahtzäune, Viehzäune aus horizontal gelegten Stangen, elektrische Weidezäune und dergleichen.

7.2.1 Fischnacheile

❓ Was versteht man unter Fischnacheile?
Unter Fischnacheile versteht man allgemein den Fischfang auf überfluteten Grundstücken:
Tritt ein Gewässer über seine Ufer aus, so sind die im Fischwasser Fischereiberechtigten (nicht die Grundstückseigentümer) befugt, auf dem überflutenden Grundstück zu fischen. Es dürfen keine Vorkehrungen getroffen werden, welche die Rückkehr des Wassers und der Fische in das Wasserbett verhindern. Bleiben nach dem Rücktritt des Wassers auf den Grundstücken in Gräben und anderen Vertiefungen, welche nicht mehr in Verbindung mit dem Fischwasser stehen, Fische zurück, so ist der Fischereiberechtigte befugt, sie sich längstens innerhalb einer bestimmten Frist anzueignen; für den hierbei dem Grundbesitzer angerichteten Schaden haftet der Fischereiberechtigte. Nach dem Ablauf der Frist darf der Grundstückseigentümer die Fische sich aneignen. Die Befugnisse der Fischnacheile erstrecken sich nicht auf Haus- und Hofräume sowie auf Betriebsanlagen.
Die Fristen, innerhalb welcher sich der Fischereiberechtigte nach Rückgang des Wassers die Fische noch aneignen darf, sind: in **Baden-Württemberg:** drei Tage; **Bayern, Nordrhein-Westfalen, Schleswig-Holstein:** eine Woche; **Sachsen:** acht Tage, **Berlin, Brandenburg, Hessen, Rheinland-Pfalz, Saarland, Sachsen-Anhalt, Thüringen:** zwei Wochen; **Bremen, Mecklenburg-Vorpommern, Niedersachsen:** keine Begrenzung; **Hamburg:** keine besondere Regelung.

7.2.2 Fischereipachtverträge

❓ Was ist beim Abschluss von Fischereipachtverträgen zu beachten?
Abschluss, Änderung und Kündigung von Fischereipachtverträgen sind in Schriftform abzufassen und vom Verpächter innerhalb einer be-

stimmten Frist nach Vertragsabschluss der zuständigen Behörde anzuzeigen oder zur Genehmigung vorzulegen. Erst nach Prüfung und Genehmigung durch die zuständige Behörde sind Fischereipachtverträge rechtswirksam und gültig. Dies gilt ebenso für Unterpachtverträge.

In der Regel kann ein Fischereirecht/Fischereiausübungsrecht nur nach dem ganzen Inhalt verpachtet und zum Zwecke der Verpachtung ohne Genehmigung nicht in Abteilungen aufgeteilt werden.

Pächter darf nur sein, wer einen gültigen Fischereischein besitzt. In den Fischereipachtverträgen kann vereinbart werden, dass der Pächter befugt ist, Unterpacht- und Erlaubnisverträge abzuschließen sowie Erlaubnisscheine auszustellen. Desweiteren können in Pachtverträgen jährliche Besatzmengen und -arten vorgeschrieben werden.

Baden-Württemberg: Der Pachtvertrag darf nur mit höchstens 6 Mitpächtern, darunter höchstens 2 juristische Personen, abgeschlossen werden. Bei Pachtverträgen, in welchen die Verpflichtung zur Hege ganz auf den Pächter übertragen wird, muss die Pachtzeit mindestens 12 Jahre betragen. Der Abschluss des Pachtvertrages ist der Fischereibehörde (Regierungspräsidium) unverzüglich anzuzeigen. Der Pachtvertrag erlischt, wenn dem Pächter der Fischereischein entzogen wird oder wenn der Pächter nicht innerhalb einer Frist von drei Monaten nach Ablauf der Gültigkeit seines Fischereischeines einen neuen beantragt hat oder wenn dieser abgelehnt wurde.

Bayern: Pachtverträge sind für mindestens 10 Jahre und mit höchstens 3 Personen als Pächter abzuschließen. Pächter darf nur sein, wer einen gültigen Fischereischein besitzt. Bei Verpachtung an eine juristische Person muss mindestens ein verfassungsmäßig berufener Vertreter Inhaber eines gültigen Fischereischeines sein. Zur Pacht von geschlossenen Gewässern im Sinne von Art. 2 Abs. 1 Nrn. 1 und 2 FiG (Teichwirtschaften) ist ein Fischereischein nicht erforderlich. Wird einem Pächter während der Pachtzeit der Fischereischein entzogen, so kann, insofern nicht allenfallsige Mitpächter die Verbindlichkeiten des Auszuschließenden übernehmen, der Verpächter ohne Kündigungsfrist das Pachtverhältnis kündigen. Für den Verpächter besteht Hinterlegungspflicht des Pachtvertrages bei der Kreisverwaltungsbehörde binnen 8 Tagen nach Vertragsabschluss. Von den Vorschriften über die Mindestpachtzeit, die Höchstzahl der Pächter und Trennung des Fischwassers oder Fischereigebiets in Abteilungen zum Zweck der Verpachtung kann die Kreisverwaltungsbehörde Ausnahmen zulassen.

Berlin: Mindestdauer für Verpachtung und Verlängerung 12 Jahre. Ausnahmen durch die Fischereibehörde (Fischereiamt) sind möglich. Beschränkte selbstständige und Küstenfischereirechte dürfen nicht, Koppelfischereirechte nur an Erwerbsfischer oder an deren Vereinigungen verpachtet werden. Anzeigepflicht besteht innerhalb eines Monats bei der Fischereibehörde.

Brandenburg: Mindestpachtzeit 12 Jahre. Ausnahmen durch die Fischereibehörde (Kreisverwaltung und kreisfreie Städte) sind möglich. Küstenfischereirechte dürfen nicht, Koppelfischereirechte nur an Erwerbsfischer oder deren Vereinigungen verpachtet werden. Abschluss und Änderung des Pachtvertrags sind der Fischereibehörde zur Genehmigung vorzulegen.

Bremen: Mindestpachtzeit 12 Jahre. Die Verlängerung eines Pachtvertrags muss mindestens 3 Jahre betragen. Der Fischereipachtvertrag bedarf der Schriftform. Soweit Belange des Natur- und Artenschutzes es erforderlich machen, kann der Fischereiberechtigte den Pachtvertrag mit einer Frist von einem Jahr kündigen. Unterverpachtung nicht besonders geregelt.

Hamburg: Im Fischereigesetz ist eine Mindestpachtzeit nicht vorgeschrieben. Der Verpächter ist verpflichtet, Abschluss und/oder Änderung eines Fischereipachtvertrages der zuständigen Behörde durch Vorlage anzuzeigen. Eine Unterverpachtung ist unzulässig.

Hessen: Nach § 12 des Fischereigesetzes betragen die Mindestpachtzeit und die Dauer der Verlängerung 12 Jahre. Die untere Fischereibehörde kann hiervon Ausnahmen zulassen. Eine natürliche Person benötigt zur Pachtung dann einen gültigen Fischereischein, wenn sie den Fischfang mit der Handangel ausübt. Abschluss und Änderung eines Pachtvertrages müssen der unteren Fischereibehörde zur Genehmigung vorgelegt werden; dies gilt auch für Unterpachtverträge.

Mecklenburg-Vorpommern: Die Mindestpachtzeit soll auf 12 Jahre festgesetzt werden; hiervon kann die obere Fischereibehörde Ausnahmen zulassen. Für die Anzeigepflicht von Fischereipachtverträgen bei der unteren Fischereibehörde (Amt für Landwirtschaft) ist keine Frist gesetzt.

Niedersachsen: Die Mindestpachtzeit beträgt 12 Jahre. Die Verpachtung der Fischerei in fließenden und stehenden Gewässern mit einer Größe von über 30 ha kann auf einen Teil der Gewässer beschränkt werden, an denen das Fischereirecht besteht. Ein laufender Pachtvertrag kann auch auf kürzere Zeit verlängert werden. Soweit besteht keine Anzeige- und Genehmigungspflicht. Unterpacht ist im Fischereigesetz nicht besonders geregelt. Wird die Fischerei in einem Fischereibezirk verpachtet, bedarf der Pachtvertrag der Genehmigung durch den Landkreis oder die kreisfreie Stadt. Vorlage zur Genehmigung innerhalb eines Monats.

7. RECHTLICHE BESTIMMUNGEN

Nordrhein-Westfalen: Die Pachtzeit muss mindestens 12 Jahre betragen. Die Fischereibehörde (Kreisordnungsbehörde) kann Ausnahmen zulassen. Abschluss und Änderung des Pachtvertrages bedürfen der Genehmigung der Fischereibehörde, es sei denn, dass der Pächter Berufsfischer ist. Die Frist zur Vorlage für die Genehmigung beträgt einen Monat. Durch Auflage ist ferner sicher zu stellen, dass der Pächter Erlaubnisscheinverträge in angemessener Zahl abschließt.
Rheinland-Pfalz: Die Mindestpachtzeit beträgt 12 Jahre. Ein Fischereipachtvertrag darf nicht mit mehr als drei natürlichen Personen oder nur mit einer juristischen Person abgeschlossen werden. Die Fischereibehörde (Kreisverwaltung und kreisfreie Städte) kann Ausnahmen bezüglich der Mindestpachtzeit und der Anzahl der Pächter zulassen. Die Frist zur Vorlage bei der Fischereibehörde um Abschluss oder Änderung eines Pachtvertrages anzuzeigen, beträgt einen Monat.
Saarland: Mindestpachtzeit 12 Jahre. Ausnahmen durch die Fischereibehörde sind möglich. Ein Fischereipachtvertrag darf mit nicht mehr als drei natürlichen Personen oder nur mit einer juristischen Person abgeschlossen werden. Abschluss und Änderung eines Pacht- oder Unterpachtvertrages bedürfen der Schriftform.
Sachsen: Die Mindestpachtzeit beträgt 12 Jahre. Ausnahmen durch die Fischereibehörde (Landesanstalt für Landwirtschaft) sind möglich. Ein Pachtvertrag kann mit natürlichen Personen, die einen Fischereischein besitzen müssen, oder mit juristischen Personen abgeschlossen werden. Abschluss, Änderung, Kündigung und Erlöschen eines Pachtvertrags sind vom Verpächter der Fischereibehörde unverzüglich schriftlich anzuzeigen.
Sachsen-Anhalt: Die Pachtdauer soll mindestens 12 Jahre betragen; eine Verlängerung kann auch für kürzere Zeit sein. Das Fischereiausübungsrecht kann nur in seiner Gesamtheit verpachtet werden. Der Verpächter kann sich neben dem Pächter das Fischereiausübungsrecht in seiner Gesamtheit vorbehalten. Auch die Verpachtung des Fischereiausübungsrechts in Teilbereichen ist zulässig. Das Fischereirecht selbst kann nicht verpachtet werden. Abschluss und Änderung eines Pacht-, Unterpacht-, Mit- und Weiterpachtvertrages sind der zuständigen Behörde (Landkreise und kreisfreie Städte) anzuzeigen.
Schleswig-Holstein: Die Mindestpachtzeit beträgt 12 Jahre. Die obere Fischereibehörde (Amt für ländliche Räume, Abt. 6 – Fischerei) kann kürzere Pachtzeiten zulassen. Pächter kann nur sein, wer einen gültigen Fischereischein besitzt. Pachtet eine juristische Person, muss mindestens eine vertretungsberechtigte Person einen gültigen Fischereischein besitzen. Zur Pacht von Fischereirechten in geschlossenen

Gewässern ist der Besitz eines Fischereischeins nicht vorgeschrieben. Abschluss und Änderung eines Pachtvertrages sind der oberen Fischereibehörde binnen eines Monats zur Genehmigung vorzulegen. Im Fischereigesetz ist eine besondere Regelung über Unter-, Mit- und Weiterpacht nicht vorgesehen.

Thüringen: Die Mindestpachtzeit und die Zeit der Verlängerung betragen 12 Jahre. Eine natürliche Person muss zur Pacht einen gültigen Fischereischein besitzen, wenn sie den Fischfang mit der Handangel ausübt. Die obere Fischereibehörde kann von den Vorschriften über die Mindestpachtzeit und über den Besitz eines Fischereischeins Ausnahmen zulassen. Abschluss und Änderung von Fischereipachtverträgen und Unterpachtverträgen sind der oberen Fischereibehörde (Landesverwaltungsamt oder Landesforstdirektion) zur Genehmigung vorzulegen.

❓ Was ist bei Unterpacht zu beachten?

Unterpacht ist in aller Regel nur mit Genehmigung des Verpächters und nur nach dem ganzen Inhalt des Fischereirechts/Fischereiausübungsrechts und für den vollen Rest der Pachtdauer zulässig.

❓ Zu welchem Zweck werden Fischereigenossenschaften gebildet?

Fischereigenossenschaften werden im Allgemeinen 1. zur geregelten Aufsichtsführung und zu gemeinsamen Maßnahmen zum Schutz und zur Hebung des Fischbestandes sowie 2. zur gemeinsamen Bewirtschaftung und Nutzung des Fischbestandes gebildet.

Fischereigenossenschaften, Hegegenossenschaften und Hegegemeinschaften müssen einen Vorstand und eine Satzung haben. Satzung und Änderung der Satzung bedürfen der Genehmigung durch die zuständige Fischereibehörde.

Bei den folgenden mit Sternchen * gekennzeichneten Ländern sind die Aufgaben der Genossenschaft: »Die auf Grund der Hegepflicht vorzunehmenden Maßnahmen ihrer Mitglieder zusammenzufassen, zu lenken und zu unterstützen«.

In den Ländern **Baden-Württemberg* – Berlin* – Brandenburg – Hessen – Niedersachsen – Nordrhein-Westfalen – Rheinland-Pfalz – Saarland – Sachsen – Sachsen-Anhalt – Schleswig-Holstein und Thüringen** bilden die Fischereiberechtigten eines gemeinschaftlichen Fischereibezirks eine Genossenschaft.

In **Bayern** sind zur Bildung einer Fischereigenossenschaft mindestens drei Personen erforderlich. Die Satzung der freiwilligen Genossenschaft bedarf der Zustimmung der einfachen Mehrheit der Genossen. Die Satzung der Zwangsgenossenschaft wird von der Kreisverwaltungsbehörde erlassen, die auch die Bildung der Zwangsgenossenschaft anordnet.

In **Mecklenburg-Vorpommern** können die Fischereiberechtigten eines zusammenhängenden Fischereibezirks eine Hegegemeinschaft bilden. In **Bremen** und in **Hamburg** gibt es keine Fischereigenossenschaften.

❓ Welche Arten von Schonbezirken gibt es?

Es gibt **Fischschonbezirke, Laichschonbezirke** und in einigen Bundesländern **Winterlager**.

In den **Fischschonbezirken**, die bis auf wenige Ausnahmen in nicht geschlossenen Gewässern ausgewiesen werden, ist in der Regel der Fang von Fischen und anderen Wassertieren, jede Tätigkeit, durch die Fortpflanzung und Bestand der Fische gefährdet werden (z.B. Räumung des Gewässerbettes, Mähen, Einbringen und Entnehmen von Pflanzen, Schlamm, Erde, Sand, Kies, Steinen, Schnee und Eis, die Ausübung des Gemeingebrauchs, Vornahme von Uferbauten und Fällen von Ufergehölz sowie das Einlassen zahmer Enten, Gänse und Schwäne) verboten.

Laichschonbezirke/Laichschonstätten sind ausgewiesene Gewässerstrecken, welche besonders geeignete Plätze zum Laichen der Fische und zur Entwicklung der Brut aufweisen. Während in Fischschonbezirken jeglicher Fischfang verboten ist, gilt dies in Laichschonbezirken/-stätten vorrangig während der Laichzeit der Fische, für die der Schonbezirk angeordnet wurde. In der Verordnung können jedoch auch Tätigkeiten und Handlungen verboten werden, welche der Fortpflanzung der Fische und der Entwicklung der Brut schaden können.

Die zuständige Behörde kann in einem nicht geschlossenen Gewässer bestimmte Stellen als **Winterlager** für Fische erklären. In den durch Zeichen kenntlich gemachten Winterlagern sind die Entfernung der Eisdecke sowie die Entnahme von Schlamm, Sand, Kies, Steinen und Wasserpflanzen und die Ruhe der Fische störende Tätigkeiten grundsätzlich verboten.

❓ Kann in Schonbezirken der Fischfang zugelassen werden?

Die zuständige Behörde kann Ausnahmen in der Verordnung vorsehen, wonach bestimmte Arten der Fische und fischereilich unerwünschte, naturschutzrechtlich nicht besonders geschützte Wassertiere gefangen werden dürfen, ebenso sind aus Gründen der Wasserwirtschaft, im Interesse der Landeskultur und zu wissenschaftlichen Lehr- und Forschungszwecken Ausnahmen möglich.

7.2.3 Fischereischein

❓ Welche Ausweise sind bei der Ausübung der Fischerei notwendig und mitzuführen?
1. Der staatliche Fischereischein
2. Der (Fischerei-)Erlaubnisschein, sofern der Fischereischeininhaber nicht der Fischereiberechtigte oder Pächter ist.

❓ Wann benötigt man keinen Fischereischein?
Ein Fischereischein ist nicht erforderlich für Personen, die auf **andere Weise als mit der Handangel**
1. als Helfer eines Fischereischeininhabers in dessen Begleitung,
2. in geschlossenen Gewässern im Sinne des FiG (Teichwirtschaften, Anlagen für Fischzucht)
den Fischfang ausüben.
Zur genehmigten Entnahme von Fischlaich und Fischnährtieren sind in Bayern Fischereischein und Erlaubnisschein nicht erforderlich. Befindet man sich jedoch nicht in Begleitung des Fischereiberechtigten oder Pächters, benötigt man deren schriftliche Erlaubnis.

❓ Darf der Helfer in Begleitung des Fischereiberechtigten den Fischfang mit der Handangel auch selbst ausüben?
Nein. Die Tätigkeit des Helfers ist beschränkt auf die Mithilfe bei der Ausübung der Fischerei (Rudern, Hilfeleistung beim Landen eines Fisches usw.). Er darf keine Köderfische fangen, keine gebrauchsfertigen Angeln auswerfen und einholen. Anwesende Familienmitglieder, Verwandte und Bekannte fallen auch unter den Begriff »Helfer«.

❓ Wann können Jugendliche den Fischfang ausüben?
(Mit Ausnahme von Sachsen-Anhalt ist für den Erhalt des Jugendfischereischeins ein Sachkundenachweis (Fischerprüfung) nicht erforderlich; der **Ju-F** berechtigt in der Regel zum Fischfang nur in Begleitung eines(r) volljährigen Inhabers/Inhaberin eines Fischereischeins!)
Baden-Württemberg: Mit Jugendfischereischein vom 10. bis zum vollendeten 16. Lebensjahr. Bei entsprechender Sachkunde (Fischerprüfung) und vollendetem 10. Lebensjahr normaler Fischereischein.

Bayern: Mit Jugendfischereischein vom 10. bis zum vollendeten 18. Lebensjahr. Ab vollendetem 14. Lebensjahr und bestandener Fischerprüfung (Mindestalter 12 Jahre) Fischereischein auf unbeschränkte Zeit (Lebenszeit). Kinder unter 10 Jahren können an die Angelfischerei herangeführt werden, indem sie unter Aufsicht einer volljährigen Person, die im Besitz eines gültigen Fischereischeins sein muss, 1 Handangel (dieser im Gewässer zur Ausübung der Fischerei berechtigten Person) zusammenstellen, auswerfen, einholen (auch mit gehaktem Fisch) und anlanden dürfen. Vom lebenden Fisch den Haken lösen sowie Fische betäuben (abschlagen) und Fische töten dürfen sie nicht!
Berlin: Mit Jugendfischereischein vom vollendeten 12. bis zum vollendeten 18. Lebensjahr. Normaler Fischereischein nach bestandener Anglerprüfung (Zulassung mit 14 Jahren) und vollendetem 14. Lebensjahr.
Brandenburg: Mit Jugendfischereischein vom vollendeten 8. bis zum vollendeten 18. Lebensjahr. Nach Vollendung des 14. Lebensjahres und bestandener Anglerprüfung (Mindestalter 14 Jahre) normaler Fischereischein.
Bremen: Kein Jugendfischereischein! Bis zum vollendeten 14. Lebensjahr dürfen Jugendliche in Begleitung eines Inhabers eines Fischereischeins den Fischfang ausüben. Ab dem vollendeten 14. Lebensjahr ist ein Fischereischein erforderlich, der das Bestehen der Fischereiprüfung voraussetzt.
Hamburg: Fischfang nur mit regulärem Fischereischein erlaubt; dieser wird nach Vollendung des 12. Lebensjahres und bestandener Sportfischerprüfung erteilt.
Hessen: Mit Jugendfischereischein ab dem vollendeten 12. bis zum vollendeten 16. Lebensjahr. Ab dem vollendeten 16. Lebensjahr und bestandener Fischerprüfung (kein Mindestalter vorgeschrieben) erhalten Jugendliche den normalen Fischereischein.
Mecklenburg-Vorpommern: Fischfang nur mit Fischereischein erlaubt; dieser wird ab dem vollendeten 12. Lebensjahr und bestandener Fischereischeinprüfung erteilt.
Niedersachsen: Bis zum vollendeten 14. Lebensjahr ohne Fischereischein unter Aufsicht geeigneter Personen. Nach Vollendung des 14. Lebensjahres und bestandener anerkannter Fischerprüfung kann ein Fischereischein erteilt werden.
Nordrhein-Westfalen: Mit Jugendfischereischein von 10 bis 16 Jahren. Ab vollendetem 14. Lebensjahr und bestandener Fischerprüfung (Mindestalter 13 Jahre) normaler Fischereischein.

Rheinland-Pfalz: Mit Jugendfischereischein vom 7. bis zum vollendeten 16. Lebensjahr. Ab dem vollendeten 14. Lebensjahr und bestandener Fischerprüfung normaler Fischereischein.
Saarland: Mit Jugendfischereischein bis zum vollendeten 16. Lebensjahr. Ab dem vollendeten 14. Lebensjahr und bestandener Fischerprüfung (Mindestalter 14 Jahre) normaler Fischereischein.
Sachsen: Mit Jugendfischereischein vom vollendeten 10. bis zum vollendeten 16. Lebensjahr. Ab dem vollendeten 14. Lebensjahr und bestandener Fischereiprüfung (Mindestalter 14 Jahre) normaler Fischereischein.
Sachsen-Anhalt: Mit Jugendfischereischein, der eine erleichterte Fischerprüfung (Zulassung mit $7\,^1/_2$ Jahren) voraussetzt, vom vollendeten 8. bis zum vollendeten 18. Lebensjahr. Ab dem vollendeten 14. Lebensjahr und bestandener regulärer Fischerprüfung (Zulassung ebenfalls mit $7\,^1/_2$ Jahren) normaler Fischereischein. (Der Jugendfischereischein berechtigt den Inhaber zum Fischfang ohne Aufsicht, jedoch nur zum Friedfischfang!)
Schleswig-Holstein: Bis zum vollendeten 12. Lebensjahr ohne Fischereischein unter Aufsicht einer volljährigen Inhaberin oder eines volljährigen Inhabers eines gültigen Fischereischeins. Ab dem 12. Lebensjahr Fischereischeinprüfung und Fischereischeinpflicht.
Thüringen: Mit Jugendfischereischein vom 10. bis zum vollendeten 14. Lebensjahr-, bis zum vollendeten 14. Lebensjahr in Begleitung eines volljährigen Inhabers eines Fischereischeins. Nach Vollendung des 14. Lebensjahres und Bestehen der Fischerprüfung (Zulassung mit 10 Jahren) normaler Fischereischein für Erwachsene.

❓ Welche Behörden stellen den Fischereischein aus?

Für die Erteilung des Fischereischeins/Jugendfischereischeins sind in den Bundesländern folgende Behörden zuständig:
In **Bayern, Hessen, Niedersachsen, Nordrhein-Westfalen, Rheinland-Pfalz*, Saarland* und Thüringen** die Gemeinden/* Ortspolizeibehörden; in **Baden-Württemberg** neben den Gemeinden auch die Verwaltungsgemeinschaften; in Berlin das Fischereiamt; in **Brandenburg, Mecklenburg-Vorpommern** und **Sachsen-Anhalt** die Landkreise und kreisfreien Städte, in **Bremen** die Ortspolizeibehörde/der Magistrat, für die Küstenfischerei das Fischereiamt; in **Hamburg** für die Erwerbs- und Nebenerwerbsfischer die Wirtschaftsbehörde, für die Angelfischer die Bezirksämter, in **Sachsen** das Landesamt für Landwirtschaft; in **Schleswig-Holstein** für die Erwerbsfischer das Landesamt für Fischerei, für die Angelfischer die örtliche Ordnungsbehörde.

7. RECHTLICHE BESTIMMUNGEN

❓ Gelten die in den verschiedenen Bundesländern ausgestellten Fischereischeine überall in der Bundesrepublik?

Ein in dem Bundesland ausgestellter Fischereischein, in welchem sein Inhaber zur Zeit der Ausstellung seines Fischereischeins seinen Hauptwohnsitz hatte, gilt auch in allen anderen Bundesländern. Bei einem Wechsel des Wohnsitzes in ein anderes Bundesland kann dort die Gültigkeit des Fischereischeins verkürzt oder aufgehoben werden; er gilt jedoch als Voraussetzung für die Erteilung eines Fischereischeins am neuen Wohnsitz.

7.2.4 Fischerprüfung

(Staatliche Fischerprüfung / Fischerprüfung / Sportfischerprüfung / Anglerprüfung / Fischereiprüfung / Fischereischeinprüfung, wie sie in den Bundesländern verschiedentlich vorgeschrieben sind, sind in der Folge mit »Fischerprüfung« zusammenfassend gemeint.)

❓ Was ist für die Erteilung (Ausstellung) des Fischereischeins Voraussetzung?

Die erste Erteilung des Fischereischeins, ausgenommen des Jugendfischereischeins (Ausnahme: Sachsen-Anhalt), wird davon abhängig gemacht, dass der Antragsteller eine Fischerprüfung bestanden hat.
Wenn auch die Prüfungsanforderungen in den Bundesländern verschieden sind, so kann man doch zusammenfassend davon ausgehen, dass die Prüfungsteilnehmerinnen und -teilnehmer ausreichende Kenntnisse auf folgenden Gebieten nachweisen müssen:
1. Fischkunde (allgemein und speziell),
2. Gewässerkunde,
3. Schutz und Pflege der Fischgewässer, Fischhege,
4. Fanggeräte, fischereiliche Praxis, Behandlung gefangener Fische,
5. einschlägige Rechtsvorschriften, insbesondere des Fischerei- und Wasserrechts sowie des Tierschutzes und des Seuchenrechts.

(An dieser Stelle sei darauf hingewiesen, dass in einigen Bundesländern Fischkunde Allgemein und Fischkunde Speziell jeweils ein Sachgebiet bilden und ebenso Fanggeräte und Fischereiliche Praxis, so dass teilweise 5, 6 oder 7 Sachgebiete verbindlich sind. Vergleichen Sie hierzu: Wann ist die Fischerprüfung bestanden? s. S. 345 f.)
Voraussetzung für die Zulassung zur Prüfung ist, dass die Bewerberinnen/Bewerber an einem Vorbereitungslehrgang teilgenommen haben, in welchem im Prüfungsgebiet 4. Fanggeräte ... /Behandlung der gefangenen Fische auch eine praktische Einweisung vorgenommen wurde.

Diese Teilnahme – in der Regel 30 Stunden, entsprechend verteilt auf alle Prüfungsgebiete – muss vor der Prüfung nachgewiesen werden.

❓ Welche Stellen oder Behörden führen die Fischerprüfung durch?
Baden-Württemberg: die Landratsämter und die Stadtkreise;
Bayern: die Bayerische Landesanstalt für Fischerei (Prüfungsbehörde);
Berlin: die fischereilichen Landesverbände im Auftrag der für das Fischereiwesen zuständigen Stadtverwaltung;
Brandenburg, Hessen, Sachsen-Anhalt und Thüringen: die Landkreise und die kreisfreien Städte,
Bremen und Niedersachsen: die anerkannten Landesfischereiverbände;
Hamburg: der Angelsportverband Hamburg;
Mecklenburg-Vorpommern: die Landräte und die Oberbürgermeister/Bürgermeister der kreisfreien Städte;
Nordrhein-Westfalen: die Kreisordnungsbehörden und die kreisfreien Städte;
Saarland: ein von der obersten Fischereibehörde (Minister für Umwelt) gebildeter Prüfungsausschuß;
Sachsen: die Landesanstalt für Landwirtschaft (Prüfungsbehörde);
Schleswig-Holstein: die Fischereiverbände unter Aufsicht des Landes;
Rheinland-Pfalz: untere Fischereibehörde.

❓ Wann ist die Fischerprüfung bestanden?
Die Prüfung hat bestanden:

Baden-Württemberg, Bayern, Brandenburg, Mecklenburg-Vorpommern: wer von den 60 gestellten Fragen insgesamt mindestens 45 und von jedem der 5 Prüfungsgebiete mindestens die Hälfte (6) richtig beantwortet hat.
Berlin: wer von den 60 gestellten Fragen insgesamt mindestens 45, von den Gebieten 1, 3, 4, 5 und 7 mindestens 6 und von den Gebieten 2 und 6 zusammen mindestens 6 richtig beantwortet hat.
Bremen, Hamburg, Thüringen: wer von den 60 gestellten Fragen midestens 45 und von jedem der 6 Prüfungsgebiete midestens die Hälfte (6) richtig beantwortet hat.
Hessen: wer von den 60 gestellten Fragen insgesamt mindestens 45 und von jedem der 5 Prüfungsgebiete mindestens 9 richtig beantwortet hat.
Niedersachsen: wer von den 60 gestellten Fragen insgesamt mindestens 45 und in jedem der 6 Sachgebiete mindestens 6 richtig beantwortet hat sowie im praktischen Teil ausreichende Fähigkeiten im Zusammenstellen und im Gebrauch der Angelgeräte nachweisen kann.

Nordrhein-Westfalen: wer von den 60 gestellten Fragen insgesamt mindestens 45 und von jedem der 5 Prüfungsgebiete mindestens 6 richtig beantwortet hat sowie im praktischen Teil ausreichende Kenntnisse im Zusammenstellen und Handhaben der Angelgeräte nachweist. Der Prüfling muss außerdem aus 44 verdeckten Fischabbildungen 6 auswählen – nach Abnahme der Abdeckung muss er 4 davon einwandfrei bestimmen können.

Rheinland-Pfalz: wer von den 50 gestellten Fragen in jedem der 5 Prüfungsgebiete mindestens 7 richtig beantwortet hat. Hat ein Prüfling nur in einem Prüfungsgebiet nicht die notwendige Anzahl von Fragen richtig beantwortet, kann er während des Prüfungstermins mündlich nachgeprüft werden.

Saarland, Schleswig-Holstein: wer von den 60 gestellten Fragen mindestens 45 richtig beantwortet hat, mindestens 6 Punkte pro Fach.

Sachsen: wer von den 60 gestellten Fragen insgesamt mindestens 45 und von jedem der 5 Sachgebiete mindestens 8 richtig beantwortet hat.

Sachsen-Anhalt: wer von den 60 gestellten Fragen insgesamt mindestens 75 v.H. richtig beantwortet hat und im mündlich-praktischen Teil ein gleichwertiges Ergebnis erreicht.

❓ Kann die Erteilung des Fischereischeins (auch bei Nachweis einer bestandenen Fischerprüfung) versagt werden?

Ja. Zum Beispiel, wenn Tatsachen vorliegen, welche die Annahme rechtfertigen, dass die antragstellende Person zur ordnungsgemäßen Ausübung des Fischfangs ungeeignet ist (einschlägige Vergehen gegen das Fischereigesetz oder das Tierschutzgesetz) oder bei Personen, welche im Bundesgebiet keinen Wohnsitz begründet haben.

❓ Wer ist von der Fischerprüfung befreit?

Von der Fischerprüfung/Sachkundenachweis sind befreit:
1. Berufsfischer und Personen, die hierzu ausgebildet werden.
2. Personen, die auf dem Gebiet der Fischerei wissenschaftlich ausgebildet werden oder sind.
3. Personen, die sich nur vorübergehend im Bundesgebiet aufhalten, ohne hier einen Wohnsitz zu begründen.
4. Mitglieder diplomatischer oder berufskonsulatorischer Vertretungen und deren Angehörige.
5. Aussiedler, bei welchen die gleichen Befreiungsgründe vorliegen, welche aufgeführt sind unter 1. bis 4.

7.2 FISCHEREIRECHT UND FISCHEREIGESETZ

Ferner sind von der Prüfung befreit:
Personen, die einmal einen Fischereischein innerhalb einer bestimmten Zeit vor Inkrafttreten der Fischereigesetze besessen haben oder eine andere vorgeschriebene Bedingung erfüllen. Demnach gilt für:
Baden-Württermberg: innerhalb von 5 Jahren vor dem 1. Januar 1981.
Bayern: in der Zeit vom 1. Januar 1961 bis 31. Dezember 1970.
Berlin: Personen, die im Besitz des Fischereischeines B sind und Personen, die bis zum 19. Juni 1995 die Sportfischerprüfung abgelegt oder die Raubfisch- oder Salmonidenqualifikation des Fischerei-, Sportfischer- oder Anglerverbandes erworben haben.
Brandenburg: Personen, die vor dem 1. Januar 1993 die Raubfisch- oder die Salmonidenqualifikation einer rechtsfähigen Anglervereinigung erworben haben und Personen, die älter als 50 Jahre sind und eine 10-jährige Mitgliedschaft in einer rechtsfähigen Anglervereinigung nachweisen.
Bremen: Personen, die mindestens 5 Jahre als Küstenfischer tätig waren und Bremische volljährige Bürger, die lediglich die Stockangelei nach § 9 des BremFiG ausüben.
Hamburg: wer vor dem 1. Juni 1986 in Hamburg oder im übrigen Geltungsbereich des Grundgesetzes eine Sportfischerprüfung abgelegt hat.
Hessen: wer innerhalb von 5 Jahren vor dem 20. Dezember 1990 einen gültigen Fischereischein besessen hat.
Niedersachsen: Personen, die mindestens 3 Jahre als Küstenfischer tätig waren und das für die Führung eines Fischereifahrzeuges erforderliche Patent besitzen.
Rheinland-Pfalz: Besitz eines gültigen Fischereischeins innerhalb von 5 Jahren vor dem 1. Januar 1975.
Saarland: Eigentümer von Privatgewässern, die ausschließlich der Zucht von Fischen dienen.
Sachsen: Personen, die eine anerkannte Fischerei- oder sonstige gleichwertige Prüfung in einem anderen Bundesland bestanden haben.
Sachsen-Anhalt: Personen, die vor dem 3. Oktober 1990 die Raubfischqualifikation des Deutschen Anglerverbandes besessen oder nach diesem Zeitpunkt bis zum 1. September 1993 erworben haben.
Schleswig-Holstein: wer bis zum 28. Februar 1983 eine Sportfischerprüfung vor einem Sportfischerverband abgelegt hat.
Thüringen: Personen, die mindestens 5 Jahre vor dem 22. Oktober 1992 Fischhaltung und Fischzucht unter Einhaltung fischerei-, tierseuchen-, tierschutz- und naturschutzrechtlicher Vorschriften betrieben haben und Personen, die im gleichen Zeitraum einen gültigen Inland-Fischereischein und die Raubfischqualifikation des DAV besessen haben.

7. RECHTLICHE BESTIMMUNGEN

7.2.5 Fischereiabgabe

❓ Was versteht man unter Fischereiabgabe?

Mit Ausnahme der Länder Berlin, Bremen und Niedersachsen, wird neben der Gebühr für den Fischereischein eine Abgabe (Fischereiabgabe) erhoben.

Die Höhe der Fischereiabgabe ist unterschiedlich, ebenso die Art der Bezahlung. In den Bundesländern, in welchen die Fischereiabgabe jeweils für die Gültigkeitsdauer des Fischereischeins entrichtet werden muss, ist eine besondere Bestätigung über ihre Entrichtung durch einen Vermerk auf dem Fischereischein nicht erforderlich.

In Bundesländern, in welchen die Fischereiabgabe durch Quittungsmarken oder mit einem Vermerk auf dem Fischereischein bestätigt wird (was verschiedentlich für 1 Jahr, 5 Jahre oder auf Lebenszeit möglich ist), berechtigt der Fischereischein dessen Inhaberin oder Inhaber zum Fischfang nur in der Zeit, in welcher die Bezahlung der Fischereiabgabe durch Vermerk oder Quittungsmarken auf dem Fischereischein bestätigt ist.

❓ Für welche Zwecke wird die Fischereiabgabe verwendet?

In erster Linie zur Förderung der Fischerei.

So können aus den Mitteln der Fischereiabgabe (nach Abzug der Verwaltungskosten) gefördert werden: Gewässerausbau, Ausbildung der Fischerjugend, Wissenschaftliche Institute wie z.B. Fischgesundheitsdienste, Maßnahmen zum Schutze bedrohter Fischarten und dergleichen.

7.2.6 Erlaubnisvertrag/Erlaubnisschein:

Wer in einem Gewässer nicht Fischereiberechtigter (Inhaber des Fischereirechts), Fischereiausübungsberechtigter (in vollem Umfang zur Ausübung der Fischerei Berechtigter oder (Fischerei)-Pächter ist, darf den Fischfang ohne (Fischerei)-Erlaubnisschein nicht ausüben.

Die zum Abschluss von Erlaubnisverträgen und zur Ausgabe von Erlaubnisscheinen Berechtigten dürfen den Fischfang ohne Erlaubnisschein nicht gestatten, und sie dürfen Erlaubnisscheine nur an Inhaber von gültigen Fischereischeinen ausstellen.

Fischereierlaubnisscheine sind nicht übertragbar!

7.2 FISCHEREIRECHT UND FISCHEREIGESETZ

❓ Wer darf Erlaubnisscheine ausstellen?

Die Befugnis, Erlaubnisscheine auszustellen, steht in allen Bundesländern dem Fischereiberechtigten und Pächter (hier in der Regel nur mit Zustimmung des Verpächters) sowie dem Fischereiausübungsberechtigten zu.

Für die Küstenfischerei stellt die für die Küstenfischerei zuständige Fischereibehörde die Erlaubnisscheine aus.

❓ Für welche Gültigkeitsdauer können Erlaubnisscheine höchstens ausgestellt werden und in welchen Ländern ist für die Ausstellung eine behördliche Genehmigung erforderlich?

Baden-Württemberg: höchstens für 3 Jahre – keine besondere Genehmigung erforderlich.

Bayern: höchstens für 3 Jahre; mit Genehmigung und Bestätigung der Kreisverwaltungsbehörde für einzelne, mehrere oder alle Fischwasser gemeinsam (Einzel- oder Sammelerlaubnisscheine). Erlaubnisscheine für Inhaber von Jugendfischereischeinen und für Personen, die den Fischfang in anderer Weise als mit der Handangel in geschlossenen Gewässern nach Art. 2 Abs. 1 Nrn. 1 und 2 FiG ausüben, bedürfen nicht der Genehmigung und Bestätigung der Kreisverwaltungsbehörde.

Berlin*: höchstens für 1 Kalenderjahr; Angelkarten, die nicht von der Fischereibehörde ausgestellt sind, müssen von der oberen Fischereibehörde geprüft und registriert sein.

Brandenburg*: höchstens für 1 Kalenderjahr; keine besondere Genehmigung erforderlich.

Bremen: der Erlaubnisschein muss mit einer zeitlichen Begrenzung oder auf Widerruf ausgestellt werden; keine besondere Genehmigung erforderlich.

Hamburg: keine zeitliche Begrenzung; keine besondere Genehmigung erforderlich.

Hessen: keine zeitliche Begrenzung; keine besondere Genehmigung erforderlich.

Mecklenburg-Vorpommern: Küstengewässer*: höchstens für 3 Jahre; ausgestellt von der oberen Fischereibehörde.

Binnengewässer: keine zeitliche Begrenzung; keine besondere Genehmigung erforderlich.

Niedersachsen: Regional unterschiedlich, 1 – 3 Kalenderjahre, mit besonderer Genehmigung auch länger.

Nordrhein-Westfalen*: keine zeitliche Begrenzung – keine besondere Genehmigung erforderlich.

7. RECHTLICHE BESTIMMUNGEN

Rheinland-Pfalz: 1 Kalenderjahr, keine besondere Genehmigung erforderlich. (Offene Gewässer: siehe Anmerkung.)
Saarland: keine zeitliche Begrenzung – keine besondere Genehmigung erforderlich. (Offene Gewässer: siehe Anmerkung.)
Sachsen: keine zeitliche Begrenzung; keine besondere Genehmigung erforderlich.
Sachsen-Anhalt*: höchstens für 1 Jahr – keine besondere Genehmigung erforderlich.
Schleswig-Holstein: keine zeitliche Begrenzung; keine besondere Genehmigung erforderlich.
Thüringen: keine zeitliche Begrenzung; keine besondere Genehmigung erforderlich.

❓ Wer benötigt keinen Erlaubnisschein zum Fischfang?

Ein (Fischerei-)Erlaubnisschein ist nicht erforderlich:
1. für Personen, **die auf andere Weise als mit der Handangel** als Helfer des Fischereiberechtigten oder des Pächters oder Inhabers eines gültigen Erlaubnisscheins in deren Begleitung,
2. für Personen, die im Beisein des Fischereiberechtigten oder Pächters (in Bayern höchstens 3 Personen, auch bei mehreren Fischereiberechtigen oder Pächtern), den Fischfang ausüben.

Ein Erlaubnisschein ist ebenfalls nicht erforderlich:
Nordrhein-Westfalen und **Rheinland-Pfalz** bei genehmigten fischereilichen Veranstaltungen.

❓ Darf man an oder auf einem Gewässer, in welchem man nicht zur Ausübung der Fischerei berechtigt ist, Fischereigeräte in nicht verpacktem (gebrauchsfertigem) Zustand mit sich führen?

Nein. Außerhalb öffentlicher Wege darf man in der Nähe von und auf (z.B. Boot) Fischgewässern Fischereigeräte in gebrauchsfertigem Zustand nur mit sich führen, wenn man in diesen Gewässern zur Ausübung der Fischerei befugt ist oder sich in Begleitung des Fischereiberechtigten oder Pächters oder eines in vollem Umfang zur Ausübung der Fischerei Berechtigten (Fischereiausübungsberechtigter) befindet.

Bei den mit * gekennzeichneten Ländern und Gewässern, kann die zuständige Behörde bzw. Fischereibehörde zur Erhaltung eines angemessenen Fischbestandes eine Höchstzahl der zu erteilenden Erlaubnisscheine festsetzen sowie die Fangerlaubnis auf bestimmte Fischarten, Fangmengen oder Fangmittel beschränken.

7.2.7 Fischereiaufseher

❓ Wie erfolgt die Be- bzw. Aufstellung von Fischereiaufsehern?

Die Aufstellung von Fischereiaufsehern ist in den Bundesländern verschieden geregelt. Abgesehen von den staatlichen oder amtlich verpflichteten Fischereiaufsehern, die in der Regel Beamte oder Angestellte der zuständigen Fischereibehörde sind und von dieser Behörde an-, be- oder aufgestellt werden, ist die Mehrzahl der Fischereiaufseher ehrenamtlich tätig.

Trotz der von Bundesland zu Bundesland verschiedenen Verfahrensweisen sind der Aufstellung und Bestätigung ehrenamtlicher Fischereiaufseher in der Regel folgend genannte Kriterien und Anforderungen zu Grunde gelegt:

Die zuständige Verwaltungs- bzw. Fischereibehörde kann auf Antrag des Fischereiberechtigten, des Fischereipächters, eines in vollem Umfang zur Ausübung der Fischerei Berechtigten, einer Fischereigenossenschaft oder einer Gemeinde, volljährige, zuverlässige Personen als Fischereiaufseher bestätigen. Mit der Bestätigung wird auch der örtliche Zuständigkeitsbereich festgelegt.

Der Bewerber muss einen gültigen Fischereischein besitzen sowie zeitlich und körperlich in der Lage sein, seinen Pflichten als Fischereiaufseher nachzukommen. In Bayern z.B. muss der Bewerber die Teilnahme an einem Eignungstest nachweisen, den die Bayerische Landesanstalt für Fischerei durchführt, in welchem er über ausreichende Kenntnisse in Fisch- und Gewässerkunde wie auch über einschlägige gesetzliche Vorschriften geprüft wurde.

Bei der Aufstellung und Bestätigung bekommt der Fischereiaufseher einen Dienstausweis und ein Dienstabzeichen. Beides muss er bei seinen Kontrollgängen bei sich haben (das Dienstabzeichen äußerlich sichtbar), und er muss sich gegebenenfalls auch ausweisen, sofern dies aus Sicherheitsgründen für seine Person nicht unzumutbar ist.

❓ Welche Rechte und Pflichten haben die bestätigten Fischereiaufseher?

Die bestätigten Fischereiaufseher und die als Fischereivollzugsbeamte im Außendienst eingesetzten Beamten staatlicher Behörden (Fischereiaufseher) haben die Aufgabe, die Einhaltung von Rechtsvorschriften, die den Schutz und die Erhaltung der Fischbestände, die Pflege und Sicherung ihrer Lebensgrundlagen und die Ausübung der Fischerei regeln und deren Übertretung mit Strafe oder mit Geldbuße bedroht ist, zu überwachen und Zuwiderhandlungen gegen diese Rechtsvorschriften festzustellen, zu verhüten, zu unterbinden und bei ihrer Verfolgung mitzuwirken.

Die Fischereiaufseher können bei Personen, die auf, an oder in der Nähe von Gewässern mit Fanggeräten angetroffen werden, jederzeit
1. die Identität feststellen,
2. die Aushändigung des Fischereischeins sowie des Erlaubnisscheins zur Prüfung verlangen,
3. die mitgeführten Fanggeräte und die gefangenen Fische – auch soweit sie sich in Fahrzeugen befinden – sowie die Fischbehälter besichtigen.

Bei Verdacht einer Zuwiderhandlung gegen einschlägige Rechtsvorschriften können die Fischereiaufseher:
1. eine Person von einem Ort verweisen oder ihr vorübergehend das Betreten eines Ortes verbieten (Platzverweisung),
2. Fische und andere Sachen sicherstellen, die unberechtigt erlangt worden sind oder bei Zuwiderhandlung gegen Rechtsvorschriften verwendet wurden oder verwendet werden sollen.

Im Rahmen ihrer Befugnisse sind Fischereiaufseher berechtigt, Grundstücke mit Ausnahme von Wohnungen (dazu zählen auch Wohnwagen und Zelte) zu betreten und Gewässer zu befahren.

Die Führer von Wasserfahrzeugen, von denen aus Fischfang betrieben wird, haben auf Anruf anzuhalten und auf Verlangen den Fischereiaufseher an Bord zu holen. Die Weiterfahrt ist erst zulässig, wenn der Fischereiaufseher dies gestattet.

> **Wem gegenüber sind Fischereischein und Erlaubnisschein auf Verlangen vorzuzeigen bzw. zur Prüfung auszuhändigen?**

Eine Vorzeige- bzw. Aushändigungspflicht zur Prüfung besteht auf Verlangen gegenüber Fischereiberechtigten, Fischereiausübungsberechtigten, Fischereipächtern, Fischereiaufsehern und Polizeibeamten. Eine Vorzeige- bzw. Aushändigungspflicht besteht in der Regel nicht gegenüber anderen Angelfischern (Erlaubnisschein-Fischern).

7.3 Fischereiverordnungen

(Landesfischereiverordnung, Fischereiordnung, Ausführungsverordnung Durchführungsverordnung etc., sind folgend mit Fischereiverordnung zusammenfassend gemeint.

7.3 FISCHEREIVERORDNUNGEN

❓ Was kann durch die Fischereiverordnungen besonders geregelt werden?

Bestimmungen über Schonmaße, Schonzeiten, Fangarten, Fanggeräte, Fangvorrichtungen, Maschenweite für Netze und Reusen, Aussetzen von Fischen, Einlassverbot für Enten in Fischwasser, Überwachung des Verkehrs mit Fischen (Vermarktung), Elektrofischerei, Fischerprüfung, Fischereiaufsicht, Sachverständige, Bußgeldvorschriften und Anderes.

❓ Ist der Fischfang in Fischpässen (Fischwegen, Fischtreppen) zulässig?

Nein. Auch ober- und unterhalb der Fischpässe muss er nach den örtlichen Verhältnissen von der durch die zuständige Behörde zu bestimmenden angemessenen Ausdehnung und Zeiten verboten werden.

❓ Ist das Einlassen von Enten in die Fischwasser jederzeit erlaubt?

Das Einlassen von Enten und anderem domestiziertem Wassergeflügel in Fischwasser bedarf in aller Regel der Erlaubnis des Fischereiberechtigten oder des Fischereiausübungsberechtigten (z.B. Pächter). In Bayern ist es nach der Verordnung zur Ausführung des FiG (AVNG) während der Schonzeiten der vorherrschenden Fischarten bis zum Ablauf von zwei Monaten nach ihrem Ende verboten.

7.3.1 Artenschutz

❓ Welche Fische/Tiere unterliegen dem Artenschutz und dürfen daher ganzjährig nicht gefangen werden?

Ganzjährige Schonzeit haben in nahezu allen Bundesländern: alle Neunaugenarten (Rundmäuler), Maifisch (Alse), Finte (Eiben), Ziege (Sichling), Lachs, Meerforelle, Nordseeschnäpel, Stör, Schmerlen (Schlammpeitzger, Bachschmerle/Bartgrundel, Steinbeißer), Steingressling, Neunstacheliger Stichling (Zwergstichling), Zingel, Streber, Schrätzer, Flussperlmuschel (Bachperlmuschel), Gemeine, Flache und Abgeplattete Teichmuschel, Malermuschel, Große und Kleine Flussmuschel. Weitere, in den Bundesländern verschiedene ganzjährig geschonte Arten, sind den Tabellen »7.3.3 Spezielle Schonmaße und Schonzeiten« zu entnehmen.

7.3.2 Generelle Schonzeiten

Rheinland-Pfalz: Die Frühjahrsschonzeit dauert vom 15. April bis 31. Mai. In der Landesfischereiordnung sind die einzelnen Gewässer aufgeführt, in welchen diese Frühjahrsschonzeit eingehalten werden muss.
Die Winterschonzeit dauert vom 15. Oktober bis 15. März; ihr unterliegen alle Gewässer, für die eine Frühjahrsschonzeit nicht festgesetzt ist. In dieser Zeit ist in diesen Gewässern jeglicher Fischfang (auch mit der Handangel) verboten.

Schleswig-Holstein: Zum Schutz der Winterlaicher ist in den Monaten Oktober – November – Dezember in den Fließgewässern der Fischfang verboten.
In einzelnen Gewässern gibt es unterschiedliche Regelungen. Bitte vor Ort erkundigen.
Ausgenommen von der Winterschonzeit sind die Seen im Zuge der Gewässer und Gewässerstrecken.

7.3.3 Spezielle Schonmaße/Mindestmaße (cm) und Schonzeiten (von – bis):

In Bayern haben in Seen mit naturgegebenem Seeforellenbestand alle Forellenarten, mit Ausnahme der Regenbogenforelle, ein Mindestmaß von 60 cm.

Fisch-/Tierart	Baden-Württemberg	Bayern	Berlin	Brandenburg
Finte (Elben)	– ganzjährig	– keine	– keine	– ganzjährig
Flunder	– keine	– keine	– keine	– keine
Lachs (*bei Besatz)	– ganzjährig	– ganzjährig	– keine	–/*60 ganzjährig/ *01.10.–31.03.
Meerforelle (*bei Besatz)	– ganzjährig	– ganzjährig	– keine	–/*60 ganzjährig *10.10.–31.03.
Stint (*Binnen-)	– keine	– keine	– keine	– 01.02.–30.04./ *ganzjährig
Stör (* bei Besatz)	– ganzjährig	– ganzjährig	– keine	– ganzjährig
Bachforelle	25 01.10.–28.02.[1]	26 01.10.–28.02.	– keine	25 01.10.–30.04.
Bachsaibling	– 01.10.–28.02.	20 01.10.–28.02.	– keine	25 01.10–30.04.
Huchen	70 01.02.–31.05.	70 15.02.–31.05.	– keine	– keine
Regenbogenforelle	– 01.10.–28.02.[1]	26 15.12–15.04.	25 keine	25 01.10.–30.04.
Seeforelle	50 01.10.–28.02.[2]	60 01.10.–28.02.	– keine	60 01.10.–31.03.
Seesaibling	25 01.10.–28.02.	30 01.10.–28.02.	– keine	– keine
Äsche	30 01.02.–30.04.	35 01.01–30.04.	– keine	30 01.12.–31.05.
Blaufelchen	30 15.10.–10.01.	30 15.10.–31.12.	– keine	– keine

7. RECHTLICHE BESTIMMUNGEN

Fisch-/Tierart	Baden-Württemberg	Bayern	Berlin	Brandenburg
Gangfisch	30 15.10.–10.01.	30 15.10.–31.12.	– keine	– keine
Große Maräne (*bei Besatz)	kein Vorkommen –	– keine –	– keine –	–/*30 ganzjährig *01.10.–31.12.
Kleine Maräne	kein Vorkommen	– keine	– keine	15 keine
Sandfelchen	kein Vorkommen	30 15.10.–31.12.	– keine	– keine
Aal (*Blankaal)	40 keine	40 keine	45 keine	45 keine
Barsch (Flussbarsch)	– keine	– keine	15 keine	– keine
Hecht	50 1.02.–15.05.	50 15.02.–15.04.	45 01.01.–01.05.	45 s. Fußnote 4
Quappe (Rutte)	30 01.11.–28.02.	20 keine	20 keine	30 keine
Wels (Waller) (bei Besatz)	– keine	70 keine	50 01.01.–01.05.	75 keine
Zander (Schill)	45 01.04.–15.05.	50 15.03.–30.04.	45 01.01.–01.05.	45 s. Fußnote 4
Aland (Nerfling)	25 01.04.–31.05.	30 keine	20 keine	30 keine
Barbe	40 01.05.–15.06.	40 01.05.–15.06.	– keine	40 01.05.–31.07.
Bitterling	– ganzjährig	– ganzjährig	– keine	– ganzjährig
Blei (Brachse)	– keine	– keine	– keine	– keine
Döbel (Aitel)	– keine	– keine	20 keine	30 keine
Elritze	– keine	– keine	– keine	– ganzjährig
Frauennerfling	– ganzjährig	30 01.03.–30.06.	– keine	– keine

7.3 FISCHEREIVERORDNUNGEN

Fisch-/Tierart	Baden-Württemberg	Bayern	Berlin	Brandenburg
Gras-/Marmor-/ Silberkarpfen	– keine	– keine	– keine	– keine
Gründling	– keine	– keine	– keine	– ganzjährig
Güster (Blicke)	– keine	– keine	– keine	– keine
Hasel	– keine	– keine	– keine	15 keine
Karpfen (*Wildform)	35 keine	35 keine	35 keine	35 keine
Moderlieschen	– keine	– keine	– keine	– ganzjährig
Nase (*bei Besatz)	35 15.03.–31.05.[3] keine	30 01.03.–30.04.	20 keine	– ganzjährig
Plötze (Rotauge)	– keine	– keine	15 keine	– keine
Rapfen (Schied) (*bei Besatz)	40 01.03.–31.05.[1]	40 keine	20 keine	40 01.04.–30.06.
Rotfeder	– keine	– keine	15 keine	– keine
Schlei(e)	25 15.05.–30.06.	26 keine	25 keine	25 keine
Schneider	– ganzjährig	– ganzjährig	– keine	– ganzjährig
Ukelei (Laube)	– keine	– keine	– keine	– keine
Zährte (*bei Besatz) und Seerüßling	– ganzjährig	– keine	– keine	– ganzjährig
Zobel	– keine	– keine	– keine	– keine
Zope	– keine	– ganzjährig	– keine	20 01.03.–31.05.
Schlammpeitzger (Moorgrundel)	– ganzjährig	– ganzjährig	– keine	– ganzjährig
Schmerle (Bach-) (Bartgrundel)	– keine	– ganzjährig	– keine	– ganzjährig

7. RECHTLICHE BESTIMMUNGEN

Fisch-/Tierart	Baden-Württemberg	Bayern	Berlin	Brandenburg
Steinbeißer (Dorngrundel)	– ganzjährig	– ganzjährig	– keine	– ganzjährig
Dreistachliger Stichling	– keine	– keine	– keine	– keine
Neunstachliger Stichling	– keine	– ganzjährig	– keine	– ganzjährig
Koppe (Groppe)	– ganzjährig	– keine	– -keine	– ganzjährig
Ostgroppe	– keine	– keine	– keine	– ganzjährig
Amerikanischer Flusskrebs	– keine	– keine	– keine	8 keine
Edelkrebs (*weibl.) (Europ. Flusskrebs)	kein Vorkommen	12 10.10.–31.07.	– keine	– ganzjährig
Galizischer Flusskrebs	– keine	– keine	– keine	– keine
Galizischer Sumpfkrebs	12 01.10.–31.07.	– keine	– keine	– keine
Signalkrebs (*weiblich)	– keine	– keine	– keine	– keine
Steinkrebs (*weiblich)	kein Vorkommen	10 *01.10.–31.07.	– keine	– keine

---

1 28 cm im Hochrhein zwischen Gailingen und Grenzach, 25 cm im übrigen, 20 cm in Fließgewässern oberhalb 800 m ü. NN.
2 Für die Bodenseezuflüsse einschließlich des Übersees gilt: – / ganzjährig.
3 Gilt nur in den Bezirken Stuttgart, Karlsruhe und Tübingen.
4 Vier auf einander folgende Wochen nach Maßgabe des Hegeplans.

7.3 FISCHEREIVERORDNUNGEN

Fisch-/Tierart	Bremen	Hamburg	Hessen	Mecklenburg Vorpommern
Finte (Elben)	– keine	– ganzjährig	– ganzjährig	– ganzjährig
Flunder	25 keine	20 keine	– ganzjährig	– keine
Lachs (* bei Besatz)	–/ *60 ganzjährig/ *15.10.–15.02.	–/*35 ganzjährig/ 15.10.–15.02.	– ganzjährig	60 01.07.–31.03.
Meerforelle (*bei Besatz)	–/*S0 ganzjährig/ * 15.10.–15.02.	–/*35 ganzjährig/ *15.10.–15.02.	– ganzjährig	45 01.07.–31.01
Stint (*Binnen-)	– keine	– keine	– keine	– *01.03.–30.04.
Stör (*bei Besatz)	100 01.01.–31.07.	– ganzjährig	– ganzjährig	– ganzjährig
Bachforelle (*bei Besatz)	–/*30 ganzjährig 15.10.–15.02.	30 15.10.–15.02.	25 15.10.–31 M.	30 01.10.–31.03.
Bachsaibling	– keine	– keine	– 15.10.–31.03.	25 keine
Huchen	– keine	– keine	– keine	– keine
Regenbogenforelle	– keine	– keine	– keine	22 keine
Seeforelle	– keine	– keine	– keine	– keine
Seesaibling	– keine	– keine	– keine	– keine
Äsche	35 01.03.–15.05.	35 01.01.–15.05.	30 01.03.–15.05.	30 keine
Blaufelchen	– keine	– keine	– keine	– keine
Gangfisch	– keine	– keine	– keine	– keine
Große Maräne (*bei Besatz)	30 keine	– ganzjährig	– ganzjährig	30 01.10.–3112.
Kleine Maräne	– keine	– keine	– keine	12 01.11.–31.12.

7. RECHTLICHE BESTIMMUNGEN

Fisch-/Tierart	Bremen	Hamburg	Hessen	Mecklenburg-Vorpommern
Sandfelchen	– keine	– keine	– keine	– keine
Aal (*Blankaal)	35 keine	35 keine	40 keine	45/* keine/* keine
Barsch (Flussbarsch)	15 keine	– keine	– keine	17 keine
Hecht	50 01.02.–15.05.	50 01.01.–15.05.	50 01.02.–15.04.	45 keine
Quappe (Rutte)	35 keine	35 keine	– ganzjährig	20 0 1. 12.–31 M.
Wels (Waller) (*bei Besatz)	80 keine	– ganzjährig	60 15.05.–15.07.	90 01.05.–31.06.
Zander (Schill)	40 01.02.–15.05.	40 01.01.–15.05.	45 15.03.–31.05.	45 keine
Aland (Nerfling)	– keine	– keine	– ganzjährig	25 keine
Barbe	40 keine	– ganzjährig	– 01.05.–15.06.	38 ganzjährig
Bitterling	– ganzjährig	– ganzjährig	– ganzjährig	– 01.04.–30.06.
Blei (Brachse)	– keine	– keine	– keine	– keine
Döbel (Aitel)	30 keine	25 keine	– keine	– 01.04.–30.06.
Elritze	– ganzjährig	– ganzjährig	– ganzjährig	– 01.04.–30.06.
Frauennerfling	– keine	– keine	– keine	– keine
Gras-/Marmor-/Silberkarpfen	– keine	– keine	– keine	– keine
Gründling	– keine	– keine	– 15.04.–30.06.	– keine
Güster (Blicke)	– keine	– keine	– keine	– keine
Hasel	20 keine	20 keine	– keine	– 01.03.–31.05.

7.3 FISCHEREIVERORDNUNGEN

Fisch-/Tierart	Bremen	Hamburg	Hessen	Mecklenburg-Vorpommern
Karpfen (*Wildform)	– keine	35 keine	35/*45 keine 15.03.–31.05.	40
Moderlieschen	– ganzjährig	– ganzjährig	– 01.05.–30.06.	– keine
Nase (*bei Besatz)	ganzjährig	keine	15.03.–30.04.	25 keine
Plötze (Rotauge)	– keine	– keine	– keine	– keine
Rapfen (Schied) (*bei Besatz)	- ganzjährig	40 keine	keine	35 keine
Rotfeder	15 keine	keine	15,03.–31.05.	20 keine
Schlei(e)	keine	25 keine	26 01.05.–30.06.	25 keine
Schneider	keine	keine	ganzjährig	– keine
Ukelei (Laube)	– keine	– keine	– keine	– keine
Zährte (*bei Besatz) und Seerüßling	– keine	– ganzjährig	– keine	– 01.05.–31.07.
Zobel	– keine	– keine	– keine	– keine
Zope	30 keine	30 keine	– keine	– 01.04.–31.05.
Schlammpeitzger (Moorgrundel)	– ganzjährig	– ganzjährig	– ganzjährig	– 01.04.–31.07.
Schmerle (Bach-) (Bartgrundell)	– ganzjährig	– ganzjährig	– 15.04.–30.05.	– 01.03.–31.05.
Steinbeißer (Dorngrundel)	– ganzjährig	– ganzjährig	– ganzjährig	– 01.04.–31.05.
Dreistachliger Stichling	– keine	– keine	– 01.05.–30.06.	– keine
Neunstachliger Stichling	– ganzjährig	– ganzjährig	– ganzjährig	– keine
Groppe (Koppe)	– ganzjährig	– keine	– 01.05.–30.06.	– 01.03.–31.06.

7. RECHTLICHE BESTIMMUNGEN

Fisch-/Tierart	Bremen	Hamburg	Hessen	Mecklenburg-Vorpommern
Ostgroppe	– keine	– keine	– keine	– keine
Amerikanischer Flusskrebs	– keine	– keine	– keine	– keine
Edelkrebs (*weibl.) (Europ. Flusskrebs)	– keine	– ganzjährig	– ganzjährig	– ganzjährig
Galizischer Flusskrebs	– keine	– keine	– keine	– keine
Galizischer Sumpfkrebs	– keine	– keine	– keine	– keine
Signalkrebs (*weiblich)	– keine	– keine	– keine	– keine
Steinkrebs (*weiblich)	– keine	– keine	– ganzjährig	– keine

7.3 FISCHEREIVERORDNUNGEN

Fisch-/Tierart	Niedersachsen	Nordrhein-Westfalen	Rheinland-Pfalz	Saarland
Finte (Eiben)	– keine	– ganzjährig	– ganzjährig	– keine
Flunder	– keine	– keine	– keine	– keine
Lachs (*bei Besatz)	–/*50 ganzjährig *15.10.–15.03.	– ganzjährig	– ganzjährig	– keine
Meerforelle (*bei Besatz) *15.10.–15.02.	–/*40 ganzjährig	– ganzjährig	– ganzjährig	– keine
Stint (*Binnen-)	– keine	– keine	– keine	– keine
Stör (*bei Besatz)	–/*100 ganzjährig/ *01.01.–31.07.	– ganzjährig	– ganzjährig	– keine
Bachforelle	25 15.10.–15.02.	25 20.10.–15.03.	25 15.10.–15.03.	25 01.10.–31.03.
Bachsaibling	– keine	25 20.10.–15.03.	25 15.10.–15.03.	– keine
Huchen	– keine	– keine	– keine	– keine
Regenbogenforelle	25 keine	– 20.10.–15.03.	25 15.10.–15.03.	– keine
Seeforelle	– keine	50 20.10.–15.03.	60 15.10.–15.03.	– keine
Seesaibling	– keine	30 20.10.–15.03.	– keine	– keine
Äsche	30 21.03.–15.05.	30 01.03.–30.04.	30 15.02.–30.04.	30 01.03.–30.04.
Blaufelchen	– keine	– keine	25 keine	– keine
Gangfisch	– keine	– keine	– keine	– keine
Große Maräne (bei Besatz)	– keine	– ganzjährig	– ganzjährig	– keine
Kleine Maräne	– keine	– keine	– keine	– -keine

7. RECHTLICHE BESTIMMUNGEN

Fisch-/Tierart	Nieder-sachsen	Nordrhein-Westfalen	Rheinland-Pfalz	Saarland
Sandfelchen	– keine	– keine	– keine	– keine
Aal (*Blankaal)	35/*28 keine/* keine	35 keine	40 keine	50 keine
Barsch (Flussbarsch)	– keine	– keine	– keine	– keine
Hecht	40 01.02.–15.04.	45 15.02.–30.04.	50 01.02.–15.04.	50 15.02.–30.04.
Quappe (Rutte)	35 keine	– ganzjährig	– keine	30 keine
Wels (Waller) (*bei Besatz)	50 keine	50 keine	60 keine	30 keine
Zander (Schill)	35 15.03.–30.04.	40 01.04.–31.05.	45 01.04–31.05.	45 01.04.–31,05.
Aland (Nerfling)	– keine	25 keine	– keine	– keine
Barbe (*bei Besatz)	35 keine	35 15.05.–15.06.	35 01.05.–15.06.	40 15.03.–15.06.
Bitterling	– ganzjährig	– ganzjährig	– ganzjährig	– ganzjährig
Blei (Brachse)	– keine	– keine	– keine	– keine
Döbel (Aitel)	– keine	– keine	– keine	– keine
Elritze	– ganzjährig	– ganzjährig	– ganzjährig	– ganzjährig
Frauennerfling	– keine	– keine	– keine	– keine
Gras-/Marmor-/ Silberkarpfen	– keine	– keine	– keine	– keine
Gründling	– keine	– keine	– keine	– ganzjährig
Güster (Blicke)	– keine	– keine	– keine	– keine
Hasel	– keine	– keine	– keine	– keine

7.3 FISCHEREIVERORDNUNGEN

Fisch-/Tierart	Nieder-sachsen	Nordrhein-Westfalen	Rheinland-Pfalz	Saarland
Karpfen (*Wildform)	–	35	35	35
	keine	keine	keine	keine
Moderlieschen	–	–	–	–
	keine	ganzjährig	keine	ganzjährig
Nase (*bei Besatz)	–/*25 ganzjährig/ keine	25 01.03.–30.04.	20 15.03.–30.04.[1]	35 15.03.–15.06.
Plötze (Rotauge)	–	–	15	–
	keine	keine	keine	keine
Rapfen (Schied) (*bei Besatz)	–/*40 ganzjährig/ *keine	– keine	– keine	– keine
Rotfeder	–	–	15	–
	keine	keine	keine	keine
Schlei(e)		20	25	25
	keine	keine	keine	keine
Schneider	–	–	–	–
	keine	ganzjährig	keine	ganzjährig
Ukelei (Laube)	–	–	–	–
	keine	keine	keine	keine
Zährte (*bei Besatz) und Seerüßling	– keine	– keine	– keine	– keine
Zobel	–	–	–	–
	keine	keine	keine	keine
Zope	–	–	–	–
	keine	keine	keine	keine
Schlammpeitzger (MoorgrundeJ)	– ganzjährig	– ganzjährig	– ganzjährig	– ganzjährig
Schmerle (Bach-) (Bartgrundel)	– ganzjähng	– ganzjährig	– ganzjährig	– ganzjährig
Steinbeißer (Dorngrundel)	– ganzjährig	– ganzjährig	– ganzjährig	– ganzjährig
Dreistachliger Stichling	– keine	– keine	– ganzjährig	– ganzjährig
Neunstachliger Stichling	– keine	– ganzjährig	– keine	– keine

7. RECHTLICHE BESTIMMUNGEN

Fisch-/Tierart	Niedersachsen	Nordrhein-Westfalen	Rheinland-Pfalz	Saarland
Groppe (Koppe)	– ganzjährig	– ganzjährig	– ganzjährig	– ganzjährig
Ostgroppe	– keine	– keine	– keine	– keine
Amerikanischer Flusskrebs (*weibl.) *ganzjährig	– keine	– keine	8 01.11.–31.05.	– keine
Edelkrebs (*weibl.) (Europ. Flusskrebs)	11 01.11.–30.06.	– ganzjährig	– ganzjährig	– ganzjährig
Galizischer Flusskrebs	– keine	– keine	– keine	– keine
Galizischer Sumpfkrebs	– keine	– keine	– keine	– keine
Signalkrebs (*weiblich)	keine –	keine –	10 01.11.–31.05./ *ganzjährig	keine
Steinkrebs (*weiblich)	– keine	– keine	– ganzjährig	– keine

7.3 FISCHEREIVERORDNUNGEN

Fisch/Tierart	Sachsen	Sachsen-Anhalt	Schleswig-Holstein	Thüringen
Finte (Elben)	– ganzjährig	– ganzjährig	30 keine	– keine
Flunder	– keine	– keine	25 keine	– keine
Lachs (*bei Besatz)	60 01.10.–30.04. *01.10.–31.03.	–/*50 ganzjährig/	60 01.10.–31.12.	– ganzjährig
Meerforelle (*bei Besatz)	60 01.10.–30.04.	–/*40 ganzjährig *01.10.–31.03.	40 01.10.–31.12.	– ganzjährig
Stint (* Binnen-)	– keine	– keine	– keine	– keine
Stör (* bei Besatz)	– ganzjährig	– ganzjährig	– ganzjährig	– ganzjährig
Bachforelle	28 01.10.–30.04.	25 15.09.–31.03.	30 01.10.–31.12.	25 15.10.–30.04.
Bachsaibling	30 01.10.–30.04.	– keine	– keine	25 15.10.–15.02.
Huchen	– keine	– keine	– keine	– keine
Regenbogenforelle	25 01.10.–30.04.	25 15.09. –31.03.	25 keine	25 15.10.–30.04.
Seeforelle	60 01.09.–31.03.	– keine	– keine	– keine
Seesaibling	28 1.10.–30.04.	– keine	– keine	– keine
Äsche	28 01.01.–15.06.	30 01. 12.–15.05.	35 keine	30 15.02.–15.05.
Blaufelchen	– keine	– keine	– keine	25 15.11.–15.12.
Gangfisch	– keine	– keine	– keine	25 15.11.–15.12.
Große Maräne (*bei Besatz)	30 01.10.–31.12,	–/*30 ganzjährig *keine	30 keine	25 15.11.–15.12.
Kleine Maräne	– keine	12 keine	– keine	25 15.11.–15.12.

7. RECHTLICHE BESTIMMUNGEN

Fisch/Tierart	Sachsen	Sachsen-Anhalt	Schleswig-Holstein	Thüringen
Sandfelchen	– keine	– keine	– keine	– keine
Aal (*Blankaal)	40 keine	45 keine	35 keine	45 keine
Barsch (Flussbarsch)	– keine	– keine	– keine	15 keine
Hecht	50 01.02.–30.04.	50 15.02.–30.04.	45 15.02.–30.04.	45 15.02.–30.04.
Quappe (Rutte)	– ganzjährig	30 keine	35 keine	– ganzjährig
Wels (Waller) (bei Besatz)	80 01.02.–30.06.	–/*70 ganzjährig/ *15.02.–30.06.	70 keine *01.05.–30.06.	50 keine
Zander	50 01.10.–30.04.	50 15.02.–31.05.	35 keine	45 15.03.–31.05.
Aland (Nerfling)	20 keine	25 keine	– keine	– ganzjährig
Barbe (*bei Besatz)	50 15.04–30,06.	–/*45 ganzjährig/ *keine	– ganzjährig	– ganzjährig
Bitterling	– ganzjährig	– ganzjährig	– ganzjährig	– ganzjährig
Blei (Brachse)	– keine	– keine	– keine	25 keine
Döbel (Aitel)	25 keine	30 keine	– keine	25 15.03.–31.05.
Elritze	– ganzjährig	– ganzjährig	– ganzjährig	– ganzjährig
Frauennerfling	– keine	– keine	– keine	– keine
Gras-/Marmor-/Silberkarpfen	– keine	– keine	– keine	– keine
Gründling	– keine	– keine	– 01.01.–15.05.	– keine
Güster (Blicke	– keine	– keine	– keine	– keine

7.3 FISCHEREIVERORDNUNGEN

Fisch/Tierart	Sachsen	Sachsen-Anhalt	Schleswig-Holstein	Thüringen
Hasel	– keine	15 keine	15 ganzjährig	20 15.03.–15.05.
Karpfen (*Wildform)	35 keine	35 keine	35 keine	35 *15.03.–31.05.
Karausche	15 1.02.–30.06.	– keine	– keine	– keine
Moderlieschen	– keine	– ganzjährig	– ganzjährig	– ganzjährig
Nase (*bei Besatz)	– ganzjährig	– ganzjährig	– keine	– ganzjährig
Plötze (Rotauge)	– keine	– keine	– keine	15 keine
Rapfen (Schied) (*bei Besatz)	40 01.01.–31.05.	–/*40 ganzjährig/ *keine	50 keine	– ganzjährig
Rotfeder	20 keine	– keine	– keine	15 15.03.–31.05.
Schlei(e)	25 keine	25 keine	– keine	25 15.03.–31.05.
Schneider	– ganzjährig	– ganzjährig	25 keine	– ganzjährig
Ukelei (Laube)	– keine	– keine	– ganzjährig	– keine
Zährte (*bei Besatz) und Seerüßling	- ganzjährig	–/*30 ganzjährig *keine	– ganzjährig	– ganzjährig
Zobel	– keine	– keine	– keine	– keine
Zope	– ganzjährig	25 keine	– ganzjährig	– ganzjährig
Schlammpeitzger (Moorgrundel)	– ganzjährig	– ganzjährig	– ganzjährig	– ganzjährig
Schmerle (Bach-) (Bartgrundel)	– ganzjährig	– ganzjährig	– ganzjährig	– ganzjährig
Steinbeißer (Dorngrundel)	– ganzjährig	– ganzjährig	– ganzjährig	– ganzjährig

7. RECHTLICHE BESTIMMUNGEN

Fisch/Tierart	Sachsen	Sachsen-Anhalt	Schleswig-Holstein	Thüringen
Dreistachliger Stichling	– keine	– keine	– keine	– keine
Neunstachliger Stichling	– ganzjährig	– keine	– keine	– ganzjährig
Groppe (Koppe)	– ganzjährig	– ganzjährig	– ganzjährig	– ganzjährig
Ostgroppe	– keine	– keine	– ganzjährig	– keine
Amerikanischer Flusskrebs (*weibl.)	– keine	– keine	– keine	8 keine
Edelkrebs (*weibl.) (Europ. Flusskrebs)	– ganzjährig	– ganzjährig	– keine	– ganzjährig
Galizischer Flusskrebs	– keine	– keine	– keine	– ganzjährig
Galizischer Sumpfkrebs	– keine	– keine	– keine	– keine
Signalkrebs (*weiblich)	– keire	– keine	– keine	– keine
Steinkrebs (*weiblich)	– keine	– ganzjährig	– keine	– ganzjährig

7.3 FISCHEREIVERORDNUNGEN

Schonmaße/Mindestmaße (cm) und Schonzeiten in Küstengewässern

Fisch-/Tierart	Bremen	Mecklenburg-Vorpommern*	Niedersachsen*	Schleswig-Holstein Nordsee	Schleswig-Holstein Ostsee
Flussneunauge	– ganzjährig	– ganzjährig	– ganzjährig	– ganzjährig	– ganzjährig
Meerneunauge	– ganzjährig	– ganzjährig	– ganzjährig	– ganzjährig	– ganzjährig
Stör	– keine	– ganzjährig	– ganzjährig	– ganzjährig	– ganzjährig
Lachs[1]	60 keine	60 01.08.–31.10.	60 keine	60 01.08.–31.10.	60 01.10.–31.12.
Meerforelle[1]	40 keine	45 01.08.–31.10.	40 keine	40 01.08.–31.10.	40 01.10.–31.12.
Nordseeschnäpel	– ganzjährig	– ganzjährig	– ganzjährig	– ganzjährig	– ganzjährig
Ostseeschnäpel	40 keine	– 01.10.–30.11.	– keine	40 01.12.–28.02.	– 01.12.–28.02.
Alse (Maifisch)	30 keine	– keine	– keine	– ganzjährig	– ganzjährig
Finte (Elben)	– keine	– ganzjährig	– keine	30 keine	– keine
Dorsch (Kabeljau)	35 keine	33 keine	– keine	35 keine	35 keine
Schellfisch	– keine	35 keine	– keine	30 keine	30 keine
Wittling	27 keine	23 keine	– keine	23 keine	23 keine
Makrele	– keine	– keine	– keine	30 keine	– keine
Meeräsche	40 keine	40 keine	40 keine	40 keine	40 keine
Hering	20 keine	16 keine	– keine	20 keine	11 keine
Steinbutt	30 keine	30 01.06.–31.07.	– keine	30 keine	30 01.06.–31.07.

7. RECHTLICHE BESTIMMUNGEN

Fisch-/ Tierart	Bremen	Mecklenburg-Vorpommern*	Nieder-sachsen*	Schleswig-Holstein Nordsee	Ostsee
Glattbutt	30 keine	30 01.06.–31.07.	– keine	30 keine	30 01.06.–31.07.
Scholle (*Goldbutt)	27 keine	25 *01.02.–30.04.	– keine	– keine	– keine
Flunder (*Strufbutt)	25 keine	25 *01.02.–30.04.	– keine	27 keine	$25/20^2$ 01.02.–30.04.
Kliesche (Scharbe)	23 keine	23 keine	– keine	23 keine	23 keine
Seezunge	24 keine	– keine	– keine	24 keine	24 keine
Aal (*Blankaal)	35 keine	45/*– keine	35/*28 keine	35 keine	35 keine
Bachforelle	– keine	– keine	– keine	40 15.02.–15.05.	40 15.02.–15.05.
Barsch (Flussbarsch)	– keine	20 keine	– keine	– keine	– keine
Zander	– keine	$45/40^3$ 01.05.–31.06.	35 keine	40 15.02.–15.05.	40 15.02.–15.05.
Hecht	– keine	45 20.03.–15.06.	35 keine	45 15.02.–30.04.	45 15.02.–30.04.
Wels (Waller)	– keine	– keine	– keine	70 keine	70 keine
Quappe (Rutte)	20 keine	– keine	– keine	– keine	– keine
Zährte (Rußnase)	– keine	– ganzjährig	– keine	– ganzjährig	– ganzjährig
Ziege (Sichling)	– keine	– ganzjährig	– keine	– keine	– keine
Flusskrebs (*weiblich)	– keine	– keine	– keine	– ganzjährig	– ganzjährig
Hummer	– keine	9 keine	– keine	11 15.07.–31.08.	11 15.07.–31.08.
Miesmuschel	– keine	– keine	5 01.03.–30.09.	– keine	– keine

7.3 FISCHEREIVERORDNUNGEN

Fisch-/ Tierart	Bremen	Mecklenburg-Vorpommern*	Nieder-sachsen*	Schleswig-Holstein Nordsee	Schleswig-Holstein Ostsee
Trogmuschel	– keine	– keine	– keine	3 01.05.–30.06.	– 01.05.–30.06.
Herzmuschel	– keine	– keine	– keine	– 01.05.–30.06.	– 01.05.–30.06.
Nordsee-krabben	– keine	– keine	– keine	– keine	– keine

* LSFV Niedersachsen e.V., Geschäftstelle: Calenbergstr. 41, 20169 Hannover
* Landesverband Mecklenburg-Vorpommern, Geschäftstelle: Siedlung 18a, 19065 Göslow

---

* Von den Ländern Mecklenburg-Vorpommern und Niedersachsen lagen bei Redaktionsschluss keine neuen rechtlichen Bestimmungen vor.

1 Nicht berücksichtigt sind in der Tabelle die Bestimmungen der Verordnung (EWG) Nrn. 3094186 u. 3034192 vom 7.10.86/19.10.92, wonach z.B. Lachse und Meerforellen außerhalb einer 12-Meilen-Zone (Skagerrak und Kattegat 4 Meilen) nicht gefangen und an Bord behalten werden dürfen.
2 Gilt für die Trave und für die Schlei.
3 Gilt für die Fischereibezirke Darßer Bodenkette, Stettiner Haff und Peenestrom.

7. RECHTLICHE BESTIMMUNGEN

❓ Wie wird das Schonmaß festgestellt?

Bei der Messung des Schonmaßes ist von der ganzen Länge, bei Fischen gerechnet von der Kopfspitze bis zum Ende der Schwanzflosse, bei Krebsen von der Kopfspitze (Rostrum) bis zum Hinterende des Schwanzfächers auszugehen.

In Baden-Württemberg gilt als Mindestmaß der Abstand bei Fischen von der Kopfspitze bis zum Ende der natürlich ausgebreiteten Schwanzflosse, bei Krebsen von der vorderen Spitze des Kopfpanzers bis zum Ende des Schwanzes bei flach ausgelegtem Hinterleib.

In Bayern gilt als Schonmaß bei Fischen der Abstand von der Kopfspitze bis zum Körperende einschließlich der zusammengelegten Schwanzflosse, bei Aalen einschließlich des Flossensaums, bei Krebsen einschließlich des Schwanzfächers.

❓ Gelten die Schonmaße/Mindestmaße und Schonzeiten, die für die Fließgewässer und die Seen festgesetzt sind, auch im Bodensee?

Für den Bodensee und alle anderen Grenzgewässer gelten besondere Bestimmungen.

❓ Wie sind Fische zu versorgen, die unter dem Schonmaß oder während der Schonzeit gefangen werden?

Untermaßige oder während ihrer Schonzeit gefangene lebensfähige Fische hat der Fischer unverzüglich mit der zu ihrer Erhaltung erforderlichen Sorgfalt in dieselbe Gewässerstrecke zurückzusetzen.

❓ Wann dürfen Fische unter dem Schonmaß in den Verkehr gebracht werden?

Wenn Fische als Besatz für Gewässer verwendet werden und solche, die für züchterische Zwecke bestimmt sind, sowie Fische zur gewerblichen Weiterveräußerung aus Fischzuchtanlagen/-anstalten.

❓ Einige verbotene Fangmethoden

Anwendung schädigender und explodierender Stoffe, Betäubungsmittel, Lichtquellen, Schusswaffen, Speere, Harpunen, Fischgabeln, Schlingen, Treibangeln, in manchen Bundesländern das Angeln während der Nachtzeit, die gleichzeitige Verwendung von mehr als der erlaubten Handangeln, das Tollkeulen von Fischen unter der Eisdecke. In der Regel ist auch das Fischen mit dem lebenden Köderfisch wie auch mit anderen lebenden Wirbeltieren als Köder verboten.

❓ **Wie sind Anzahl der erlaubten Handangeln mit Anzahl der erlaubten Haken je Angel und die Nachtfischerei in den Bundesländern geregelt?**

Als Nachtzeit, in welcher der Fischfang durch menschliche Tätigkeit nicht ausgeübt werden darf, gilt allgemein die Zeit vom Einbruch der Dunkelheit bis zur Morgendämmerung.

Die einzelnen Bundesländer haben hierzu und zur Anzahl der Handangeln, die gleichzeitig verwendet werden dürfen, folgende Regelungen getroffen:

Baden-Württemberg: Erlaubt sind 2 Handangeln mit je 3 Haken. Als Nachtzeit gilt die Zeit von 1 Stunde nach Sonnenuntergang bis 1 Stunde vor Sonnenaufgang. Der Aal-, Rutten- und Welsfang ist erlaubt bis 24.00 Uhr (während der geltenden Sommerzeit bis 1.00 Uhr).

Bayern: Erlaubt sind 2 Handangeln mit je 3 Haken (Anbissstellen); die Hegene darf höchstens 5 Haken (Anbissstellen) haben. Das Auswerfen und sofortige Einholen der Hegene ist nicht zulässig. Neben der Hegene darf keine weitere Handangel verwendet werden. Nachtzeit ist die Zeit von $1\,^1/_2$ Stunden nach Sonnenuntergang bis 1 Stunde vor Sonnenaufgang. Der Aal-, Rutten-, Wels- und Krebsfang kann von den Bezirken durch Verordnung bis 24.00 Uhr (Sommerzeit bis 1.00 Uhr) zugelassen werden.

Berlin: Es sind 2 Handangeln mit je 3 beweglichen Haken erlaubt. Die Nachtangelei ist nur mit Erlaubnis der Fischereibehörde gestattet.

Brandenburg: Erlaubt sind 2 Handangeln mit höchstens je 3 Haken. Beim Angeln auf Friedfische darf die Angel nur 1 einschenkeligen Haken haben. Beim Angeln mit tierischen Ködern (Fische, andere Tiere oder Fetzen davon) ist je Handangel nur 1 Köder zulässig. Bei der Ausübung des Spinn- oder Fliegenfischens darf keine zweite Angel ausgelegt sein. Zum Fang von Raubfischen bestimmte Angeln dürfen vom 1. Januar bis 30. April nicht eingesetzt werden. Die Nachtangelei wird (bis jetzt) im Erlaubnisschein geregelt.

Bremen: Die Anzahl der gleichzeitig zu verwendenden Handangeln wie auch der Haken je Angel werden im Erlaubnisschein geregelt. Die Nachtangelei ist nicht gesetzlich geregelt; gegebenenfalls wird auch dies im Erlaubnisschein bestimmt. Für die Stockangelei grundsätzlich nur 2 Handangeln.

Hamburg: In verpachteten Gewässern sind höchstens 3 Handangeln mit insgesamt 3 Haken erlaubt; in nicht verpachteten Gewässern höchstens 2 Handangeln mit insgesamt 2 Haken. Die Nachtangelei ist nicht gesetzlich geregelt.

Hessen: Die Höchstzahl der zu verwendenden Handangeln und Haken

7. RECHTLICHE BESTIMMUNGEN

wird jeweils im Erlaubnisschein vorgeschrieben. Verboten sind lebende Wirbeltiere als Köder und die Verwendung des Setzkeschers.
Nach den Vorschriften des Regierungspräsidiums Darmstadt, Abt. Forsten, dürfen im Rheinstrom höchstens 2 Handangeln verwendet werden; 1 davon darf eine Raubfischangel sein. Für Inhaber eines Jugendfischereischeins ist das Angeln im Rheinstrom von 1 Stunde nach Sonnenuntergang bis 1 Stunde vor Sonnenaufgang verboten.
Mecklenburg-Vorpommern: Im Fischereigesetz wie in der Fischereiordnung sind über Anzahl der Angeln und Haken wie auch über die Nachtangelei (bis jetzt) keine Regelungen getroffen.
Nach der Gewässerordnung des Landesanglerverbandes dürfen gleichzeitig nicht mehr als 3 Handangeln verwendet werden. Bei einer Friedfischangel sind höchstens 2 einschenkelige Haken zulässig. Verwendete künstliche Köder oderKödersysteme können mit bis zu 3 Einzel-, Doppel- oder Drillingshaken bestückt sein.
Niedersachsen: Bis jetzt keine gesetzliche Regelung über Anzahl der zu verwendenden Angeln und Haken; ebenso für die Nachtangelei. Regelung im Erlaubnisschein durch den Fischereiberechtigten.
Nordrhein-Westfalen: Keine gesetzliche Regelung über Anzahl der erlaubten Handangeln und Haken wie auch über die Nachtangelei.
Rheinland-Pfalz: In staatlichen Gewässern sind höchstens 2 Handangeln erlaubt; sonst regelt der Fischereiberechtigte/-ausübungsberechtigte im Erlaubnisschein die Anzahl der erlaubten Handangeln und Haken je Angel wie auch die Nachtangelei, die meist erlaubt wird.
Die Verwendung lebender Fische als Köder kann durch die untere Fischereibehörde für offene oder geschlossene Gewässer oder Gewässerteile ausnahmsweise zugelassen werden.
Saarland: Die Anzahl der erlaubten Handangeln und Haken je Angel regelt der Fischereiberechtigte im Erlaubnisschein.
Das Fischen bei Nacht ist verboten. Als Nachtzeit gilt: vom 1. Nov. bis 31. März die Zeit von 19.00–07.00 Uhr und vom 1. April bis 31. Okt. die Zeit von 23.00–05.00 Uhr.
In Grenzgewässern gelten andere Regeln.
Sachsen: Jeder Fischer darf gleichzeitig höchstens mit 2 Handangeln fischen. Eine Handangel darf nur eine Anbissstelle haben; diese kann aus einem Einzel-, Doppel- oder Drillingshaken bestehen, die beim Fang mit Ködern versehen sein müssen. Bei der Ausübung des Spinn- oder Fliegenfischens darf keine weitere Angel verwendet werden. Leg- und Reihenangeln sind nur für Erwerbsfischer zulässig. Die Nachtangelei ist nicht gesetzlich geregelt.

Sachsen-Anhalt: Jeder Angler darf die Angelfischerei mit höchstens 2 Grundangeln und einer Kopfrute ohne Rolle und Ringe gleichzeitig ausüben. Die Handangel darf nicht mehr als 3 ein- bis dreischenkelige Haken aufweisen. Die Schleppangelei ist verboten. Die Nachtangelei ist nicht gesetzlich geregelt.

Schleswig-Holstein: Die Anzahl der gleichzeitig erlaubten Angeln und Haken je Angel sind bei den vom Landessportfischerverband bewirtschafteten Gewässern im jeweiligen Erlaubnisschein ausgewiesen. Ansonsten gilt die gesetzliche Regelung, z.B. Nord-Ostsee-Kanal (N-O-K): höchstens 3 Handangeln mit je maximal 2 Haken; zum Heringsfang mit maximal 2 Einfachhaken je Angel. Die Nachtangelei ist nicht gesetzlich geregelt.

Thüringen: Nach § 14 der Thüringer Fischereiverordnung sind für den gleichzeitigen Gebrauch höchstens 2 Handangeln erlaubt. Die Anzahl und Art der erlaubten Haken je Angel sind in der Verordnung nicht geregelt, ebenso nicht geregelt ist die Nachtangelei.

7.3.4 Elektrofischerei

Der Fischfang unter Anwendung von elektrischem Strom ist grundsätzlich verboten. In besonders begründeten Fällen und für bestimmte Zwecke können Ausnahmen zugelassen werden. Solche begründete Ausnahmefälle sind vor allem Maßnahmen, die der Hege und der Förderung der Fischerei dienen wie z.B. Entschuppung eines Salmoniden-Gewässers (Forellen-/Äschenregion), Bestandsregulierungen, Bestandsaufnahme nach einem Fischsterben zur Beweissicherung, Maßnahmen, die der Förderung bestandsgefährdeter Arten dienen wie auch bei Vorliegen besonderer fischereilicher Verhältnisse und nicht zuletzt zu Lehr-, Versuchs- und Forschungszwecken.

Auch das Elektrofischereigerät (Aggregat) muss den gesetzlichen Vorschriften entsprechen; es muss zugelassen sein und in der Regel alle 3 Jahre von einer anerkannten Prüfstelle für Elektroaggregate überprüft werden.

Die Elektrofischerei darf nur unter Anwendung von Gleich- oder Impulsstrom durchgeführt werden.

In Bundesländern mit Fischereischeinpflicht für den Fischfang muss der die Anode führende Fischer im Besitz eines gültigen Fischereischeines sein und der Verantwortliche für das E-Gerät muss eine Ausbildung nachweisen (Bedienschein). Für die Zulassung ist der Abschluss einer ausreichend hohen Haftpflichtversicherung für Personen- und Sachschäden nachzuweisen.

7. RECHTLICHE BESTIMMUNGEN

❓ **Welche Behörde erteilt die Genehmigung zur Ausübung der Elektrofischerei?**

Baden-Württemberg: Die Regierungspräsidien als obere Fischereibehörde.
Bayern: Die Kreisverwaltungsbehörde als untere Fischereibehörde.
Berlin: Der Senator für Stadtentwicklung und Umweltschutz als oberste Fischereibehörde.
Brandenburg: Die Landkreise und kreisfreien Städte als untere Fischereibehörde.
Bremen: Die oberste Fischereibehörde.
Hamburg: Das Amt für Wirtschaft und Landwirtschaft – Abteilung Forstwirtschaft, Jagd- und Fischereiwesen.
Hessen: Das Regierungspräsidium als obere Fischereibehörde.
Mecklenburg-Vorpommern: Die Ämter für Landwirtschaft als untere Fischereibehörde.
Niedersachsen: Der Fischereikundliche Dienst.
Nordrhein-Westfalen: Das Ministerium für Umwelt, Raumordnung und Landwirtschaft.
Rheinland-Pfalz: Die Struktur- und Genehmigungsdirektion als obere Fischereibehörde.
Saarland: Der Minister für Umwelt als oberste Fischereibehörde.
Sachsen: Die Landesanstalt für Landwirtschaft als Fischereibehörde.
Sachsen-Anhalt: Die Bezirksregierung Magdeburg als obere Fischereibehörde.
Schleswig-Holstein: Nach §11 der Küstenfischereiordnung ist der Fischfang unter Anwendung von elektrischem Strom in Küstengewässern ausnahmslos verboten. In Binnengewässern gilt das Verbot der Elektrofischerei nach § 6 der Binnenfischereiordnung; nicht jedoch für das Fischereiamt, die Bundesforschungsanstalt für Fischerei und mehrere wissenschaftliche Institute. Das Fischereiamt kann für weitere Institute und Organisationen Ausnahmen zulassen.
Thüringen: Das Landesverwaltungsamt – Landesforstdirektion – als obere Fischereibehörde.

❓ **Welche Scheine sind bei der Ausübung der Elektrofischerei mit sich zu führen?**

1. Der Berechtigungsschein oder die schriftliche Erlaubnis der zuständigen Behörde,
2. der Fischereischein (für den die Anode führenden Fischer),
3. der Zulassungsschein (für das Elektrogerät (Aggregat),
4. der Bedienungsschein (für den Ausgebildeten am E-Gerät).

Diese Scheine müssen auf Verlangen den zur Kontrolle Befugten (Fischereiaufsehern, Polizeibeamten, Fischereiberechtigten/-ausübungsberechtigten, Pächtern und Verantwortlichen der Erlaubnisbehörde, auf Verlangen vorgezeigt bzw. zur Prüfung ausgehändigt werden.

7.4 Jagdrecht

Welche jagdbaren Tiere können der Fischerei schädlich werden?
a) Von den Säugetieren: Fischotter,
b) Von den Vögeln: Kormorane, Reiher, Haubentaucher, Zwergtaucher, Fischadler, Säger (Zwerg-, Mittel-, Gänsesäger [= enten- und gänseartige Fische fressende Wasservögel), Milane, Möwen, Blesshühner, Schwäne.

Darf der Fischereiberechtigte solche jagdbaren Tiere fangen oder töten?
Nein. Sie unterstehen entweder dem Jagdrecht, das dem Jagdausübungsberechtigten die ausschließliche Befugnis gibt, solche jagdbaren Tiere zu hegen, auf sie die Jagd auszuüben, sie zu fangen und sie sich anzueignen oder sie unterliegen dem Naturschutzrecht (Artenschutz).

Fallen Schäden, die durch jagdbare Tiere der Fischerei zugefügt werden, unter den Begriff des Wildschadens im Sinne des Jagdgesetzes und sind sie zu entschädigen?
Nein.

Welche Möglichkeiten hat der Fischereiberechtigte persönlich, solche, seiner Fischerei schädlichen Tiere, abzuwehren?
Er hat nur die Möglichkeit sie zu verscheuchen (Vorsicht! Keine Störung von Brutkolonien) oder durch Abzäunung usw. von seinem Fischwasser fernzuhalten, ohne das Wild dabei zu gefährden oder zu verletzen. Solche Tiere abzuschießen, sonstwie zu töten oder zu fangen, ist ihm untersagt.

Welche Möglichkeiten hat der Fischereiberechtigte, um Schäden, die durch jagdbare Tiere verursacht werden, zu verhindern?
a) Er kann den örtlichen Jagdausübungsberechtigten bitten, den Abschuss solcher Tiere vorzunehmen.
b) Er kann, wenn er im Besitz eines Jagdscheines ist, den Jagdaus-

übungsberechtigten bitten, ihm schriftlich zu genehmigen, den Abschuss z.B. von Blesshühnern durchzuführen. Diese schriftliche Genehmigung muss dann neben dem Jagdschein beim Abschuss mitgeführt werden.

c) Bei unerträglichen Schäden an der Fischereiwirtschaft kann auf Antrag die zuständige Behörde anordnen, dass der Jagdausübungsberechtigte innerhalb einer bestimmten Frist im bestimmten Umfang die schädlichen Tiere so verringert, wie dies mit Rücksicht auf das Allgemeinwohl – hier wegen der Interessen der Fischereiwirtschaft – notwendig ist.

❓ Darf der Fischereiberechtigte die Eier oder die Nester fischereischädlicher Vögel zerstören?

Nein; die Eier jagdbarer Tiere unterliegen dem Jagdrecht. Ebenfalls geschützt sind die Nester solcher Vögel.

❓ Welche Möglichkeiten bestehen, Gelege ganzjährig geschonter oder geschützter fischereischädlicher Vögel zu vernichten?

Die oberste Jagdbehörde kann dem Jagdausübungsberechtigten das Ausnehmen solcher Gelege gestatten und die Entnahme von Eiern mit schriftlicher Genehmigung zulassen, wenn es sich nicht um vom Aussterben bedrohte Arten handelt.

❓ Welche Möglichkeiten bestehen, wenn nach dem Jagdgesetz ganzjährig geschonte jagdbare Tiere/Vögel unerträglichen Schaden in der Fischerei verursachen?

Es kann durch die oberste Jagdbehörde die Abschusserlaubnis an den Jagdausübungsberechtigten erteilt werden.

7.5 Pflanzenschutz, Naturschutz, Tierschutz, Bisambekämpfung

❓ Welche im und am Wasser vorkommenden Pflanzen- und Tierarten sind geschützt?

Die Listen (Rote Listen) gefährdeter Arten (Bundesartenschutzverordnung) sind zu beachten; darin sind unter anderen als besonders geschützte Pflanzen aufgeführt:
Alle See- und Teichrosen, alle Arten von Schwertlilien (Iris spec.), die Moorbinse, die Trollblume, die Wasserlobelie, die Wassernuss, der Zungenblättrige Hahnenfuß, die Krebsschere, das Stachelporige

7.5 PFLANZENSCHUTZ, NATURSCHUTZ, TIERSCHUTZ, BISAMBEKÄMPFUNG

Brachsenkraut, der Schwimmfarn, der Kriechende und der Flutende Sellerie, der Sumpfbärlapp u.a.
Besonders geschützte Tiere sind: der Eisvogel, die Wasseramsel, die Rohrdommel, die Zwergdommel; alle europäischen Frösche, Unken, Lurche und Kröten; alle Libellen, Bienen, Hummeln, Hornissen und Schmetterlinge mit Ausnahme des Kohlweißlings; die Heuschrecken, der Hirschkäfer, der Breitrand- und der Kleine und der Schwarze Kolbenwasserkäfer, Blindschleiche, Ringelnatter, die Sand-, Kreuz- und Bergotter, die Europäische Sumpfschildkröte, alle Eidechsen; von den Säugetieren der Fischotter, der Biber, alle Fledermäuse und alle Spitzmäuse besonders die Wasserspitzmaus, der Maulwurf und andere.
Nach der Bundesartenschutzverordnung nicht geschützte Säugetiere sind: Schermaus (Wühlmaus), Rötelmaus, Hausmaus, Feldmaus, Erdmaus, Nutria (Sumpfbiber), Marderhund (Enox), Bisam, Waschbär und Wanderratte.
Nach § 90a Bürgerliches Gesetzbuch (BGB) sind Tiere keine Sachen, sie werden durch besondere Gesetze geschützt.

Auszüge aus dem Tierschutzgesetz
(Fassung v. 25. Mai 1998 nach Änderung vom 12. April 2001):
§ 1 ... Niemand darf einem Tier ohne vernünftigen Grund Schmerzen, Leiden oder Schäden zufügen.
§ 2 Wer ein Tier hält, betreut oder zu betreuen hat, muss:
1. das Tier seiner Art und seinen Bedürfnissen entsprechend angemessen ernähren, pflegen und verhaltensgerecht unterbringen,
2. ...
§ 3 Es ist verboten,
3. ein im Haus, Betrieb oder sonst in Obhut des Menschen gehaltenes Tier auszusetzen oder es zurückzulassen, um sich seiner zu entledigen, ...
4. ein gezüchtetes Tier einer wild lebenden Art in der freien Natur auszusetzen oder anzusiedeln,
...
10. einem Tier Futter darzureichen, das dem Tier erhebliche Schmerzen, Leiden oder Schäden bereitet,
11. ...
§ 4 (1) Ein Wirbeltier darf nur unter Betäubung oder sonst, soweit nach den gegebenen Umständen zumutbar, nur unter Vermeidung von Schmerzen getötet werden. ...
... Ein Wirbeltier töten darf nur, wer die dazu nötigen Kenntnisse und Fähigkeiten hat.

7. RECHTLICHE BESTIMMUNGEN

§ 5 (1) An einem Wirbeltier darf ohne Betäubung ein mit Schmerzen verbundener Eingriff nicht vorgenommen werden. ...

§ 6 (1) Verboten ist das vollständige oder teilweise Amputieren von Körperteilen oder das vollständige oder teilweise Entnehmen oder Zerstören von Organen oder Geweben eines Wirbeltieres.

§§ 7–11 b) ...

§11 c) Ohne Einwilligung des Erziehungsberechtigten dürfen Wirbeltiere an Kinder oder Jugendliche bis zum vollendeten 16. Lebensjahr nicht abgegeben werden.

§§ 12 ...

§ 13 (1) Es ist verboten, zum Fangen, Fernhalten oder Verscheuchen von Wirbeltieren Vorrichtungen oder Stoffe anzuwenden, wenn damit die Gefahr vermeidbarer Schmerzen, Leiden oder Schäden für Wirbeltiere verbunden ist; ...

§§ 14–16 ...

§ 17 Mit Freiheitsstrafe bis zu 3 Jahren oder mit Geldstrafe wird bestraft, wer
1. ein Wirbeltier ohne vernünftigen Grund tötet oder
2. einem Wirbeltier
   a) aus Rohheit erhebliche Schmerzen oder Leiden oder
   b) länger anhaltende oder sich wiederholende erhebliche Schmerzen oder Leiden zufügt.

§ 18 (1) Ordnungswidrig handelt, wer vorsätzlich oder fahrlässig 5. entgegen § 4 Abs. 1 ein Wirbeltier tötet.

❓ Gibt es eine Bestimmung über das Schlachten und Aufbewahren von lebenden Fischen, Krebsen und anderen Krustentieren?

Ja, die Verordnung zum Schutz von Tieren im Zusammenhang mit der Schlachtung oder Tötung (Tierschutz-Schlachtverordnung – TierSchlV) vom 3. März 1997 (BGBl 1 S. 405).

❓ Was besagt diese Verordnung bezüglich des Schlachtens von lebenden Fischen?

Wer einen Fisch schlachtet oder tötet, muss diesen unmittelbar vor dem Schlachten oder Töten betäuben. ... Der Kopfschlag darf nur bei anschließendem Entbluten (Herzstich) angewendet werden. Er ist mit einem geeigneten Gegenstand und ausreichend kräftig auszuführen.

Ohne vorherige Betäubung dürfen
1. Plattfische durch einen schnellen Schnitt, der die Kehle und die Wirbelsäule durchtrennt, und

2. Aale, wenn sie nicht gewerbsmäßig gefangen werden, durch einen die Wirbelsäule durchtrennenden Stich dicht hinter dem Kopf und sofortiges Herausnehmen der Eingeweide einschließlich des Herzens geschlachtet oder getötet werden.
3. Krusten- und Schalentiere, außer Austern, dürfen nur in stark kochendem Wasser getötet werden; das Wasser muss sie vollständig bedecken und nach ihrer Zugabe weiterhin stark kochen. Abweichend von Satz 1 dürfen Schalentiere in über 100 Grad Celsius heißem Dampf getötet werden.

❓ Was ist in der TierSchlV bezüglich des Aufbewahrens von Speisefischen und Krustentieren vorgeschrieben?

Lebende Speisefische dürfen nur in Behältern aufbewahrt werden, deren Wasservolumen den Tieren ausreichende Bewegungsmöglichkeiten bietet. Unverträgliche Fische müssen voneinander getrennt gehalten werden. ... Insbesondere müssen ein ausreichender Wasseraustausch und eine ausreichende Sauerstoffversorgung der Tiere sichergestellt sein. Tote Fische sind unverzüglich aus dem Behälter zu entfernen. An Endverbraucher, ausgenommen Gaststätten und ähnliche Einrichtungen, dürfen Fische nicht lebend abgegeben werden. Das Aufbewahren lebender Krustentiere auf Eis ist verboten; sie dürfen nur im Wasser oder vorübergehend auf feuchter Unterlage aufbewahrt werden.

❓ Wer ist verpflichtet, auf das Auftreten des Bisams zu achten und wer muss den Bisam bekämpfen?

Nach § 1 der Bisamverordnung vom 20. Mai 1988 (BGBl 1 S. 640), geändert durch Verordnung vom 10. Nov. 1992 (BGBl 1 S. 1887), sind soweit die zuständige Behörde es anordnet, verpflichtet:
1. a) Verfügungsberechtigte und Besitzer von Ufer und Gewässergrundstücken,
   b) zu Unterhaltung oberirdischer Gewässer Verpflichtete und
   c) zur Benutzung oberirdischer Gewässer oder zur Ausübung der Fischerei Berechtigte, die Ufer- und die Gewässergrundstücke auf das Auftreten des Bisams zu überwachen,
2. a) Verfügungsberechtigte und Besitzer von Ufer- und Gewässergrundstücken und
   b) zur Unterhaltung oberirdischer Gewässer Verpflichtete den Bisam zu bekämpfen.

Nach § 2 der Bisamverordnung sind das Züchten und das Halten des Bisams verboten. Nach § 4 sind die Landesregierungen befugt, weitere

Vorschriften über die Überwachung und Bekämpfung des Bisams zu erlassen.

7.6 Wasserrecht

❓ Was ist unter Ausübung des Gemeingebrauchs an einem Gewässer zu verstehen?

Unter Gemeingebrauch versteht man die jedermann zustehende Befugnis, Gewässer ohne besondere Erlaubnis in einem bestimmten Ausmaß zu benutzen. Erlaubt ist insoweit das Baden, Waschen, Tränken, Schwemmen, Schöpfen mit Handgefäßen, der Eissport und das Befahren der Gewässer mit kleinen Fahrzeugen ohne Motorkraft. Der Gemeingebrauch findet seine Grenzen im entsprechenden Recht anderer. Der Fischereiberechtigte ist nicht befugt, den Gemeingebrauch zu unterbinden. Dagegen kann die Ausübung des Gemeingebrauchs räumlich und sachlich durch Rechtsverordnung geregelt oder beschränkt werden.

❓ Ist für die Aneignung von Fischteichen oder Fischzuchtanlagen eine wasserrechtliche Genehmigung oder andere hoheitliche Zulassung erforderlich?

Jede Errichtung, Beseitigung oder wesentliche Umgestaltung von Fischteichen stellt einen Gewässerausbau im Sinne des WHG dar und bedarf daher der vorherigen Durchführung eines Planfeststellungsverfahrens oder, wenn Einwendungen Dritter nicht zu erwarten sind, der vorherigen Genehmigung. Soweit für den Betrieb einer Fischteichanlage Wasser aus einem oberirdischen Gewässer oder aus dem Grundwasser entnommen werden soll, liegt außerdem eine Gewässerbenutzung vor, die einer besonderen Erlaubnis oder Bewilligung bedarf.

❓ Bedarf das Einbringen von Fischereigeräten, Fischnahrung, Düngemitteln und dgl. in das Fischwasser einer behördlichen Erlaubnis?

Das Wasserhaushaltsgesetz unterstellt grundsätzlich jedes Einbringen von Stoffen – gleich, welcher Art – in oberirdische Gewässer der Erlaubnis- bzw. Bewilligungspflicht. Da die Fischerei und insbesondere die Fischzucht die gleichen Ziele anstreben wie die Gewässerschutzbestimmungen der Wassergesetze – nämlich die Reinhaltung der Gewässer –, überläßt es das WHG den Ländern zu bestimmen, dass für das Einbringen von Stoffen in oberirdische Gewässer zu Zwecken der

Fischerei eine Erlaubnis oder eine Bewilligung nicht erforderlich ist. Von dieser Ermächtigung haben die Länder Gebrauch gemacht.

❓ Muss der Fischereiberechtigte an wasserrechtlichen Verfahren, die sein Fischwasser betreffen, beteiligt werden? Wenn ja, in welcher Form?

Ist zu erwarten, dass sich die vorgesehene Benutzung in irgendeiner Art und Weise nachteilig auf das Fischereirecht auswirkt, so ist der Fischereiberechtigte wie jeder andere von der Benutzung Betroffene am Verfahren zu beteiligen. Der Fischereiberechtigte ist insbesondere anzuhören. Über seine Einwendungen ist förmlich zu entscheiden. Für die Fischerei nachteilige Wirkungen sind durch Auflagen, mit denen der Benutzer des Gewässers belastet wird, möglichst zu verhüten oder auszugleichen. Ist dies nicht möglich, so ist der Fischereiberechtigte zu entschädigen.

❓ Was kann der Fischereiberechtigte gegen Verschmutzungen seines Fischwassers durch Abwassereinleitungen tun?

a) Handelt es sich um nicht erlaubte Einleitungen oder werden bei der Einleitung durch Verwaltungsakt auferlegte Schutzmaßnahmen nicht befolgt, so kann der Fischereiberechtigte bei der zuständigen Verwaltungsbehörde anregen, die Einleitung zu unterbinden oder auf das erlaubte Maß zurückzuführen. Außerdem kann der Fischereiberechtigte, soweit er einen Schaden erlitten hat, Ersatz hierfür verlangen.

b) Handelt es sich um eine erlaubte Einleitung, so kann der Fischereiberechtigte, wenn Schäden eintreten, die bei der Erlaubniserteilung nicht vorauszusehen waren und daher im Rahmen des wasserrechtlichen Verfahrens nicht berücksichtigt wurden, verlangen, dass dem Unternehmer Auflagen gemacht werden, durch welche die nachteiligen Auswirkungen der Einleitung verhütet oder ausgeglichen werden. Ist dies nicht möglich, so kann der Fischereiberechtigte eine angemessene Entschädigung verlangen.

❓ Ist der Fischereiberechtigte zur Unterhaltung seines Fischwassers verpflichtet?

Der Fischereiberechtigte ist in seiner Eigenschaft als solcher grundsätzlich nicht zur Instandsetzung des Gewässers verpflichtet. Eine Instandhaltungspflicht kann für ihn jedoch dann bestehen, wenn er gleichzeitig Eigentümer des Gewässers ist, wenn er für Fischereizwecke Einleitungen oder Ausleitungen vornimmt oder besondere Anlagen unterhält, die aus der Unterhaltung Nutzen ziehen oder einen besonderen Einfluss auf die Instandhaltung ausüben.

7.7 Tierseuchengesetz

Sind Fische im Tierseuchengesetz berücksichtigt?
Das 11. Gesetz zur Änderung des Tierseuchengesetzes, veröffentlicht im Bundesgesetzblatt Teil 1 vom 3. April 1980 Nr. 15, hat zum ersten Mal die Süßwasserfische aller Art sowie Eier, das Sperma und die Zehnfußkrebse aufgenommen. Es ist ein Bundesgesetz zum Schutz gegen die Gefahr der Einschleppung von Tierseuchen, die Einfuhr und Durchfuhr von kranken Fischen und behandelt Mindestanforderungen an den Gesundheitszustand der Fische und an die Hygiene.

7.8 Adressen von Ansprechpartnern in den verschiedenen Bundesländern

Baden-Würtemberg
Verband für Fischerei und Gewässerschutz
Geschäftsstelle
Urachstr. 34
70190 Stuttgart

Bayern
LFV Bayern e. V.
Geschäftsstelle
Pechdelberstr. 16
81545 München

Berlin
LV Berlin-Brandenburg
Geschäftsstelle
Priesterweg 4
10829 Berlin

Bremen
Landesfischereiverband
Bremen e. V.
Grambker Heerstr. 141
28719 Bremen

Hamburg
Angelsport-Verband
Hamburg e.V.
Im Haus des Sports
Schäferkampsallee 1

Hessen
LV Deutscher Sportfischer
Hessen e.V.
Geschäftsstelle
Adriastr. 21
68623 Lampertheim

7.8 ADRESSEN

Mecklenburg-Vorpommern
Landesanglerverband
Mecklenburg-Vorpommern
Geschäftsstelle
Siedlung 18 a
19065 Görslow

Niedersachsen
LSFV Niedersachsen e.V.
Geschäftsstelle
Calenbergstr. 41
30169 Hannover

Nordrhein-Westfalen
LFV Nordrhein e. V.
Geschäftsstelle
Weberspitze 20
53804 Much

Rheinland-Pfalz
VDSF – LV Rheinland-Pfalz e. V.
Informationszentrum
Rheinstr. 60
55437 Ockenheim

Saarland
Fischereiverband Saar e. V.
Geschäftsstelle Feldstraße 49

Sachsen
Sächsische Landesanstalt
Fischereibehörde
Pf 1140
02697 Königswortha

Sachsen-Anhalt
LAV Sachsen-Anhalt
Mansfelder Str. 33
06108 Halle

Schleswig-Holstein
LSV Schleswig-Holstein e. V.
Geschäftsstelle Papenkamp 52
24 114 Kiel

Thüringen
Thüringer Ministerium für
Landwirtschaft, Naturschutz
Obere Fischereibehörde
99096 Erfurt

7. RECHTLICHE BESTIMMUNGEN

Prüfungsfragen aus den verschiedenen Bundesländern

Rechtliche Bestimmungen

Hier sind nur die in allen Bundesländern im Wesentlichen gleichen Fragen aus den verschiedenen Rechtsbereichen aufgeführt. Es ist deshalb notwendig, sich mit den zum Teil unterschiedlichen, weiteren Bestimmungen einzelner Bundesländer vertraut zu machen, die im vorhergehenden Abschnitt 7 behandelt sind.

Fischereischein und Fischerei-Erlaubnisschein

1. Welcher Fischereischein-Inhaber ist grundsätzlich berechtigt ohne Fischerei-Erlaubnisschein zu fischen?
A Der Inhaber des Fischereirechts oder der Pächter
B Der Gewässereigentümer, wenn er die Fischerprüfung bestanden hat
C Jeder Fischereischein-Inhaber

2. Ist der Fischfang erlaubt, wenn man nur den Fischereischein besitzt?
A Ja
B Nein, außer man ist der Fischereiberechtigte oder der Pächter
C Nur an stehenden Gewässern

3. Was ist Voraussetzung für den Erwerb eines Fischereischeins?
A Das Bestehen der Fischerprüfung, wenn sie vorgeschrieben ist
B Mitgliedschaft in einem Fischereiverein
C Ein gültiger Pachtvertrag

4. Wer ist Aussteller des Fischerei-Erlaubnisscheines?
A Die Fischereibehörde
B Die Landesanstalt für Fischerei
C Der Fischereiberechtigte (Fischereirechtsinhaber) oder mit dessen Einwilligung der Fischereipächter

5. Wer darf in einem bestimmten Gewässer fischen?
A Staat oder Gemeinde, soweit sie unterhaltungspflichtig sind
B Jeder Inhaber eines Fischereischeines
C Alle Erlaubnisschein-Inhaber, deren Erlaubnisscheine für dieses bestimmte Gewässer ausgestellt sind

6. Welche Ausweise sind zur Ausübung des Fischfanges gesetzlich vorgeschrieben?
A Die Gewässerordnung des Vereins und evtl. der Sportfischerpass
B Der Fischereischein und der Fischerei-Erlaubnisschein
C Der Vereinsmitgliedsausweis und die Vereinssatzung

7. In welchen Fällen ist zur Ausübung der Fischerei ein Fischerei-Erlaubnisschein erforderlich?
A Wenn während der Schonzeit gefischt werden soll
B Wenn der Ausübende nicht selbst

Fischereiberechtigter oder Fischereipächter ist
C   Wenn der Ausübende keine Fischerprüfung abgelegt hat

8. Muss der Fischereipächter einen gültigen Fischereischein besitzen?
A   Ja, die ganze Pachtzeit hindurch
B   Nein
C   Nur für das Jahr des Vertragsabschlusses

9. Kann der Fischereischein Personen versagt werden, welche die Fischerprüfung bestanden haben?
A   Nein
B   Nur wenn sie wegen Fischwilderei zu Freiheitsstrafen über einem Jahr verurteilt sind
C   Ja, wenn Tatsachen vorliegen, die die Annahme rechtfertigen, dass sie zur ordentlichen Ausübung der Fischerei ungeeignet sind

10. Wer muss die Fischerei-Erlaubnisscheine bestätigen?
A   Der Fischereiberechtigte
B   Die Kreisverwaltungsbehörde
C   Die Gemeinde

11. Für welche Personen ist ein Fischereischein nicht erforderlich?
A   Für Helfer, die den berechtigten Angelfischer unterstützen, ohne selbst zu fischen
B   Für Familienangehörige des Fischereiberechtigten
C   Für Gäste des Fischereiberechtigten

12. Wer begeht Fischwilderei?
A   Wer fischt, ohne zur Ausübung des Fischfangs in einem nicht geschlossenen Gewässer berechtigt zu sein
B   Wer in der Schonzeit Fische fängt
C   Wer fischt, ohne im Besitz eines Fischereischeines zu sein

13. Welcher Gültigkeits-Unterschied ist zwischen einem Jugendfischereischein und einem normalen Fischereischein?
A   Der Jugendfischereischein berechtigt nicht zum Angeln mit der Handangel
B   Er gilt nur in Begleitung eines volljährigen Fischereischeininhabers
C   Er gilt nur in Begleitung eines Erziehungsberechtigten

14. Kann einem Jugendlichen unter 10 Jahren ein regulärer Fischereischein ausgestellt werden?*
A   Nein, nur der Jugendfischereischein
B   Ja, wenn er in Begleitung eines Erwachsenen fischen soll
C   Ja, ohne Einschränkung

15. Kann einem Jugendlichen unter 8 Jahren der Jugendfischereischein ausgestellt werden?
A   Ja, ohne Einschränkung
B   Nein
C   Ja, wenn er in Begleitung eines Erwachsenen fischen soll

16. Darf man auf oder an Gewässern, in welchen man nicht zur Ausübung der Fischerei berechtigt ist, Fischereigeräte mit sich führen?
A   Nein, in keinem Fall
B   Ja, aber nur in verpacktem, d.h. nicht gebrauchsfertigem Zustand oder wenn man sich in Begleitung des Fischereiberechtigten oder Pächters befindet
C   Ja, ohne Einschränkung

7. RECHTLICHE BESTIMMUNGEN

17. Gilt der Fischereischein des Bundeslandes (Wohnsitz des Inhabers) auch in den übrigen Bundesländern?
A Nein
B Ja
C Nur mit zusätzlicher Genehmigung des zuständigen Ministeriums für Ernährung, Landwirtschaft und Forsten

18. Warum müssen wir Fischereiaufseher haben?
A Zum Schutze der Angelfischer vor Unfällen am Wasser
B Zum Schutze des Wassers und seiner Lebewesen und zur Überwachung der Einhaltung der gesetzlichen und vereinsinternen Bestimmungen
C Zur Aufrechterhaltung von Ruhe und Ordnung innerhalb der Fischereiorganisation

19. Müssen einem mit amtlichem Dienstabzeichen und Ausweis versehenen Fischereiaufseher die Fischereipapiere ausgehändigt werden?
A Nein
B Nur wenn er in Begleitung eines Vereinsvorstandsmitgliedes ist
C Ja, in seinem Zuständigkeitsbereich

20. Darf ein Fischereiaufseher die Herausgabe widerrechtlich gefangener Fische verlangen?
A Nein
B Ja
C Nur, wenn es untermaßige Fische sind

Uferbenutzungsrecht u.a.

21. Was versteht man unter Uferbenutzungsrecht?
A Das Betreten eingefriedeter Grundstücke zum Angeln
B Das Betreten von Ufern und nicht eingefriedeten Grundstücken in dem für die Fischerei notwendigen Umfange
C Das Betreten von Fabrikgrundstücken zum Angeln

22. Wem steht das Uferbetretungsrecht zu?
A Den im betreffenden Gewässer zur Ausübung der Fischerei Berechtigten sowie deren Hilfs- und Aufsichtspersonal
B Jedem Inhaber eines Fischereischeines
C Nur dem Fischereiberechtigten (Fischereirechts-Inhaber) oder Pächter

23. Was gilt nicht als eingefriedetes Grundstück?
A Ein Grundstück, dessen Zaun leicht überklettert werden kann
B Ein Grundstück, dessen Betreten nicht durch Schilder untersagt ist
C Eingezäunte Viehweide

24. Für welche Grundstücke gilt das Uferbenutzungsrecht nicht?
A Campingplätze
B Eingezäunte Viehweiden und Koppeln
C Für eingefriedete Grundstücke sowie für Gebäude und zum unmittelbaren Haus-, Wohn- und Hofbereich gehörende Grundstücksteile, Feld- und Forstkulturen

25. Was sind Fischwege?
A Für die Wanderung der Fische bevorzugte Strecken
B Fischtreppen (Fischpässe), die den Fischen die Überwindung von Stauen im Gewässer ermöglichen
C Zugangswege der Angler zum Gewässer

26. Ist der Fischfang in Fischwegen erlaubt?

A Ja, da die Fangmöglichkeiten hier besonders gut sind
B Nein, er ist grundsätzlich verboten
C Ja, aber nur am untersten Ende eines Fischweges

27. Darf von Eigentümern überfluteter Grundstücken die Rückkehr der Fische in das Wasser verhindert werden?

A Ja
B Nur mit Einverständnis der Fischereibehörde
C Nein

28. Was versteht man unter »Fischnacheile«?

A Den Fischfang auf überfluteten Grundstücken
B Das Landen von im eigenen Fischwasser gehakten Fischen auf fremden Grundstücken
C Das Beobachten ausgesetzter Fische, z.B. durch Taucher

29. Welche Tiere dürfen außer den Fischen gefangen werden?

A Schildkröten, Frösche
B Krebse
C Lurche

30. Was kann in Schonbezirken u.a. beschränkt oder verboten werden?

A Nur das Kahn- oder Bootfahren während der Laichzeit
B Das Einlassen zahmer Enten, Gänse und Schwäne
C Das Angeln an Sonn- und Feiertagen

31. Worüber muss man sich nach Erwerb eines Fischerei-Erlaubnisscheines für ein fremdes Gewässer unbedingt orientieren?

A Fischereikontrollen und Strafen für Fischereivergehen
B Gute und schlechte Angelstellen
C Grenzen, Gewässerordnung, Schonbezirke, Schonzeiten und Mindestmaße und besondere Auflagen

Jagd-, Naturschutz-, Tierschutz-Recht, Fischgerechtigkeit

32. Wann entfernt man den Angelhaken bei dem zum Mitnehmen bestimmten Fisch?

A Der Angelhaken wird nicht entfernt
B Nachdem der Fisch waidgerecht (fischgerecht) getötet wurde
C Am noch lebenden Fisch

33. Wie wird der Fisch waidgerecht (fischgerecht) getötet?

A Der Fisch bleibt auf dem Land, bis er erstickt ist
B Durch Einschnitt an der Schwanzwurzel
C Durch einen Schlag auf den Gehirnschädel und durch Herzstich

34. Welche Instrumente werden zur Tötung des Fisches benutzt?

A Beliebige Gegenstände
B Fischtöter (Betäuber) und Messer
C Steine

7. RECHTLICHE BESTIMMUNGEN

35. Was tut man, wenn der Fisch den Angelhaken zu tief geschluckt hat?
A Der Fisch wird sofort waidgerecht (fischgerecht) getötet
B Der Haken wird unter Kraftaufwendung aus dem Fisch entfernt
C Der Haken wird im Fischkörper belassen, bis der Fisch erstickt ist

36. Welche Fische müssen vor dem Schlachten (Aufschneiden und Ausnehmen) betäubt werden?
A Alle Fische
B Alle Fische außer Plattfische
C Alle Fische außer Aale und Plattfische

37. Wie ist der Aal zu töten?
A Kräftiger Schlag auf den Kopf
B Durch einen die Wirbelsäule durchtrennenden Stich (Schnitt) dicht hinter dem Kopf und sofortiges Herausnehmen der Eingeweide einschließlich des Herzens
C Totlaufenlassen in Salz oder Salmiak

38. Welche Einrichtungen werden zum Hältern der gefangenen Fische verwendet?
A Beliebige Gefäße
B Kleine, engmaschige Netzsäcke
C Große, geräumige Setzkescher mit großen Bügeln und weichem Perlongarn

39. Wie müssen Krebse getötet werden?
A Durch einen Schlag auf den Kopf und Ausweiden
B Einzeln in kochendes Wasser geben
C In kaltes Wasser geben und zum Kochen bringen

40. Wer darf Krebse fangen?
A Der zur Ausübung der Fischerei Berechtigte
B Der Krebsfang ist verboten
C Nur besonders bestellte Krebsfänger

41. Wie kann der Angelfischer Fische fressende Vögel bekämpfen, z.B. Fischreiher und Haubentaucher?
A Abschießen
B Lebend fangen
C Verscheuchen

42. Darf der Angelfischer Eier aus Nestern fischereischädlicher jagdbarer Vögel nehmen und die Nester zerstören?
A Ja, innerhalb seines Gewässerbereiches
B Nur zu bestimmten Zeiten
C Nein

43. Welche Fische fressenden Vögel sind ganzjährig geschont?
A Möwen und Enten
B Bussard und Sperber
C Eisvogel und Graureiher

44. Darf die Wasserspitzmaus getötet werden?
A Nein
B Ja, ohne Einschränkung
C Ja, aber nur, solange sie keine Jungen säugt

45. Welches der folgenden Tiere ist schädlich und deshalb zur Bekämpfung freigegeben?
A Der Schwan, weil er Wasserpflanzen mit der daran haftenden Fischnahrung frisst
B Der Eisvogel, weil er Fische frisst
C Der Bisam, weil er Ufer, Deiche und Dämme unterwühlt

Antworten

1A / 2B / 3A / 4C / 5C / 6B / 7B

8A / 9C / 10B / 11A / 12A / 13B / 14A / 15B / 16B

17B / 18B / 19C / 20B / 21B / 22A / 23C / 24C / 25B

26B / 27C / 28A / 29B / 30B / 31C / 32B / 33C / 34B

35A / 36C / 37B / 38C / 39B / 40A / 41C / 42C / 43C / 44A / 45C

---

* Frage 14: Gilt für Bayern. Das Alter ist in den
einzelnen Bundesländern unterschiedlich.

Organisation, Verwaltung und Presse

8.1 Einleitung

Die Angelfischerei spielt bei der heutigen Freizeitgestaltung eine bedeutende Rolle. Leider schwindet die Möglichkeit zu ihrer Ausübung immer mehr, während gleichzeitig die Zahl der Petrijünger in immer stärkerem Maße zunimmt.

Nur wenigen ist es wegen der starken Belastung der bestehenden Gewässer und der nur in ganz geringem Ausmaß möglichen Neuanlage von Fischwassern (Baggerseen) möglich, eigene Wasser zu befischen. Dazu kommt, dass in der Regel der Einzelne der Überwachung, der Hege und Pflege des Gewässers und seines Fischbestandes nicht im erforderlichen Maße nachkommen kann. Es ist daher nahe liegend, dass an der Fischerei Interessierte sich zu Gemeinschaften, zu Vereinen, zusammenschließen, um zu Ergebnissen zu gelangen, die der Einzelne nie erreichen könnte. Diese Vereine, gleichgültig, ob ins Vereinsregister eingetragen (e.V.) oder nicht, weiten ihre örtlich beschränkte Zuständigkeit durch Zusammenschluss in Verbände auf Bezirks-, Landes- bzw. Bundesebene aus, um durch diese Organisationen, die nie Selbstzweck, sondern nur Mittel zum Zweck sein dürfen, alle Belange und Interessen auf allen Ebenen bis in die höchsten Instanzen vertreten zu können. Neben finanziellem Rükkhalt bietet die Organisation jedem einzelnen Mitspracherecht und die Möglichkeit, seine Ansicht, wenn nötig, der Mitgliederversammlung darzulegen und dadurch Anregungen zu geben. Durch auf demokratische Weise zustande gekommenen Beschluss kann das Mitglied der Organisation die Geschicke der Fischerei in unserer Gesellschaft beeinflussen und lenken. Dieses Mitwirken bildet für den Vorstand die Basis dafür, dass er die Interessen der Fischerei bei allen Institutionen als Mandat der Mitglieder seiner Organisation mit größtem Nachdruck vertreten kann.

Das in neuerer Zeit sich steigernde Umweltbewusstsein sowie die zunehmende Überbeanspruchung und Schädigung der Gewässer haben auch in der Fischerei ein Umdenken vom reinen Fischefangen auf den Fischerei- und Gewässerschutz notwendig gemacht.

Schon um die Jahrhundertwende haben Fischereiorganisationen die Entwicklung, die zum heutigen Missstand geführt hat, vorhergesehen und als Erste gehandelt. Auf ihre Veranlassung und unter ihrem Einfluss entstanden Fischereigesetze, die mit dem in ihnen verankerten Hegerecht und den Gewässerbewirtschaftungsverpflichtungen die ersten Naturschutzgesetze gewesen sein dürften.

Eine grundlegende neue Ordnung im und am Wasser – nicht nur im Hinblick auf die Verschlechterung des Gewässerzustandes, sondern vor allem auch durch das Erkennen des Freizeitwertes und des Zustromes zur Angelfischerei – ist das Gebot der Stunde.

Heute ist daher die primäre Aufgabe der Organisationen, aber auch des Staates, den Erhalt gesunder Gewässer und deren Biotope zu sichern, die Verbesserung und Gesundung geschädigter Wasser herbeizuführen, aber auch den Fang der Fische dem Hegegedanken und dem Artenschutz konsequent untergeordnet zu regeln. Dazu gehört auch ein entsprechend sinnvolles Einbringen von Fischbesatz.

Das Fangen der Fische ist in den Hintergrund getreten, notgedrungen, damit in nächster, aber auch in fernerer Zukunft überhaupt noch Fische gefangen werden können; zumal Fischwasser nur in unbedeutendem Ausmaße neu geschaffen werden können.

Hier haben die Fischereiorganisationen im Verfolg ihrer früheren Erkenntnisse in manchen Dingen Neuland zu betreten. Auch sind sie nur in Einigkeit und in der Gemeinschaft aller Fischer stark genug, Anfeindungen entgegenzutreten und die edle Fischwaid zu sichern.

Durch die Naturschutzgesetze wird für Organisationen des Naturschutzes und der Landschaftspflege eine staatliche Anerkennung gefordert. Nur über diese Anerkennung wird es der Fischerei möglich sein, ihre Interessen erfolgreich vertreten zu können.

8.2 Organisation der Fischerei

❓ Braucht der Fischer eine Organisation und warum?

Ja, weil es vernünftig ist, sich in eine Gemeinschaft einzufügen, welche die Interessen der Angelfischer auf breitester Basis mit Erfolg vertreten kann. Der Einzelne ist heute dazu nicht mehr in der Lage.

❓ Welchen Sinn und Zweck hat die Organisation?

Zusammenfassung aller an der Fischerei Interessierten zu einer geschlossenen Gemeinschaft, die stark genug ist, um ihre Belange jederzeit

8. ORGANISATION, VERWALTUNG UND PRESSE

nachdrücklich wahrnehmen zu können (z.B. Reinhaltung und Erhaltung der Gewässer, Pacht oder Kauf von Fischwassern, Interessenvertretung gegenüber dem Staat und den Parlamenten, bei Behörden und anderen Institutionen, Rechtsschutz bei Unfall-, Haftpflicht- und Abwasserschäden, sowie kostenlose fischereiliche Unterstützung und Beratung).

❓ Kann alle diese Ziele bereits ein örtlicher Fischereiverein vertreten?
Nein, ein Fischereiverein kann seine Interessen nur örtlich, aber nicht übergebietlich vertreten.

❓ Welche Organisationen stehen dem Fischer zur Verfügung?
1. Als unmittelbares Mitglied: der Fischereiverein oder die Hegegenossenschaft, bei Einzelmitgliedschaft nach Organisationsstruktur, die in den einzelnen Bundesländern verschieden ist, der Bezirksverband, der Landesverband und der Verband Deutscher Sportfischer (VDSF) e.V.
2. als mittelbares Mitglied: die Bezirks-, Landes- und Bundesverbände. In der Regel führt die Verbindung eines organisierten Fischers über den örtlichen Verein oder über einen Bezirks- oder Landesverband nicht hinaus. Seine Rechte werden dort wahrgenommen, wo er als unmittelbares Mitglied geführt wird.

❓ Wie heißt die Dachorganisation der gesamten deutschen Fischerei?
Deutscher Fischerei-Verband e.V., Union der Berufs- und Sportfischer (kurz DFV genannt), der föderalistisch aufgebaut ist.

❓ Was versteht man unter föderalistischem Aufbau einer Organisation?
Die Fischereiorganisationen sind föderalistisch aufgebaut, d. h. sie bestehen aus eigenständigen Vereinigungen, die sich nach demokratischen Regeln freiwillig zur Bewältigung gemeinsamer Anliegen in Dachorganisationen zusammengeschlossen haben.

❓ Wie gliedert sich der Deutsche Fischerei-Verband e. V?
Ordentliche Mitglieder im DFV sind
1. die Organisationen der drei Sparten der deutschen Fischerei:
   a) der Verband Deutscher Sportfischer (VDSF) e.V. als Vertreter der Angelfischer,
   b) der Verband der Deutschen Binnenfischer (VDBi) e.V. als Vertreter der Bach-, Fluss- und Seenfischer, Forellenzüchter und Karpfenteichwirte und

c) der Verband der deutschen Kutter- und Küstenfischer e.V. als Vertreter der Meeresfischerei sowie
2. die Arbeitsgemeinschaft der Deutschen Fischereiverwaltungsbeamten und Fischereiwissenschaftler.

Welche Dachorganisation ist für den Angelfischer von besonderer Bedeutung, und wie ist sie gegliedert?

Der Verband Deutscher Sportfischer (VDSF) e.V.
Mitglieder des VDSF können sein:
1. Landesverbände (nur Angelfischer als Mitglieder),
2. die Angelfischerverbände und Landesfischereiverbände, die Unionsverbände von Berufs- und Angelfischer sind,
3. Angelfischergruppen, deren Organisationsbereiche ein Bundesland, das Land Berlin oder Teile davon sind, und
4. Einzelmitglieder (Einzelpersonen und Vereine, soweit kein Landesverband besteht, der Mitglied des VDSF ist, sonst nur mit Zustimmung des zuständigen Landesverbandes).

Besteht zwischen der Dachorganisation der Angelfischer (VDSF) und den Vereinen in den Ländern eine Verbindung?

Ja, über die zuständigen Landesorganisationen, besonders auf den Gebieten des Turnierwesens (Castingsport), der Angelfischerjugend, die sich selbstständig führt und verwaltet, und der Angelfischerprüfung (außer mit Ländern, in denen aufgrund einer staatlichen Angelfischerprüfung durch Gesetz eine andere Regelung getroffen ist), außerdem über die Fischerei- und Wasserrechtskommission.

Gibt es Landesverbände und Vereine, die in keinem Dachverband organisiert sind?

Ja, es gibt Landesorganisationen und Vereine, die sich nicht der Bundesorganisation, dem Deutschen Fischerei-Verband, oder einem Landes- oder Bezirksverband angeschlossen haben.

8.3 Vereinsrecht

Welche Arten von Vereinen unterscheidet man juristisch?

a) den eingetragenen (rechtsfähigen) Verein (e.V),
b) den nicht eingetragenen (nicht rechtsfähigen) Verein.

8. ORGANISATION, VERWALTUNG UND PRESSE

❓ Wie viele Mitglieder sind zur Gründung eines Vereins nötig?
Mindestens sieben volljährige Personen.

❓ Wann erlischt die Rechtsfähigkeit eines Vereins?
Sobald die Mitgliederzahl weniger als drei beträgt.

❓ Wie unterscheidet sich der eingetragene Verein vom nicht eingetragenen Verein?
Der Verein wird durch Eintragen in das Vereinsregister rechtsfähig (also juristische Person). Das Vermögen des Vorsitzenden oder der Vorstandschaft sowie der Mitglieder kann nicht zur Deckung von Vereinsverpflichtungen herangezogen werden, während beim nicht eingetragenen Verein sowohl die Vorstandschaft als auch die Einzelmitglieder grundsätzlich persönlich für alle Verpflichtungen haften.

❓ Was ist notwendig, damit ein Verein eingetragen werden kann?
Die schriftliche Anmeldung beim zuständigen Amtsgericht (Registergericht) durch sämtliche vertretungsberechtigte Mitglieder des Vorstandes. Diese hat die Anschriften des Vereins und der Vorstandsmitglieder zu enthalten. Unterschriften müssen notariell beglaubigt sein. Der Anmeldung sind beizufügen: eine Abschrift des Protokolls über die Bestellung des Vorstandes (Gründungsprotokoll oder Protokoll über die letzte Vorstandswahl), Urschrift der Satzung, versehen mit dem Tag der Errichtung und mindestens sieben Unterschriften von Mitgliedern sowie eine Abschrift der Satzung mit dem Tag der Errichtung und den Namen der Mitglieder, die auf der Satzungsurschrift unterzeichnet haben.

❓ Hat auch der bereits eingetragene Verein beim Registergericht Anmeldungen durchzuführen?
Ja. Der bereits eingetragene Verein hat dem Registergericht unverzüglich folgende Tatsachen schriftlich mit notarieller Beglaubigung der Unterschriften der vertretungsberechtigten Vorstandsmitglieder anzumelden: Wahl von vertretungsberechtigten Vorstandsmitgliedern, Änderungen und Neufassung der Satzung, Auflösung des Vereins und Bestellung der Liquidatoren. Dabei ist die Abschrift des Versammlungsprotokolls, bei Satzungsänderungen auch die Urschrift des Protokolls (jeweils zumindest im Auszug) vorzulegen. Satzungsänderungen werden erst nach Eintragung ins Vereinsregister wirksam.

❓ Was ist die wichtigste Grundlage eines Vereins?
Die Satzung.

8.3 VEREINSRECHT

❓ Was bedeutet die Vereinssatzung?
Die Satzung ist die Verfassung des Vereins. Jeder Verein hat das Recht und die Pflicht, seine internen Angelegenheiten selbst zu ordnen.

❓ Was muss die Satzung vor allem enthalten?
Die Satzung muss den Namen, den Sitz und den Zweck des Vereins enthalten und zum Ausdruck bringen, dass der Verein im Vereinsregister eingetragen werden soll oder ist. Sie muss Bestimmungen enthalten über die Form des Eintritts und Austritts der Mitglieder, die Beitragsregelung, Zusammensetzung des Vorstandes, die Voraussetzung und Form der Einberufung der Mitgliederversammlung und die Beurkundung der Versammlungsbeschlüsse.

❓ Welche Rechte stehen den Mitgliedern zu?
Außer den in den Satzungen festgelegten Sonderrechten in der Hauptsache das Recht auf Förderung und Unterstützung durch die Organisation und das Stimmrecht bei allen Versammlungen.

❓ Welche Pflichten hat das Mitglied zu erfüllen?
Durch seinen Beitritt in den Verein erkennt es die Satzung an und hat die in dieser verankerten Pflichten voll und ganz zu erfüllen, insbesondere Beschlüsse und Anordnungen zu befolgen, tatkräftig die Bestrebungen der Organisation zu unterstützen und pünktlich seine Beiträge zu leisten.

❓ Welche Organe hat in der Regel ein Verein?
Ein Verein hat in der Regel drei Organe:
1. die Mitgliederversammlung,
2. den Beirat,
3. den Vorstand.

Dabei sind die Mitgliederversammlung und der Vorstand gesetzlich vorgeschrieben.

❓ Wo sind die Aufgabenbereiche der Einzelnen Organe festgelegt?
In der Satzung.

❓ Welche Bedeutung hat die Mitgliederversammlung?
Die Mitgliederversammlung ist das höchste Organ des Vereins. Ihr obliegt es, die Angelegenheiten des Vereins, soweit sie nicht vom Vorstand oder einem anderen Vereinsorgan zu besorgen sind, durch Beschlussfassung zu ordnen.

8. ORGANISATION, VERWALTUNG UND PRESSE

Dabei sind ihre wichtigsten Rechte und Aufgaben:
- Wahl des Vorstandes,
- Erteilung der Entlastung für den Vorstand und ggf. den Beirat,
- Genehmigung und Änderung der Satzung und
- Auflösen des Vereins.

Dazu können noch weitere Aufgaben durch die Satzung bestimmt werden (z.B. Entgegennahme des Geschäftsberichtes und Rechnungsabschlusses, Festsetzung der Beiträge u.a.).

❓ Muss ein Verein einen Vorstand haben, und welche Bedeutung besitzt er?

Der Verein muss einen Vorstand haben, der aus mehreren Personen bestehen kann. Dieser vertritt den Verein gerichtlich und außergerichtlich, – er hat die Stellung eines gesetzlichen Vertreters (§ 26 BGB).

❓ Welche Aufgabe haben die einzelnen Vorstandsmitglieder?

1. **Der Vorsitzende und seine Stellvertreter:** Sie sind die gesetzlichen Vertreter nach § 26 BGB. Ihnen obliegt die Führung des Vereins, die Leitung der Geschäfte, die Ausführung der Vereinsbeschlüsse und die Verwaltung des Vereinsvermögens. In der Regel ist im Innenverhältnis die Vertretungsbefugnis der Stellvertreter auf den Verhinderungsfall des Vorsitzenden beschränkt.
2. **Der Kassier (Schatzmeister):** Er verwaltet die Vereinskasse, ist für ordnungsgemäße Führung der Bücher verantwortlich und hat der Hauptversammlung einen Rechenschaftsbericht zu erstatten.
3. **Der Schriftführer:** Ihm obliegt die Anfertigung der Versammlungsprotokolle, insbesondere die Festlegung der gefassten Beschlüsse sowie die Erledigung der anfallenden Post im Einvernehmen mit bzw. nach Angabe des Vorstandes. Bei Vorhandensein einer Vereinsbücherei hat er im Regelfalle diese ordnungsgemäß zu verwalten.
4. **Der Gewässerwart:** Er überwacht die Vereinsgewässer und ist für deren richtige Bewirtschaftung verantwortlich.
5. **Der Sportwart:** Er übernimmt die sportliche (z.B. Casting) und waidgerechte Ausbildung der Vereinsmitglieder sowie die theoretische und praktische Schulung der Anfänger. Er organisiert und leitet die sportlichen und angelfischereilichen Veranstaltungen.
6. **Der Jugendleiter:** Er betreut die Jugendlichen des Vereins im jugendpflegerischen Sinne, übernimmt deren Erziehung und Ausbildung zu waidgerechten Fischern sowie deren staatsbürgerliche Schulung nach den Richtlinien der Landes- und Bundesjugendleitungen.

7. Der Referent für Öffentlichkeitsarbeit: Seine Aufgabe ist die Aufklärung und Information der Vereinsmitglieder bzw. der nach- sowie der übergeordneten Organisationsstufen, die Herstellung und Pflege des Kontaktes zur Öffentlichkeit und zu den Medien.

Ein Verein kann sich in Rechtsangelegenheiten zur Beratung und deren Bearbeitung eines **Justitiars** bedienen. Dieser kann gewählt oder bestellt werden als Mitglied des Vorstandes mit Stimmrecht oder aber auch ohne Stimmrecht.

Ist von einem Verein ein **Geschäftsführer** gewählt oder bestellt, so können diesem einzelne Aufgaben der Vorstandsmitglieder übertragen werden. Er hat in der Regel gegenüber dem Vorstand zusätzlich eine beratende Funktion ohne Stimmrecht in den Organen.

Welche Funktion hat der Beirat?

Ein Beirat ist, im Gegensatz zur Mitgliederversammlung und dem Vorstand, gesetzlich nicht vorgeschrieben. Fast alle Vereine machen aber von diesem Organ Gebrauch. Der Beirat ist nämlich eine Unterstützung des Vorstandes, stärkt den Kontakt zu den Mitgliedern und fördert deren Mitspracherecht.

Der Beirat kann z.B. auch Hauptausschuss, Vereins- oder Verbandsausschuss, Verwaltungsrat, erweiterter Vorstand, Vorstandschaft, Gesamtvorstand, Aufsichtsrat u. dgl. genannt werden, wobei der Name nebensächlich ist.

Die Zusammensetzung des Beirats und seine Aufgaben müssen in der Satzung festgelegt sein und sich vom Vorstand streng unterscheiden. In der Regel berät er den Vorstand und beschließt über Angelegenheiten, die nicht der Mitgliederversammlung vorbehalten sind oder durch den Vorstand in eigener Vollmacht wahrgenommen werden (z.B. Prüfung des Rechnungsabschlusses und Genehmigung von finanziellen Verfügungen, Beratung und Genehmigung des Haushaltsvoranschlages, Vorbereitung und Erlass von Vereinsordnungen, Bestellung von Personen für bestimmte Aufgaben, Aberkennung der Mitgliedschaft und Ausschluss von Mitgliedern usw.).

8.4 Gemeinnützigkeit von Organisationen

Was versteht man unter Gemeinnützigkeit eines Vereins?

Die Angelfischervereine sind ideelle Vereine und verfolgen nach den Satzungen die Förderung der nicht gewerblichen Fischerei zum Zwecke der körperlichen Erholung und der Erhaltung der Gesundheit ihrer

8. ORGANISATION, VERWALTUNG UND PRESSE

Mitglieder. Ihre Tätigkeit beruht im Wesentlichen auf der einheitlichen Ausrichtung und Vertretung der Mitgliederinteressen (Schaffung, Erhaltung und Ausbau geeigneter Gelegenheiten zur Ausübung des waidgerechten Fischens, Hege und Pflege des Fischbestandes in den Gewässern in Verbindung mit Maßnahmen zum Schutz und der Reinhaltung dieser Gewässer, die Erziehung und Ausbildung der Mitglieder durch Vorträge und dgl.). Sie dienen der Erhaltung der Volksgesundheit durch ihren Einsatz im Rahmen der Gewässerpflege und des Gewässerschutzes sowie dem öffentlichen Interesse durch ihre Mitarbeit in den Bereichen des Umwelt-, Landschafts-, Natur- und Tierschutzes sowie auf den Gebieten der Jugend- und Heimatpflege. Diese Satzungszwecke dienen der Allgemeinheit zum Besten und sind deshalb als gemeinnützig anzusehen.

❓ Welche Bedingungen sind zur Erreichung der Gemeinnützigkeit eines Vereins erforderlich?

Die steuerliche Anerkennung der Gemeinnützigkeit setzt nicht nur voraus, dass der Verein gemeinnützige Zwecke verfolgt und seine Geschäftsführung darauf ausgerichtet hat, sondern er muss dies auch in seiner Satzung festlegen. Diese muss daher vor allem enthalten:
1. dass der Verein ausschließlich und unmittelbar gemeinnützige Zwecke verfolgt, wobei diese im Einzelnen aufzuführen sind;
2. dass er keine Gewinne anstrebt und dass etwaige Gewinne nur für satzungsmäßige Zwecke verwendet werden sowie, dass die Mitglieder keine Gewinnanteile oder sonstige Zuwendungen aus Mitteln des Vereins erhalten;
3. dass der Verein keine Person durch Verwaltungsausgaben, die dem Zweck des Vereins fremd sind, oder durch unverhältnismäßig hohe Vergütungen begünstigt;
4. dass bei der Auflösung oder Aufhebung des Vereins oder bei Wegfall seines bisherigen Zwecks das Vermögen nur für steuerbegünstigte Zwecke verwendet werden darf.

❓ Was darf eine Satzung im Sinne der Abgabenordnung nicht enthalten?

Im Satzungszweck darf weder eine Förderung der Geselligkeit, Kameradschaft noch die Verwendung von Mitteln für diesen Zweck enthalten sein. Derartige Zwecke dienen nicht der Allgemeinheit und sind deshalb steuerschädlich.

Es darf eine Mitgliedersperre weder beschlossen noch in den Satzungen enthalten sein, da nur solche Zwecke gemeinnützig sind, durch deren Erfüllung ausschließlich und unmittelbar die Allgemeinheit gefördert wird. Ein Verein mit geschlossener Mitgliederzahl gilt dabei nicht als Allgemeinheit, so dass ein Verein mit einer Mitgliedersperre unbeschränkt körperschaftssteuerpflichtig ist. Ebenso muss die Mitgliedschaft für einen Großteil der Bevölkerung finanziell erschwinglich sein. Maßstab ist hier vor allem die Höhe der Aufnahmegebühr und der Beiträge.

> **Ist ein Verein, der obige Punkte beachtet, an sich schon gemeinnützig?**

Nein – die Anerkennung der Gemeinnützigkeit muss durch den einzelnen Verein bei dem zuständigen Finanzamt unter Vorlage der Satzung, der etwaigen Geschäftsanweisungen, der Geschäftsberichte und der ordnungsmäßigen Aufzeichnungen über die Vereinseinnahmen und -ausgaben beantragt werden. Es wird dabei überprüft, ob die tatsächliche Geschäftsführung und Kassenführung eines Vereins mit den Satzungsbestimmungen hinsichtlich Gemeinnützigkeit in Einklang steht. Die Überprüfung erfolgt regelmäßig in Zeitabständen von drei Jahren durch Übersendung von Steuererklärungsvordrucken.

> **Hat die Anerkennung der Gemeinnützigkeit für einen Verein besondere Bedeutung?**

Die Anerkennung der Gemeinnützigkeit ist für einen Verein von erheblicher Bedeutung, da damit eine wesentliche Steuerbegünstigung und -befreiung verbunden ist. Auch ist sie Voraussetzung für die Anerkennung nach § 29 Bundesnaturschutzgesetz.

8.5 Fischereiorganisationen im Natur- und Umweltschutz

> **Ist ein Fischereiverein von sich aus schon eine Organisation des Natur- und Umweltschutzes?**

Nein – er muss erst gem. § 29 Bundesnaturschutzgesetz in Verbindung mit dem entsprechenden Artikel des Naturschutzgesetzes des Landes, in dem er seinen Sitz hat, anerkannt sein.

> **Wann kann eine Anerkennung erfolgen?**

Die Anerkennung wird auf Antrag erteilt, wenn der Verein rechtsfähig (e.V.) ist und:
1. nach seiner Satzung ideell und nicht nur vorübergehend die Ziele von Naturschutz und Landschaftspflege vorwiegend fördert,

2. nach seiner Satzung einen Tätigkeitsbereich hat, der mindestens das Gebiet eines Bundeslandes umfasst,
3. die Gewähr für sachgerechte Aufgabenerfüllung bietet; dabei sind Art und Umfang seiner bisherigen Tätigkeit, der Mitgliederkreis sowie die Leistungsfähigkeit des Vereins zu berücksichtigen,
4. wegen Verfolgung gemeinnütziger Zwecke von der Körperschaftssteuer befreit ist,
5. den Eintritt jedermann ermöglicht, der die Ziele des Vereins unterstützt.

Wie erfolgt die Anerkennung?

Die Anerkennung wird nach Antrag und Überprüfung der Voraussetzungen von der nach dem Landesrecht zuständigen Behörde (in der Regel: Oberste Naturschutzbehörde – zuständiges Ministerium) für den satzungsgemäßen Aufgabenbereich ausgesprochen, auf Bundesebene durch das Bundesministerium für Ernährung, Landwirtschaft und Forsten.

Wozu berechtigt die Anerkennung?

Sie berechtigt zur Mitwirkung des Vereins (Verbandes) durch Gelegenheit zur Äußerung sowie zur Einsicht in die einschlägigen Sachverständigengutachten

1. bei der Vorbereitung von Verordnungen und anderen Rechtsvorschriften der für Naturschutz und Landschaftspflege zuständigen Behörden,
2. bei der Vorbereitung von Programmen und Plänen zur Landschaftsplanung,
3. vor Befreiung von Verboten und Geboten, die zum Schutz von Naturschutzgebieten und Nationalparken erlassen sind,
4. in Planfeststellungsverfahren über Vorhaben, die mit Eingriffen in Natur und Landschaft verbunden sind.

Wo liegt das Hauptaufgabengebiet der Fischereiorganisationen im Rahmen des Natur- und Landschaftsschutzes?

Beim Fischerei-, Gewässer- und Biotopschutz, vor allem

1. durch aktive Mitarbeit in allen Umwelt-, Gewässer-, Landschafts-, Natur-, Jagd- und Tierschutzfragen sowie durch Zusammenarbeit mit den entsprechenden Vertretungen und Organisationen,
2. durch Hege und Pflege der Fischbestände durch ordnungsgemäßes Besetzen und Befischen der Gewässer unter Berücksichtigung eines Artenschutzprogrammes,

3. durch Erhaltung und Pflege der anderen in und am Wasser vorkommenden Tierarten und Pflanzen und durch Erhalten und Wiederherstellen dafür geeigneter Biotope.

Zweck ist der Schutz und die Pflege der Natur, insbesondere die Erhaltung der Gewässer in ihrem natürlichen, Zustand und ihrer Ursprünglichkeit mit ihrem Fischbestand zum Wohle der Allgemeinheit und damit auch zur Förderung der Volksgesundheit.

? Durch welche Einrichtungen werden in den Organisationen der Fischerei besonders diese Aufgaben initiiert und deren Erfüllung gefördert?

Bei den Dachorganisationen auf Bundesebene durch die Fischerei- und Wasserrechtskommission der Spitzenverbände der deutschen Fischerei, bei den Landesverbänden durch Ausschüsse und Kommissionen (z.B. in Bayern durch den Ausschuss für Fischerei- und Gewässerschutz) sowie durch Beauftragung von Fachkräften und einschlägigen Institutionen mit Forschungs- und anderen diesen Zwecken dienenden Aufgaben.

? Wer ist für die Gesetzgebung in der Binnenfischerei zuständig?
Die Bundesländer.

8.6 Fischereiverwaltung

? Was sind die obersten Behörden der Fischereiverwaltung?

1. Bei der Bundesregierung:
   das Bundesministerium für Ernährung, Landwirtschaft und Forsten,

2. In den Bundesländern:

Baden-Württemberg: das Ministerium für Ländlichen Raum, Landwirtschaft und Forsten,

Bayern, Brandenburg, Niedersachsen, Schleswig-Holstein, Sachsen-Anhalt: jeweils das Ministerium für Ernährung, Landwirtschaft und Forsten,

Berlin: die für das Fischereiwesen zuständige Senatsverwaltung,

Bremen: der Senator für Wirtschaft, Technologie und Außenhandel,

Hamburg: das Amt für Landwirtschaft – Abteilung Land- und Ernährungswirtschaft,

Hessen: das Ministerium für Landwirtschaft, Forsten und Naturschutz,

Mecklenburg-Vorpommern: der Landwirtschaftsminister,

8. ORGANISATION, VERWALTUNG UND PRESSE

Nordrhein-Westfalen: das Ministerium für Umwelt, Raumordnung und Landwirtschaft,
Rheinland-Pfalz: das Ministerium für Landwirtschaft, Weinbau und Forsten,
Saarland: der Minister für Wirtschaft, Verkehr und Landwirtschaft,
Sachsen: das Ministerium für Landwirtschaft, Ernährung und Forsten,
Schleswig-Holstein: die Ministerin oder der Minister für Ernährung, Landwirtschaft, Forsten und Fischerei,
Thüringen: das Ministerium für Landwirtschaft und Forsten.

❓ Gibt es noch weitere Verwaltungs- oder Beratungsbehörden bzw. -stellen für die Fischerei?

Ja, die verschiedenen Fischerei-Beiräte. Während die Landesfischereibeiräte in der Regel die Aufgabe haben, die Ministerien bzw. die obersten Fischereibehörden beratend zu unterstützen, stehen die Fischereiberater und -Fachberater den Fischereibehörden, unteren Fischereibehörden und regionalen Vereinen und Verbänden zur Seite. Folgende Auflistung zeigt, wie die Fischereibeiräte in den Fischereigesetzen der Einzelnen Bundesländer aufgeführt sind:

Baden-Württemberg: Landesfischereibeirat und Fischereibeiräte,
Bayern: Fischereifachberater bei den Bezirksregierungen,
Berlin: Landesfischereibeirat für die zuständige Senatsverwaltung,
Brandenburg: Landesfischereibeirat und regionale Fischereiberater,
Bremen: Beamte der Fischereibehörden,
Hamburg: Beamte der Fischereibehörden,
Hessen: Landesfischereibeirat und Fischereibeiräte,
Mecklenburg-Vorpommern: Fischereibehörden,
Niedersachsen: Fischereikundlicher Dienst und die Fischereireferenten der Landwirtschaftskammern,
Nordrhein-Westfalen: Beirat für das Fischereiwesen (für das Ministerium) und Fischereiberater für die Kreisverwaltungsbehörden,
Rheinland-Pfalz: Landesfischereibeirat und Bezirksfischereibeiräte,
Saarland: Landesfischereibeirat und Fischereiberater,
Sachsen: Landesfischereibeirat,
Sachsen-Anhalt: Fischereibeirat und Fischereiberater,
Schleswig-Holstein: Fischereireferenten der Landwirtschaftskammer,
Thüringen: Landesfischereibeirat und Fischereiberater.

8.7 Fachpresse

Zur eigenen Information und Fortbildung sowie zur Publikation und Vertretung der Interessen der Fischerei in der Öffentlichkeit dient die Fachpresse.

Die in der Bundesrepublik Deutschland erscheinenden Fischereizeitschriften werden von privaten Verlagen und von den Fischereiorganisationen herausgegeben. Während die Zeitschriften der Privatverleger redaktionell ausschließlich auf ihre Wirksamkeit bei der breiten Masse aus Gründen der Rentabilität abgestellt sind, haben die Publikationen der Organisationen zusätzlich die Verpflichtung, ihre Mitglieder zu bilden und zu beraten sowie sie über alle Probleme der Fischerei und die Tätigkeit ihrer Organisationen zu informieren und deren Interessen zu vertreten.

> **Aus welchen Gründen ist die Haltung einer Fischereizeitschrift erforderlich?**

Die Fachzeitschrift orientiert über alle Zeitfragen der Fischerei, dient der Ausbildung und Beratung durch Wissenschaft und Praxis, hält den Fischer auf dem Laufenden über alle Neuerungen der Geräte, der Fischereitechnik und gesetzliche Änderungen, dient zum Meinungsaustausch über wichtige fischereiliche Fragen sowie der Information über Veranstaltungen und neue rechts- und verwaltungstechnische Bestimmungen.

Eine Hauptaufgabe der Fachpresse besteht vor allem aber auch darin, stets über Missstände, aber auch über Fortschritte auf dem Gebiete des Gewässer- und Umweltschutzes und deren Bedeutung für die Fischerei und das Allgemeinwohl zu unterrichten, im Sinne des Gewässer-, Tier-, Natur- und Umweltschutzes aufklärend tätig zu sein und sich für diese Belange einzusetzen.

9 Angelfischen in Küstengewässern

9.1 Die fischereirechtlichen Verhältnisse

Küstengewässer sind die innerhalb der Hoheitslinie (3 Seemeilen von der Küste bzw. von den Basislinien entfernt) vor der deutschen Küste liegenden Teile von Nord- und Ostsee einschließlich der offenen Buchten und einiger im Preußischen Fischereigesetz genau bezeichneter Strecken in bestimmten Flussmündungen.
Die deutsche Staatshoheit hört mit Ausnahme der polizeilichen Nacheile an der Hoheitslinie auf.
Die Vorschriften von Fischereigesetz und Fischereiordnung erstrecken sich daher nur auf die Küstengewässer. Weitere Rechtsvorschriften für die Fischerei auf der freien See können aufgrund internationaler Vereinbarungen erlassen werden.
Die Bundesländer **Bremen** (Nordsee), **Hamburg** (Elbe), **Mecklenburg-Vorpommern** (Ostsee), **Niedersachsen** (Nordsee, Elbe), **Schleswig-Holstein** (Elbe, Nordsee, Ostsee) haben Küstengewässer. Seit 1968 stehen alle bisher eigentumsfreien Küstengewässer im Eigentum der Bundesrepublik.
Das Fischereirecht in Küstengewässern steht grundsätzlich dem Eigentümer zu; jedoch zeigt sich am Beispiel von Schlei und Untertrave einschließlich Travemünder Reede, dass sich das Fischereirecht auch vom Eigentum trennen konnte. In den bislang nicht im Eigentum stehenden Küstengewässern hatte jeder Deutsche freien Fischfang. Daran hat sich auch durch den 1968 erfolgten Übergang des Eigentums an diesen Küstengewässern auf den Bund nichts geändert, da dieser das Recht des freien Fischfanges nicht angetastet hat.
Es gibt außerdem im Eigentum stehende Küstengewässer, an denen der Eigentümer bzw. der Fischereiberechtigte schon von jeher den freien Fischfang gestattet hat (z.B. Unterelbe).
Neben den sich aus der Deutschen Fischereigesetzgebung ergebenden

Vorschriften gelten noch verschiedene auf internationalen Vereinbarungen beruhende Bestimmungen, die durch dazu erlassene deutsche Gesetze deutsches Recht geworden sind und deren Beachtung von Aufsichtsorganen der Küstenländer überwacht wird.

Wichtig sind für die Angelfischerei
a) Nordostatlantische Konvention (Nordsee bis Beltgewässer des Kattegat). Festsetzung von Mindestmaßen und Maschenweiten für bestimmte Fischarten.
b) Übereinkommen zwischen den Ostseeanliegerländern über den Schutz des Lachsfanges in der Ostsee.
Festsetzung eines Mindestmaßes von 60 cm.
Die Spannweite der Angelhaken an Angelleinen zum Lachsfang muss mindestens 19 mm betragen.
c) Abkommen mit Dänemark über die gemeinsame Fischerei in der Flensburger Innenförde. Von der schlesw.-holst. Fischereiordnung abweichende Bestimmungen; zum Teil Bestimmungen von Dänemark übernommen.

Küstengewässer sind offene Gewässer, da alle Küstengewässer miteinander in Verbindung stehen.

Da der freie Fischfang aufgrund einer in § 6 des Preußischen Fischereigesetzes verankerten Ermächtigung an alle Deutschen ausgeübt wird, haben diese bereits die dingliche Befugnis zum Fischen; diese Befugnis braucht daher von ihnen weder durch Pachtvertrag noch durch Erlaubnisschein erworben zu werden. Das Erfordernis des Fischereischeins wird hierdurch aber nicht aufgehoben.

Da nur »jeder Deutsche« zum freien Fischfang ermächtigt ist, bedarf ein Ausländer neben dem Ausländerfischereischein der besonderen dinglichen Erlaubnis der für jedes Küstenland zuständigen obersten Landesbehörde.

Ein zum Angeln in Küstengewässern benutztes Fahrzeug benötigt kein besonderes Kennzeichen. Nur solche Fahrzeuge müssen im Fahrzeugregister der Fischereibehörde eingetragen werden, welche Fischfang mit anderen Geräten als Handangeln betreiben.

Fanggeräte, die in Küstengewässern auslegen, müssen mit bestimmten in der Fischereiordnung vorgeschriebenen Kennzeichen versehen sein. Die Lage der Fanggeräte muss deutlich erkennbar sein. Angelfischer müssen beim Ankern und beim Gebrauch von Schleppangeln, aber auch beim Blinkern und Pilken besondere Vorsicht an diesen Plätzen walten lassen.

Oberster Grundsatz: Dem fremden Fischer keinen Schaden zufügen.

9. ANGELFISCHEN IN KÜSTENGEWÄSSERN

In leichten Fällen Angel oder Blinker abschneiden. Wird ein eingetretener Schaden festgestellt oder auch nur vermutet, sollten Sie den Fischer oder die Fischereibehörde (Fischmeister, Wasserschutzpolizei) benachrichtigen.

Muss das Gerät zwangsläufig gelüftet werden (z.b. beim Aufankern), kommt Mitnahme und Ablieferung beim Eigner oder bei der zuständigen Behörde in Betracht. Auf keinen Fall die Verursachung eines Schadens verschweigen, da ein solches Verhalten von dem Betroffenen meistens der gesamten Angelfischerei zur Last gelegt wird.

In Ostseeküstengewässern gibt es Schonbezirke.

Die wichtigsten Wirtschaftsfische haben **Mindestmaße**, die in Nord- und Ostsee voneinander verschieden sein können.

Die Küstenländer haben für ihre Territorien zum Teil abweichende Bestimmungen erlassen. (Erkundigung beim zuständigen Fischereiaufsichtsbeamten oder beim Fischereiamt einholen.)

In der Ostsee haben die weiblichen Schollen und Flundern während der Laichzeit eine mehrmonatige **Schonzeit** (1.02.–30.4.).

Untermaßige Fische, soweit sie leben, sind unverzüglich zurückzusetzen. Tote untermaßige Fische dürfen im Ostseebereich bis zu einer Menge von 1 kg je Angler und je Tag der Fangfahrt behalten und im eigenen Haushalt verwertet werden. Im Nordseegebiet, also im Bereich der Nordatlantischen Konvention, gilt diese Erlaubnis nur für die nicht im Kodex der »geschützten« Fische aufgeführten Fischarten. »Geschützte Fische« dürfen, wenn sie untermaßig sind, weder lebend noch tot angelandet werden.

Während in Binnengewässern die Fischereibehörde von den zahlreichen örtlichen Ordnungsbehörden verkörpert und die staatliche Fischereiaufsicht von den örtlichen Polizeiorganen wahrgenommen wird (auch Wasserschutzpolizei), ist die **Fischereiaufsicht in Küstengewässern** Aufgabe besonderer staatlicher **Fischereiämter** (Bremerhaven, Hamburg, Kiel) mit ihren Außenstellen **(Fischmeisterämter)**. In der Fischereiaufsicht sind zahlreiche staatliche »Fischereifahrzeuge« eingesetzt, deren Beamte Uniform tragen. Daneben ist aber auch die Wasserschutzpolizei für die Fischereiaufsicht zuständig.

Bei Anruf oder Licht- bzw. Schallsignal »lang-kurz« (-.) oder sonstigen Zeichen von Beamten der Fischereiaufsicht hat auch der Angler anzuhalten, das Anbordkommen der Beamten zu gestatten und auf Verlangen die erforderlichen Papiere vorzuzeigen. Die Besichtigung von Fang und Fanggeräten muss gestattet werden.

9.2 Fische an der Küste und ihr Fang

Die küstennahen Teile der Nord- und Ostsee bieten mit ihren ausgedehnten Flächen, die über die Hoheitsgrenzen hinausreichen, gute Möglichkeiten zum Angeln. Sie weisen im Vergleich zum eigentlichen Meer geringe Tiefen auf, werden von verschiedenen Meeresfischarten zu bestimmten Zeiten aufgesucht und sind besonders in der Ostsee von manchen Fischarten bevölkert, die uns aus dem Süßwasser bekannt sind.

Der Fang am festen Ufer (Molenköpfe), das Waten beim Brandungsangeln und das Fischen vom Boot stellen recht unterschiedliche Anforderungen an den Angler und seine Geräte. Beim Angeln vom Boot erschwert die Weite der See das Auffinden geeigneter Fangplätze. Neben einer Kenntnis der auftretenden Fischarten und ihrer Verhaltensweisen ist hier ein Verständnis und ein Erkunden der jeweils vorliegenden örtlichen Verhältnisse, der Tiefe, Strömung, Bodenbeschaffenheit, Pflanzenbestände und der sich daraus ergebenden Lebensgemeinschaften besonders erforderlich. Eine solche vielseitige Orientierung hat der endgültigen Wahl des Fangplatzes stets vorauszugehen. Sonst wird der Angler wenig Erfolg haben.

Denn das Meer oder die See ist keine gleichmäßige Wassermenge und niemals in Ruhe. Waagrechte und senkrechte Wasserbewegungen, Strömungen und Wasserverschiebungen unterschiedlicher Art und Herkunft lösen Gegenströme an der Oberfläche oder in der Tiefe aus. (Bsp. Wind- und Tiefenströmung laufen meist in entgegengesetzter Richtung.) Windwellen (Seegang) sind für uns sichtbar, aber von geringer Bedeutung. Wichtiger sind dauernde Strömungen, Küsten- und Auftriebsströme, Driften mit Kursablenkungen und Bootsversetzungen, ferner die Gezeiten- und die Gefällströmungen durch Druckunterschiede verschiedenartiger Wasserschichtungen.

Das Wasser der Nordsee, die ein Randmeer des Ozeans ist, hat einen höheren Salzgehalt (35‰), und ist schwerer als das Süßwasser, warmes Salzwasser wiederum leichter als kaltes. Gefrierpunkt bei -1,9 °C. Die Ostsee ist ein Binnenmeer mit vielen Süßwassereinströmungen. Der Salzgehalt ist wesentlich geringer (1–27‰), daher hier noch zahlreiche Süßwasserfischarten.

Zonen mit unterschiedlichen Temperaturen und Salzgehalt führen ebenfalls zu horizontalen Schichtungen und Sprungschichten, an denen sich Planktonnahrung ansammelt, Fische bevorzugt ziehen und mitunter ablaichen.

Die Nordsee weist weitere regelmäßige Wasserbewegungen auf: die **Gezeiten**. Der Meeresspiegel hebt und senkt sich periodisch durch die

9. ANGELFISCHEN IN KÜSTENGEWÄSSERN

Anziehungskräfte von Mond (stärker) und Sonne, was an der Küste als waagrechte Wasserströmung wirksam wird. Die **Tiden** umfassen einen zweimaligen Ebbe- und Flutstrom innerhalb von 24 Stunden und 50 Minuten, mit entsprechendem Kentern (Umkehr) der Strömung mit Geschwindigkeiten bis 30 cm/Sek. Wenn Mond und Sonne bei entsprechender Stellung gleich gerichtet einwirken, kann es zur Springflut kommen. Bei Halbmond meist geringste Flut, Aale und Plattfische gehen mit diesen Strömungen. In der Ostsee sind die Gezeiten kaum spürbar.

Alle diese Wasserbewegungen regeln das Verhalten der Fische und die Fangmöglichkeiten.

Niedrige Wasserführung eines Flusses bedeutet Vordringen des Salzwassers und damit auch der Meeresfische.

Die Art des Untergrundes, ob Fels, Stein, Sand oder Schlick, bedingt das Vorkommen bestimmter Fischarten, besonders der Bodenfische; ebenso die Unterwasserpflanzenbestände und Bestände der Tangwiesen. Die Nahrungsketten sind ähnlich wie im Süßwasser. Die Großräumigkeit mit ihrer äußerlich scheinbaren Gleichmäßigkeit erschwert die Orientierung. Wenn keine Kenntnisse der örtlichen Verhältnisse vorliegen, sollte man entweder einen kundigen Führer gewinnen oder wenigstens durch Lotungen die Tiefen erkunden. Fettet man die untere Fläche des Lotbleis ein, dann kann man nach der Größe der Abdrücke oder nach den Anhaftungen die Bodenart feststellen. Eine Orientierung über die Strömungen ist ebenso notwendig, nicht zuletzt für den Wurf. Die meisten Küstenfische treten in Schwärmen auf, nicht nur zur Laichwanderung, auch aus einem gewissen Schutzbedürfnis und zur Nahrungssuche. Selbst die Raubfische jagen in Schwärmen. Springende Kleinfische, Sturzflüge von Wasservögeln kündigen Raubfischzüge an. Die Schwarmbildung erleichtert den Fang. Man muss allerdings die entsprechenden Plätze oder Züge antreffen. Die Raumorientierung ist die erste und wichtigste Voraussetzung für den Fangerfolg.

Nachstehend sollen die wichtigsten Fischarten mit ihren Kennzeichen, ihrem Verhalten und ihren Fangmöglichkeiten kurz behandelt werden.

Maifisch (Alse) *Alosa alosa, alosa* und
Finte (Eiben) *Alosa fallax*
Zwei zur Familie der Heringe gehörende, anadrom lebende Fische, seitlich zusammengedrückte Körperform mit gekielter Bauchkante und ohne sichtbare Seitenlinie. Der Maifisch (bis 70 cm lang) hat am oberen Rand des Kiemendeckels einen dunklen Fleck, manchmal einen oder zwei verwaschene dahinter. Die Finte (bis 55 cm lang) hat mehrere (4 – 8) solcher Flecken an den Körperseiten.
Beide Arten leben in den nordischen Küstengewässern und Unterläufen der Flüsse. Fang hauptsächlich mit Treibnetzen.

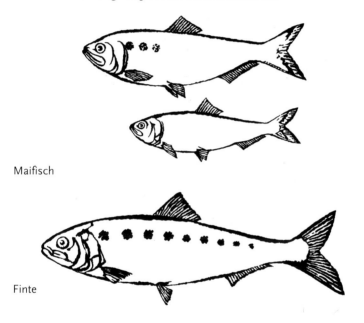

Maifisch

Finte

Makrele

Die meisten Angelfischer an der Küste stellen wohl der Makrele in ihrer allerdings beschränkten Fangzeit nach. Dieser Fisch ist ein rasanter Schwimmer und starker Kämpfer am Haken. Kenntlich an Form und Färbung: Schlank, der spitz auslaufende Schwanzstiel trägt oben und unten zusätzlich je 5 sehr kleine Flossen und endet in einer hohen Schwanzflosse. Der Rücken mit schwarzen Querbändern bis zur Sei-

9. ANGELFISCHEN IN KÜSTENGEWÄSSERN

Makrele *Scomber scombrus*

tenlinie ist im Wasser grün, nach der Landung schillernd blau gefärbt. Scharfer Stachel hinter dem After. Geruchssinn und Sehvermögen besonders entwickelt! (Möglichkeit des Anlockens zum Boot mit frischem Fischfleisch, nur frischer Köder am Haken, Meidung von Schattengebung.) Raubfisch, meist 40-50 cm lang. Nur im Sommer bis Herbst in Küstennähe. Stets in Schwärmen, ab Mai in der Nordsee, um Helgoland und vor den ost- und nordfriesischen Inseln in 15 bis 20 m Tiefe, ab Juni bis September in der Ostsee, vor den zahlreichen Förden und Buchten, in oft wechselnder Tiefe von 5–20 m.
Fang von Gemeinschaftsbooten aus. Auftreten der Schwärme nicht in allen Jahren gleich. Beste Fangplätze bei Vorkommen von Klein- und Jungfischbeständen.
Fangmethoden: In der Nordsee mit dem Pilker. Im bewegten, trüben Wasser mit Blinker und langem Gleitfloß. Schneller und kräftiger Anhieb nach dem 1. Biss erforderlich. In der Ostsee besonders im Spätsommer eignen sich kleine Fische oder ganz frische Fischstücke mit Ausnahme von Dorschteilen (Makrelenfeind) als Köder. Tage nach dunklen Nächten versprechen bessere Fänge. Kein Mindestmaß, keine Schonzeit.

Dorsch und dorschartige Fische

Stets 3 Rückenflossen mit weichen Flossenstrahlen, kehlständige Bauchflossen. 1 Bartfaden, 2 Afterflossen nacheinander.
Der **Dorsch** wird in Nordsee und Ostsee geangelt. Er ist nach dem Hering der wichtigste Wirtschaftsfisch Nordeuropas. Die größere, laichreife Form wird in der Nordsee auch Kabeljau genannt. Ausgedehnte Laichwanderungen, keine Schonzeit, Mindestmaß 30 cm.

9.2 FISCHE AN DER KÜSTE UND IHR FANG

Kabeljau (Dorsch) *Gadus morrhua*

Weiße Seitenlinie, marmoriert, Färbung nach dem Untergrund. Schnellwüchsiger Raubfisch. Bis 20 Pfund auch in der westlichen Ostsee. Bei Verfolgung von Heringsschwärmen höherstehend, sonst Nahrungssuche mehr über dem Boden nach Tobiasfischen und kleinen Wittlingen. Fang meist vom Boot aus. Auch große Dorsche in Tiefen von 5–20 m in der Ostsee. Im heißen Sommer tiefer ziehend. Auch Brandungsangeln auf kleinen Dorsch außerhalb der Laichzeit möglich. In der Nordsee im Boot weiter draußen ab einer Wassertiefe von meist 40 m. Vom Ufer aus nur auf besonderen Fangplätzen um Helgoland. Pilker ständig anheben und sinken lassen bis zur leichten Bodenberührung, um Tobiasfisch (bester Köder) vorzutäuschen. Im Boot weiter Wurf Lee (Wind weg!) Einholen dicht über dem Boden. Auf Luv (Wind drauf!) herablassen bis auf Grund, dann langsam Schnur heben, mit der Rute spielen und leicht anziehen. Der starke Biss eines großen Dorsches erweckt den Eindruck eines Hängers.

Ähnliche Fischarten

Schellfisch
Schwarze Seitenlinie, schwarzer Fleck unter erster Rückenflosse, verkümmerter Bartfaden, keine Marmorierung, Kleintierfresser, Meeresfisch, kein Angelfisch.

Wittling *Merlangius merlangus*
Deutliche Abstände zwischen den Rückenflossen, kein Bartfaden, Oberkiefer vorstehend, schwarzer Fleck hinter dem Kiemendeckel, stark schillernde Färbung, Rücken braun, Bauch silbrig, lange Afterflosse (besonders bei Männchen). After an der Bauchseite unterhalb

9. ANGELFISCHEN IN KÜSTENGEWÄSSERN

Schellfisch *Melanogrammus aeglefinus*

vor der 1. Rückenflosse, Seitenlinie gebogen. Anordnung der Rückenflossen ähnlich wie beim Köhler. Schwarmfisch, mehr Räuber als Bodentierfresser, daher höherstehend als der Dorsch, aber in der Nordsee in tieferem Wasser. In der Ostsee nur im westlichen Teil, Fang ganzjährig, besonders von April bis Dezember, auch beim Makrelenfang, Gewicht bis 1 Pfund. Mindestmaß in Nordsee und Ostsee, an der Küste Schleswig-Holsteins 23 cm, vor Niedersachsen 23 cm. Fang vom Boot aus mit feinem Geschirr (Vorfach), erst schlucken lassen.

Köhler *Pollachius virens*
Helle, gerade Seitenlinie, Rückenflossen dicht hintereinander, schwarze Mundhöhle, vorstehender Unterkiefer, kein Bartfaden. Nicht im Wattenmeer, nur in der Nordsee um Helgoland mit kleineren Exemplaren. Natürliche Fischköder. Fleisch konserviert und gefärbt als »Seelachs«.

Pollack *Pollachius pollachius*
Seltener Fisch, stark vorstehender Unterkiefer, Gesamtfärbung nicht dunkel, eher bräunlich, seitlich gelbliche Flecken, keine Bartel, steht über steinigem Boden und Pflanzen als Schwarmfisch bei Helgoland und an der westlichen Ostseeküste. Fang mit Pilker.

Lachs und Meerforelle (siehe dazu auch Seite 65/66)
Besondere Spezialisten fangen auch an unseren Küsten den seltenen Lachs. Meist wird hier die Meerforelle als Lachs angesehen. (in der Flensburger Förde mit zeitlich verschiedenen Schonzeiten.) Die sehr ähnliche Meerforelle ist die maritime Form unserer Bach- und Seeforelle. Sie tritt nicht in Schwärmen auf. Fang der beiden Fischarten

durch Watfischerei und vom Boot aus vor Einmündungen von Zuflüssen auf steinigem Grund, auch zwischen Tangwiesen mit dem Spinner und langer Rute. Die Meerforelle verfolgt den Spinnköder längere Zeit, ehe sie anbeißt.

Unterscheidung von Lachs und Meerforelle

	Meerforelle	Lachs
Schwanzflosse:	eingebuchtet	gerade endend
Schwanzstiel:	schlank	stärker und höher
Maullänge:	Abstand des Auges von der Maulspitze größer	Abstand kleiner
Pflugscharbein:	nur Stiel bezahnt	Stiel und Platte bezahnt
hinterer Rand des Kiemendeckels:	rundlich	mehr spitz auslaufend
schwarze x-förmige Punkte:	nicht zahlreich	zahlreicher auch unterhalb der Seitenlinie und auf Schwanz- und Fettflosse

Plattfische

Die Plattfische sind ausgesprochene Grundfische (ohne Schwimmblase) und Bodentierfresser. Auf der Seite liegend schlagen sie sich in den weichen Boden ein. Sie können verhältnismäßig alt werden, weisen daher unterschiedliche Größen auf. Die alten Fische ernähren sich räuberisch von kleinen Grundfischen. Die Oberseite = Augenseite (ein Auge ist über den Rücken zur »oberen« Seite gewandert) ist stets dunkler gefärbt, die Unterseite (Blindseite) weiß oder farblos. Lange Rücken- und Afterflosse. Es gibt an der Küste mehrere Arten:

1. Flunder

Augenseite ist rau, besonders entlang der geraden Seitenlinie und am Ansatz der Flossen. In Ufernähe (5 – 10 m Tiefe), im Sommer in geringer Tiefe, besonders im Brackwasser und bei der Einmündung von Süßwasser. Nur auf Sand und Schlick. Guter Fang abends und nachts in der Brandungszone, besonders April bis Oktober und in der Ostsee

9. ANGELFISCHEN IN KÜSTENGEWÄSSERN

Flunder *Platichtys flesus*

nach der Schonzeit für weibliche Flundern vom 01.02.-30.04. Mindestmaß in der Ostsee 25 cm, in der Nordsee ebenso 25 cm. Fang vom Boot aus am meeresseitigen Hang von Sandbänken.

2. Scholle
Augenseite glatt mit kleinen Schuppen und nur am Kopf zwischen den Augen eine Reihe von kleinen Höckern. Rotbraune Flecken, Seitenlinie gerade. Größeres Maul, Grundton heller als Flunder. Nicht im Watten-

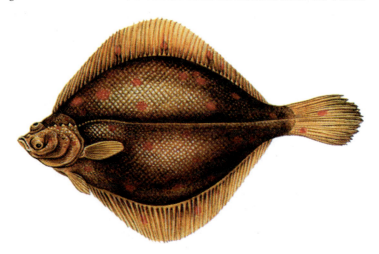

Scholle *Pleuronectes platessa*

meer und nicht im Brackwasser, da kein Uferfisch. Mehr in tieferen Zonen mit höherem Salzgehalt. Winterlaicher, Schonzeit Weibchen vom 01.02.–30.04. Mindestmaß 25 cm. Standfisch mit Ausnahme der Laichzeit. Fang vom Boot aus am Rand von tieferen Muschelbänken.

3. Kliesche Limanda limanda
Häufigster Plattfisch, Seitenlinie bildet einen Halbkreis über der Brustflosse, raue Schuppen auf der Augenseite, Maul kleiner. Besonders in der Nordsee in tieferen Zonen auf Sand. An den Nordseeinseln auch Brandungsangeln auf diese Fischart.

Seltener gefangen: **Steinbutt** Psetta maxima
Mehr rundliche Form. Augenseite ohne Schuppen, aber mit auffälligen, unregelmäßig verteilten Knochenhöckern. Seitenlinie in Höhe der Brustflosse halbkreisförmig. Anfang der Rückenflosse vor den Augen. In der Nordsee (Mindestmaß 30 cm) besseres Wachstum als in der westlichen Ostsee. Laicht in Uferzone April bis August ab 20 m Tiefe. Räuberischer Standfisch. Wie der Name sagt, über hartem Grund, also anderer Fangplatz als bei den bisher genannten Plattfischen. Fang mitunter beim Naturköder-Angeln mit Buttlöffel, Fischstücke oder Wattwürmer als Köder.

Seezunge Solea solea
Mehr gestreckt, rau, gerade Seitenlinie, dunkler und marmoriert. Beide Brustflossen voll entwickelt. Auffällig gekrümmte Maulöffnung. Maul am Rande stumpf mit kleiner Bartelreihe. Zur Laichzeit (April bis Juli) an der Küste der Nordsee (ostfriesische Inseln), sonst in tieferen Zonen. Mindestmaß 24 cm.

Den Plattfischen nach Form und Gestalt entfernt ähnlich sind die **Rochen** *(Hypotremata)*, die aber Knorpelfische sind. Scheibenförmig mit einem langen Schwanzstiel. Maul mit Pflasterzähnen, Kiemenöffnungen ohne Deckel auf der Bauchseite. Größere Dornen auf der Augenseite beim Nagelrochen, ohne diese beim Glattrochen mit Ausnahme des Schwanzstieles. Sehr seltener Fang für den Angelfischer, da die Fische mehr in der Tiefe leben.
Ebenfalls zu den Knorpelfischen gehören die Haie, von denen 2–3 kleine Arten in der Nähe der Nordseeküste vorkommen können: **Hundshai** *(Galeorhinus galeus)*, erste Rückenflosse mindestens zweimal höher als die zweite Rückenflosse und dreieckige Zähne, und **Glatthai** *(Mustelus mustelus)*, beide Rückenflossen gleich hoch, mitunter an der Seite ge-

9. ANGELFISCHEN IN KÜSTENGEWÄSSERN

fleckt. Manchmal können beim Dorschangeln auch Haie gefangen werden.

Aal (siehe auch Seiten 120 ff.)
Ein Teil der jüngeren Stadien des Flussaales bleibt bei seiner Anwanderung von der Geburtsstätte im Sargassomeer zum Süßwasser an der Küste, besonders vor Flusseinmündungen, an ruhigen Stellen und im Wattenmeer der Nordsee. Er wächst hier weiter und kann zur warmen Jahreszeit (Mai bis Oktober) beim Brandungsangeln, vom Ufer oder Boot gefangen werden. Keine Schonzeit, Mindestmaß 35 cm. Meist sind es Milchner, der Spitzkopf herrscht vor. An der Nordseeküste gibt es viele Aale, sie sind hier kleiner im Vergleich zu den Ostseeaalen. Wattenmeer, Priele, Süßwasserzuflüsse, Buhnenfelder sind aussichtsreiche Fangplätze.
Die Aale ziehen mit der Flut in den Prielen auf seichte Flächen. Im trüben Wasser können sie hier auch am Tage gefangen werden. Die Rückwanderung erfolgt jedesmal bei Ebbe. Wenn die Flut am späten Nachmittag kommt und der Boden zuvor bei Ebbe von der Sonne stark durchwärmt wurde, ist die beste Fangzeit.
Ruhiges Wetter verstärkt die Fangaussichten. Bei starker Trübung bleiben die Aale weiter draußen. Sie finden dort reichlich freigespülte Nahrung. Ebbe und Flut verursachen somit einen ständigen Wechsel der Aalplätze. An der Ostseeküste kommt der Aal ebenfalls in unmittelbarer Ufernähe vor und bleibt hier ständig im flachen Wasser zwischen Steinen, Seegrasbänken und Tangfeldern. Auch hier bei trübem Wasser guter Fang am Tage. Die frisch beköderte Grundangel mit stärkerem Blei wird an freien Stellen neben Krautbänken ausgelegt. Ein hungriger Aal wittert sofort.

Unterschied von Flussaal und Meeraal
Flussaal: Rf 1 beginnt auf halber Länge zwischen Kopf und After
Meeraal: Rf 1 beginnt über den Brustflossen. Nur im Meer lebend. Nicht mit Flussaal verwandt, trockener im Fleisch. Er gehört zu den Conger-Arten.

Hornhecht *Belone belone*
Körperform und Flossenanordnung ähnlich wie bei unserem Hecht, doch nicht verwandt. Lang und schmal, langes, sehr spitzes, hornartiges und bezahntes Maul. Er verliert sehr leicht die kleinen Schuppen. Raubfisch. Er jagt an der Wasseroberfläche. Diese Stellen werden durch Fluchtreaktion kleiner Fischschwärme kenntlich. Wanderfisch ohne

Hornhecht

Schonzeit und Mindestmaß. Grüne Gräten. An der Küste von Mai bis September. Sonst draußen im Atlantik. Laichplätze im Mai in Seegrasbeständen. Mehr in der ruhigen Ostsee. Aber auch bei Flut im Wattenmeer der nord- und ostfriesischen Inseln, auch bei Helgoland. Starker Kämpfer, Zeit lassen zum Schlucken. Fang vom Boot aus und auf Molenköpfen. Sehr scheuer Fisch. Fang ähnlich wie beim Wittling und Fangzeit ähnlich wie bei der Makrele.

Aalmutter *Zoarces viviparus*
Die Körperform ist aal- oder ruttenähnlich. Dieser Fisch ist wie der Hundshai lebend gebärend. Im Sommer findet die innere Befruchtung statt, im Winter kommen die Jungfische zur Welt. Die Aalmutter ist ein Bodenfisch bis 30 cm lang. Schonzeit vom 01.10.–31.01. für kleine

Aalmutter *Zoarces viviparus*

trächtige Weibchen und Größen unter 20 cm. Gräten nach dem Kochen grün. In der Ostsee im flachen Wasser. Standfisch, gesellig zwischen den Pflanzen im Sommer. Brandungsangeln, Wurm als Köder, ebenfalls im Wattenmeer der Nordsee und an ruhigen geschützten Stellen.

Köderfische
Die beliebtesten Köderfische an der Küste sind der Große (um 20 cm lang) und der Kleine Sandaal (um 15 cm lang), auch Tobiasfischchen oder Sandspierling genannt, die im flachen Wasser der gesamten Nord- und Ostseeküste auf und im Sandboden liegen und nachts meist in Schwärmen auf Nahrungssuche gehen. Bei Ebbe bleiben sie im Sand zurück und sind dann leicht zu sammeln. Sie werden auch zur industriellen Verwertung in Massen mit Grundschleppnetzen oder kleinen engmaschigen Zugnetzen vom Berufsfischer gefangen.

Sandaal
Ammodytes lanceolatus

Tobiasfischchen
A. tobianus

9.3 Angelgeräte für das Fischen in Küstengewässern

Bei jeder Angelmethode hat die »Fischgerechtigkeit« immer Vorrang vor der Fängigkeit, wenn es um die Wahl des Angelgerätes geht. Bei der Süßwasserfischerei werden dennoch selbst beim Fischen auf größere Fische oft relativ feine und leichte Geräte benutzt. Für das Angeln im Meer sind diese meist nicht zu gebrauchen, weil hier durch hohen Seegang, Strömungen, starken Wind, tiefes Wasser, sehr wehrhafte Fische und nicht zuletzt durch hohe Wurfgewichte ungleich größere Anforderungen an die Festigkeitseigenschaften von Rute, Rolle, Schnur und Haken gestellt werden. Dazu kommt die Beeinträchtigung durch Salzwasser und Sand, mit denen fast alle Geräte ständig in Berührung kommen. Deshalb spielt beim Fischen im Meer neben der Wahl recht robuster Angelgeräte die Gerätepflege eine beherrschende Rolle. Peinliches Entfernen auch nur geringster Sandverunreinigungen, Spülen der Rolle und sonstiger Metallteile in Süßwasser nach einem Fischtage und Mitführen der wichtigsten Rollenersatzteile sind daher dringend anzuraten.

Drei Grundregeln für Angelgeräte und Ausrüstung

1. Alle Geräteteile müssen seewasserbeständig sein!
2. Die Kleidung muss Wind, Kälte, Regen und Gischt abhalten!
3. Das Fischerboot muss in jeder Beziehung seetüchtig sein!

Drei wichtige Sicherheitsmaßnahmen
Um größtmögliche Sicherheit für Leib und Leben der eigenen Person und der Fischereikameraden zu erreichen, sind beim Fischen im Meer die folgenden Regeln zu beachten:

1. Beim Watfischen, besonders im Wattenmeer
Beachten der Wetterlage. – Genaue Kenntnis der Zeiten von Ebbe und Flut. – Mitführen des Tidenkalenders und eines Kompasses (Nebel). – Erkundigung bei Einheimischen über besondere Gefahren. – Der Jahreszeit entsprechende Kleidung und Watzeug.

2. Beim Fischen vom Ruder- oder Motorboot aus
Nie allein hinausfahren! – Das Boot muss seetüchtig und darf nicht zu klein sein. Motorboote müssen Ruder (»Riemen«) und Notsegel mitführen, außerdem 2 starke Anker mit Leinen in einer Länge, die der Tiefe des befahrenen Seegebietes entspricht. Schwimmwesten und Notsignalgeräte dürfen nicht fehlen. Ein Batterieradio (Wetterberichte!) und eine Seekarte leisten gute Dienste. Außerdem müssen selbstverständlich auch die aufgeführten Grundregeln beachtet werden.

3. Beim Fischen vom großen Mietboot aus
Der Kapitän und sein Vertreter sind für die Sicherheit der Bootsinsassen verantwortlich. Ihren Anordnungen ist unbedingt Folge zu leisten. – Sie haben die nötige Erfahrung und sind in ihrem Verhalten ganz an die strengen Vorschriften der Zulassungs- und Aufsichtsbehörden gebunden. Zweckmäßige Unter- und Oberbekleidung, unbedingt wasserdichte Überkleider und Kopfbedeckung und rutschfeste Sohlen sind unentbehrlich.
Für die Auswahl der Angelgeräte selbst muss ebenfalls zunächst der

9. ANGELFISCHEN IN KÜSTENGEWÄSSERN

Begriff »Seetüchtigkeit« maßgebend sein. Ihrer Zweckbestimmung entsprechend mögen im Einzelnen die folgenden Hinweise dienen:

Angelruten

Allgemeine Regel: Robuste Bauart. Seewasserbeständige Hülsen, Ringe und Rollenhalter, griffige Kork- oder gummiüberzogene Handteile. Stabile, jedoch leichte Hohlglasfiber-Teile mit nicht zu dünner Wandung.

1. mindestens 3 m, oft bis ca. 4,50 m lange Hohlglasruten passend für Wurfgewichte bis zu 120 – 150 Gramm für das Brandungsfischen auf **Aale und Plattfische.**
2. ca. 3 m lange Hohlglasruten etwas leichterer Bauart für Wurfgewichte bis zu etwa 60 Gramm für das **Makrelenfischen** mit Pilkern, Spinnern und natürlichen Ködern vom Ufer und vom Boot aus. Auch verwendbar für das Brandungsfischen, wie unter 1. aufgeführt.
3. ca. 2,50 bis 2,70 m lange Hohlglasruten noch leichterer Bauart für Wurfgewichte bis zu 40 Gramm für das Fischen auf **Meerforellen** beim Watfischen und vom Boot aus.
4. ca. 2 m lange Hohlglasruten kräftiger Bauart für Wurfgewichte bis zu etwa 100 Gramm für das Fischen auf **Dorsche** vom Boot aus.
5. ca. 2 m lange Hohlglasruten stärkster und sehr steifer Bauart für Wurfgewichte bis 500 Gramm auf den **Hundshai** der Nordsee.
   Für den selteneren **Lachsfang** kommen die unter 3. genannten Ruten, für den Fang von **Hornhechten** die unter 2. genannten in Frage.

Anmerkung: Bei Verwendung von Kohlefaser oder einer Kombination von Glasfaser und Kohlefaser tritt eine erhöhte Federkraft bei leichterem Gewicht ein.

Angelrollen

Die normale Stationärrolle unserer Süßwasserfischerei mit einem Schnurfassungsvermögen von ca. 100 m einfädiger Schnur der Stärke 0,45 mm ⌀ ist bei der Meeresfischerei nur in engen Grenzen und nur in absolut seewasserfester Ausführung verwendbar, z.B. für die Küstenfischerei auf Makrelen, das Watfischen auf Meerforellen und die Brandungsfischerei auf Aale und Plattfische. Da bei letzterer schon er-

Große Multirolle für
Meeresfischerei

hebliche Wurfgewichte gebraucht werden, ist die große Stationärrolle mit einem Spulen-Fassungsvermögen von 100 m Schnur 0,6 mm $\varnothing$ geeigneter. – Für das Makrelen- und Dorschangeln vom Boot aus ist diese größere Stationärrolle – möglichst mit 2-Gang-Getriebe wegen der starken Drillbelastung schwerer Exemplare – unbedingt vorzuziehen. Hier steht sie zunehmend in Konkurrenz mit der großen Multirolle mit 2-Gang-Getriebe und Fliehkraftbremse, wie sie eigens für die Meeresfischerei gefertigt wird (siehe Abbildung S. 425). Sobald die Schnur stärker gewählt werden muss als ca. 0,6 bis 0,7 mm $\varnothing$, wie es beim Fischen auf große Dorsche und vor allem auf den Hundshai nötig ist, wählt man die große Multirolle mit entsprechend stärker, geklöppelter Schnur: für Dorsche mit 0,6 bis 0,7 mm $\varnothing$ und für den Hundshai mit etwa 1 bis 1,2 mm $\varnothing$.

Angelschnüre

Das im Abschnitt 5 = Gerätekunde über Schnüre Gesagte gilt im Grundsatz auch für die Meeresfischerei. Jedoch muss bei der Stärkenwahl bedacht werden, dass sie durch grobe See, Werfen hoher Wurfgewichte und den Drill sehr wehrhafter Fische, wie Makrelen, Dorsche und Haie ungleich höher beansprucht werden.
Die im Abschnitt 5 gebrachte Tabelle lässt sich für die Meeresfischerei etwa wie nachstehend erweitern:

9. ANGELFISCHEN IN KÜSTENGEWÄSSERN

Schnurstärke	Verwendung
0,20 mm ⌀	Paternosterfischerei auf Heringe.
0,30 mm ⌀	Watfischen mit leichtem Zeug auf Meerforellen.
0,35 mm ⌀	Vorfachstärke beim Fischen auf Makrelen und Hornhechte.
0,40 mm ⌀	Spinnfischerei von der Mole und vom Boot aus auf Makrelen.
0,45 mm ⌀	Meist verwendete Schnurstärke bei der Brandungsfischerei auf Aale und Flundern sowie der Spinn- und Pilkerfischerei auf Makrelen und Dorsche.
0,50 mm ⌀	Spinn- und Pilkerfischerei an Standorten stärkerer Dorsche und bei größerer Hängergefahr.
0,70 mm ⌀ (seltener 0,60 mm ⌀)	in einfädiger und geklöppelter Ausführung bei der Fischerei in starker Strömung und großer Tiefe auf kapitale Dorsche sowie bei der Schleppfischerei auf Makrelen,
1,0 bis 1,2 mm ⌀	Nur in geklöppelter Machart auf den Hundshai und beim Schleppfischen mit Bleibeschwerungen um und über 500 g.

Angelhaken

Die im Kapitel 5 = Gerätekunde aufgezeigte Gefahr, mit zu kleinen Haken gegen die Fischgerechtigkeit zu verstoßen, besteht bei der Meeresfischerei kaum. Wie nachstehende Tabelle zeigt, werden für das Fischen auf die meist »großmäuligen« Raubfische durchweg entsprechend große Einhaken und Drillinge verwendet, desgleichen sogar noch etwas größere Haken für die meist tief schluckenden Aale und Flundern. Wichtig aber ist, dass die Haken seewasserbeständig sind – etwa durch Vergoldung, Vernickelung oder Verwendung von V2A-Stahl und hohlgeschliffene, fängige Spitzen haben.

Haken (Einfachhaken)	Anwendung
6–8 auf Seezungen.	Fast ausschließlich nur für die Grundfischerei mit leichtem Gerät
1–3	Standard-Größen für das Fischen mit natürlichen Ködern auf Makrelen, Hornhechte, Dorsche etc.
1/0–1	Standard-Größe beim Aal- und Flundernfischen.
5/0 und größer	Hai-Haken (z.B. 8 cm lang mit ca. 3 cm Bogenweite!)
	Skala der Haken in natürlicher Größe siehe S. 296/297

Künstliche Köder

Im Gegensatz zur Süßwasserfischerei spielt neben einer begrenzten Anzahl der üblichen Blinker-Modelle der sog. Pilker beim Fischen im Meer eine große Rolle. Er ist ein eigenschwerer, sehr schnell sinkender Metallköder in Art eines mehr spindelförmigen Blinkers, der sich trotz hohen Gewichtes hauptsächlich beim Heben und Senken vom Boot aus sehr lebhaft in der Nähe des Meeresgrundes, aber auch in allen Tiefen des freien Wassers führen lässt. Je nach seiner Bestimmung sind die Größe bzw. das Gewicht und die Form sehr unterschiedlich. Am besten orientiert man sich in den Angelgerätegeschäften der Küstenstädte über die der Jahreszeit, der örtlichen Erfahrung und der gerade beißfreudigen Fischart entsprechenden Modelle.

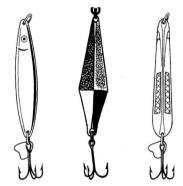

Pilker

Landegeräte und Zubehör

Beim Brandungs- und sonstigem Küstenfischen wird im Allgemeinen kein Landungsgerät benötigt, da sich mit dem relativ starken Angelzeug fast jeder Fisch mühelos stranden bzw. landen lässt. Beim Bootsfischen soll man dagegen ein genügend großes Unterfangnetz verwenden. Schwieriger zu handhaben ist ein Gaff an entsprechend langer Stange. Für das zügig ineinander greifende Gaffen, Hochheben und An-Bord-Bringen braucht man schon etwas Erfahrung und Routine! Größere Dorsche und Haie, mitunter auch Makrelen, werden heute nach englischem Vorbild oft so gelandet, dass man ihnen eine Schlinge um die Schwanzwurzel legt und sie dann mit dem Schwanz voran hochhebt und an Bord bringt. Hierzu eignet sich vorzüglich ein in England entwickeltes Instrument, das »Fishtailer« heißt. Von hinten wird

9. ANGELFISCHEN IN KÜSTENGEWÄSSERN

dabei eine große Drahtschlinge um die Schwanzwurzel gelegt, die sich beim Anziehen automatisch fest oberhalb der Schwanzflosse schließt. Es ist nur selbstverständlich, dass alle übrigen Geräte und Zubehörteile den hohen Anforderungen der Festigkeit entsprechen, welche die Meeresfischerei nun einmal verlangt. Insbesondere seien die oft unvermeidlichen Wirbel und Stahlvorfächer erwähnt, die neben der Rostfreiheit bzw. Seewasserbeständigkeit unbedingt die nötige Zerreißfestigkeit haben müssen.

Prüfungsfragen

Angelfischen in Küstengewässern

Fische an der Küste

1. Welche Meeresfische sind dem Dorsch ähnlich (dorschartig)?
A Hering, Makrele, Knurrhahn
B Schellfisch, Wittling, Köhler, Pollack
C Seezunge, Rochen, Glatthai

2. Woran erkennt man in der Regel die »Schellfischähnlichen«?
A Ihre Bauchflossen sind kehlständig
B Ihnen fehlt die Schwimmblase
C Sie sind schuppenlos

3. Welche der hierunter genannten Fische gehören zu den »Schellfischähnlichen«?
A Der Hering, die Makrele, der Knurrhahn
B Die Rutte (Quappe), der Kabeljau (Dorsch)
C Der Stint, die Seezunge, das Petermännchen

4. Welche hierunter aufgeführten Fische gehören zu den Salmoniden?
A Meerforelle und Lachs
B Flunder und Aalmutter
C Seezunge und Sprotte

5. Welcher Fisch entspricht nachfolgender Beschreibung? Plattfisch mit rauher Augenseite ohne Schuppen, Knochenhöcker beidseitig der Seitenlinie, durchsichtig weiße Unterseite
A Scholle
B Flunder
C Steinbutt

6. Warum können Makrelen im Süßwasser nicht leben?
A Weil das Süßwasser durchweg zu warm ist
B Weil das Süßwasser zu wenig Sauerstoff hat
C Weil der Salzgehalt des Meerwassers den Lebensraum der Makrele bestimmt

7. Welche der folgenden sind für den Angelfischer die bevorzugten Angelfische?
A Heilbutt, Steinbutt und Seezunge
B Dorsch und Makrele
C Sprotte, Seehase und Hering

8. Wo sind Makrelen meistens zu finden?
A In der Freiwasserzone
B Am Gewässergrund
C In der Uferzone der Küste

9. Wem fehlt die Schwimmblase?
A Der Makrele und der Mühlkoppe
B Dem Barsch und dem Hecht
C Dem Karpfen und der Schleie

10. Welcher Fisch entspricht folgender Beschreibung? Spindelförmiger Körper, Farbe grünlich bis bräunlich marmoriert, 3 Rücken- und 2 Afterflossen, 1 längere Bartel am Unterkiefer des unterständigen Maules
A Wittling
B Dorsch
C Schellfisch

11. Welche der hierunter genannten Fische ziehen aus dem Meer zu Laichplätzen im Süßwasser?
A Dorsch, Schellfisch und Makrele
B Flunder und Scholle
C Meerforelle, Lachs, Stint, Schnäpel

12. Welcher zu den Plattfischen gezählte Fisch hat auf seiner rauen Augenseite neben der Seitenlinie 2 Reihen dornartiger Knochenhöcker?
A Scholle
B Nagelrochen
C Flunder

13. Woran wird der Dornhai erkannt?
A Er hat vor den Rückenflossen je einen Dorn, keine Afterflosse
B Er hat einen gefleckten Körper
C Er hat keine Dornen vor den Rückenflossen

14. Welcher Plattfisch hat eine glatte Augenseite mit roten Flecken?
A Die Flunder
B Die Scholle
C Der Steinbutt

Angelgeräte

15. Das Brandungsfischen an der Küste verlangt welche Rutenlängen?
A Kurze, steife Wurfruten ca. 1,50 – 2,0 m lang
B Lange Ruten mit kräftigem Rückgrat, mindestens ca. 3,00 m lang, oft bis ca. 4,50 m lang
C Mittlere Wurfruten, 2,50 – 2,85 m lang

16. Welche Schnüre benutzt man in der Regel beim Brandungsfischen?
A Dünne Schnüre, um weit zu werfen
B Geklöppelte, extra starke Schnüre
C Einfache (Monofil-)Schnüre, nicht unter 0,40 mm $\varnothing$

17. Welche Angelmethoden sind für Angelfischer beim Küsten-, Brandungs- und Hochseefischen zulässig?
A Aalschnüre, Setzangel
B Netze und Langleinen
C Pilkangel, Posenangel, Grundbleischleppangel

18. Welche Pilker sollen beim Meeresfischen nicht angewendet werden?
A Solche, die mit dem Haken starr verbunden sind
B Solche, die mit mehreren Drillingen montiert sind
C Solche, die mit Leuchtfarben bemalt sind

9. ANGELFISCHEN IN KÜSTENGEWÄSSERN

19. Wie muss man nach dem Fischen im Meer alsbald das Gerät behandeln?
A Einfetten aller Metallteile
B Das Angelgerät, besonders die Rolle (Metallteile!), in Süßwasser gut abspülen
C Alle Geräte gut trocknen ohne weitere Behandlung

20. Wo und auf welche Fische wird hauptsächlich mit dem Pilker gefischt?
A In tieferen Küstengewässern auf Makrelen, Dorsche, Köhler etc.
B Nur auf Haie und Thunfische in Küstengewässern
C In Binnenseen und Stauen auf alle Süßwasserfische

Antworten

1B / 2A / 3B / 4A / 5C / 6C / 7B / 8A / 9A / 10B

11C / 12B / 13A / 14B / 15B / 16C / 17C / 18A / 19B / 20A

LITERATUR

Angelbücher bei Kosmos

Angelpraxis

Aldinger, Hermann:
Der Hecht, 1993

Anneken, Jacob, Speciemen Hunting Group:
Angeltechniken, 2002

Bailey, John:
Das Kosmos Buch vom Angeln, 2001

Borne / Göllner:
Die Angelfischerei, 1998

Finkbeiner, Thomas:
Angeln an Nord- und Ostsee, 2002

Gretler, Thomas:
Clever und erfolgreich Angeln, 2002

Jacob, Tom:
Forellen angeln, 2001

Janitzki, Andreas:
1 mal 1 des Angelns, 2001

Janitzki, Andreas:
Karpfen angeln, 2002

Kreupl / Rein:
Bluewater Fishing, 2002

Rehbronn / Rutkowski / Jahn:
Das Räuchern von Fischen, 1999

Willock, Collin:
Das große ABC des Fischens, 1994

Fliegenfischen

Atkinson, R. Valentine:
Lachs & Forelle, 2000

Edwards, Oliver:
Meine besten Fliegen, 1995

Gathercole, Peter:
**Catch that Fish! –
Erfolgreich Fliegenfischen – Das Praxisbuch**, 2001

Hebeisen, Hans-Ruedi:
　Faszination Fliegenfischen, 2000
Schulte, Wolfgang:
　Streamerfischen, 2000
Steinfort, Hans:
　Fliegenfischen für Anfänger, 1999
Steinfort, Hans:
　Fliegenfischen für Fortgeschrittene, 1997
Vestergaard, Niels:
　Mit der Fliege fischen, 2001

Für die Westentasche

**Frisch von der Angel –
Die besten Outdoor-Fischrezepte**, 2001

Staub, Erwin:
　Anglerknoten leicht gemacht, 2000
Staub, Erwin:
　Farbatlas der Angelfische, 2000

Bestimmungsbücher

Gerstmeier / Romig:
　Die Süßwasserfische Europas, 1998
Nielsen, Muus:
　Die Meeresfische Europas, 1999

Unterhaltung

Bailey, John:
　**Angebissen – Ein angelnder
　Weltenbummler erzählt**, 2002

Nachschlagewerke

Stingelwagner / Bachfischer:
　Das große Kosmos Angellexikon, 2002

Register

A

Aal 120, 420
Aalbesatz 231
Aalbrut 121
Aalmutter 421
Aalquappe 110
Aalraupe 110
Aalrotseuche 244
Aalrutte 110
Aal-Schleienschnecke 190
Ablaichen 30
Abramis ballerus 93
Abramis brama 90
Abramis sapa 95
Abwasserschäden 245
Acerina cemuus 115
Acerina schraetser 116
Acipense rsturio 126
Acipenser ruthenus 126
Afterflosse 18
Aitel 96
Aktion 271
Aland 99
Alburnoides bipunctatus 131
Alburnus alburnus 131
Alet 96
Alosa alosa 413
Alosa fallax 413
Alse 413
Altersbestimmung 15
Amaul 113

Ameiurus nebulosus 109
Amerikanischer Flusskrebs 136
Amerikanischer
  Roter Sumpfkrebs 137
Aneignungsrecht 333
Angelfischerausbildung 266
Angelgerät Küste 423
Angelhaken 287
Angelhaken Küste 426
Angelrolle 273
Angelrollen Küste 424
Angelrute 266
Angelrute Küste 424
Angelschnur 279
Angelschnüre Küste 425
Anguilla anguilla 121
Anodonta spec. 139
Armleuchteralgen 176
Armleuchtergewächse 178
Artenschutz 353
Äsche 73
Äschenregion 198
Aspius aspius 101
Assimilationstätigkeit 168
Astacus astacus 134
Astacus leptodactilus 136
Astiger Igelkolben 171
Atmungsorgane 38
Aufwuchs 180
Augen 46
Augenpunktstadium 36
Ausrüstung Küste 423

REGISTER

Austropotamobius torrentium 136
Automatic-Fliegenrolle 275

B

Bachbunge 172
Bachflohkrebs 184
Bachforelle 62
Bachforellenbesatz 229
Bachneunauge 125
Bachperlmuschel 138
Bachsaibling 67
Baltischer Stör 126
Bambusrute 270
Bandmaß 297
Bandwurmbefall 239
Barbe 86
Barbenregion 198
Barbus barbus 87
Barsch 112
Barteln 21
Bartfäden 21
Bartgrundel 133
Bauchflossen 19
Bauchniere 29
Bauchspeicheldrüse 29
Befruchtung 35
Behörden 343
Belone belone 420
Berle 172
Besamung 35
Besatzmaßnahmen 222
Besatzmengen 228
Besatzwahl 222
Besatzweise 232

Bestandsregulierung 252
Bewuchs 180
Bezahnung 23
Binse 170
Bisambekämpfung 380
Bissgurre 132
Bitterling 129
Blaubandbärbling 132
Blaunase 95
Blei 90
Bleiregion 199
Bleisee 206
Blicca bjoerkna 92
Blicke 92
Blindsäcke 27
Bloodknoten 284
Blumenkohlkrankheit 244
Blut 40
Blutknoten 284
Blutkreislauf 40
Bodenzone 204
Boot 423
Brachse 90
Brachsenregion 199
Brachsensee 206
Brackwasserregion 199
Branchiobdella varianus 136
Brandfleckenkrankheit 136
Brassen 90
Breitkopf 122
Breitrandkäfer 195
Bresen 90
Brunnenkresse 172
Brunnenmoos 176
Brustpanzer 134
Buntflossengroppe 128
Buntflossenkoppe 128

Bürschling 112
Büschelmückenlarven 189
Butomus umbellatus 170

C

Carassius auratus gibelio 83
Carassius carassius 83
Carex gracilis 170
Casting-Sport 331
Ceratophyllum demersum 176
Chaicaiburnus
    chalcoides mento 132
Chara spec. 176
Chondrostoma nasus 88
Cobitis taenia 133
Coregonen 62
Coregonensee 205
Corgonidae 74
Costia 235
Cottus gobio 127
Cottus poecilopus 128
Ctenopharyngodon idella 78
Cycloidschuppen 14
Cyprinus carpio 77

D

Dachorganisation 396
Dactylogyrus 236
Darm 26
Darmlänge 27
Dickkopf 96
Dickkopp 127
Döbel 96

Dohlenkrebs 136
Donaulachs 69
Donaulamprete 125
Donauneunauge 125
Doppelter Schlingenknoten 283
Dorngrundel 133
Dorsch 414
Dottersack 36
Dottersackstadium 35
Dreikantmuschel 192
Drilling 287
Durchwachsenes Laichkraut 175
Dyneemafaden 280

E

Edelfischart 62
Edelkrebse 134
Eiben 413
Eientwicklung 34
Eier 30
Eierstöcke 30
Einhängenetz 298
Eintagsfliege 185
Eizahl 34
Elektrofischerei 254, 377
Elodea canadensis 176
Elritze 128
Endoparasiten 239
Endständig 22
Erbsenmuschel 192
Erlaubnisschein 332, 348
ERM 242
Erythrodermatitis 237
Esox lucius 105
Exkretionsorgan 29

F

Fachpresse 405
Fadenwurm 240
Fangliste 220
Fangübersicht 220
Färbung 17
Farbzellen 17
Fassknoten 284
Fehlbetragssee 205
Felchen 74
Fettflosse 62
Fiebermücke 190
Finte 413
Fischegel 236
Fischereiabgabe 348
Fischereiaufseher 351
Fischereiberechtigter 334
Fischereibetrieb 333
Fischereigesetzt 333
Fischereipachtverträge 335
Fischereirecht 333
Fischereischein 332, 341
Fischereiverordnung 352
Fischereiverwaltung 405
Fischerknoten 283
Fischerprüfung 344
Fischersprache 140
Fischfeinde 193
Fischgesundheitsdienst 246
Fischhaut 11
Fischhege 220
Fischkrankheiten 234
Fischnacheile 335
Fischnährtiere 183
Fischtöter 298
Fleckenseuche 243
Fleischgräten 43
Fliegenrolle 275
Fliegenrute 267, 327
Fliegenwurf 329
Fließgewässer 197
Flossen 18
Flossenformel 20
Flossenskelett 41
Flossenstrahlen 19
Flunder 417
Flussaal 120, 420
Flussbarsch 112
Flüssigkeitsausscheidung 29
Flussmuschel 139
Flussneunauge 125
Flussperlmuschel 138
Flussschwimmschnecke 191
Flutendes Süßgras 170
Fontinalis antipyretica 176
Forellenbarsch 118
Forellenregion 197
Forellensee 205
Frauennerfling 102
Freiwasserlaicher 31
Freiwasserzone 203
Froschbiss 174
Froschlöffel 172
Frühjahrslaicher 31
Frühjahrsvirämie 237
Frühjahrsvollzirkulation 168
Früh-Sommerlaicher 32
Furunkulose 241

G

Gadus morrhua 415
Gaff 295
Galeorhinus galeus 419
Galizischer Sumpfkrebs 136
Gallenblase 28
Gammarus 184
Ganoidschuppen 14
Gasblasenkrankheit 241
Gastoresteus aculeatus 128
Gaumenbein 23
Gefällströmung 165
Gehirn 45
Gehörorgan 48
Gehörsinn 48
Gehörsteinchen 48
Gelbaal 122
Gelbe Teichrose 172
Gelbrandkäfer 194
Gemeiner Wasserhahnenfuß 174
Gemeinnützigkeit 401
Gerätekunde 266
Gerätzusammenstellung 299
Geruchssinn 49
Geruchsvermögen 49
Geschlechterunterscheidung 135
Geschlechtsbestimmung 33
Geschlechtsorgane 30
Geschlechtsreif 31
Geschmacksorgan 21
Geschmackssinn 50
Gesichtssinn 46
Gesundheitskontrolle 233
Gewässer, stehend 202
Gewässerkunde 165
Gewässerpflege 220, 247
Gewässertyp 197
Gewässerwart 220
Gezeiten 412
Giebel 82
Glanzzellen 17
Glasaal 121
Glatthai 419
Gleichgewichtsorgan 48
Gliederstrahlen 19
Glyzeria aquaticum 170
Glyzeria fluitans 170
Gobio albipinnatus 130
Gobio gobio 130
Gobio kessleri 130
Grasartiges Laichkraut 174
Grasfisch 78
Graskarpfen 78
Gräten 41
Gressling 130
Griffel 135
Groppe 127
Großes Nixenkraut 178
Grundel 130
Gründling 130
Grundrute 267, 321
Gummiköder 294
Güster 92
Gymnocephalus cernuus 115
Gymnocephalus schraetser 116
Gyrodactylus 236

H

Hakenart 287
Hakengröße 287, 292
Hakensysteme 293

Halbbrachse 92
Handgriff-Grundformen 268
Hartstrahlen 19
Hasel 98
Hausen 126
Hautschmarotzer 235
Hecht 105
Hecht-Besatz 230
Hecht-Karpfen-Schleien-
 Aal-See 206
Hechtpest 243
Hechtseuche 243
Hegepflicht 333
Hegerecht 333
Herbstvollzirkulation 168
Herz 40
Hexamitiasis 243
Hexamitose 243
Hoden 30
Hohlglasrute 269
Hornhecht 420
Hornkraut 176
Huchen 69
Hucho hucho 70
Hundshai 419
Huso huso 126
Hypophthalmichthys molitrix 78
Hypophthalmichthys nobilis 78
Hypotremata 419

IBW 239
Ichthyophthirius 235
Ictalurus nebulosus 109
Igelkolben 172

IHN 241
Infektiöse Bauchwasser-
 sucht 239
Infektiöse hämatopoetische
 Nekrose 241
Infektiöse Pankreasnekrose 241
Innenparasiten 239
Insektenlarven 185
IPN 241

Jagdrecht 377
Jugendliche 341
Juncuscon glomeratus 170
Jungaal 122

K

Kabeljau 414
Kalmus 172
Kamber 136
Kamloops-Forelle 72
Kammförmiges Laichkraut 175
Kammschuppen 14, 112
Kapselrolle 274
Karausche 82
Karpfen 76
Karpfenbandwurm 240
Karpfenbesatz 231
Karpfenfische 75
Karpfenlaus 235
Karpfenrute 271
Kaulbarsch 115
Kaviar 126

Kescher 295
Kessler-Gründling 130
Kiemen 38
Kiemenblättchen 39
Kiemenbogen 23, 39
Kiemendeckel 39
Kiemendeckelbewegungen 39
Kiemenfäule 238
Kiemenkrebs 240
Kiemenspalten 39
Kieslaicher 31
Kleinfische 126
Kleinmuschel 191
Kliesche 419
Knäuelbinse 170
Knochenplatten 14
Knoten 283
Köcherfliege 185
Köcherfliegenlarven 188
Köderfische 126, 422
Kohlefaserrute 269
Köhler 416
Kolbenwasserkäfer 195
Kopfniere 29
Kopf-Skelett 41
Koppe 127
Koppelfischerei 333
Körperformen 10
Kratzer 240
Krauses Laichkraut 176
Krautentwicklung 248
Krautlaicher 31
Krebsarten 136
Krebsbesatz 232
Krebse 134
Krebsegel 136
Krebskrankheiten 136

Kreislauf 40
Kriebelmücke 189
Kugelmuschel 192
Kugelspinner 294
Künstliche Köder Küste 427
Kunststofffaden 280
Kurbelrolle 275
Küste 411
Küstengewässer 408

L

Labyrinth 48
Lachs 66, 416
Lachshaken 32
Laichablage 30
Laichausschlag 12, 91
Laichen 30
Laichfärbung 17
Laichplatz 30
Laichreif 31
Laichstätte 30, 252
Laichzeit 30
Lampetra fluviatilis 125
Lampetra planeri 125
Lamprete 125
Landegerät 295
Landegerät Küste 427
Landungshaken 295
Laube 131
Laubenarten 131
Leber 27
Lederkarpfen 77
Legangel 295
Leitform 182
Lepomis gibbosus 119

Lernaea ctenopharyngodonis 236
Lernaea cyprinacea 236
Leucaspius delineatus 132
Leuciscus cephalus 97
Leuciscus idus 100
Leuciscus leuciscus 98
Leuciscus souffia agassizi 130
Libellenlarven 193
Lichtbrechung 47
Limanda limanda 419
Löffelspinner 294
Lösegerät 297
Lota lota 111

M

Magen 26
Mageninhalt 28
Maifisch 413
Mairenke 132
Makrele 413
Maräne 74
Margaritifera margaritifera 38
Marmorierte Grundel 128
Marmorkarpfen 78
Maul 22
Maulstellungen 22
Meer 411
Meeraal 420
Meeresstint 67
Meerforelle 65, 416
Meerneunauge 125
Melanogrammus aegiefinus 416
Merlangius merlangus 415
Metallblinker 294
Metalllöffel 294

Metallspinner 294
Milch 30
Milchner 30
Milz 29
Mindestmaß 253, 332, 355
Misgumus fossilis 133
mittlere Aktion 271
Moderlieschen 132
Mollusken 190
Mönne 96
Monofil 280
Moorgrundel 132
Mühlkoppe 127
Multifil 280
Multirolle 274, 324
Muscheln 138, 190
Muschelkrebs 192
Muskulatur 43
Mustelus mustelus 419
Mützenschnecke 190
Myriophyllum spicatum 176

N

Nacktkarpfen 77
Nährstoffgehalt 165
Nahrungskette 181
Nahrungstiere 183
Namaycush 68
Napfschnecke 191
Nase 88
Naturschutz 380
Nelkenkopfbandwurm 239
Nerfling 99
Nervensystem 45
Neunaugen 124

Niere 29
Noemacheilus barbatulus 133
Nordsee 411
Nupharlutea 173
Nymphaea alba 173

O

Oberhaut 11
Oberkieferknochen 23
Oberständig 22
Oncorhynchus mykiss 71
Orconectes limosus 136
Orfe 99
Organisation 395
Osmerus eperlanus 67
Ostsee 411

P

Pacifastacus leniusculus 137
parabolische Aktion 271
Pelecus cultratus 104
Perca fluviatilis 113
Perlen 139
Perlfisch 103
Petromyzon marinus 125
Pfeilkraut 172
Pflanzenschutz 380
Pflugscharbein 23
Pfrille 128
Phoxinus phoxinus 129
Phragmites communis 170
pH-Wert 206
Pilker 427

Placoidschuppen 13
Plankton 179
Planktonfresser 181
Plastikspinner 294
Platichtys flesus 418
Platte 23
Plattfische 417
Pleinze 94
Pleuronectes platessa 418
Plötze 84
Plötzenschnecke 190
Pockenkrankheit 237
Pollachius pollachius 416
Pollachius virens 416
Pollack 416
Pontastacus leptodactylus 136
Porzellankrankheit 136
Potamobius leptodactylus 136
Potamobius pallipes 136
Potamogetom lucens 176
Potamogeton crispus 176
Potamogeton pectinatus 176
Potamogeton perfoliatus 176
Pricke 125
Proterorhinus marmoratus 128
Psetta maxima 419
Pseudorasbora parva 132
Pungitius pungitius 128

Q

Quappe 110
Quellmoos 176
Querwinder 274

R

Radialfurchen 14
Rapfen 100
Raubfischarten 105
Rechtliche Bestimmungen 332
Regenbogenforelle 71
Renken 74
Reusendorne 25
Reusenzähne 25
Rhodeus sericeus amarus 129
Riechgruben 49
Riechkanäle 49
Riemen(band)wurm 240
Ringe 14
Rochen 419
Rogen 30
Rogner 30
Rohrkolben 171
Rohr 170
Rohrkolben 170
Rolle 321
Rolle, einfache 274
Rolle, übersetzte 274
Rollenpflege 279
Rotauge 84
Rote Zuckmückenlarve 189
Rotfeder 85
Rotmaulseuche 242
Rückenflosse 18
Rückenschwimmer 196
Rückschwung 329
Rumpfniere 29
Rundmäuler 124
Rundschuppen 14
Rußnase 95
Rute 321
Rute, gespließt 269
Rutenring 273
Rutilus frisii meidingeri 104
Rutilus rutilus 84
Rutiluspigus virgo 103
Rutte 110

S

Salmo salar 66
Salmo trutta forma lacustris 64
Salmo trutta trutta 65
Salmoniden 62
Salvelinus alpinus 68
Salvelinus alpinus salvelinus 69
Salvelinus fontinalis 67
Salvelinus namaycush 68
Salzgehalt 411
Salzwasser 411
Samenflüssigkeit 30
Sandaal 422
Sauerstoff 165
Sauerstoffzehrung 180
Saugmaul 125
Saugwurm 236
Säurebindungsvermögen 206
SBE 239
Scarclinius erythrophthalmus 85
Schachtelhalm 172
Schalenpanzer 134
Schellfisch 415
Schichtungen 165
Schied 100
Schiedling 132
Schilf 170
Schilfrohr 170

Schill 113
Schlammfliege 185
Schlammpeitzger 132
Schlammröhrenwurm 183
Schlammschnecke 191
Schlanke Segge 170
Schleie 80
Schleimschicht 12
Schleimzelle 11
Schlund 26
Schlundknochen 23
Schlundzähne 25
Schmelzschuppen 13
Schmerle 133
Schmerzempfindlichkeit 45
Schnecke 190
Schneider 131
Schnurbremse 274
Schnurfangbügel 274
Schnurfassungsvermögen 276
Schnurführungsring 273
Schnurführungsröllchen 274
Schnurlaufröllchen 274
Schnurstärke 281
Scholle 418
Schonbezirk 340
Schonmaß 332, 355
Schonmaße 253
Schonzeit 253, 332, 353
Schrätzer 116
Schuppen 11
Schuppenarten 13
Schuppenformel 13
Schuppenkarpfen 77
Schuppfisch 96
Schusslaube 131
Schutzmaßnahmen 253

Schwanenblume 170
Schwanzflosse 18
Schwarmfisch 51
Schwarzbarsch 118
Schwarzreuter 68
Schwebfliege 185
Schwimmblase 37
Schwimmblasenentzündung 239
Schwimmblasenwurm 244
Schwimmblattpflanzen 172
Schwimmendes Laichkraut 174
Schwuppe 93
Scirpus lacustris 170
Scomber scombrus 414
SDVS 239
See, dystropher 205
See, eutropher 204
See, oligotropher 205
Seeforelle 64
Seeforellen-See 206
Seegang 411
Seelaube 132
Seentyp 204
Seesaibling 68
Seesaiblings-See 205
Seesalbling 68
Seesimse 171
Seestint 67
Seezunge 419
Segge 170
Seitenlinienorgan 45
Seitenwurf 326
Semling 88
Septikämisches dermoviscerales Syndrom 239
Setzkescher 298
Shasta-Typ 72

443

Sichling 104
Signalkrebs 137
Silberkarpfen 78
Silurus glanis 107
Simse 170
Sinnesorgane 45
Solea solea 419
Sonnenbarsch 118
Spätherbstlaicher 31
Spiegelkarpfen 77
Spiegelndes Laichkraut 175
Spinnköder 294
Spinnrute 267, 321
Spitzenaktion 271
Spitzkopf 122
Spitzpleinze 93
Stabwanze 193
Stachelstrahlen 19
Stahlkopf-Regenbogenforelle 72
Stahlvorfach 285
Standfisch 51
Stationärrolle 274, 321
Stechmücke 190
Steelhead 72
Steinbeißer 133
Steinbrachse 94
Steinbutt 419
Steinfliege 187
Steingressling 130
Steinkrebs 136
Steinkresse 130
Sterlet 126
Stichling 128
Stiel 23
Stint 67
Stizostedion lucioperca 114
Stör 126

Streber 117
Strömung 165
Sumpfbinse 170
Sumpfdeckelschnecke 191
Süßwasseraalseuche 244

T

Tagesgradzahlen 35
Tannenwedel 172
Tastorgan 21
Tausendblatt 176
Teichmuschel 139
Tellerschnecke 191
Temperaturaufschichtungen 165
Temperatursinn 50
Thymallus thymallus 73
Tiden 412
Tiefseesalbling 68
Tierschutz 380
Tierschutzgesetzt 381
Tierseuchengesetzt 386
Tinca tinca 81
Tonerzeugung 49
Tönnchenwirbel 287
Tragkraft 279
Trüsche 110
Typha latifolia 170

U

Überkopfwurf 326
Überschusssee 204
Überwasserpflanzen 169
UDN 243

Uferbenützungsrecht 334
Uferfliege 187
Uferprofil 203
Uferzone 202
Ukelei 131
Ulcerative Dermalnekrose 243
Unio crassus 139
Unterfangnetz 295
Unterhaut 13
Unterkieferknochen 23
Unterpacht 339
Unterständig 22
Unterwasserpflanzen 175
Urniere 29

V

Verdauungsorgane 26
Vereinsrecht 397
Verlandung 248
VHS 241
Vimba vimba 95
Vimba vimba elongata 96
Viräle hämorrhagische Septikämie 241
Virale Schwimmblasenentzündung 239
Vollglasrute 269
Vorfach 279
Vorniere 29
Vorschwung 329
VSBE 239

W

Wachstum 51
Waffenfliege 185
Waller 107
Wanderfisch 51
Wasserassel 185
Wasserbewegung 165
Wasserblüte 179
Wasserkäfer 194
Wasserknöterich 174
Wasserlinsen 174
Wasserpest 176
Wasserpflanzen 168
Wasserrecht 384
Wasserschnecke 190
Wasserschwaden 170
Wasserskorpion 196
Wasserstern-Arten 178
Wasser-Süßgras 170
Wassertemperatur 165
Wasserwanze 196
Webersche Knöchelchen 38
Weichstrahlen 19
Weichtiere 190
Weiße Seerose 174
Weißer Amur 78
Weißfisch 75
Weißflossengründling 130
Wels 107
Wildfangsaibling 68
Wildkarpfen 77
Windströmung 165
Winterlaicher 31
Wirbelart 287
Wirbelsäule 41
Wittling 415
Wurf, einhändig 321

Wurf, zweihändig 321
Wurfrute 321
Wurftechnik 320
Wurmstar 236

Z

Zährte 95
Zander 113
Zanderbesatz 231
Zandersee 206
Zeilkarpfen 77
Zerreißfestigkeit 279
Ziege 104
Zingel 118
Zingel streber 117
Zingel zingel 118
Zoarces viviparus 421
Zobel 94
Zope 93
Zuckmücken 189
Zugangsrecht 334
Zungenknochen 23
Zweiflügler 188
Zwerglaube 132
Zwergwels 109
Zwischenkiefer 23
Zwischenschonmaß 253

Erlebnis Angeln

Kosmos Angelpraxis – Erfolg am Wasser!

1 mal 1 des Angelns
ISBN 3-440-08555-4

Mit der Fliege fischen
ISBN 3-440-08950-9

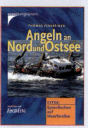

Angeln an Nord- und Ostsee
ISBN 3-440-08998-3

Andreas Janitzki
Karpfen angeln

96 S., 62 Abb., kart.
ISBN 3-440-08997-5

Top-Karpfenspezialist Andreas Janitzki zeigt den sicheren Weg zum Fangerfolg. Mit seinen Tricks und Tipps überlisten Sie auch den schlauesten Fisch.

Tom Jacob
Forellen angeln

96 S., 58 Abb., kart.
ISBN 3-440-08556-2

Packende Fights und spannende Drills – das ist Forellenangeln! In diesem Buch erfahren Sie die erfolgreichsten Fangtechniken mit Pose, Blinker oder Fliege.

www.kosmos.de   Diese Reihe wird fortgesetzt

KOSMOS

Erlebnis Angeln

Top-Tipps von Top-Profis

Angelerfolg ist machbar! Wer weiß, wie sich Fische verhalten, und wer die richtigen Angeltechniken beherrscht, fängt oft schnell „seinen" Fisch. In diesem Buch verraten Experten der wichtigsten Angeltechniken ihre Erfolgsrezepte. Außerdem geben die Autoren ausführliche Profitipps zu Ausrüstung, Köderarten und -wahl bis hin zu den Fangtechniken und den wichtigsten Zielfischarten.

- Modernes Grundangeln
- Mit Rute, Rolle und Pose: durch sichere Technik schnell zum Erfolg
- Spinnfischen: ideal für Einsteiger und Neugierige
- Unentbehrlich für den Einsteiger – und für alle, die noch mehr Spaß am Angeln haben wollen!

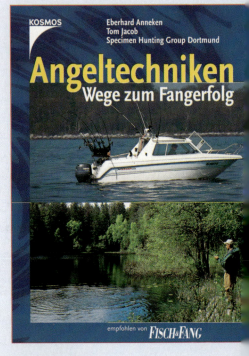

Anneken/Jacob/
Specimen Hunting Group Dortmund
Angeltechniken

192 Seiten
154 Abbildungen
gebunden

ISBN 3-440-07948-1

www.kosmos.de